L'EXPÉRIENCE MUSICALE

APPRÉCIATION, EXPRESSION, ÉMOTION

Du même auteur, dans la même collection

Essais de philosophie de la musique : définition, ontologie, interprétation, par Jerrold LEVINSON, textes réunis, traduits et introduits par Clément CANONNE et Pierre SAINT-GERMIER, 2015, 288 pages.

L'EXPÉRIENCE MUSICALE

APPRÉCIATION, EXPRESSION, ÉMOTION

par

Jerrold Levinson

Textes réunis, traduits et introduits par Clément Canonne et Pierre Saint-Germier

VRIN

La collection *MusicologieS* présente des ouvrages qui répondent aux attentes des mélomanes, des musiciens, des musicologues mais aussi à celles de toutes les personnes qui s'intéressent à la musique et qui souhaitent découvrir et explorer son histoire, son langage, sa place et son rôle au cœur des sociétés occidentales et non occidentales.
La musicologie contemporaine possède de multiples orientations disciplinaires : histoire, histoire de l'art, philosophie, psychologie, psychanalyse, esthétique, sociologie ou anthropologie, pour ne citer qu'elles. Les ouvrages de la collection puiseront à ces univers et contribueront à la connaissance et à la compréhension des musiques savantes et populaires de toutes les époques.

MusicologieS

collection dirigée par

Malou Haine et Michel Duchesneau

Texte orignaux : *The Aesthetic Appreciation of Music* ; *Evaluating Music* ; *Musical Expressiveness* ; *Music as Narrative and Music as Drama* ; *Music and Negative Emotions* ; *Musical Chills* © J. Levinson

Imprimé en France
ISSN 2114-169X
ISBN 978-2-7116-2889-6
www.vrin.fr

AVANT-PROPOS DES TRADUCTEURS

Ce livre fait suite à un premier recueil de cinq articles du philosophe Jerrold Levinson, rassemblés sous le titre *Essais de philosophie de la musique : définition, ontologie, interprétation*. Le présent ouvrage propose dans une traduction inédite un nouvel ensemble de six textes écrits entre 1982 et 2009 : « L'appréciation esthétique de la musique »[1], « Évaluer la musique »[2], « L'expressivité musicale »[3], « La musique comme récit et la musique comme drame »[4], « La musique et les émotions négatives »[5] et « Les frissons musicaux »[6]. Ces textes ont été répartis selon trois unités thématiques traitant respectivement de l'appréciation de la musique, de l'expression musicale et des émotions suscitées par la musique.

1. Jerrold Levinson, « The Aesthetic Appreciation of Music », *British Journal of Aesthetics*, vol. 49, n° 4, 2009, p. 415-425; repris dans *Musical Concerns*, Oxford, Oxford University Press, 2015, p. 17-31.

2. Jerrold Levinson, « Evaluating Music », dans Philip Alperson (dir.), *Musical Worlds : New Directions in the Philosophy of Music*, University Park, Pennsylvania State University Press, 1998, p. 93-108; repris dans *Contemplating Art*, Oxford, Oxford University Press, 2006, p. 184-208.

3. Jerrold Levinson, *The Pleasures of Aesthetics*, Ithaca, Cornell University Press, 1996, p. 90-125 (« Musical Expressiveness »).

4. Jerrold Levinson, « Music as Narrative and Music as Drama », *Mind and Language*, vol. 19, n° 4, 2004, p. 428-441 ; repris dans *Contemplating Art*, p. 129-142.

5. Jerrold Levinson, « Music and Negative Emotions », *Pacific Philosophical Quaterly*, vol. 63, 1982, p. 327-346; repris dans *Music, Art and Metaphysics*, Oxford, Oxford University Press, 2011, p. 306-335.

6. Jerrold Levinson, *Contemplating Art*, Oxford, Oxford University Press, 2006, p. 220-236 (« Musical Chills »).

Alors que le premier volume était largement consacré à des problèmes d'ontologie, puisqu'il s'agissait à la fois de cerner les contours de l'art musical et de réfléchir à la nature des objets musicaux (les œuvres de la musique savante occidentale et leurs interprétations), ce second volume traite pour l'essentiel de la question de l'expérience musicale : à quelles conditions pouvons-nous faire une expérience esthétique de la musique ? Quelle est la valeur de la musique ? Quel sens la musique revêt-elle pour nous ? D'où provient la signification émotionnelle et expressive que nous attribuons à la musique ? Pourquoi éprouvons-nous un plaisir intense à l'écoute de certaines musiques ? Ce sont à ces questions (et à d'autres) que le philosophe entreprend de répondre dans les six essais qui suivent.

Ce second volume obéit à la même structure que le précédent : pour chacune des unités thématiques du recueil, nous avons proposé un texte introductif visant à situer les textes traduits dans leur contexte problématique, et ainsi à les rendre accessibles à un lecteur francophone qui ne serait pas totalement familier avec les débats qui ont animé la philosophie de la musique anglo-américaine de ces trente dernières années. L'ouvrage se conclut par une postface dans laquelle nous revenons sur les liens (inévitablement complexes) que l'on peut tracer aujourd'hui entre l'esthétique musicale et les sciences cognitives de la musique.

Nos remerciements vont à Jerrold Levinson, pour sa confiance renouvelée, ainsi qu'à Malou Haine et Michel Duchesneau, qui ont accepté d'accueillir ce second volume dans leur collection.

Paris, juin 2017

APPRÉCIATION

APPRÉHENDER LA VALEUR DE LA MUSIQUE

Clément CANONNE et Pierre SAINT-GERMIER

Sans la musique, dit-on, la vie serait bien plus dure qu'elle ne l'est déjà : une « erreur », selon Friedrich Nietzsche[1] ; une « suite de deadlines et de factures à payer » pour Frank Zappa[2]. Reconnaître cela, c'est accorder à la musique une valeur indispensable et irremplaçable, comme si le genre d'expérience que nous procurait la musique ne pouvait trouver de substitut aussi puissant et aussi gratifiant. Mais autant la reconnaissance de la valeur de la musique trouve peu de détracteurs, au point de friser le lieu commun, autant la tâche d'expliquer précisément en quoi consiste la valeur de la musique et des expériences qu'elle suscite en nous se présente comme un défi impossible à relever. Ne suffit-il pas d'éprouver le vertige de la satisfaction intense procurée par l'écoute d'une pièce sublime pour posséder une connaissance directe de cette valeur ? En un sens, quiconque a vécu un tel moment connaît la valeur que recèle l'expérience de la musique. Mais cela ne nous donne pas encore une explication de sa nature et de ses propriétés, des différences qui l'opposent à d'autres types de valeurs. Pour cela, nous avons besoin d'une philosophie des valeurs de la musique.

Ces questions ont reçu une attention renouvelée dans les débats contemporains en philosophie de la musique, débats auxquels

1. « La vie sans musique est tout simplement une erreur, une torture, un exil » écrit-il à Peter Gast le 15 juin 1888, avant d'inclure cette formule restée célèbre dans les « Maximes et Traits » du *Crépuscule des Idoles*, traduit de l'allemand par Jean-Claude Hémery, Paris, Gallimard, 1988, § 33.

2. Voir Frank Zappa et Peter Occhiogrosso, *The Real Frank Zappa Book*, New York, Touchstone, 1990, p. 193.

Jerrold Levinson a participé sous la forme des deux essais traduits dans le présent volume, « Évaluer la musique » (1998), et « L'appréciation esthétique de la musique » (2009). Avant de présenter les enjeux d'une réflexion sur la relation entre la valeur que possède la musique et la qualité des expériences qu'elle nous procure, il peut être utile de commencer par introduire quelques distinctions qui nous aideront à cerner plus clairement ce que l'on peut entendre par « valeur de la musique ».

Cette notion, comme toutes celles qui concernent la valeur d'une chose ou d'une activité, peut être entendue de diverses manières, suivant que l'on considère la valeur instrumentale de la musique ou sa valeur intrinsèque. La musique possède une valeur instrumentale pour autant qu'elle nous permet d'atteindre des fins ou des biens non musicaux, qui possèdent en eux-mêmes une valeur indépendante de la musique. Par exemple, il est facile de reconnaître à la musique une valeur instrumentale en ce qu'elle permet de souder les groupes sociaux [3], d'aider à séduire l'être désiré ou de réguler nos émotions [4]. La pratique musicale aurait également le pouvoir de développer les capacités cognitives de ceux qui s'y adonnent depuis leur plus tendre enfance [5], et certaines explications évolutionnistes de nos capacités musicales reposent sur l'idée que les traits qui ont permis à nos ancêtres de développer une capacité à produire et à écouter de la musique possédaient une valeur adaptative [6]. Mais si la valeur

3. Pour une étude approfondie du genre de l'hymne national, voir Esteban Buch, *La Neuvième de Beethoven : une histoire politique*, Paris, Gallimard, 1999.

4. Voir par exemple Suvi Saarikallio, « Music as Emotional Self-regulation Throughout Adulthood », *Psychology of Music*, vol. 39, n° 3, 2011, p. 307-327.

5. Pour une synthèse de ces différentes études, voir Susan Hallam, *The Power of Music*, Londres, International Music Education Research Centre, 2015.

6. Les hypothèses évolutionnistes adaptationnistes peuvent prendre plusieurs formes, suivant la fonction que l'on attribue à la musique chez nos ancêtres. Pour certains, la musique favorise la cohésion sociale (voir Juan G. Roederer, « The Search for a Survival Value of Music », *Music Perception*, vol. 1, n° 3, 1984, p. 350-356) ; pour d'autres, elle indique la qualité de partenaires sexuels potentiels (voir Geoffrey F. Miller, « Evolution of Human Music Through Sexual Selection », dans Nils L. Wallin, Björn Merker et Steven Brown (dir.), *The Origins of Music*, Cambridge, MIT Press,

de la musique se résumait à cette capacité remarquable qu'elle a de favoriser le développement cognitif, la survie de l'espèce, la cohésion du groupe, ou l'équilibre de nos émotions, cela voudrait dire qu'elle ne possède qu'une valeur instrumentale – ce qui n'est déjà pas rien. Mais il est permis de se demander si toute valeur que nous sommes susceptibles d'attribuer à la musique repose nécessairement sur sa propension à nous faire accéder à des satisfactions non musicales. La musique ne possède-t-elle pas une valeur en elle-même, irréductible à la poursuite de fins distinctes ou supérieures ? Sans idéaliser de façon excessive notre rapport aux œuvres et aux objets musicaux, il paraît difficile de nier qu'une personne qui aime sincèrement la musique, consacre une partie de son temps et de ses ressources à la recherche d'expériences musicales gratifiantes, dans la solitude d'une passion secrète et hors de tout prestige social, accorde à la musique une valeur intrinsèque, précisément parce qu'il y a en elle quelque chose de désirable et d'estimable en soi.

Mais une fois admis, sur la base de ce genre d'exemple hypothétique, que la musique pourrait bien posséder une valeur intrinsèque, encore faut-il déterminer en quoi au juste une telle valeur intrinsèque pourrait consister. Si l'on estime que l'art, en général, possède une valeur intrinsèque, en tant qu'art – ce qui n'interdit pas, bien entendu de lui reconnaître aussi des valeurs instrumentales – alors on peut considérer que la musique possède une valeur intrinsèque en ce qu'elle incarne la version musicale de l'idée générale de l'art. Cette approche suppose, bien entendu, d'avoir une explication de ce qui confère une valeur intrinsèque à l'art en général et une conception précise de la spécificité de l'art musical, par rapport aux autres arts. Une difficulté que l'on rencontre assez rapidement, si l'on suit cette voie, est qu'elle suppose quelque chose comme une essence de l'art en général et de l'art musical en particulier, sur la base desquelles on pourrait expliquer la valeur intrinsèque de l'art musical. Mais plus on prend conscience de la

2000, p. 329-360), ou permet de signaler la cohésion du groupe lors de la rencontre avec un groupe étranger (voir Edward H. Hagen et Gregory A. Bryant, « Music and Dance as a Coalition Signaling System », *Human Nature*, vol. 14, n° 1, 2003, p. 21-51).

diversité des formes que peut prendre cet art musical, dans l'espace et dans le temps[7], plus ce genre de présupposé devient douteux. Une deuxième approche consiste plutôt à se focaliser sur le type d'expérience que nous procure la musique. La valeur intrinsèque de la musique s'explique alors par la valeur du type bien particulier d'expérience qu'elle est capable de nous procurer lorsque nous l'écoutons. Si l'on suit cette voie, il reste encore à préciser la nature de cette expérience. S'agit-il d'une expérience purement hédonique, par exemple une forme très spécifique de plaisir musical, ou bien possède-t-elle aussi une dimension cognitive? Un autre type d'approche consiste à rapporter la valeur de la musique au genre de beauté qu'elle offre à notre contemplation[8]. De ce point de vue, le cœur de la valeur est alors une propriété esthétique intrinsèque de la musique, et non de l'expérience qu'elle induit. Mais le défi que doit relever cette approche consiste à expliquer en quoi consiste la beauté propre à la musique et comment elle contribue à la valeur de la musique.

Ces différentes approches, présentées ici à gros traits, ne sont pas obligatoirement incompatibles les unes des autres. Il est plausible que la valeur intrinsèque de la musique ait des composantes multiples, parmi lesquelles on peut discerner des facteurs artistiques (qui renvoient à la musique considérée comme discipline artistique), expérientiels (qui renvoient à la qualité de l'expérience induite par la musique) et esthétiques (renvoyant aux qualités intrinsèques de la musique). Ceci dit, en privilégiant un aspect plutôt qu'un autre, on peut donner à la valeur de la musique des visages différents. Par

7. À ce sujet, voir Jerrold Levinson, « Le concept de musique », et Clément Canonne et Pierre Saint-Germier, « Musique : cherche définition désespérément », dans Jerrold Levinson, *Essais de Philosophie de la musique : définition, ontologie, interprétation*, Paris, Vrin, 2015, p. 17-49.

8. Pour Nick Zangwill, « la beauté de la musique est la beauté qui se réalise dans le son, et elle est bien distincte de la beauté visuelle ou de ce que nous prisons dans un roman. C'est une beauté spécifiquement sonore : le son de la musique »; Nick Zangwill, *Music and Aesthetic Reality : Formalism and the Limits of Description in Music*, New York, Routledge, 2015, p. 3 (sauf mention contraire, toutes les citations tirées d'ouvrages ou d'articles en langue anglaise sont traduites par nos soins).

exemple, si l'on estime que la valeur de la musique tient plus à la manière dont elle fait honneur à l'esprit humain en produisant des constructions complexes et fascinantes, on peut donner un sens à l'idée selon laquelle la valeur de la musique ne se reflète pas nécessairement dans le type d'expérience auditive positive que l'on en fait. D'un autre côté, si l'on place le cœur de la valeur intrinsèque de la musique sur l'expérience auditive qu'elle suscite, alors l'idée qu'une musique puisse être « meilleure qu'elle ne sonne » n'a tout simplement pas de sens (pour reprendre une expression de Mark Twain, à propos de Richard Wagner, que Levinson prend pour point de départ dans « Évaluer la musique »).

La question de la valeur de la musique, telle que nous l'avons présentée jusqu'ici est une question générale portant sur la musique dans sa globalité. C'est sans doute la manière la plus traditionnelle de poser la question de la valeur de la musique, mais ce n'est pas la seule. Il faut en effet distinguer cette question générale d'une question plus locale portant sur ce qui fait la valeur d'un objet musical particulier. Après tout, c'est un fait relativement trivial, que l'on peut énoncer sans craindre de tomber dans le relativisme ou l'élitisme (aussi redoutés par les uns que chéris par les autres), que toutes les pièces de musique ne se valent pas. Les discographies de Paul Bley, David Bowie, ou Pierre Boulez (pour citer trois musiciens marquants du XXe siècle disparus en janvier 2016 à quelques jours d'intervalle) ont chacune leurs pièces maîtresses et leurs œuvres mineures. Il y a donc un sens à se demander ce qui fait la valeur d'une œuvre musicale particulière, indépendamment de ce que peut être la valeur de la musique en général. Cet angle d'attaque présente également l'intérêt d'orienter la réflexion sur ce qui confère une valeur à certaines œuvres plutôt qu'à d'autres, et donc sur le terrain de l'évaluation critique. On peut même soutenir que la question locale est logiquement première par rapport à la question globale : si la musique a une valeur globale, c'est sans doute parce qu'au moins certaines œuvres musicales, sinon la plupart, possèdent localement cette valeur, que celle-ci soit instrumentale ou intrinsèque. Par exemple, si la musique a une valeur intrinsèque globale en ce qu'elle est capable de procurer des expériences auditives captivantes, c'est au moins parce que certaines œuvres procurent elles-mêmes ce genre d'expériences.

Une dernière distinction qu'il convient de mentionner ici est celle qui oppose la valeur personnelle de la musique ou d'un morceau de musique particulier, par opposition à sa valeur en soi ou objective. Je peux attribuer une valeur à tel ou tel morceau parce qu'il me fait penser à quelqu'un qui m'est cher, mais cela est tout à fait compatible avec le fait de reconnaître que cette valeur est relative à mon point de vue et à mon histoire. Lorsque j'attribue une valeur objective à une œuvre de musique, ou à la musique en général, je suis disposé à défendre mon jugement de valeur, à l'aide d'arguments, si je rencontre quelqu'un qui soutient le jugement opposé. Notons que cette distinction ne sera peut-être pas acceptée par celles et ceux qui se font une conception *subjectiviste* des valeurs, c'est-à-dire par celles et ceux qui pensent que toute valeur est une valeur pour un sujet individuel. Il faut néanmoins remarquer qu'une large part de la discussion au sujet de la valeur de la musique, chez Levinson, comme chez la plupart des philosophes avec lesquels il discute, présuppose une conception objectiviste de la valeur de la musique, c'est-à-dire une conception selon laquelle il existe une valeur de la musique qui est irréductible à sa valeur pour un sujet individuel [9].

Jerrold Levinson a lui-même contribué à la clarification et à la mise en ordre de ces différents aspects du problème. Dans son essai de synthèse « Values of Music » [10], il insiste sur la multiplicité des valeurs de la musique, instrumentales et intrinsèques, globales et locales, tout en précisant qu'elles ne sont pas toutes égales et qu'elles entretiennent entre elles diverses relations logiques de priorité ou présupposition. Par exemple, Levinson souligne qu'une évaluation

9. Pour une présentation éclairante des différentes options disponibles en métaphysique des valeurs, voir Graham Oddie, « Value Realism », dans Hugh LaFollette (dir.), *The International Encyclopedia of Ethics*, Oxford, Blackwell, 2013, p. 5299-5310.

10. Voir Jerrold Levinson, « Values of Music », *Musical Concerns*, Oxford, Oxford University Press, 2015, p. 67-87.

de la musique peut varier suivant qu'elle se fait du point de vue de l'interprète, du compositeur ou de l'auditeur, tout en soutenant que le dernier point de vue possède une priorité sur les deux autres, ne serait-ce que parce que les compositeurs et les interprètes ne représentent qu'une petite fraction de la population, au moins dans les sociétés occidentales contemporaines[11]. Levinson reconnaît également que la valeur centrale de la musique est sa valeur artistique, c'est-à-dire sa valeur en tant que musique, sans pour autant nier l'existence d'autres valeurs bien réelles, mais instrumentales et secondaires (par exemple sa valeur sociale, sa valeur affective ou encore sa valeur idiosyncrasique[12]). Il admet donc que la valeur artistique contient une composante intrinsèque ainsi qu'une composante instrumentale. Levinson, tout comme la plupart des auteurs qui se sont attaqués au problème de la valeur de la musique, accorde également une place importante à la valeur *esthétique* de la musique, que l'on peut définir en première approximation comme l'objet de l'appréciation esthétique de la musique, où, par « appréciation esthétique » il faut entendre un certain type de relation à la musique prenant directement pour objet ses propriétés formelles et expressives, d'une façon détachée de tout but et intérêt pratique. On peut ainsi lire « Évaluer la musique » (1998) comme une tentative de clarifier la relation entre la valeur artistique de la musique et sa valeur esthétique, et « L'appréciation esthétique de la musique » (2009) comme un effort pour préciser les contours de la relation qui prend spécifiquement pour objet la valeur esthétique de la musique. Ces deux essais contribuent à éclairer, chacun sous un

11. La relativité d'une évaluation à un point de vue joue par exemple un rôle important dans l'essai « Evaluating Musical Performance », où il est spécifiquement question de la valeur de l'interprétation d'une œuvre musicale. Voir Jerrold Levinson, « Évaluer l'interprétation musicale », dans *Essais de philosophie de la musique*, Paris, Vrin, 2015, p. 239-261.

12. Levinson appelle « idiosyncrasique » la valeur que possède un morceau de musique pour une personne particulière, qui n'est généralement pas partagée ni même partageable, parce qu'elle renvoie à un trait, une expérience, ou un souvenir propres à cet individu. La valeur que revêt pour Swann la petite phrase de la *Sonate* de Vinteuil est un exemple typique de valeur idiosyncrasique.

angle particulier, la manière dont une certaine valeur de la musique, si ce n'est toute la valeur de la musique, se présente à nous dans l'expérience que nous en faisons.

Une première question, qui est au cœur d'« Évaluer la musique », consiste à se demander quel rôle exactement joue la qualité de l'expérience musicale dans la valeur (ou dans les différents types de valeur, s'il y a en a plusieurs) que possède la musique. L'idée selon laquelle la valeur de l'art en général, et des œuvres d'art en particulier, est étroitement liée au type d'expérience que nous en faisons, sinon entièrement épuisée par cette expérience, a été défendue et popularisée dans l'esthétique analytique par Monroe Beardsley dans son ouvrage *Aesthetics : Problems in the Philosophy of Criticism* [13]. Beardsley y défend l'idée que les œuvres d'art ont une valeur instrumentale en ce qu'elles suscitent, ou sont capables de susciter, chez le spectateur ou l'auditeur, une expérience esthétique qui possède elle-même une valeur intrinsèque. Beardsley observe cependant que l'évaluation des œuvres d'art, dans le discours critique, fait rarement référence aux expériences du spectateur ou de l'auditeur, mais plutôt à certaines propriétés de l'œuvre elle-même. Il en déduit qu'il doit y avoir des principes, plus ou moins implicites, qui permettent de faire le lien entre les propriétés des œuvres et la valeur des expériences qu'elles peuvent susciter. Il suggère ainsi que trois propriétés, à savoir l'unité, l'intensité et la complexité, confèrent aux œuvres d'art leur valeur, en ce qu'elles maximisent la qualité de l'expérience esthétique induite chez l'auditeur et le spectateur [14]. Il existe ainsi des raisons générales que nous pouvons invoquer dans le discours critique pour justifier ou remettre en cause la valeur d'une œuvre. La connexion établie par Beardsley entre ces trois critères et la valeur intrinsèque d'une expérience esthétique a néanmoins suscité un vif débat. Outre les « particularistes » qui nient l'existence

13. Monroe C. Beardsley, *Aesthetics : Problems in the Philosophy of Criticism*, 2ᵉ édition, Indianapolis, Hackett, 1981.

14. Pour une appréciation de la position de Beardsley, avec le recul des années, voir Alan Goldman, « Beardsley's Legacy : The Theory of Aesthetic Value », *Journal of Aesthetics and Art Criticism*, vol. 63, n° 2, 2005, p. 185-189.

de principes généraux sous-jacents à l'évaluation critique des œuvres, certains « généralistes », à l'instar de Frank Sibley[15], doutent sérieusement de la validité universelle de ces trois critères-là[16]. Mais, indépendamment du succès de l'entreprise visant, chez Beardsley, à dériver les qualités esthétiques des œuvres de leurs qualités non esthétiques, la thèse selon laquelle la valeur d'une œuvre d'art, et en particulier d'une œuvre musicale, se ramène à la valeur intrinsèque de l'expérience qu'elle procure, mérite sans doute d'être explorée.

Malcolm Budd en donne une formulation et une défense particulièrement claires dans *The Values of Art*[17] tant au niveau générique de la valeur de l'art, qu'au niveau plus spécifique de la valeur de la musique[18] : en un mot, la valeur artistique d'une œuvre n'est rien d'autre que la valeur intrinsèque de l'expérience qu'elle offre. De ce point de vue, il n'y a pas d'autre horizon, pour juger de la valeur d'une œuvre musicale, que la valeur de l'expérience qu'elle offre. Suivant ce que l'on inclut dans l'expérience de la musique, on obtient donc une conception plus ou moins restrictive de cette valeur. Par exemple, si l'expérience se ramène au plaisir sensoriel que procure la musique, alors tout ce qui compte pour qu'une musique soit bonne est qu'elle sonne bien. Que demander de plus ? Si une œuvre musicale possède une valeur qui ne s'entend pas, comment soutenir qu'il s'agit d'une valeur qui lui est intrinsèque ou qui lui appartient *en tant qu'œuvre de musique* ? Mais on peut aussi refuser de restreindre l'expérience de la musique à une simple expérience sonore. Il semble difficile de

15. Frank Sibley, « Particularism, Art and Evaluation », *Approach to Aesthetics*, Oxford, Oxford University Press, 2001, p. 88-103 ; et Frank Sibley, « General Criteria and Reasons in Aesthetics », *Approach to Aesthetics*, Oxford, Oxford University Press, 2001, p. 104-118.

16. Certains auteurs les ont toutefois jugés utiles, au moins à titre de guides, pour l'évaluation de certaines musiques. Voir en particulier William C. Child, « Monroe Beardsley's Criteria for Aesthetic Value : A Neglected Resource in the Evaluation of Music », *Journal of Aesthetic Education*, vol. 34, n° 2, 2000, p. 49-63.

17. Malcolm Budd, *The Values of Art : Pictures, Poetry, and Music*, Londres, Penguin, 1995.

18. Voir en particulier le quatrième chapitre, exclusivement consacré au cas de la musique.

nier que la musique soit capable de véhiculer quelque chose comme un sens qui transcende les propriétés acoustiques des sons qui l'incarnent[19]. Ce sens ne serait probablement pas là sans les sons, mais il ne s'y réduit pas. Si l'expérience musicale nous donne accès à ce sens, et si ce sens transcende la simple sonorité de la musique, alors on peut concevoir qu'une musique A puisse posséder une valeur intrinsèque plus grande qu'une musique B, même si, superficiellement, B sonne mieux que A.

Quelle que soit l'étendue que l'on veuille bien donner à la notion d'expérience musicale, cette équation entre valeur artistique et valeur esthétique, aussi élégante qu'elle puisse paraître, peut être attaquée sous trois angles (au moins). Premièrement, l'équation de Budd suppose de pouvoir tracer des limites nettes entre ce qui fait partie des qualités intrinsèques d'une expérience musicale et ce qui relève simplement de ses effets ou bénéfices indirects, ce qui est loin d'être évident. Deuxièmement, à supposer que cette limite soit finement tracée, il semble arbitraire d'exclure de la valeur d'une œuvre de musique certaines choses qui, certes, ne font manifestement pas partie de l'expérience que nous avons en écoutant cette œuvre, mais en découlent bel et bien. Par exemple, si une œuvre de musique, en vertu de ses pouvoirs expressifs, me donne accès à un aspect essentiel de la nature du deuil, ou de la joie, ou de l'amour, pourquoi ne pas le mettre au crédit de la valeur de cette œuvre de musique[20] ? De la même manière, s'il est plausible que la musique ait le pouvoir de nous rendre moralement meilleurs, alors pourquoi ne pas attribuer cette valeur morale à la musique elle-même[21] ? Enfin, il

19. Pour plus de détails sur la question épineuse du sens de la musique, voir, dans le présent volume, « Ce que nous dit la musique », p. 101-128.

20. James O. Young parle à ce sujet de la valeur *cognitive* des œuvres de musique (James O. Young, « The Cognitive Value of Music », *Journal of Aesthetics and Art Criticism*, vol. 57, n° 1, 1999, p. 41-54). Selon Young, c'est en vertu de la capacité qu'elle a de *représenter* les émotions que la musique peut nous *apprendre* certains faits à leurs sujets ou au sujet de ceux qui les éprouvent.

21. Sur cette question plus générale des rapports entre musique et valeur morale, voir Peter Kivy, « Musical Morality », *Antithetical Arts*, Oxford, Oxford University Press, 2009, p. 215-234. Kivy distingue trois formes de forces morales susceptibles

n'est pas évident que toute la valeur artistique d'une œuvre musicale réside dans la qualité de l'expérience qu'elle procure. Il semble que certaines propriétés artistiques de l'œuvre, par opposition à ses propriétés esthétiques, suffisent à lui conférer une valeur en tant qu'œuvre de musique, sans qu'elles fassent une différence notable pour notre expérience. Par exemple, la grande originalité d'une œuvre musicale ou son caractère innovant pour la période dans laquelle elle est composée sont des propriétés artistiques qui ne sont pas transparentes à la simple écoute : s'il s'avérait que cette œuvre emprunte la plupart de ses traits stylistiques à une autre œuvre légèrement antérieure, qui serait restée oubliée et méconnue, elle ne changerait pas pour autant d'apparence sonore pour nous ; mais elle possèderait assurément une valeur artistique moindre.

Il semble ainsi nécessaire de ne pas réduire la valeur artistique d'une œuvre musicale à sa seule valeur esthétique. Reconnaître cela ne revient pas pour autant à minimiser la valeur esthétique des œuvres musicales. Bien au contraire, on peut simultanément reconnaître que la valeur artistique d'une œuvre musicale ne s'épuise pas dans sa valeur esthétique, tout en accordant une place centrale à cette dernière. Si l'on suit cette voie, ce que fait Levinson, alors il devient crucial, pour percer le mystère de la valeur de la musique, de préciser la nature de la valeur esthétique de la musique. Dans la mesure où cette valeur constitue l'objet d'une certaine attitude que nous adoptons face à la musique, à savoir l'attitude appréciative, une direction prometteuse consiste donc à élucider la nature de l'appréciation esthétique de la musique.

---

d'être possédées par la musique : la force morale épistémique, c'est-à-dire la capacité de la musique à nous transmettre des connaissances relevant de la morale ; la force morale comportementale, c'est-à-dire la capacité de la musique à nous faire agir de manière morale ; et enfin la force morale développementale, c'est-à-dire la capacité de la musique à faire de nous de « meilleurs » êtres humains ou à renforcer (légèrement) nos dispositions morales. Selon Kivy, la musique ne peut faire preuve, au mieux, que de cette dernière forme de force morale, dans une mesure d'ailleurs très difficile à déterminer. C'est également cet aspect que vise Levinson quand il discute des possibles conséquences morales de l'expérience musicale dans « Évaluer la musique ».

L'appréciation est en effet l'attitude que l'on adopte envers un objet qui possède, au moins à un certain degré, une valeur et par laquelle nous appréhendons, mais aussi profitons ou jouissons de cette valeur. Dans le cas de la musique, l'écoute apparaît comme le lieu privilégié de cette appréciation[22]. Une des grandes difficultés que soulève cette notion consiste à préciser en quoi consiste le caractère *esthétique* de cette appréciation. Toute appréciation de la musique, en effet, n'est pas nécessairement esthétique. Par exemple, je peux apprécier l'effet relaxant d'une ballade, ou l'effet excitant d'un chant guerrier, mais ces formes d'appréciation ne semblent pas convenir à ce que nous visons par « appréciation esthétique ». En quoi l'appréciation *esthétique* de la musique consiste-t-elle donc exactement ? Une première réponse serait de dire que notre appréciation est esthétique quand elle implique une *expérience* esthétique de la musique. C'est alors le caractère esthétique de cette *expérience* de la musique qui distingue une appréciation esthétique d'une appréciation non esthétique.

La notion d'expérience esthétique a été considérablement travaillée et débattue dans l'esthétique analytique contemporaine. Plusieurs approches sont possibles. Monroe Beardsley en a proposé une caractérisation influente, qui a servi de point de départ dans la littérature subséquente, selon laquelle une expérience esthétique implique (a) une attention fermement focalisée sur l'objet, (b) une certaine intensité et (c) un certain degré d'unité, c'est-à-dire de cohérence et de complétude[23]. Cette caractérisation fait appel,

22. Même si cette affirmation semble marquée du sceau de l'évidence, elle ne va pas totalement de soi. Dans certains cas particuliers, comme ceux de la musique électronique jouée en concert ou encore de la *drone music*, une dimension tactile (la perception corporelle de la vibration des basses, par exemple) est également pertinente. Plus généralement, il semble difficile de nier que l'appréciation de la musique donnée en concert (à l'exception peut-être de la musique acousmatique) comporte également une dimension visuelle. On peut également soutenir que pour certaines musiques au moins, l'appréciation implique au moins autant la danse, ou tout mouvement corporel accompagnant la musique, que l'écoute elle-même. Mais ceci étant, on peut s'accorder sur le fait que l'écoute occupe au moins une place centrale dans l'appréciation de la musique.

23. Voir Beardsley, *Aesthetics : Problems in the Philosophy of Criticism*, p. 527-530.

d'une part, à un certain type de relation épistémique à son objet (a) et, d'autre part, à des aspects phénoménologiques intrinsèques de l'expérience (b et c). Une difficulté dans ce genre d'approche, soulignée en particulier par George Dickie, est qu'il n'est pas du tout clair que les caractéristiques phénoménologiques indiquées par Beardsley, et en particulier celle d'unité, soient plus que des projections sur nos expériences de propriétés qui appartiennent en réalité aux œuvres elles-mêmes. En quoi consistent la cohérence et la complétude de l'expérience que constitue mon écoute d'une sonate pour piano de Domenico Scarlatti, si ce n'est la cohérence et la complétude de la sonate elle-même ? Une autre difficulté est qu'il semble extrêmement difficile de spécifier un ensemble de qualités phénoménologiques qui soient *communes* aux expériences esthétiques de musiques aussi différentes que peuvent l'être la *Première Gymnopédie* d'Erik Satie et le disque *Zero Tolerance for Silence* de Pat Metheny.

Une manière de se prémunir contre ces difficultés consiste à expliquer la notion d'expérience esthétique principalement à partir du type de relation que nous entretenons avec son objet. La notion d'*attitude* esthétique peut alors se montrer particulièrement utile : on fait une expérience esthétique d'une œuvre musicale lorsque l'on adopte vis-à-vis d'elle une attitude esthétique. Cette idée selon laquelle il existe un certain type d'attitude esthétique que nous adoptons à l'égard des œuvres d'art, mais que nous pouvons aussi adopter à l'égard d'objets naturels ou d'artefacts non artistiques, est centrale pour une certaine tradition de théorisation esthétique qui trouve son origine à la fin du XVIIIe siècle. Selon cette tradition, l'attitude esthétique se distingue essentiellement par son caractère désintéressé[24]. Une attitude esthétique suppose ainsi une relation

24. Shaftesbury, Francis Hutcheson et David Hume en Grande-Bretagne sont traditionnellement considérés comme les précurseurs des théories de l'attitude esthétique, Emmanuel Kant, Friedrich von Schiller et Arthur Schopenhauer étant les principaux représentants germaniques de cette approche en esthétique. Pour un débat classique sur la place des Britanniques dans cette histoire, voir Jerome Stolnitz, « On the Origins of "Aesthetic Disinterestedness" », *Journal of Aesthetics and Art Criticism*, vol. 20, n° 2, 1961, p. 131-143 ; George Dickie, « Taste and Attitude : The

contemplative envers son objet, détachée de toute finalité technique, pratique ou morale. Même si ce genre d'approche n'est pas sans soulever des difficultés[25], elle permet d'expliquer ce qu'il y a de commun à des expériences musicales possédant des propriétés phénoménales aussi différentes que celles que procurent les deux œuvres mentionnées plus haut.

Si le désintéressement est une composante centrale de l'attitude esthétique, il y a sans doute d'autres éléments qui méritent d'y être ajoutés pour obtenir une caractérisation plus complète de l'expérience esthétique de la musique. Un autre aspect, étroitement lié au désintéressement, mais conceptuellement distinct, est le fait de diriger son attention sur l'œuvre musicale pour elle-même. Si j'écoute une œuvre musicale et l'apprécie en ce qu'elle me rappelle un bon souvenir, cette appréciation ne mérite pas le qualificatif d'esthétique. L'attention esthétique induit ainsi une relation très particulière à son objet en ce qu'elle s'achève en lui et le coupe d'une certaine manière du reste du monde, mettant entre parenthèses ses implications vitales ou sociales, pour se focaliser sur ses propriétés intrinsèques[26]. L'attention esthétique induit ainsi une relation intransitive à l'œuvre sur laquelle elle porte. Même si l'œuvre renvoie d'une manière ou d'une autre à autre chose qu'elle-même, par exemple en ce qu'elle dit quelque chose, de façon indirecte, sur l'époque dans laquelle elle a été composée ou sur les préoccupations du compositeur, tous ces éléments restent en dehors du type d'attention requise pour une appréciation esthétique qui doit se focaliser sur la chose même, c'est-à-dire la musique.

Origin of the Aesthetic », *Journal of Aesthetics and Art Criticism*, vol. 43, n° 2, 1984, p. 195-203. On consultera également avec profit l'étude historique au long cours de Paul Guyer sur cette période fondatrice de l'esthétique philosophique : Paul Guyer, *History of Modern Aesthetics*, vol. 1, Cambridge, Cambridge University Press, 2014.

25. Voir Dickie, « The Myth of the Aesthetic Attitude », *American Philosophical Quaterly*, vol. 1, n° 1, 1964, p. 56-65. Voir également Gary Kemp pour une évaluation plus récente (et moins négative) de cette approche (« The Aesthetic Attitude », *British Journal of Aesthetics*, vol. 39, n° 4, 1999, p. 392-399).

26. Voir par exemple Jerome Stolnitz, *Aesthetics and Philosophy of Art Criticism*, New York, Houghton Mifflin, 1960.

Certains auteurs ont radicalisé cette idée en soutenant que l'attention accordée à une œuvre musicale doit se focaliser uniquement sur ses propriétés formelles, et négliger toutes les propriétés qui vont au-delà du pur agencement temporel de timbres, hauteurs, durées et dynamiques. Pour les tenants de ce formalisme musical, dont le représentant le plus illustre (et le plus énergique) fut Eduard Hanslick, toutes les propriétés expressives des œuvres de musiques par lesquelles elles transmettent un contenu affectif ou émotionnel, ainsi que leurs éventuelles propriétés représentationnelles, par lesquelles elles représentent, de façon imitative ou conventionnelle, des états de choses extérieures à elles, sont des propriétés qui ne possèdent aucune pertinence esthétique[27].

Levinson n'est pas de cet avis. Il fait partie des esthéticiens qui accordent une importance à la pensée et à l'imagination, au moins autant qu'à la sensation, dans l'expérience esthétique. Même si étymologiquement « esthétique » renvoie à « sensation », ce serait se livrer à une réduction malheureuse et infondée que d'effacer de notre expérience esthétique tout ce que les œuvres de musique donnent à penser, en ne gardant que ce qu'elles donnent à entendre. Tout d'abord, une telle opération reposerait sur une conception étroite de l'écoute musicale comme coupée de toute activité cognitive ou représentationnelle, comme si l'écoute se résumait à enregistrer l'apparition successive d'événements possédant des qualités sonores élémentaires. Il est difficile de ne pas entendre dans le *Concerto pour la main gauche* de Maurice Ravel quelque chose de l'horreur de la guerre et des aspects obscurs de l'âme humaine qui y conduisent inéluctablement. Pourquoi nous faudrait-il choisir entre faire une expérience esthétique du *Concerto* et se représenter ce que la

27. Voir Eduard Hanslick, *Du Beau musical. Contribution à la réforme de l'esthétique musicale* [1854], traduit de l'allemand par Alexandre Lissner, Paris, Hermann, 2012. Voir également Zangwill, *Music and Aesthetic Reality* et en particulier le chapitre 1, « Against Emotion : Hanslick Was Right about Music ». Notons que, pour Hanslick et Zangwill, il est même littéralement faux d'attribuer à la musique elle-même des propriétés expressives ou représentationnelles, qui ne sont en réalité que des projections de l'auditeur sur la musique.

musique nous donne à penser ou imaginer, d'une façon spécifiquement musicale ?

Il peut alors être tentant d'assimiler ce contenu de la musique, auquel nous pourrions accéder par la pensée ou l'imagination, à un message qui pourrait être exprimé ou représenté par d'autres moyens. Mais cela reviendrait à succomber à la réduction inverse et à négliger le fait que la représentabilité de certains contenus est directement dépendante du format dans lequel ils sont exprimés. Les contenus de la musique sont ainsi des contenus que seule la musique peut exprimer. Une raison de les inclure dans le champ de l'expérience esthétique est qu'ils sont manifestement capables d'*intensifier* notre expérience de la musique, d'une manière qui ne trouve aucun équivalent dans les contenus de pensée traditionnellement mobilisés dans l'explication d'une idée ou la description d'un état de choses. Leur nier toute place dans l'appréciation esthétique semble ainsi arbitraire et nous priverait indûment de certaines satisfactions musicales. Une autre raison est que ces contenus expressifs et représentationnels ne sortent généralement pas de nulle part, mais émergent des propriétés formelles de la musique. Dans un essai consacré au plaisir esthétique, Levinson avance l'idée qu'un plaisir est esthétique « lorsqu'il dérive de l'appréhension de l'individualité de son objet et du contenu qu'il représente, ainsi que de la réflexion sur cette individualité et ce contenu, tant pour eux-mêmes qu'en relation aux propriétés structurelles sur lesquelles ils se fondent »[28]. Cette définition du caractère esthétique d'un plaisir offert par une œuvre d'art, que l'on peut aisément étendre au caractère esthétique de l'appréciation d'une œuvre musicale, a le mérite de rendre justice à l'intuition formaliste selon laquelle le type d'attention à la musique qui donne lieu à son appréciation esthétique doit nécessairement se focaliser sur ses propriétés structurelles ou formelles, tout en accordant une pertinence esthétique irréductible aux contenus émotionnels et représentationnels de la musique. Mieux, cette définition permet d'expliquer

28. Voir Jerrold Levinson, « What is Aesthetic Pleasure ? », *The Pleasures of Aesthetics*, Ithaca, Cornell University Press, 1996, p. 3-10, ici p. 6.

comment une appréciation esthétique de ces contenus est possible : parce qu'ils émergent des propriétés structurelles de la musique et qu'on les apprécie en prenant conscience, dans l'écoute, de cette émergence.

Ainsi, pour un esthéticien d'orientation anti-formaliste, comme l'est Levinson, le cœur de la valeur esthétique d'une œuvre réside dans la manière dont elle fait émerger différents types de contenus à partir d'un jeu sur les structures musicales de bas niveau (par exemple les thèmes, les figures rythmiques ou les enchaînements harmoniques). Le genre d'image que l'on peut alors se faire de la valeur esthétique de la musique et de son appréciation dépendra en grande partie de la manière dont on conçoit cette base structurelle de la musique et son impact sur l'émergence de contenus expressifs et représentationnels. Ainsi, pour Levinson, le contenu expressif de la musique émerge spontanément de sa base structurelle dès lors que l'on prête attention à la manière dont les sons se succèdent les uns aux autres – donc aux dynamiques sonores – plutôt qu'aux sons considérés isolément les uns des autres ou, ce qui revient au fond au même, au « son » du morceau de musique considéré comme un tout. Lorsque nous percevons la musique comme une suite de sons, nous ne percevons pas simplement des changements d'état (de hauteur, de timbre, d'intensité, etc.) mais bien du *mouvement dans un espace* : nous entendons dans la musique des mouvements ascendants et descendants, centrifuges ou centripètes, d'accélération ou de ralentissement, etc.

Il y a certes matière à débattre de la nature exacte de ce mouvement inhérent à la musique, qui ne semble être mouvement que par métaphore [29]. Mais quel que soit le statut du mouvement que

29. On peut en effet se demander en quoi consiste exactement l'espace dans lequel la musique se meut. Roger Scruton, qui accorde lui aussi une grande importance à l'existence d'un mouvement inhérent à la musique parle par exemple d'un espace de « champs de forces musicaux », ce qui peut nous éclairer dans une certaine mesure, mais ne nous fait pas sortir du registre de la métaphore (voir Roger Scruton, *The Aesthetics of Music*, Oxford, Oxford University Press, 1997). La conception métaphorique du mouvement musical proposée par Scruton a été cependant critiquée par Malcolm Budd (« Musical Movement and Aesthetic Metaphors », *British Journal*

nous percevons dans la musique, il n'y a qu'un pas à franchir pour passer de la perception (littérale ou imaginaire) de mouvements dans la musique à la perception de *gestes*. Ainsi, nous n'entendons pas simplement une suite de mouvements ascendants, mais bien quelqu'un bondir énergiquement et, partant, un contenu émotionnel, ces bonds énergiques apparaissant *in fine*, comme l'expression d'une personne débordante de joie. Dans les termes de Levinson, « le schéma d'ensemble est le suivant : de la forme à petite échelle émerge un mouvement musical d'un certain caractère ; de ce mouvement musical, accompagné d'autres caractéristiques de la musique (par exemple l'harmonie), émerge un geste musical ; et de ce geste musical émerge finalement l'expressivité musicale, et tout particulièrement l'expressivité émotionnelle de la musique » [30]. Tout ce passe comme si nous *intégrions* au fur et à mesure nos perceptions sonores sur des échelles temporelles de plus en plus larges, passant ainsi insensiblement de la saisie d'un simple mouvement sonore (à l'échelle de quelques sons successifs) à l'appréhension d'un climat émotionnel (à l'échelle de tout un passage).

Cette conception de l'appréciation esthétique de la musique est solidaire de la conception de l'écoute qu'a proposée par ailleurs Levinson dans sa monographie *La musique sur le vif*[31]. Il y défend une conception de l'écoute musicale, connue sous le nom de « conca-

---

of Aesthetics, vol. 43, n° 3, 2003, p. 209-223). Stephen Davies a défendu dans *Musical Meaning and Expression* (Ithaca, Cornell University Press, 1994) une position que l'on peut qualifier de littéraliste : quand nous parlons d'un mouvement ascendant dans la musique, nous utilisons ce terme en un sens « littéral secondaire », c'est-à-dire en un sens qui dérive de l'usage littéral que nous faisons de ce terme, mais qui s'est si profondément ancré dans nos esprits que nous en sommes venus à le considérer comme littéral (ce dont témoigne par exemple le fait que la très grande majorité des cultures musicales associent l'aigu au haut et le grave au bas). Voir également Andrew Kania (« An Imaginative Theory of Musical Space and Movement », *British Journal of Aesthetics*, vol. 55, n° 2, 2015, p. 157-172) pour la défense d'une théorie imaginative du mouvement musical, selon laquelle le mouvement que nous percevons dans la musique est imaginaire au sens où le sont les objets relatés par une fiction.

30. Voir, dans le présent volume, Jerrold Levinson, « L'appréciation esthétique de la musique », p. 41-60.

31. Jerrold Levinson, *La musique sur le vif*, traduit de l'anglais par Sandrine Darsel, Rennes, Presses Universitaires de Rennes, 2013.

ténationnisme », selon laquelle la saisie de chaînons musicaux d'une durée relativement courte et de la manière dont ils se succèdent est fondamentale pour comprendre, apprécier, et évaluer la musique. Le concaténationisme exclut ainsi la pertinence de la grande forme d'une pièce de la musique, ou encore de la perception d'un morceau de musique comme une totalité pour sa compréhension, son appréciation ou son évaluation. L'idée fondamentale du concaténationisme, selon laquelle l'écoute musicale qui nous permet de saisir adéquatement le sens et la valeur d'une musique implique que nous suivions la musique dans sa progression de proche en proche, n'est pas en elle-même controversée. Alban Berg, par exemple, ne dit pas autre chose quand il discute la musique de son maître, Arnold Schönberg :

> [Pour comprendre l'œuvre], *grosso modo*, il s'agit de reconnaître le début, le déroulement et la fin de toutes les mélodies qui la composent, d'entendre la résultante de leur simultanéité, non comme une manifestation du hasard, mais comme un ensemble d'harmonies et d'enchaînements harmoniques, d'éprouver le sens de tous les contrastes, petits et grands, en un mot, de suivre le développement ainsi qu'on suit celui d'un poème dont on possède la langue [32].

Et Berg s'emploie justement à montrer que, si la musique de Schönberg est si difficile à comprendre, c'est précisément parce qu'elle est difficile à suivre, en raison de sa « richesse débordante » [33], que ce soit par la densité de la polyphonie, la vitesse du rythme harmonique ou la subtilité des articulations mélodiques, et non pas parce qu'elle serait intrinsèquement incompréhensible.

L'aspect du concaténationisme propre à soulever la controverse tient à l'insistance renouvelée de Levinson à minimiser, sinon à exclure [34], la pertinence de la perception globale d'un morceau de

32. Voir Alban Berg, « Pourquoi la musique de Schönberg est-elle si difficile à comprendre ? », *Écrits*, traduits de l'allemand par Henri Pousseur, Gisela Tillier et Dennis Collins, Paris, Christian Bourgois, 1985, p. 24-39 (p. 25).

33. *Ibid.*, p. 33.

34. La version, particulièrement forte du concaténationisme qui est exposée et défendue dans les premiers chapitres est par la suite nuancée. Alors que le

musique comme un tout, ou des relations qui peuvent exister entre des éléments distants de la grande forme, pour la compréhension, l'appréciation et l'évaluation d'une œuvre. Certes, la grande forme possède une pertinence causale – en ce qu'elle facilite la saisie des différents moments musicaux comme des unités ou qu'elle renforce la fluidité des transitions d'un moment musical à un autre – mais elle ne possède pas pour autant une pertinence appréciative, au sens où il faudrait être explicitement conscient de la grande forme à laquelle obéit un morceau pour pouvoir en faire une expérience adéquate et jouir de son appréhension. Certes, la saisie de la grande forme, ou de procédés formels sophistiqués, nous procure un certain plaisir, mais il s'agit là d'un plaisir purement intellectuel, à la fois distinct de celui procuré par le fait de suivre la musique (ces deux formes de plaisir n'ont pas le même objet), plus faible (on préférera toujours le plaisir proprement musical procuré par l'écoute concrète de l'œuvre au plaisir intellectuel dérivé de la « contemplation réfléchie d'un schéma formel »[35]) et qui dépend du plaisir procuré par l'appréhension du flux musical (il faut déjà avoir « intériorisé la forme progressive fondamentale d'une pièce de musique [...] avant que la contemplation consciente des aspects de la construction à grande échelle puisse [...] offrir son propre degré de plaisir particulier lors de l'interaction entre l'auditeur et l'entité musicale »[36]). Il n'en fallait pas plus pour susciter les objections de Peter Kivy[37], qui défend la position architectoniciste opposée, selon laquelle, l'appréhension de

---

concaténationisme exposé dans le chapitre 2 de *La musique sur le vif* exclut la pertinence de la grande forme pour la compréhension, l'appréciation et l'évaluation d'une œuvre musique, Levinson reconnaît par la suite qu'une appréhension intellectuelle de la grande forme peut fournir une plus haute compréhension, peut prendre part à l'appréciation et jouer un rôle dans l'évaluation, mais soutient que ce rôle reste dans tous les cas mineur et accessoire par rapport au rôle joué par l'appréhension « instantanée » de la musique.

35. Levinson, *La musique sur le vif*, p. 179.

36. *Ibid.*, p. 181.

37. Voir Peter Kivy, « Music in Memory and Music in the Moment »; repris dans *New Essays on Musical Understanding*, Oxford, Oxford University Press, 2001, p. 183-217.

la grande forme, et de l'œuvre musicale comme un tout occupe une part essentielle dans la compréhension, l'appréciation et l'évaluation d'une œuvre musicale. Si l'on en croit la réponse donnée par Levinson à Kivy, les différences entre le concaténationisme nuancé de Levinson – celui auquel il aboutit à la fin de *La musique sur le vif* – et l'architectonicisme de Kivy sont moins grandes qu'il n'y paraît et reflètent moins des doctrines irréconciliables qu'un désaccord sur l'importance relative d'aspects de l'écoute que tous deux reconnaissent comme réels et légitimes [38].

Le contanationnisme offre ainsi un cadre théorique pour penser l'appréciation esthétique de la musique comme l'attitude visant à suivre pas à pas l'émergence de contenus musicaux, et permet de donner une justification supplémentaire de la centralité du mouvement pour l'appréciation.

En s'appuyant sur une certaine conception anti-formaliste de l'esthétique et sur une théorie concaténationiste de l'écoute, on peut ainsi proposer, comme le fait Levinson, une image à la fois détaillée et cohérente de l'appréciation esthétique de la musique. Mais peut-on aller plus loin et définir plus précisément des *critères* à l'aune desquels la valeur esthétique d'une œuvre musicale puisse être discernée ? Même si Levinson n'adhère pas à la réduction proposée par Beardsley de la valeur artistique à la valeur esthétique, il suit d'une certaine manière ce dernier en cherchant, dans « Évaluer la musique », des critères suffisamment stables à l'aune desquels la valeur esthétique d'une œuvre musicale puisse être appréhendée, même s'il ne retient pas *in fine* les candidats préférés de Beardsley, à savoir le trio unité-complexité-intensité. La difficulté, selon Levinson, consiste à identifier des critères qui ne soient ni trop généraux ou abstraits (du type : « la musique provoque une expérience esthétique satisfaisante »), ni trop concrets ou élémentaires (du type : « la simplicité des lignes mélodiques », « la sensualité des harmonies », « l'énergie du discours rythmique », etc.), mais se situent à un niveau

38. Jerrold Levinson, « Concaténationisme, architectonisme et compréhension musicale », dans Jean-Marc Chouvel et Xavier Hascher (dir.), *Esthétique et cognition*, Paris, Publications de la Sorbonne, 2013, p. 95-109.

intermédiaire, qui serait précisément le lieu où la valeur esthétique de la musique se dessine, et donc où se fait l'émergence de contenus expressifs et représentationnels sur la base de caractéristiques structurelles. Mais à quoi pourraient ressembler les critères du niveau intermédiaire envisagé par Levinson ?

Conformément au concaténationisme (nuancé) qu'il défend par ailleurs, Levinson se focalise ici sur la manière dont la musique est *conduite*, plutôt que la manière dont elle sonne. À ce niveau intermédiaire, Levinson propose ainsi de distinguer deux paramètres ou dimensions, sur lesquels les critères recherchés sont susceptibles de s'appuyer. Conformément à sa conception de l'appréciation, le premier paramètre est un paramètre formel, la « forme cinétique » de la musique, à savoir la manière dont elle progresse pas à pas, alors que le second a trait au contenu de la musique, et plus précisément à ce qu'elle exprime en vertu de la manière dont elle est conduite. Levinson suggère alors que la valeur esthétique d'une œuvre musicale dépend de la manière dont ces deux paramètres interagissent ou fusionnent.

Il existe toutefois une certaine marge de manœuvre dans la caractérisation de ces deux pôles et de leur mode d'interaction. Selon un premier modèle, le pôle formel est occupé par la forme cinétique de la musique, alors que le pôle du contenu est défini par le contenu expressif de l'œuvre. Mais Levinson semble également attiré par un second modèle, plus sophistiqué dans lequel le pôle formel est occupé par la « forme expressive » de la musique, soit la manière dont l'expressivité musicale évolue dans le temps, alors que le pôle du contenu correspond au contenu dramatique de la musique, c'est-à-dire l'histoire que raconte la musique en faisant varier son expressivité. Chacun des deux modèles a probablement un domaine d'application privilégié et opère à des échelles de temps différentes, de sorte qu'il n'est pas clair qu'il faille choisir entre les deux.

Une manière plus critique d'envisager cette marge de manœuvre consisterait à douter de la possibilité de définir des critères suffisamment précis pour pouvoir être concrètement appliqués à des œuvres musicales singulières. Si ces réserves sont fondées, alors on peut en venir à douter de la faisabilité même de l'entreprise visant à définir des critères pour juger de la valeur esthétique d'une œuvre. Levinson répond toutefois à ce genre de réserves en proposant au fil de ses essais l'analyse relativement détaillée d'exemples musicaux. Et son commentaire de la *Sonate pour piano n° 20 en la majeur*, D. 959, de Franz Schubert pourra peut-être convaincre les sceptiques, en montrant comme les différents concepts de forme et de contenu qu'il suggère peuvent venir éclairer l'expérience esthétique singulière que nous faisons à l'écoute de cette œuvre.

En prenant un peu de recul, on peut concevoir que la conception de la valeur esthétique des œuvres musicales défendue par Levinson soulève plusieurs objections. Cette valeur est étroitement associée à une conception bien précise de l'appréciation esthétique de la musique, qui à certains égards peut sembler partiale. Tout d'abord, on peut se demander si le style d'écoute que préconise Levinson n'est pas restrictif en ce qu'il convient à certaines musiques plutôt qu'à d'autres. Levinson insiste sur le rôle joué par le mouvement et l'agentivité musicale qui s'en dégage. Le mouvement que Levinson place au centre de l'appréciation musicale est un mouvement qui s'étend de proche en proche, qui fait avancer la musique pas à pas et que l'on peut suivre. Dans *La musique sur le vif*, il qualifie ce genre de musique de « téléologique ». Or il est clair que toutes les musiques ne sont pas téléologiques en ce sens. *Music of Changes* de John Cage revendique ainsi une absence complète de téléologie, et ne propose qu'une succession de sons épars qui ne contribue pas à une progression vers un quelconque but, mais suggère plutôt un enchaînement aléatoire. On peut également penser à des musiques qui, à l'instar de *Stimmung* de Karlheinz Stockhausen, cherchent avant tout à établir une couleur d'ensemble stable, à la travailler et à l'approfondir, plutôt qu'à la diriger vers un autre état. Un dernier exemple pourrait être fourni par l'*ambient music* de Brian Eno, qui repose sur la superposition de boucles, conduisant à l'émergence d'un mouvement circulaire indéfini, ne tendant vers aucun but défini. Il semble pourtant que ces musiques puissent faire l'objet d'une appréciation esthétique, qui doit par conséquent être d'une nature assez différente de celle que décrit Levinson. Il est probable que ce dernier se contente, comme souvent, de restreindre la validité de son approche à la musique savante occidentale, tout en insistant sur le fait qu'elle s'étend naturellement à un grand nombre de musiques qui fonctionnent de manière téléologique (le jazz, une grande partie de la musique de variétés, de nombreuses musiques traditionnelles). Mais il reste que cette pluralité des traitements du mouvement existe bel et bien en musique, ce qui conduit ou bien à reconnaître une pluralité d'appréciations de la musique, ou bien à déterminer certaines formes d'appréciations comme premières par rapport à d'autres. Trancher cette question nous amènerait sans doute trop loin, mais il est important de garder ces différentes options à l'esprit.

Deuxièmement, on peut se demander si cette conception de l'appréciation esthétique n'est pas partiale en ce qu'elle privilégie un certain type d'écoute à d'autres. L'écoute musicale peut en effet revêtir une multiplicité de formes. D'une part, les pratiques d'écoute dépendent de normes qui sont à la fois historiques, sociales et culturelles, mais aussi des dispositifs techniques auxquels elles s'articulent : on n'écoute pas la musique de la même manière dans une salle de concert ou sur son téléphone portable via une plateforme (plus ou moins légale) de *streaming*[39], si l'on est amateur de jazz ou de harsh noise[40], ou encore si l'on est à la cour de Louis XV ou contemporain de Pierre Boulez. Dans un célèbre article, William Weber se demande même si cela a un sens de dire que l'on *écoutait* la musique au XVIIIe siècle[41] ; il y décrit un monde au sein duquel

39. Sur les pratiques d'écoute induites par les baladeurs audio et autres applications web de diffusion musicale, voir les nombreux articles rassemblés dans Sumanth Gopinath et Jason Stanyek, *The Oxford Handbook of Mobile Music Studies*, Oxford, Oxford University Press, 2014.

40. Sur le type d'écoute développé par les amateurs de harsh noise, voir Catherine Guesde et Pauline Nadrigny, « L'écoute de la harsh noise : de la physiologie à l'esthétique », dans Clément Canonne (dir.), *Perspectives philosophiques sur les musiques actuelles*, Sampzon, Delatour, 2017, p. 157-195.

41. William Weber, « Did People Listen in the Eighteenth Century? », *Early Music*, vol. 25, n° 4, 1997, p. 678-691.

les spectateurs n'hésitent pas à discuter, à manger, ou à se lever et à partir au beau milieu d'une performance musicale, bref, un monde dans lequel la musique n'est pas pensée comme une activité séparée du reste des activités mondaines. Dans un même ordre d'idée, Peter Kivy et Lydia Goehr ont défendu l'hypothèse de l'existence d'un grand partage aux alentours de 1800, séparant une période antérieure au cours de laquelle la musique ne faisait pas, ou rarement, l'objet d'une appréciation esthétique, et une période postérieure où, avec l'avènement de la salle de concert, l'appréciation esthétique devient centrale[42]. Il n'est toutefois pas du tout clair que cette hypothèse soit correcte[43]; et quand bien même elle le serait, cela ne remet pas en cause le caractère approprié de l'écoute appréciative au moins pour les (nombreuses) œuvres de musique – des symphonies de Ludwig van Beethoven aux albums de Weather Report – qui ont été composées avec ce genre d'écoute en vue. Il est en effet manifeste que les discours sur l'écoute comprise comme pratique musicale à part entière, qu'ils émanent de critiques, de théoriciens ou de compositeurs, se sont faits de plus en plus nombreux à partir du XVIIIe siècle[44] – à mesure, donc, que s'affirme une conception de la musique comme art livrant ses produits sous la forme d'œuvres uniques, définitives et autonomes[45] – jusqu'à dominer largement et produire en retour un certain nombre d'effets régulateurs sur

42. Voir Peter Kivy, *Authenticities*, Ithaca, Cornell University Press, 1998 et Lydia Goehr, *The Imaginary Museum of Musical Works : An Essay in the Philosophy of Music*, Oxford, Oxford University Press, 2007.

43. Voir James O. Young (« Was There a "Great Divide" in Music ? », *International Review of the Aesthetics and Sociology of Music*, vol. 46, n° 2, 2015, p. 233-244) pour une discussion critique de l'article de Peter Kivy, « The Great Divide : In Defence of a Fact » ; repris dans *Sounding Off : Eleven Essays in the Philosophy of Music*, Oxford, Oxford University Press, 2012, p. 265-284.

44. Voir Martin Kaltenecker, *L'oreille divisée : les discours sur l'écoute musicale aux XVIIIe siècle et XIXe siècle*, Paris, Éditions MF, 2010. Tout l'intérêt de l'ouvrage de Kaltenecker est également de montrer comment derrière l'apparente unité de l'« écoute concentrée » qui se met en place se cachent en réalité un certain nombre de postures d'écoute (écoute structurale, écoute imaginative, écoute empathique, etc.) qui coexistent très largement depuis la Renaissance.

45. Voir Goehr, *The Imaginary Museum of Musical Works*.

les pratiques musicales mêmes qu'ils étaient censés décrire[46]. Il s'ensuit également que les musiques qui n'ont pas été composées en vue d'être écoutées de cette manière, mais ont été destinées à un autre genre de réception (accompagner une cérémonie religieuse, faire danser, réactiver le sentiment national) ne possèderont pas nécessairement une valeur *esthétique*. Reconnaître cela ne revient pas à nier que les musiques composées avec ce genre d'écoute en vue sont dépourvues de toute valeur. Cela n'implique pas non plus que ces musiques ne peuvent pas posséder, elles aussi, une valeur esthétique, si elles se prêtent favorablement à une appréciation de type esthétique, c'est-à-dire, si l'adoption d'une attitude esthétique à leur endroit procure une expérience gratifiante. Ainsi, même si l'appréciation esthétique de la musique implique un type d'écoute bien particulier, et historiquement situé, cela ne l'empêche pas de jouer un rôle essentiel pour sonder la valeur esthétique d'un grand nombre de musiques.

Enfin, on peut se demander si le portrait de l'appréciation musicale dessiné par Levinson n'est pas partial au sens où il privilégierait un certain type d'auditeur. Levinson insiste à plusieurs reprises sur la nécessité pour l'auditeur d'adopter une posture d'écoute *adéquate*. Comme le faisait déjà remarquer d'Alembert, « la musique est un art d'habitude : c'est une langue à laquelle il faut s'accoutumer »[47]. L'appréhension esthétique d'une œuvre musicale (comme sans doute de n'importe quel objet artistique) semble donc présupposer une familiarité minimale, si ce n'est avec l'œuvre en question, du moins avec la tradition musicale à laquelle elle se rattache ou avec le style dans lequel elle est produite. Selon Levinson,

> l'écoute musicale est contextuelle de bout en bout : entendre une pièce de musique en la comprenant, ou en faire une expérience

46. Par exemple dans la conception des salles de concert ou dans la diffusion de « guides d'écoute » permettant de préparer l'auditeur au concert. Sur ce dernier aspect, voir Nicolas Donin, « Instruments de musicologie », *Filigrane*, n° 1, 2005, p. 141-179.

47. Jean Le Rond d'Alembert, « Fragments sur la musique » [1887], dans Robert Muller et Florence Fabre (dir.), *Philosophie de la musique*, Paris, Vrin, 2013, p. 131

> adéquate, c'est la relier à des motifs, à des normes, à des phénomènes et à des faits qui résident en dehors de la pièce en question[48].

Une telle formulation pourrait laisser entendre que seuls les mélomanes ayant une bonne connaissance de l'histoire de la musique, de l'organologie ou encore de la théorie musicale sont susceptibles d'appréhender une œuvre de musique de manière adéquate. C'est par exemple la position défendue par Mark DeBellis[49]. Pour DeBellis, l'auditeur profane – qui ne possède pas les concepts issus de la théorie musicale – ne peut pas vraiment faire une expérience adéquate d'une œuvre de musique, et ce pour au moins deux raisons : d'une part, son expérience sera partielle, en ce sens qu'il ne sera pas capable de percevoir la totalité de ce qu'il y a à entendre dans un passage donné – il ne percevra pas par exemple tel mouvement harmonique comme une résolution sur l'accord de tonique (même s'il peut par ailleurs très bien percevoir le sentiment de détente induit par une telle résolution) et son écoute sera, par conséquent, non conceptuelle, au sens où elle n'est pas médiée par un certain nombre de termes techniques, qui viennent pour ainsi dire « informer » sa perception de la musique ; d'autre part, son expérience sera ineffable, dans la mesure où il ne sera pas capable d'exprimer verbalement ce qu'il entend. Cette position prête néanmoins le flanc à un certain nombre de critiques. En particulier, elle semble restreindre inutilement l'accès à la musique aux auditeurs possédant au moins des rudiments de théorie musicale. On peut au contraire défendre l'idée selon laquelle l'expérience des auditeurs « profanes » n'est pas ineffable, du moins en principe, dans la mesure où ils peuvent très bien être capables d'en rendre compte en utilisant un vocabulaire non technique. Comme le rappelle Stephen Davies[50],

48. Jerrold Levinson, « Musical Literacy », *The Pleasures of Aesthetics*, Ithaca, Cornell University Press, 1996, p. 27-41 (p. 32).

49. Mark DeBellis, *Music and Conceptualization*, Cambridge, Cambridge University Press, 1995.

50. Voir Stephen Davies, « Musical Understandings », *Musical Understandings and Other Essays on the Philosophy of Music*, Oxford, Oxford University Press, 2011, p. 88-128.

plutôt que d'évoquer les renversements, rétrogrades, augmentations et autres strettes de la fugue qu'il écoute, un auditeur pourra simplement dire : « Ici, la mélodie est comme vue à travers un miroir. Ici, c'est comme si on la jouait à l'envers. Là, elle est jouée plus lentement. Et ici, les différentes mélodies s'empilent rapidement les unes sur les autres, en cascade ». Et en effet, on ne voit pas très bien ce qu'ajoute véritablement à l'expérience de l'auditeur le fait de posséder le concept de « 7ᵉ de dominante », du moment que ce dernier perçoit et ressent cet accord comme appelant un certain type de mouvement harmonique et qu'il est capable de distinguer perceptuellement ce type d'accord bien particulier d'autres formes d'accords lorsqu'il entend par exemple une sonate pour piano de Wolfgang Amadeus Mozart – même si, par ailleurs, il n'est pas capable d'en rendre compte verbalement[51].

---

51. Pour Levinson, la compréhension d'une œuvre musicale ne nécessite pas forcément que l'auditeur soit capable de rendre compte de sa compréhension par un certain nombre de manifestations publiques (allant de la simple réponse corporelle à la musique – être capable de frapper du pied en mesure, voire de danser en suivant les appuis rythmiques et métriques de la musique – à la production d'un discours articulé décrivant le morceau écouté – que cette description fasse appel à des termes techniques ou qu'elle se contente d'utiliser les mots de la vie de tous les jours). En particulier, ce n'est pas parce qu'un auditeur n'est pas capable d'exprimer verbalement ce qu'il a saisi d'un morceau de musique (par exemple en en produisant une description sous la forme d'un ensemble de propositions susceptibles de recevoir une valeur de vérité) qu'il n'en a pas pour autant fait une appréhension adéquate. Au fond, pour Levinson, l'essentiel est bien que l'auditeur se soit forgé, au fil de ses écoutes, un certain nombre de *dispositions internes* (cognitives, corporelles, émotionnelles) plus ou moins inconscientes qui lui permettent de ne pas se laisser submerger par le flot musical lorsqu'il entreprend d'en suivre le cours, de répondre de manière appropriée aux événements musicaux qu'il perçoit et de mettre implicitement en relation ce qu'il entend avec d'autres choses qu'il a pu entendre (au cours de cette écoute ou au cours d'une écoute passée) ou plus largement avec son expérience non musicale, bref, qui lui permettent de *suivre* activement la musique. Comme l'a bien montré Erkki Huovinen dans son article « Levels and Kinds of Listeners' Musical Understandings » (*British Journal of Aesthetics*, vol. 48, n° 3, 2008, p. 315-337), c'est surtout quand l'on veut pouvoir affirmer que nos expériences musicales sont non seulement comparables les unes aux autres, mais encore *commensurables* (et donc lorsque l'on veut pouvoir donner un fondement à l'idée selon laquelle il existe différents *niveaux* de compréhension musicale) qu'il devient essentiel de disposer de critères publics permettant d'objectiver la compréhension de l'auditeur.

Autrement dit, les compétences requises pour faire une expérience adéquate de la musique peuvent tout aussi bien s'acquérir par simple exposition ; elles relèvent en tout cas davantage d'un savoir-faire dispositionnel que d'un savoir propositionnel[52]. Comme le rappelle Levinson,

> la connaissance d'arrière-fond pertinente pour devenir un auditeur compétent est sans doute largement implicite, et non explicite, et on y accède souvent d'une manière largement intuitive, expérientielle, qui n'est pas médiée par le langage[53].

Dans cette perspective, les connaissances historiques et théoriques qui peuvent nous servir à tenir des discours critiques, descriptifs ou analytiques sur les œuvres de musique ne sont aucunement nécessaires à l'appréhension de la musique – même si elles peuvent bien entendu venir enrichir significativement notre expérience. En revanche, il paraît nécessaire de se familiariser, par l'écoute, avec l'univers stylistique dont est issue l'œuvre entendue, de façon à en internaliser les normes, les formes et les procédures. L'appréhension adéquate d'une œuvre de musique suppose *in fine* une forme de connaissance par accointance : l'auditeur désirant faire une telle expérience n'a pas besoin d'avoir digéré la définition formelle d'un concerto ou d'une fugue, d'avoir compris le moindre rudiment de théorie harmonique, de connaître l'ambitus exact de chaque instrument de l'orchestre ou d'être capable d'énumérer toutes les caractéristiques du style baroque. Il doit simplement avoir

52. Les travaux empiriques présentés par Emmanuel Bigand et Bénédicte Poulin-Charronnat dans « Are We "Experienced Listeners"? A Review of the Musical Capacities That Do Not Depend on Formal Musical Training » (*Cognition*, vol. 100, n° 1, 2006, p. 100-130) semblent en tout cas établir qu'un bon nombre des dispositions cognitives qui sous-tendent l'appréhension de la musique occidentale (percevoir la relation entre un thème et ses variations, avoir des attentes harmoniques ou mélodiques, intégrer les structures locales au sein d'une forme globale ou encore répondre émotionnellement à la musique) s'acquièrent par simple exposition, sans qu'il soit besoin de recourir à un apprentissage explicite. Les deux auteurs en concluent que les auditeurs « profanes » répondent à la musique (tonale occidentale) fondamentalement de la même manière que le font les auditeurs « experts ».

53. Levinson, « Musical Literacy », p. 36.

une saisie implicite de toutes ces choses, dans sa chair et dans ses oreilles, pour ainsi dire[54].

La saisie de la valeur esthétique d'une œuvre n'est donc pas réservée aux *happy few* d'un corps d'élite de l'écoute musicale, mais est en principe accessible à tout un chacun, pourvu qu'il fréquente suffisamment la musique.

La valeur esthétique de la musique, qui occupe une place centrale dans la valeur intrinsèque que la musique possède à nos yeux, est ainsi accessible à une écoute désireuse d'embrasser le mouvement de la musique. Les réflexions de Levinson sur la valeur esthétique de la musique, qui s'efforcent de joindre le plan de l'abstraction théorique à celui de l'attention minutieuse aux exemples musicaux, conduisent à penser que le lien intime entre le sens de la musique et sa forme, qui occupe le centre de notre appréciation, n'apparaît véritablement que lorsqu'on considère la musique non seulement comme un art des sons, mais également comme un art de la succession – un art des sons mis en mouvement. Et c'est précisément à cette double appréciation que nous invite la philosophie de la musique de Jerrold Levinson.

54. *Ibid.*

L'APPRÉCIATION ESTHÉTIQUE DE LA MUSIQUE[1]

Jerrold LEVINSON

LE CONCEPT D'APPRÉCIATION ET AUTRES NOTIONS CONNEXES

En quoi l'appréciation esthétique de la musique consiste-t-elle? Pour répondre de manière utile à cette question, il faudra au minimum que l'on éclaircisse la manière dont les termes « appréciation » et « esthétique » doivent être compris dans ce contexte. Que veut-on dire lorsqu'on parle d'*appréciation* de la musique? Et que dit-on de plus lorsque l'on précise que cette appréciation est *esthétique*?

La notion d'appréciation est une notion complexe. Apprécier quelque chose présuppose sans doute, d'une part, de percevoir ce quelque chose, ou de le connaître, ou d'en faire l'expérience d'une manière ou d'une autre – ce qui peut impliquer un acte d'imagination – et, d'autre part, d'en retirer une certaine satisfaction, ou de le considérer de manière positive. En d'autres termes, apprécier quelque chose implique à la fois d'en faire une expérience adéquate, c'est-à-dire une expérience qui nous en donne une connaissance directe, et suite à cette expérience, d'éprouver un certain plaisir à son contact, ou du moins de le considérer sous un jour favorable. Bref, apprécier quelque chose, c'est en faire une expérience intrinsèquement enrichissante.

L'appréciation se distingue donc d'un certain nombre d'autres relations qu'un auditeur est susceptible d'entretenir avec la musique. De manière évidente, l'appréciation se distingue du simple fait de

1. Jerrold Levinson, « The Aesthetic Appreciation of Music », *British Journal of Aesthetics*, vol. 49, n° 4, 2009, p. 415-425 ; repris dans *Musical Concerns*, Oxford, Oxford University Press, 2015, p. 17-31.

percevoir un morceau de musique, qui n'implique pas une réaction positive de l'auditeur, mais également du simple fait d'avoir une *opinion favorable* au sujet d'un morceau de musique, qui n'implique pas que l'on en fasse effectivement l'expérience. L'appréciation se distingue également de l'évaluation en tant que telle – c'est-à-dire l'activité qui consiste à attribuer (ou à tenter d'attribuer) une valeur précise à la musique entendue – parce qu'il manque à cette dernière la dimension essentiellement bienveillante de l'appréciation, qui cherche à profiter de ce que la musique a à offrir, quelle que soit sa valeur, plutôt que de parvenir à une estimation précise de celle-ci[2]. L'appréciation se distingue enfin du simple fait d'éprouver du plaisir en écoutant de la musique, parce qu'on peut ressentir du plaisir sans véritablement écouter la musique, comme lorsqu'on écoute un morceau pour se relaxer, en ne lui prêtant qu'une oreille distraite.

Voilà donc ce que l'on peut dire de l'appréciation. Maintenant, comment l'appréciation *esthétique* de la musique se distingue-t-elle d'une appréciation *non esthétique* ? La musique écoutée peut être appréciée pour ses effets apaisants, pour la facilité avec laquelle elle se fond à l'arrière-plan lors d'une soirée entre amis, pour sa capacité à accompagner les mouvements des danseurs, ou encore pour ses pouvoirs thérapeutiques. Dans tous les cas, la musique fait bien l'objet d'une appréciation, mais probablement pas d'une appréciation *esthétique*. Pourquoi ? Parce que l'objet central de l'appréciation n'est pas la musique *elle-même*, c'est-à-dire l'apparence sonore de la musique en tant que telle, mais plutôt *l'usage* que l'on peut en faire, ou les *effets* produits par son écoute. L'appréciation esthétique de la musique est une appréciation de la musique centrée sur sa forme sonore et son contenu, et non sur le rôle qu'elle peut jouer dans la poursuite d'autres fins.

Mais n'allons pas trop vite. Exclure de l'appréciation esthétique de la musique toute forme d'appréciation centrée sur les *fins extérieures* qu'elle pourrait poursuivre ne signifie pas qu'il faille

2. Voir Susan L. Feagin, *Reading with Feeling*, Ithaca, Cornell University Press, 1996.

exclure aussi toute considération relative à la *finalité interne* de la musique, c'est-à-dire à la *fonctionnalité* inhérente au genre auquel elle appartient. En effet, bon nombre de pièces de musique comportent une dimension fonctionnelle essentielle – par exemple une fonction religieuse, patriotique, mémorielle ou festive – et ont été clairement conçues avec ces fonctions à l'esprit. Dans de tels cas, une appréciation adéquate de la musique *en tant que* musique, et donc une appréciation *esthétique*, se doit de prêter une certaine attention à la manière dont la musique, à travers ses propriétés formelles, esthétiques et expressives, répond plus ou moins favorablement aux objectifs inhérents au genre de musique en question [3]. On pourrait également considérer que l'adéquation fonctionnelle de la musique fait partie de sa forme au sens large, car elle concerne la relation entre un objectif interne de la musique et sa forme au sens strict, c'est-à-dire sa structure musicale ; considéré de cette manière, il s'agit en effet d'un objet parfaitement approprié d'appréciation esthétique, qui s'accorde aux conceptions les plus traditionnelles exprimées sur le sujet.

J'en ai maintenant assez dit sur la notion générale d'appréciation esthétique, appliquée à la musique. Il nous faut maintenant brièvement considérer, avant de poursuivre, quelle est la relation entre l'appréciation esthétique de la musique et des notions voisines, telles qu'adopter une *attitude* esthétique envers la musique, y prêter une *attention* esthétique, en retirer une *satisfaction* esthétique ou encore en avoir une *expérience* esthétique [4].

Commençons avec la première de ces notions. Comment devrions-nous caractériser *l'attitude* esthétique, comprise en première approximation comme un *état d'esprit* ou une *prédispo-*

3. Pour une discussion plus approfondie, voir Stephen Davies, « Aesthetic Judgements, Artworks, and Functional Beauty », *Philosophical Quaterly*, vol. 56, 2006, p. 224-241.

4. On rencontre souvent dans la littérature esthétique un certain scepticisme quant à la possibilité de spécifier d'une manière non triviale ce qui fait une attitude esthétique ou une expérience esthétique, allant parfois même jusqu'à nier que de telles choses existent. Je laisserai ici ce débat de côté, mais considérerai simplement que rien ne justifie véritablement un scepticisme aussi extrême.

sition mentale susceptible de conduire à l'expérience esthétique, et qui en constitue peut-être même un prérequis[5] ? La notion d'attitude esthétique a déjà une longue histoire au sein de la théorie esthétique des XVIIIe et XIXe siècle, et occupe une place de choix dans les réflexions philosophiques de Shaftesbury, Hutcheson, Kant ou Schopenhauer, entre autres. Sans chercher à retracer la longue histoire de cette notion, nous pouvons au moins énumérer certaines des caractéristiques que les théoriciens de l'esthétique ont traditionnellement attribuées à ce type d'attitude.

Parmi ces caractéristiques figure au premier chef le *désintéressement*, c'est-à-dire le fait de s'affranchir de préoccupations purement personnelles ou étroitement pratiques, ou de les mettre au second plan, de façon à rendre possible un engagement total dans la perception de l'objet et de ses propriétés. La deuxième caractéristique sur laquelle insistent certains théoriciens est que l'attitude esthétique est toujours *dirigée* vers un objet : l'attitude esthétique nous dispose à nous arrêter sur l'objet perçu pour lui-même et à nous abandonner à sa contemplation ou à sa délectation. La troisième caractéristique souvent proposée est celle de la *liberté cognitive*, c'est-à-dire la tendance à s'engager dans des activités imaginatives qui visent à la découverte et à l'exploration de l'objet perçu, ou au tissage de relations entre cet objet et d'autres choses, sans se restreindre pour autant aux manières habituelles de le classer ou de le catégoriser. Les activités du type « percevoir-comme », « percevoir-dans », « percevoir métaphoriquement » ou « percevoir sous le concept de » – sur lesquelles des philosophes comme Arthur Danto, Richard Wollheim ou Roger Scruton ont si souvent insisté – occupent à cet égard une place centrale. Une quatrième caractéristique de l'attitude esthétique, que l'on rencontre parfois et que

5. Dans cet ordre d'idée, on a pu caractériser l'attitude esthétique comme suit : « Traditionnellement, l'attitude esthétique est définie comme une attitude ou un état d'esprit qui est adopté, volontairement et consciemment, par un individu, rendant ainsi cet individu réceptif à une possible expérience esthétique » (David Fenner, « Aesthetic Attitude », dans Michael Kelly (dir.), *Encyclopedia of Aesthetics*, vol. 2, Oxford, Oxford University Press, 1998, p. 150-153, en particulier p. 150).

l'on pourrait considérer comme une extension de la précédente, est *l'ouverture interprétative*, c'est-à-dire la disposition à interpréter l'objet perçu, qui nous fait rechercher un sens, une signification ou une portée symbolique en lui. Enfin, la cinquième caractéristique, souvent considérée comme centrale à l'attitude esthétique, est celle de la *réceptivité émotionnelle*, c'est-à-dire la disposition à prendre en compte la dimension expressive d'un objet et à y répondre, en étant alerte à saisir son contenu humain plutôt que de rester un admirateur passif de sa conception formelle ou de son ingéniosité technique[6].

On peut noter qu'il n'y a pas de contradiction entre cette dernière caractéristique – la réceptivité émotionnelle – et la caractéristique de désintéressement, du moins si on la comprend correctement : le désintéressement implique de se sortir de l'esprit, autant que faire se peut, les préoccupations pratiques ou personnelles qui peuvent nous distraire, mais cela n'implique en aucun cas d'inhiber nos dispositions à l'empathie ou à la compassion, notre volonté de plonger dans la vie de l'objet artistique, qu'il s'agisse d'un tableau, d'un film, d'une pièce de théâtre ou d'une symphonie, de ne faire qu'un avec son âme et son corps, jusqu'au sang et aux larmes s'il le faut.

Il n'est pas absolument certain que ces cinq caractéristiques soient présentes à chaque fois que l'on adopte explicitement une attitude esthétique envers un objet artistique ni que ces caractéristiques, prises comme un tout, définissent un état d'esprit spécifique et bien identifiable, mais nous supposerons qu'il y a bien quelque chose qui correspond plus ou moins à la caractérisation que nous venons d'esquisser. Examinons à présent les autres notions mentionnées plus haut, dans lesquelles le concept d'esthétique joue un rôle central, à savoir les notions d'*attention* esthétique, de *satisfaction* esthétique

6. Pour plus de détails sur ces diverses suggestions, voir Jerome Stolnitz, *Aesthetics and the Philosophy of Art Criticism*, New York, Houghton Mifflin, 1960 ; Monroe Beardsley, *The Aesthetic Point of View*, Ithaca, Cornell University Press, 1982 ; Thomas Leddy, « Practical George and Aesthete Jerome Meet the Aesthetic Object », *Southern Journal of Philosophy*, vol. 28, n° 1, 1990, p. 37-53 ; Robert Stecker, *Aesthetics and the Philosophy of Art*, Lanham, Rowman & Littlefield, 2005.

et d'*expérience* esthétique. On peut dire qu'une attitude en général est une disposition à penser, sentir et réagir d'une certaine manière, bref, une disposition à faire l'expérience des choses d'une certaine manière. Une attitude esthétique est donc une disposition ou une inclinaison envers une expérience esthétique. Or, une attitude ou un état d'esprit esthétique ne peuvent pas *constituer* en eux-mêmes une expérience esthétique, mais seulement *préparer* et *informer* cette expérience. La substance de l'expérience esthétique, pour ainsi dire, consiste plutôt en diverses activités et processus mentaux – comme penser, sentir, réagir – qui requièrent tous, préalablement, une certaine attention. Pour parvenir à une conception adéquate de l'expérience esthétique, il nous faut donc examiner ce moyen terme crucial : l'*attention esthétique*.

J'ai proposé ailleurs de considérer l'attention esthétique comme une attention dirigée vers la forme d'un objet, son contenu, et la relation qui existe entre cette forme et ce contenu. Cela revient à définir l'attention esthétique par ce sur quoi elle *porte*[7]. Une autre possibilité est de dire que l'attention esthétique est une attention qui n'est guidée par aucun objectif pragmatique, mais qui vise simplement à avoir une expérience aussi complète et adéquate que possible de l'objet considéré. Cela revient à définir l'attention esthétique par ce qui *motive* l'attention[8]. Ces deux définitions de l'attention esthétique ne sont pas incompatibles, et peuvent être combinées de manière féconde dans la plupart des contextes théoriques. Dans tous les cas, la *satisfaction* esthétique que l'on retire de la musique peut alors être caractérisée simplement comme la satisfaction découlant de l'*attention* esthétique portée à la musique.

---

7. Voir Jerrold Levinson, « What Is Aesthetic Pleasure ? », *The Pleasures of Aesthetics*, Ithaca, Cornell University Press, 1996, p. 3-10 : « Le plaisir procuré par un objet est esthétique lorsqu'il découle de l'appréhension de, et de la réflexion sur, le caractère et le contenu propres à l'objet, considérés à la fois pour eux-mêmes et en relation avec la structure de l'objet dont ils dépendent » (p. 6). Voir aussi Richard Eldridge, « Form and Content : An Aesthetic Theory of Art », *British Journal of Aesthetics*, vol. 25, n° 4, 1985, p. 303-316.

8. Voir Gary Kemp, « The Aesthetic Attitude », *British Journal of Aesthetics*, vol. 39, n° 4, 1999, p. 392-399.

Il ne reste plus qu'à clarifier la notion d'*expérience* esthétique de la musique. Disons simplement que l'expérience que l'on fait de la musique est esthétique si elle implique qu'une attention esthétique est portée à la musique et qu'on en retire une satisfaction esthétique. En disant cela, bien sûr, on fait automatiquement de l'expérience esthétique une expérience *positive*, c'est-à-dire une expérience désirable, gratifiante et recherchée. Bien qu'il ne soit pas entièrement incohérent de parler d'expérience esthétique neutre ou même négative – c'est-à-dire d'une expérience qui soit dénuée de satisfaction esthétique, voire qui implique une certaine insatisfaction esthétique – il y a tout de même un avantage à considérer qu'une expérience esthétique est positive pour ainsi dire par défaut : nous pouvons alors tenir pour (approximativement) équivalents, d'un côté, le fait d'apprécier esthétiquement la musique et, de l'autre, le fait de faire une expérience esthétique de la musique. Cette équivalence sera ainsi présupposée dans la suite du texte[9].

LES ÉLÉMENTS PRINCIPAUX DE L'APPRÉCIATION ESTHÉTIQUE DE LA MUSIQUE

Ces clarifications préliminaires ayant été effectuées, nous sommes maintenant en position d'aborder le sujet central de cet essai : quels sont les éléments principaux de l'appréciation esthétique de la musique et quel est le rôle, dans cette appréciation, de la dimension

9. Certains ont avancé l'idée selon laquelle la dimension principale de l'expérience esthétique est d'être une expérience valorisée pour elle-même. Voir Gary Iseminger, « Aesthetic Experience », dans Jerrold Levinson (dir.), *Oxford Handbook of Aesthetics*, Oxford, Oxford University Press, 2003, p. 99-116 ; Gary Iseminger, « The Aesthetic State of Mind », dans Mathew Kieran (dir.), *Contemporary Debates in Aesthetics and the Philosophy of Art*, Oxford, Blackwell, 2005, p. 98-112 ; Stecker, *Aesthetics and the Philosophy of Art*. Deux expériences comportant fondamentalement les mêmes perceptions et intellections peuvent donc différer si ces perceptions ou intellections sont valorisées pour elles-mêmes dans le premier cas, mais pas dans le second ; il n'y a alors expérience esthétique que dans le premier cas, et pas dans le second. Cette conception de l'expérience esthétique est parfaitement compatible avec celle que j'ai esquissée plus haut, mais il me semble préférable de ne pas l'adopter, l'idée de valoriser une chose pour elle-même ne me semblant pas suffisamment claire.

affective ou expressive de la musique, et de la réponse de l'auditeur à cette dimension ?

Admettons donc qu'une *attention* esthétique prêtée à un morceau de musique soit une attention prêtée, sans visée pragmatique particulière, à sa forme, à son contenu, et à la relation entre cette forme et ce contenu ; admettons aussi que cela procure normalement une certaine dose de *satisfaction* esthétique et conduise à une évaluation positive du morceau de musique en question ; admettons enfin que cette attention, cette satisfaction et cette évaluation prises ensemble constituent l'*appréciation* esthétique de la musique.

En dehors de l'appréciation de l'expressivité de la musique – qui sera notre préoccupation principale dans ce qui suit – sur quoi l'appréciation esthétique de la musique porte-t-elle ? Ou, pour le dire autrement, quels sont ses objets ? Ici, je ne peux que tenter de suivre modestement les pas des nombreux commentateurs distingués qui ont déjà brillamment ouvert le chemin – Aaron Copland, Leonard Bernstein, Anthony Hopkins, Peter Kivy ou Roger Scruton, pour n'en citer que quelques-uns – mais rassurez-vous, je ne m'étendrai pas au-delà du raisonnable.

On peut mentionner tout d'abord l'appréciation de la *forme* musicale, à petite ou à grande échelle. À petite échelle, on trouve l'appréciation de la mélodie – c'est-à-dire d'un mouvement dans l'espace des hauteurs – ce qui implique une conscience des parties composantes de cette mélodie, comme les motifs et les phrases. Ensuite, bien que cela ne soit pas vraiment dissociable de la mélodie, il faut mentionner l'appréciation du rythme, c'est-à-dire l'organisation des durées et la distribution des accents. Mentionnons enfin l'appréciation de l'harmonie, c'est-à-dire le résultat produit par différentes hauteurs sonnant ensemble et les intervalles et accords qui en découlent et, le cas échéant, l'appréciation de la polyphonie, ou de la combinaison de mélodies ou de voix distinctes jouées simultanément.

Pour compléter ce rapide passage en revue des propriétés musicales élémentaires en tant qu'objets d'appréciation, il faut ajouter l'appréciation du timbre ou de la couleur instrumentale, c'est-à-dire la qualité sonore distinctive qui est conférée à la musique par l'utilisation de tel ou tel instrument, et l'appréciation des dynamiques, c'est-à-dire les variations d'intensité entre sons forts et sons faibles au cours du temps. La conscience du déploiement local de la musique selon toutes ces dimensions, qui ne requiert guère plus qu'une attention continue à l'évolution temporelle de celle-ci, constitue le cœur de l'appréciation musicale dans une perspective concaténationiste [10]. Sur une échelle de temps plus longue, l'appréciation de la forme musicale implique la conscience des répétitions mélodiques, du plan tonal, du rythme harmonique, des grandes formes à section de type forme-sonate, des équilibres globaux et des symétries ; et tout cela constitue le cœur de l'appréciation musicale dans une perspective architectoniste [11].

Je m'arrêterai là pour ce qui concerne la forme musicale en tant que telle. L'élément suivant sur lequel peut porter l'appréciation musicale est le *mouvement* musical, qui émerge en grande partie, et de façon complexe, de la forme musicale à petite échelle. Quand nous écoutons un morceau de musique *comme de la musique*, nous n'entendons pas simplement des *changements* dans les paramètres de base que sont la mélodie, le rythme, l'harmonie, la dynamique ou le timbre. Nous entendons plutôt, en vertu de ces changements, un mouvement *imaginaire* ou peut-être *métaphorique* qui a lieu *dans* la musique elle-même : nous entendons la musique monter, tomber, s'élancer, plonger, se dilater, se contracter, avancer, battre en retraite,

10. Voir Jerrold Levinson, *La musique sur le vif*, traduit de l'anglais par Sandrine Darsel, Rennes, Presses Universitaires de Rennes, 2013.

11. Voir Peter Kivy, *Music Alone*, Ithaca, Cornell University Press, 1990. Pour une discussion concernant les avantages et désavantages respectifs des théories concaténationistes et architectonistes de la compréhension musicale, voir Peter Kivy, « Music in Memory and Music in the Moment » ; repris dans *New Essays on Musical Understanding*, Oxford, Oxford University Press, 2001, p. 183-217 ; Jerrold Levinson, « Concaténationisme, architectonisme et compréhension musicale », dans Jean-Marc Chouvel et Xavier Hascher (dir.), *Esthétique et cognition*, Paris, Publications de la Sorbonne, 2013, p. 95-109. On trouvera dans ce dernier article des références à des études récentes en psychologie cognitive de la musique proposant un certain nombre de données empiriques qui viennent conforter significativement l'hypothèse concaténationiste de la compréhension musicale.

se précipiter, flâner, traîner des pieds, bondir, enfler, s'affaisser, et ainsi de suite[12]. On ne soulignera jamais assez l'importance de ce mouvement musical, sans lequel une bonne partie de ce qui fait l'intérêt de la musique s'évaporerait tout simplement. Le mouvement musical perçu est l'ossature qui soutient la quasi-totalité de ce qui nous attire dans la musique au-delà du simple niveau des propriétés musicales élémentaires[13].

Cela nous conduit naturellement à un autre objet de l'appréciation esthétique de la musique, à savoir l'agentivité que la musique offre plus généralement, précisément en vertu du mouvement que nous percevons en elle. Tout cet aspect de la musique peut se ranger sous la catégorie du *geste*. C'est en vertu de mouvements musicaux variés que la musique est entendue comme traversée de gestes multiples – par exemple soupirer, caresser, menacer, questionner, inviter, se désespérer, se réjouir, etc. – de telle sorte qu'on l'entend en effet comme agissant ou se comportant tour à tour de toutes ces manières[14].

Le geste joue ici le rôle crucial de moyen terme dans le passage du mouvement musical à l'expression musicale. C'est parce que la musique revêt souvent l'apparence de *gestes* de diverses sortes

---

12. On trouvera de riches discussions sur cette question du mouvement musical dans Stephen Davies, *Musical Meaning and Expression*, Ithaca, Cornell University Press, 1994; Malcolm Budd, *Values of Art. Pictures, Poetry, and Music*, Londres, Penguin, 1995; et Roger Scruton, *The Aesthetics of Music*, Oxford, Oxford University Press, 1997; ainsi que dans ces références plus anciennes, mais tout aussi importantes : Edmund Gurney, *The Power of Sound*, New York, Basic Books, 1966; Susan Langer, *Feeling and Form*, New York, Scribner, 1953; et Donald Ferguson, *Music as Metaphor*, Minneapolis, University of Minnesota Press, 1960.

13. Pour diverses positions sur la nature et le statut du mouvement entendu dans la musique, voir Davies, *Musical Meaning and Expression*; Scruton, *The Aesthetics of Music*; Budd, *Values of Art*; et plus récemment, l'échange éclairant entre Malcolm Budd, « Musical Movement and Aesthetic Metaphors », *British Journal of Aesthetics*, vol. 43, n° 3, 2003, p. 209-223; et Roger Scruton, « Musical Movement : A Reply to Budd », *British Journal of Aesthetics*, vol. 44, n° 2, 2004, p. 184-187.

14. Voir, dans le présent volume, l'essai « L'expressivité musicale », p. 129-198. Ici, « geste » n'est pas seulement entendu en son sens étroit, mais s'applique plus largement aux expressions faciales, aux postures, aux allures et aux attitudes.

qu'elle peut être entendue, par analogie avec le rôle joué par les gestes physiques dans l'expression comportementale des émotions, comme si elle était *elle-même* l'expression d'une émotion. L'expressivité musicale consiste même fondamentalement dans cette capacité que possède la musique à se laisser aisément entendre *comme* l'expression d'émotions.

Si la musique ne nous semblait pas se mouvoir d'une certaine manière, elle ne pourrait pas nous apparaître comme manifestant certains types de gestes, par exemple des gestes de colère ; et si nous ne percevions pas ces gestes dans la musique, nous ne l'entendrions pas comme exprimant de la colère, et donc comme étant émotionnellement expressive. En bref, le schéma d'ensemble est le suivant : de la forme à petite échelle émerge un mouvement musical d'un certain caractère ; de ce mouvement musical, accompagné d'autres caractéristiques de la musique (par exemple l'harmonie), émerge un geste musical ; et de ce geste musical émerge finalement l'expressivité musicale, et tout particulièrement l'expressivité émotionnelle de la musique.

Je suis maintenant parvenu à la dimension de l'appréciation esthétique de la musique qui est au cœur de mon propos dans ce texte, à savoir l'expressivité musicale, et un exemple me permettra d'approfondir notre compréhension de ce que cela implique. Mais il me faut d'abord brièvement prendre en compte trois autres objets possibles d'une appréciation esthétique de la musique, en dehors de la forme, du mouvement, du geste et de l'expressivité.

D'abord, la musique peut présenter des *qualités esthétiques non expressives*, qualités qui surviennent, comme les qualités expressives, sur les propriétés musicales élémentaires énumérées ci-dessus, que nous avons associées à la forme à petite échelle. Les qualités esthétiques non expressives incluent des qualités perceptives complexes comme la grâce, la délicatesse, le charme, l'humour, le danger ou le mystère. Même si ces qualités ne renvoient pas vraiment à des états psychologiques susceptibles d'être extériorisés et ne font donc pas partie de l'expressivité musicale en tant que telle, elles n'en constituent pas moins une partie importante de l'intérêt et de l'attrait que revêt la musique pour l'auditeur [15].

Ensuite, la musique possède très souvent, sinon toujours, un *contenu narratif ou dramatique*, qui présuppose l'émergence d'un contenu gestuel et expressif, mais ne s'y réduit pas. Le contenu narratif ou dramatique de la musique se construit sur une échelle de temps plus longue, qui est typiquement celle sur laquelle se déploie le sens des intrigues psychologiques ou émotionnelles, qu'elles soient narrées ou effectivement jouées sous nos yeux [16].

Enfin, la musique peut posséder un *contenu représentationnel*, qui est bien évidemment présent dans la musique à programme, même s'il n'est pas l'apanage de ce seul genre. Par sa forme, son mouvement implicite et sa coloration émotionnelle, la musique parvient alors à communiquer à un auditeur réceptif une image sonore d'un objet, d'une personne ou d'un événement, une apparence auditive sous laquelle nous pouvons reconnaître cet objet, cette personne ou cet événement [17].

Il faut toutefois noter que s'il est possible, dans une certaine mesure, de traiter les différents objets sur lesquels porte l'appréciation esthétique de la musique séparément les uns des autres – ce que nous venons d'ailleurs de faire – il ne faut pas pour autant perdre de vue deux points importants. Premièrement, il existe des *connexions* étroites – parfois même d'ordre conceptuel – entre les différents aspects de la musique, de sorte qu'ils ne sont pas complètement séparables, fût-ce en pensée. Deuxièmement, quand nous faisons effectivement une expérience musicale, tous ces aspects sont normalement entendus *ensemble*, fusionnés les uns avec les autres, les aspects complexes, comme l'expressivité émotionnelle, étant alors

15. Pour de plus amples distinctions et développements, voir Jerrold Levinson, « What Are Aesthetic Properties ? », *Proceedings of the Aristotelian Society Supplement*, vol. 79, 2005, p. 211-227.

16. Voir Fred Maus, « Music as Drama », dans Jenefer Robinson (dir.), *Music and Meaning*, Ithaca, Cornell University Press, 1997, p. 105-130 ; et, dans le présent volume, l'essai « La musique comme récit et la musique comme drame », p. 199-218.

17. Voir Peter Kivy, *Sound and Semblance : Reflections on Musical Representation*, Princeton, Princeton University Press, 1984.

perçus comme découlant ou émergeant de propriétés plus élémentaires, comme le caractère mélodique, rythmique ou harmonique.

On peut également faire remarquer, à la suite de nombreux auteurs ayant déjà écrit sur le sujet, que la *perception* d'une expressivité émotionnelle dans la musique n'implique pas que l'auditeur *ressente* l'émotion correspondante, voire qu'il ressente quoi que ce soit[18]. Ce qu'une telle perception requiert, en revanche, c'est, comme je l'ai indiqué à maintes reprises, que l'on *entende* la musique *comme* l'expression d'une émotion, ou que l'on *imagine* la musique *être* l'expression de cette émotion, ou du moins que l'on soit disposé à bien vouloir l'entendre ou l'imaginer ainsi[19]. Néanmoins, une appréciation esthétique aboutie ne suppose pas seulement que l'on perçoive, reconnaisse ou détecte l'expressivité de la musique – quel que soit le mécanisme par lequel cela se fasse – mais encore que l'on *réponde* émotionnellement à cette expressivité, que ce soit par empathie, compassion, antipathie, ou toute combinaison de ces trois réactions. Le fait d'être ému d'une manière ou d'une autre par un morceau de musique émotionnellement expressif, au moins en certaines occasions d'écoute, constitue à n'en pas douter une condition *sine qua non* de l'appréciation pleine et entière de ce morceau.

APPRÉCIATION, MOUVEMENT ET ÉMOTION : LE 1er MOUVEMENT DU *QUATUOR AVEC PIANO EN UT MINEUR*, OP. 15, DE GABRIEL FAURÉ

Je me propose maintenant d'effectuer un tour d'horizon sélectif d'une pièce de musique de chambre de Gabriel Fauré en soulignant

18. Voir entre autres Peter Kivy, *Sound Sentiment*, Philadelphia, Temple University Press, 1989; Malcolm Budd, *La musique et les émotions : Théories philosophiques*, traduit de l'anglais par Jacques Favier, Paris, Hermann, 2015; Davies, *Musical Meaning and Expression*.

19. Voir, dans le présent volume, les essais « La musique et les émotions négatives », p. 241-282, et « L'expressivité musicale », p. 129-198; voir également Jerrold Levinson, « Hope in the Hebrides », *Music, Art and Metaphysics*, Oxford, Oxford University Press, 2011, p. 336-375.

ses passages expressifs marquants ainsi que les gestes et mouvements musicaux qui sous-tendent cette expressivité. Il va en effet sans dire que l'appréciation esthétique de cette musique requière que l'on soit sensible à son expressivité, c'est-à-dire aux mouvements, gestes et autres caractéristiques musicales qui en constituent le fondement. Le premier mouvement de ce *Quatuor avec piano*, indiqué « Allegro molto moderato », suit plutôt librement une forme sonate d'un style romantique tardif. Le thème principal (A), énoncé hardiment par les cordes et auquel répondent immédiatement les accords en syncope du piano, est marqué par une passion noble et contenue. Après le premier énoncé complet du thème A, la musique atteint un climax à la mesure 12, qui débouche sur une deuxième énonciation du thème plus détendue, jouée aux cordes une octave plus haut, avec un accompagnement de piano à la fois plus fleuri et moins emphatique. Le second thème (B), à la mesure 37, est d'un caractère relativement contrastant ; on pourrait le qualifier de fluide et rêveur. Le développement commence aux alentours de la mesure 48, après que le thème B a été joué dans son intégralité. À la mesure 72, le thème principal est transformé pour apparaître sous un jour plus doux, l'altération thématique étant encore renforcée par l'ajout d'un motif en triolets qui confère davantage de souplesse à la musique. Dans les cinquante mesures suivantes de ce développement paisible, les quatre instruments dialoguent tour à tour avec légèreté et nostalgie, s'appuyant sur de douces variantes des thèmes A et B. Le caractère change quelque peu à la mesure 135, avec l'arrivée d'un passage dominé par les pizzicati et débouchant sur un deuxième climax aux mesures 152 à 157, marqué par les octaves ascendantes du piano et les tremolo des cordes qui annoncent à leur tour la réexposition.

Tout au long de la section centrale de ce mouvement, dans l'ensemble calme et sereine, nous sentons que la noble passion du thème A peut resurgir à tout moment, ce qui arrive finalement à la réexposition de la mesure 158 – un de ces moments capables de donner la chair de poule à l'auditeur, au moins en ce qui me concerne. Le thème B ne revient qu'à la mesure 194, avec une modulation en *ut* majeur ; la musique restera dans cette tonalité jusqu'à la fin, traversée de réminiscences très douces du thème principal, bien loin de la passion initiale, à partir de la mesure 218, pour finalement trouver son achèvement dans les accords de tonique paisiblement égrenés par le piano sur les quatre dernières mesures.

Je veux maintenant insister sur trois points d'un intérêt tout particulier concernant l'appréciation que peut faire un mélomane de la dimension expressive de cette musique : d'abord, l'excitation presque viscérale qui s'empare de l'auditeur quand la musique « monte », à la fois en hauteur et en intensité, ou quand des passages marqués par de forts accents rythmiques succèdent à des passages plus fluides et plus continus; ensuite, la sensation particulièrement satisfaisante de « retour au pays » – le sentiment de retrouver et regagner son foyer – offerte par la forme sonate, comme par d'autres grandes formes, quand le thème principal est à nouveau énoncé dans sa tonalité d'origine; enfin, l'exaltation spirituelle insigne suscitée par la fin du mouvement, et particulièrement par les mesures conclusives, avec le passage inattendu du mineur au majeur. Dans chacune de ces réponses *à* la musique, le rôle joué par le mouvement perçu *dans* la musique est assez évident, comme en témoignent les termes « monter », « retour » ou « passage » utilisés dans les descriptions ci-dessus. On peut également avoir l'impression, tout au long du mouvement, d'une sorte de respiration, une suite d'inspirations et d'expirations musicales, alors que la musique s'élève et s'affaisse, se renforce et s'apaise, se gonfle et se dégonfle, mais d'une manière qui n'a rien de mécanique; et il va sans dire que cette impression suscite clairement l'image d'une musique en mouvement.

Voici encore trois dernières remarques sur cette question du mouvement en musique. Premièrement, on pourrait dire de certains mouvements musicaux qu'ils expriment – ou, potentiellement, éveillent – des émotions plus ou moins *directement*, par le biais des gestes expressifs qui en découlent, et que cette expression opère sur une petite échelle de temps, sans lien particulier avec le contexte musical environnant. C'est le cas, par exemple, du mouvement musical qui évoque le geste d'un poing vigoureusement brandi, ce qui peut nous induire à entendre dans ce geste un accès de colère. Par contraste, on pourrait dire de certains autres mouvements musicaux, par exemple le retour thématique ou harmonique, qu'ils expriment – ou, potentiellement, éveillent – des émotions *indirectement*, et que cette expression opère sur une plus large échelle de temps ; l'expression dépend alors en partie du contexte musical environnant, dont l'auditeur aguerri reste toujours conscient, même de manière périphérique, bien que l'expérience de cette expression se fasse de manière immédiate, comme dans le cas précédent.

Deuxièmement, il n'est sans doute pas anodin que lorsque nous écoutons de la musique, nous soyons souvent enclins à produire des *mouvements corporels*, comme un écho du corps qui se met à vibrer par sympathie sous l'influence du mouvement que nous entendons dans la musique – et dont la forme la plus achevée et la plus satisfaisante est bien sûr la danse, comme Scruton l'a justement fait remarquer. Que ce soit la tête, les pieds, les bras, les épaules ou les hanches qui soient ainsi mis en branle, il nous est presque impossible de ne pas répondre avec notre corps à la musique, excepté peut-être en faisant un effort conscient qui nous est le plus souvent dicté par les conventions sociales : quelle meilleure preuve pourrait-on offrir de l'existence d'un mouvement inhérent à la musique ? Et la plupart du temps, quand nous entendons du mouvement dans la musique, nous entendons également des gestes et des actions, et ainsi, en fin de compte, l'expression d'une émotion.

Troisièmement, il n'est pas sans importance que le fait d'*être ému par la musique* – c'est-à-dire le fait qu'un mouvement psychique, pour ainsi dire, se produise en nous – et le fait d'*être mu par la musique* – c'est-à-dire le fait qu'un mouvement physique se produise en nous – soient étroitement liés, dans la mesure où le mouvement psychique ne se produit presque jamais sans le mouvement physique, que ce dernier prenne la forme du frisson qui court le long de notre échine, du soupir qui s'échappe de notre poitrine, ou des battements qui secouent notre cœur. Il ne fait aucun doute que le mouvement et l'émotion en musique soient indissociablement entremêlés, et que ces deux aspects occupent nécessairement une place centrale dans l'appréciation de la musique.

De la musique à la danse

Dans cette dernière section, je veux explorer rapidement le lien étroit qui existe entre la musique et la danse et, en particulier, le lien qui a été tissé par Roger Scruton entre la compréhension de la musique et la tendance instinctive que nous avons à danser en présence de musique[20]. Il me faut d'abord rappeler quelques-unes des observations les plus pertinentes de Scruton à ce sujet[21].

Quand nous dansons, affirme Scruton, nos gestes « se meuvent sans entrave et de leur propre chef vers leur objectif ». Mais en musique, les gestes font l'objet d'une liberté encore plus grande, « qui nous satisfait au-delà de tout ce dont nous pouvons faire l'expérience en mouvant notre corps » (p. 340). Comme le note Scruton, les Grecs de l'antiquité « considéraient la musique comme une chose à laquelle on *prend part* » (p. 355).

Quand quelqu'un danse sur de la musique, il réagit à la manière dont cette musique sonne [...]. Mais on ne peut dire qu'il danse *sur* la musique que si ses mouvements manifestent qu'il prête attention à la musique. L'expression « danser sur » désigne bel et bien une forme de réponse esthétique (p. 356).

Scruton conclut en disant que nous devrions considérer la réponse du mélomane à la musique comme « une sorte de danse latente – un désir sublimé de "bouger avec" la musique, et donc de se concentrer sur les formes en mouvement qui la constituent » (p. 357).

Reformulées de manière plus prosaïque, les idées de Scruton peuvent se ramener aux trois points suivants. D'abord, le geste

20. J'ai déjà abordé d'autres aspects de l'ouvrage de Scruton, *The Aesthetics of Music*, dans la recension critique que j'en ai proposé : voir Jerrold Levinson, « Review of Roger Scruton, *The Aesthetics of Music* », *Philosophical Review*, vol. 109, 2002, p. 608-614.

21. Tous les numéros de pages entre parenthèses font référence à Scruton, *The Aesthetics of Music*.

musical est, pour ainsi dire, à la fois *moins contraint* et *plus fort* que le geste chorégraphique. Ensuite, danser *sur* la musique entendue, et pas seulement danser *parce que* l'on entend de la musique, constitue une forme de réponse esthétique à la musique, une réponse qui traduit corporellement une certaine compréhension musicale. Enfin, au-delà du fait que la musique que nous entendons (et comprenons) peut effectivement nous inciter à danser, la compréhension musicale elle-même est essentiellement une sorte de danse *latente* par laquelle nous accompagnons le mouvement musical, mais sur un plan psychologique ou imaginaire.

Si je rappelle ici ces trois points, ce n'est pas tellement pour les contester, mais plutôt parce que je les trouve éclairants et plutôt justes. Chacun de ces points soulève néanmoins certaines questions. Pour y répondre j'introduirai quelques nuances ou modifications dans les propositions de Scruton, avec l'espoir de rendre ces dernières pleinement acceptables.

1) Arrêtons-nous pour commencer sur la plus grande liberté et la plus grande force des gestes musicaux, par rapport aux gestes corporels. Mes questions sont les suivantes : premièrement, plus libre par rapport à quoi ? Deuxièmement, plus fort en quel sens ? Il faut d'abord se demander si la sphère des gestes corporels est réellement plus limitée que la sphère des gestes musicaux. On pourrait plutôt penser que c'est le contraire, étant donné que l'espace musical, avec ses échelles fixées et ses divisions rythmiques traditionnelles binaires ou ternaires, n'est pas un continuum, alors que l'espace des mouvements corporels, qui ne fait pas l'objet d'une telle discrétisation a priori, permet quant à lui des variations continues. Et même s'il est vrai que les mouvements, dispositions et rotations dont le corps humain est capable obéissent à certaines contraintes physiques, qu'il s'agisse de danse ou non, la production et la réception de sons par nous autres humains n'échappent pas non plus à toute contrainte physique.

Ensuite, est-il vrai de dire que les gestes musicaux sont systématiquement plus forts, c'est-à-dire qu'ils sont davantage capables de nous exalter que les gestes corporels (au moins certains gestes, dans certains contextes) ? Il est d'autant plus difficile de répondre à cette question que les gestes corporels, y compris ceux qui sont mobilisés par la danse, possèdent une signification plus immédiate et plus transparente que les gestes manifestés par la musique : un poing brandi en signe de menace, un voyageur qui s'effondre de fatigue sur le sol, un saut aérien qui semble défier la gravité, une main amicalement tendue… sont des gestes qui ne manquent pas de force, et dont la portée est parfaitement évidente. Les gestes corporels sont d'autant plus forts qu'on les observe à une faible distance, comme au théâtre, si du moins on est suffisamment chanceux pour avoir de bonnes places. Et observer un geste dansé tout en l'imitant avec son propre corps a un effet encore plus prononcé sur notre esprit.

Qu'est-ce qui distingue donc le geste musical du geste corporel, si ce n'est sa plus grande liberté ou sa plus grande force ? Il me semble qu'il s'agit plutôt de sa plus grande *subtilité* ou *finesse* : les nuances de gestes musicaux que nous sommes capables de discerner, et auxquelles nous répondons effectivement de manière différenciée, sont d'une granularité bien plus fine que les nuances de gestes corporels, y compris les gestes chorégraphiques. Il en découle, la plupart du temps, une expérience à la fois *plus riche* et *plus complexe* que celle que nous faisons en répondant, même de manière empathique, à un geste corporel perçu. Il ne s'agit pas là, bien sûr, d'une idée nouvelle : on en trouvera des variantes dans les écrits de Felix Mendelssohn, d'Arthur Schopenhauer, d'Edmund Gurney, de Susan Langer, ou d'autres théoriciens de la signification musicale.

2) Penchons-nous maintenant sur la compréhension musicale qui est exprimée ou manifestée lorsque nous dansons sur de la musique. Ne faut-il pas craindre, d'un côté, qu'une réponse dansée à la musique entendue ne soit *d'une granularité trop grossière* pour rendre justice à toutes les caractéristiques gestuelles, cinétiques ou dynamiques que possède cette musique ? Une réponse dansée peut certes indiquer une certaine compréhension des aspects les plus globaux de la musique, mais il est peu probable qu'elle puisse

manifester une compréhension pleine et entière d'une musique donnée, considérée dans son individualité et dans sa spécificité. D'un autre côté, ne devrions-nous pas également craindre qu'une réponse dansée à la musique entendue puisse être *trop élaborée* ou *trop développée*, par rapport à la musique qui suscite cette réponse, en manifestant un certain nombre de caractéristiques qui ne correspondent pas vraiment aux mouvements musicaux perçus, mais qui vont au-delà, faisant du contenu de la musique un simple prétexte ? Dans de tels cas, il y a dans la danse une matière exogène et excédentaire que l'on ne retrouve pas dans la dimension cinétique de la musique.

3) Examinons pour finir l'idée selon laquelle la compréhension de la musique serait elle-même une forme de danse latente. Il s'agit là d'une suggestion stimulante, mais qui soulève, encore une fois, une difficulté. Cette idée d'une « danse intérieure », sans aucun mouvement réel, qui nous animerait lorsque nous saisissons et comprenons le mouvement de la musique elle-même est-elle vraiment autre chose qu'une métaphore fleurie pour décrire cette action familière, impliquant tant la perception que l'imagination, que l'on appelle communément *suivre* la musique ? On pourrait concéder ce point, tout en faisant remarquer que l'idée de *suivre* la musique est elle-même fondamentalement métaphorique, même si c'est moins flagrant. Mais il me semble au moins que l'idée de « suivre la musique » est moins étroite que l'idée de « danse intérieure » et caractérise plus adéquatement, à un niveau général, la compréhension de l'auditeur. Quoi qu'il en soit, et comme Scruton serait d'ailleurs le premier à le faire remarquer, il n'est pas si facile d'échapper à l'emprise de la métaphore, même si un philosophe analytique rigoureux, au service de la clarté et de la vérité, pourrait être tenté de s'y soustraire : quelle que soit la porte par laquelle on la chasse, elle trouvera toujours une fenêtre pour revenir.

ÉVALUER LA MUSIQUE [1]

Jerrold LEVINSON

« La musique de Wagner est
meilleure qu'elle ne sonne »
Mark Twain

« Si ça sonne bien,
c'est que c'est bien »
Duke Ellington

Ces épigraphes contradictoires, se rapportant à la valeur de la musique, introduisent fort bien aux questions que j'entends explorer ici. Tous deux font allusion à des critères sur lesquels on s'appuie pour évaluer la musique : mais qui de Mark Twain ou de Duke Ellington a raison ? Et si tous les deux ont raison, comment résoudre le conflit apparent qui semble opposer les principes suggérés par leurs observations respectives [2] ?

---

1. Jerrold Levinson, « Evaluating Music », dans Philip Alperson (dir.), *Musical Worlds : New Directions in the Philosophy of Music*, University Park, Pennsylvania State University Press, 1998, p. 93-108; repris dans *Contemplating Art*, Oxford, Oxford University Press, 2006, p. 184-208.

2. Bien sûr, ces deux épigraphes ne sont pas strictement incompatibles. En effet, la remarque de Twain n'implique même pas que la musique de Richard Wagner est bonne. Mais supposons, pour les besoins du raisonnement, que cette remarque implique bien qu'il y a de la bonne musique qui ne sonne pas bien. Même dans ce cas, il n'y a toujours pas de conflit en tant que tel avec le principe d'Ellington, mais seulement avec sa réciproque, à savoir : si la musique est bonne, alors elle sonne bien. Toutefois, si nous donnons une interprétation biconditionnelle au principe d'Ellington, ce qui parait raisonnable, alors une contradiction émerge. Pour le dire autrement, si nous reformulons le principe qui sous-tend la remarque d'Ellington

Première possibilité : la phrase d'Ellington doit être prise au pied de la lettre, tandis que celle de Twain est plus de l'ordre de la boutade. Deuxième possibilité : Twain a en tête les aspects secondaires ou sophistiqués de la valeur musicale, tandis qu'Ellington vise plutôt ses aspects primaires ou élémentaires. Troisième possibilité : leurs observations s'appliquent tout simplement à des sphères différentes, voire disjointes, de la musique – la musique classique pour Twain, le jazz pour Ellington. Dernière possibilité : l'observation de Twain traduit l'idée que, pour certaines musiques, nos jugements évoluent au fil du temps de sorte que les impressions formées lors de la première rencontre avec l'œuvre se trouvent remplacées par des impressions opposées au fur et à mesure que notre familiarité avec celle-ci grandit. Au contraire, la remarque d'Ellington souligne le fait que, pour la plupart des musiques, la première impression que nous livrent nos oreilles est un critère plutôt fiable de la valeur de cette musique.

Je m'abstiendrai bien de trancher entre ces différentes manières de réconcilier ces deux épigraphes. Mon point de départ sera toutefois d'admettre qu'il y a un fond de vérité dans la remarque de Twain, malgré son allure de trait d'esprit. Nous en verrons les traces dans ce qui va suivre, quand il s'agira de savoir si la valeur de la musique *comme musique* découle exclusivement de son apparence sonore, ou encore de *l'expérience qu'elle procure*.

I

Quand on s'attaque au problème de la valeur de la musique, il faut d'emblée distinguer deux questions. La première question est celle de la valeur de la musique *en général*. Pourquoi la musique, en général, a-t-elle une valeur ? Comment la musique – peu importe

ainsi : « la musique est bonne pour autant qu'elle sonne bien, et seulement pour autant qu'elle sonne bien » ; et le principe qui sous-tend la remarque de Twain ainsi : « il n'est pas toujours vrai de dire que la musique est bonne pour autant qu'elle sonne bien, et seulement pour autant qu'elle sonne bien » ; alors l'opposition logique entre ces principes devient manifeste.

le genre auquel elle appartient – ajoute-t-elle quelque chose à la vie humaine, ou l'enrichit-elle ? Une forme particulière de cette première question, qui nous rapproche d'ailleurs de la seconde question que nous poserons ci-dessous, c'est de se demander ce qui fait que la musique a une valeur *propre*, qui la distingue des autres arts : qu'est-ce que la musique (quelle qu'elle soit) peut nous offrir dont les autres arts ou activités humaines sont incapables, ou du moins pas avec la même intensité ?

La seconde question concerne la valeur d'œuvres, de genres ou de styles musicaux *en particulier*; elle est donc plus clairement d'essence comparative. Qu'est-ce qui fait qu'une œuvre de musique donnée (ou un genre, un style) possède une certaine valeur; ou encore : qu'est-ce qui fait qu'une œuvre de musique donnée (ou un genre, un style) a plus de valeur que telle autre œuvre, genre ou style ?

On peut formuler d'une manière encore plus tranchée ces deux questions : (a) Qu'est-ce qui fait de *la* musique un bien, ou en tout cas quelque chose qui contribue au bien de l'humanité ? (b) Qu'est-ce qui fait que *cette* musique est bonne, ou en tout cas meilleure qu'une autre musique ?

Une fois ces questions distinguées dans les grandes lignes, un nouveau problème surgit : quelle est la relation, si toutefois il y en a une, entre les réponses que l'on peut donner à la première question, d'une part, et les réponses que l'on peut donner à la seconde, d'autre part ? Le fait de connaître la réponse à la question (a) nous est-il d'une aide quelconque pour trouver la réponse à la question (b), et réciproquement ? Y a-t-il une relation de détermination dans un sens ou dans un autre ? Ce qui fait la valeur de la musique en général, n'est-ce pas aussi ce qui fait la valeur de telle ou telle œuvre en particulier ? Ce qui fait la valeur d'une œuvre de musique particulière, n'est-ce pas comme une sorte de condensé de ce qui fait la valeur de la musique en général[3] ? Une réponse possible serait de dire qu'une œuvre musicale manifestant à un haut degré les propriétés qui font

3. Voir Stephen Davies, *Musical Meaning and Expression*, Ithaca, Cornell University Press, 1994, p. 275-276.

la valeur de la musique en général – ou remplissant adéquatement les fonctions dont la satisfaction confère précisément à la musique sa valeur – est *par conséquent* une œuvre de valeur. Mais est-ce bien le cas ? Il est peu probable que les choses soient aussi simples.

Quoi qu'il en soit, on peut trouver un cas clair de divergence entre la valeur de la musique en tant que telle – la valeur du phénomène musical ou de la pratique musicale – et la valeur d'une œuvre de musique singulière : la musique fournit aux gens l'occasion de se réunir afin d'interagir et de partager une expérience – on pourrait appeler cela la valeur *sociale* de la musique. Il s'agit là, semble-t-il, d'une valeur que possède la musique en général sans être pour autant une valeur singularisante de telle ou telle pièce de musique. On peut penser à d'autres aspects qui contribuent à la valeur de la musique en général, et qui pourtant n'ajoutent pas grand-chose, voire rien du tout, à la valeur *relative* d'une œuvre de musique donnée : servir de moyen de relaxation; servir de distraction aux soucis de la vie quotidienne; accompagner et faciliter certaines activités physiques, comme danser, marcher au pas, faire de la gymnastique, ou encore exécuter un travail éprouvant.

II

Dans une étude importante consacrée à la seconde de nos questions, Malcolm Budd a proposé une conception absolument générale de la valeur artistique des œuvres d'art singulières, censée s'appliquer à toutes les œuvres de toutes les formes d'art[4]. Budd entend caractériser la valeur artistique d'une œuvre de telle sorte qu'on puisse la différencier des autres valeurs qu'elle pourrait posséder, par exemple comme production sociale, artefact religieux, investissement financier ou encore marque de prestige. La proposition de Budd, pour le dire simplement, est que la valeur artistique d'une œuvre d'art, en tant qu'œuvre d'art, est déterminée

4. Malcolm Budd, *Values of Art. Pictures, Poetry, and Music*, Londres, Penguin, 1995.

par (ou est fonction de) *la valeur intrinsèque de l'expérience que procure l'œuvre en question.*

Par « l'expérience que procure l'œuvre », Budd entend l'expérience suscitée par une compréhension complète et correcte de l'œuvre, sa nature particulière étant saisie pour ce qu'elle est, et non pour autre chose. Par « la valeur intrinsèque de l'expérience », Budd désigne la valeur attribuée à l'expérience en tant que telle, plutôt qu'aux conséquences ou effets que l'expérience en question pourrait engendrer.

Se trouvent donc exclus de la valeur artistique d'une œuvre d'art : (a) tout ce qui concerne l'œuvre, mais qui ne se retrouve pas directement dans l'*expérience* adéquate que nous pouvons en faire ; et (b) toute valeur qui n'est pas purement *intrinsèque* (et qui est donc instrumentale dans une certaine mesure[5]).

La proposition de Budd, appliquée à la musique, se trouve donc en accord avec l'aphorisme d'Ellington, bien qu'elle l'affine considérablement : la valeur de la musique réside, avant tout, dans la manière dont elle sonne quand on l'écoute. Il n'y aurait pas grand intérêt à nier la saine intuition qui sous-tend à la fois la remarque d'Ellington et la proposition de Budd. Néanmoins, bien que cette dernière semble à première vue acceptable, on peut la contester pour au moins trois raisons.

D'abord, Budd présuppose qu'on peut véritablement séparer d'un côté *les parties ou les éléments* d'une expérience, et de l'autre *ses effets ou ses conséquences* : mais il se pourrait très bien que cette distinction ne soit pas entièrement tenable. Ensuite, Budd restreint ce qui fait la valeur d'une œuvre d'art en tant qu'œuvre d'art à la

5. Ndt. La valeur *intrinsèque* d'un objet est la valeur qu'il possède en lui-même et pour lui-même ; sa valeur *instrumentale* (ou extrinsèque) est la valeur qu'il a pour autre chose ou en vue d'autre chose. Par exemple, l'amour est considéré par certains comme une valeur intrinsèque : nous le recherchons pour lui-même et pas en vue d'autres choses ; mais pour un hédoniste radical (c'est-à-dire quelqu'un qui considère que le plaisir est la seule valeur intrinsèque), l'amour n'a qu'une valeur instrumentale : nous ne le recherchons que dans la mesure où il nous permet d'atteindre différentes sortes de plaisirs (plaisir sexuel, plaisir d'être ensemble, etc.)

valeur *intrinsèque* de l'expérience qu'elle procure, une restriction dont la justification ne paraît pas totalement adéquate. Enfin, Budd confine la valeur artistique à ce qui est manifesté dans ou par le biais de l'*expérience* de l'œuvre, une limitation qui se trouve en porte-à-faux avec certains jugements (et parmi les plus fermement enracinés) que nous pouvons former sur telle ou telle œuvre d'art. Je vais maintenant développer chacun de ces points.

Bien qu'allant de soi à première vue, la distinction entre une expérience et ses effets a tendance à s'évaporer dès qu'on y regarde de plus près. Les expériences n'ont souvent pas de début ou de fin univoques. Généralement, elles ne débutent pas avec la soudaineté d'un coup de pistolet pas plus qu'elles ne s'achèvent par un arrêt net. La plupart des expériences ont des commencements indéterminés et prennent forme lentement. Et souvent, plutôt que de s'arrêter brutalement, elles cessent simplement de se développer et de se ramifier, bien qu'il soit difficile de dire précisément où et quand. C'est assez évident dans le cas des expériences traumatisantes, comme la perte d'un être cher – expériences dont les limites sont relativement floues ; mais c'est aussi le cas, même si c'est moins saillant, de nombreuses expériences plus ordinaires, parmi lesquelles les expériences esthétiques. Pour revenir au cas qui nous intéresse, le moment conclusif de cette expérience qu'est l'audition d'une œuvre de musique, par exemple, est franchement indistinct ; en tout cas, il n'y a pas de coupure nette entre l'expérience elle-même et ce qu'on pourrait appeler, assez justement en l'occurrence, ses échos ou ses résonances.

La proposition de Budd soulève une deuxième difficulté, plus importante : même en supposant que la valeur artistique d'une œuvre de musique réside intégralement dans la valeur de l'expérience (correctement délimitée) qu'elle procure, il est sans doute beaucoup plus difficile de soutenir que cette valeur se restreint à la valeur *intrinsèque* de l'expérience, à l'exclusion de sa valeur *instrumentale*, ou pour le dire autrement à la valeur de l'expérience elle-même, par opposition à ses effets[6]. Même en acceptant, pour les besoins de l'argumentation, le caractère opératoire de la distinction en question (entre les effets et les éléments d'une même expérience), il n'y a pas de raison suffisante pour maintenir que seule la valeur intrinsèque de l'expérience procurée par l'œuvre est une mesure de sa valeur artistique, et de ne pas prendre en compte ce qui se trouve accru sous l'effet de l'expérience.

Supposez par exemple qu'une œuvre de musique soit prisée parce que, quand nous en faisons l'expérience adéquate, elle nous fait toucher du doigt ce qu'est l'amour romantique, et la souffrance inévitable qui l'accompagne. Faut-il considérer cela comme une valeur intrinsèque ou instrumentale de l'expérience musicale? La meilleure réponse semble être : *les deux*. En effet, accéder à cette connaissance alors qu'on écoute cette musique ou qu'on y repense après coup, possède non seulement une valeur intrinsèque, mais aussi une valeur instrumentale, dans la mesure où cet éclairage sur l'amour romantique se trouve au final acquis une fois pour toutes par l'auditeur, qui pourra ultérieurement en tirer profit. Si la musique peut réellement donner accès à ce genre de connaissance, il s'agit là d'un bénéfice persistant, quelque chose dont la valeur déborde des limites de l'expérience pendant laquelle on en a fait l'acquisition. On pourrait dire la même chose d'une musique qui donnerait accès à un nouveau point de vue, que l'on ne possédait pas auparavant; la valeur d'une telle musique transcenderait probablement la valeur de l'expérience musicale elle-même – par laquelle on accède à ce nouveau point de vue – et serait donc partiellement instrumentale.

Naturellement, on peut aussi penser aux possibles effets moraux de la musique[7]. Si la musique se trouvait avoir de tels effets, et si

6. Il se pourrait très bien que la valeur supérieure à laquelle contribuent ces bienfaits instrumentaux – qu'ils nous conduisent à vivre notre vie d'une certaine manière, en lui conférant telles ou telles caractéristiques – soit une valeur intrinsèque; mais ces effets n'en demeurent pas moins des bienfaits instrumentaux de l'*expérience* (voir mon essai : « Intrinsic Value and the Notion of a Life », *Contemplating Art*, Oxford, Oxford University Press, 2006, p. 400-418).

7. Deux essais à consulter sur le sujet : Colin Radford, « How Can Music Be Moral? », *Midwest Studies*, vol. 16, n° 1, 1991, p. 421-438; et Donald Walhout,

on pouvait montrer qu'ils apparaissent avec une certaine régularité lorsque l'on fait l'expérience adéquate d'une musique donnée, on aurait là une forme de valeur instrumentale qu'il serait bien difficile d'écarter de la valeur artistique globale de la musique considérée.

Mais il semble bien que derrière cette capacité présumée de la musique à rendre les gens meilleurs se cache un casse-tête logique. En effet : soit vous possédez déjà une nature raffinée ou un sens moral développé, qui vous permet d'apprécier cette musique, mais dans ce cas elle ne vous rend pas meilleur que vous ne l'êtes déjà ; soit ce n'est pas le cas, mais alors vous n'êtes plus capable d'apprécier adéquatement cette musique, qui ne produit donc pas son effet spécifique. En d'autres termes, le fait même d'apprécier cette musique suppose déjà que vous êtes une personne d'une certaine hauteur morale ; par conséquent, cette musique ne peut pas vous changer en une telle personne, puisque vous l'êtes déjà.

Voici une réponse partielle à cette difficulté : même s'il y a des dispositions morales minimales nécessaires à l'appréciation adéquate de la grande musique – parce que celle-ci fait aussi bien appel à notre répertoire émotionnel et à notre sens pratique qu'à nos capacités perceptives – s'exposer à cette musique permet sans doute de développer ou de renforcer les dispositions en question. En effet, l'écoute musicale fournit un espace dans lequel les capacités pratiques et émotionnelles sont exercées d'une manière contrôlée. C'est ainsi que l'expérience de la musique nous fournit une sorte de pierre de touche permettant de mieux saisir l'essence de notre humanité. En d'autres termes, même s'il est sans doute vrai qu'il faille déjà être prédisposé, dans une certaine mesure, à une forme de vie morale pour que la grande musique soit d'un quelconque bénéfice,

---

« Music and Moral Goodness », *Journal of Aesthetic Education*, vol. 29, n° 1, 1995, p. 5-16. Le sujet est aussi exploré de manière approfondie par Kathleen Higgins dans *The Music of Our Lives*, Philadelphie, Temple University Press, 1991. Higgins présente de bons arguments en faveur de la reconnaissance d'une dimension morale de la musique, même si elle se concentre davantage sur les possibles effets moraux des pratiques ou des genres musicaux pris dans leur globalité, plutôt que sur les effets moraux d'œuvres de musique particulières.

s'y plonger peut néanmoins, toutes choses égales par ailleurs, faire de vous un homme meilleur (sans garantie de succès, bien sûr).

On rappellera toutefois avec profit l'exemple d'Hannibal Lecter, dans *Le Silence des agneaux* (le film de Jonathan Demme) : en effet, ce « méchant » d'anthologie fait preuve à la fois du cannibalisme le plus maléfique et de la sensibilité la plus fine à la musique de Jean-Sébastien Bach. Et même si l'on nous faisait peu charitablement remarquer qu'Hannibal Lecter n'est qu'un personnage de fiction – particulièrement improbable qui plus est – on n'aurait quand même guère de mal à concevoir la coexistence en une même personne de la laideur morale et du raffinement esthétique : Richard Wagner s'en est approché, et la plupart des Nazis qui ont ensuite porté sa musique aux nues en sont des exemples plutôt convaincants [8].

Mais de tels cas, réels ou fictifs, ont plutôt tendance à brouiller les pistes quand il s'agit de réfléchir à la dimension morale de la musique, et à la manière dont celle-ci contribue à sa valeur artistique. On ne trouverait personne pour soutenir que la grande musique peut, à elle seule, rendre meilleures les personnes qui l'apprécient, ni même qu'elle rende moraux tous ses amateurs. Tout au plus une personne sensée pourra-t-elle proposer que ce genre de musique, comprise adéquatement, exerce, grâce aux émotions complexes qu'elle évoque et aux attitudes ou états d'esprit qu'elle incarne, une force humanisante et moralisante, qui peut bien entendu être facilement neutralisée ou contrariée. Ainsi, les personnes qui connaissent ce

8. Si les exemples d'Hannibal Lecter ou des docteurs nazis savourant leur concert de musique de chambre le soir nous frappent si fortement, c'est, me semble-t-il, parce qu'ils sont en réalité exceptionnels. Ils enfreignent une régularité empiriquement constatée : le goût artistique va souvent de pair avec un certain degré de conscience morale. Il semble presque naturel que les chanteurs de *gangsta rap*, par exemple, se trouvent mêlés de temps en temps à des activités troubles ou illégales, étant donné la teneur de cette musique, et la difficulté que nous avons à attribuer tout ce dont il est question dans ces chansons à une *persona* fondamentalement étrangère au rappeur lui-même; en revanche, on serait surpris d'apprendre que des pianistes ou des violonistes professionnels sont impliqués dans des activités de ce type. Ces cas exceptionnels (d'adulateurs de grande musique au comportement immoral) indiquent bien que l'on présume un certain degré de corrélation entre le raffinement esthétique et le sens moral.

genre de musique tendront, toutes choses égales par ailleurs, à être plus morales, plus humaines, que si elles n'y avaient pas été exposées. Bien sûr, nous n'avons encore rien dit qui prouve que cette position soit correcte, mais nous ne pouvons pas pour autant l'écarter d'un revers de la main.

Au minimum, la bonne musique peut sans doute faciliter l'éducation morale, en augmentant chez un individu sa conscience de la subjectivité des autres, ce qui est clairement un préalable nécessaire pour pouvoir considérer ses congénères comme des fins en soi et prendre leurs intérêts en compte dans les décisions que nous prenons. En effet, l'appréciation de la bonne musique conduit probablement à se faire une image plus vivace de la vie mentale des autres – une condition nécessaire pour considérer ceux-ci d'une manière moralement adéquate.

Mais la contribution de la grande musique consiste-t-elle simplement à donner accès à certaines connaissances morales ou à certains points de vue moralement pertinents – fournissant ainsi une des conditions nécessaires à l'action morale ? Ou bien nous fournit-elle, en plus, une certaine *motivation* pour agir moralement ? Sans cette dimension motivationnelle, la musique ne saurait *augmenter* notre force morale – pas même toutes choses égales par ailleurs – mais seulement établir certains préalables à l'action morale. Il y a cependant, selon moi, des raisons de penser que certaines musiques au moins ont, pour ce qui est de notre vie morale, une valeur non seulement épistémique, mais aussi motivationnelle.

En résumé, donc, il est raisonnable de penser qu'une œuvre de musique est meilleure, et meilleure en tant qu'œuvre d'art, pour peu qu'elle produise les effets moraux postulés ci-dessus sur les personnes qui en font une expérience adéquate et complète – sans se préoccuper pour l'instant de savoir si elle les produit vraiment. Et cela constitue un fondement de valeur, une raison d'accorder de la valeur à l'œuvre, bien distincts des mérites musicaux particuliers qui lui permettent d'avoir la force morale qu'elle a.

Il ne s'agit pas, bien sûr, d'admettre qu'absolument tous les bienfaits évidents qui découlent de l'expérience d'une œuvre de musique contribuent à sa valeur artistique. Cela fait sans doute partie des missions ou des visées propres de l'art que de posséder le genre de bienfaits instrumentaux (moraux, cognitifs, émotionnels) déjà mentionnés ; mais ce n'est pas le cas, par exemple, de la capacité que peuvent avoir les œuvres de musique à soulager ceux qui souffrent d'une maladie mentale, à aider une personne exténuée à trouver le sommeil ou à susciter un sentiment d'autosatisfaction. Les bienfaits instrumentaux dont je parle sont non seulement compatibles avec les intentions traditionnelles exprimées par les compositeurs au sujet de leurs œuvres, mais sont aussi implicitement convoqués dans les jugements spontanés que nous formulons quand nous essayons de définir ce qui fait la grandeur d'une œuvre d'art. Ces bienfaits instrumentaux jouent un rôle important et justifié, me semble-t-il, quand il s'agit d'évaluer la valeur d'une œuvre de musique en tant qu'œuvre d'art.

On peut encore imaginer d'autres bienfaits instrumentaux de l'expérience musicale qui contribuent à sa valeur artistique. La musique peut ainsi posséder une valeur instrumentale parce qu'elle fournit, de par sa forme, un archétype sonore d'être et de devenir – parce qu'elle nous dit, en fait, comment *avancer*. La bonne musique, quand on en fait une expérience adéquate, peut servir de « modèle de vie »[9], un modèle certes très abstrait, mais suggestif.

Certaines musiques, pour peu qu'on les apprécie de manière adéquate, peuvent posséder une valeur instrumentale, dans l'influence qu'elles exercent sur nos perspectives générales en nous permettant de sentir ou de penser le monde différemment, ce qui enrichit en conséquence notre vie. Et s'il en est ainsi, c'est parce qu'elles incarnent sous forme sonore des processus de pensée ou des

9. Cela renvoie à la suggestion de Monroe Beardsley selon laquelle on peut raisonnablement penser que la musique symbolise ou exemplifie des structures générales de croissance, de continuation ou de développement. Voir son essai « Understanding Music », dans Kingsley Price (dir.), *On Criticizing Music*, Baltimore, Johns Hopkins University Press, 1981, p. 55-73.

états d'esprit, auxquels on peut accéder par une écoute attentive et empathique et qui ne pourraient peut-être pas être communiqués par un autre médium, ou en tout cas pas aussi clairement et efficacement.

D'autres musiques, enfin, peuvent avoir une valeur instrumentale parce qu'elles contribuent à la constitution d'un sens de soi et à la formation d'une personnalité propre. Les œuvres de musique peuvent sans doute aider à façonner et à définir le sujet qui les appréhende, les fait siennes et s'identifie à elles[10]. Certaines musiques peuvent même aller jusqu'à transfigurer une personnalité.

Il est important de remarquer que la valeur *objective* d'une œuvre de musique à cet égard est distincte de sa valeur *subjective*, qui se rapporte à un individu donné. Toutes deux impliquent une comparaison, mais seule la valeur subjective est *relative*, en un sens fort. La valeur objective renvoie à la capacité d'une œuvre (parmi d'autres) à accompagner, par ses qualités formelles et expressives, la construction d'une identité; la valeur subjective concerne la contribution historique effective d'une œuvre de musique donnée au développement de l'identité d'une personne donnée. La valeur subjective de l'œuvre peut être due, en partie, à sa valeur objective, mais généralement, des facteurs idiosyncrasiques interviennent également. Qu'une certaine œuvre de musique ait eu un impact profond sur Sam, et soit devenue un point de repère dans sa vie intellectuelle et émotionnelle par la suite, signifie incontestablement que cette œuvre de musique a une valeur subjective pour Sam. Mais malgré cela, elle peut très bien ne pas avoir une grande valeur objective; c'est-à-dire qu'il peut lui manquer la capacité significative d'affecter de cette manière les auditeurs réceptifs, en général.

10. Voir Leonard Meyer, « Some Remarks on Value and Greatness in Music », *Music, the Arts, and Ideas*, Chicago, University of Chicago Press, 1967, p. 22-41; Anthony Savile, *Kantian Aesthetics Pursued*, Édimbourg, Edinburgh University Press, 1993, chapitre 6; et Higgins, *The Music of Our Lives*, chapitre 6.

III

J'en viens maintenant à la troisième objection que j'oppose à la thèse de Budd sur la valeur artistique. On peut bien reconnaître que la valeur de la musique dépende essentiellement de la valeur (intrinsèque ou instrumentale) de l'expérience qu'on en retire, mais cela n'implique pas qu'elle s'y ramène entièrement. Pourquoi ? Parce que certaines des choses qui contribuent à la valeur artistique d'une œuvre ne sont tout simplement pas réductibles à l'expérience adéquate de l'œuvre. La valeur artistique d'une œuvre de musique, en d'autres termes, dépasse sans doute sa valeur expérientielle, même prise au sens large.

La *valeur d'influence*, c'est-à-dire l'impact favorable que peut avoir une œuvre sur l'évolution future de la musique[11], est également une composante importante de ce qui fait la valeur artistique. Citons quelques exemples d'œuvres pour lesquelles cette valeur d'influence constitue une part significative de leur valeur artistique : la *Symphonie « Eroica »* de Ludwig van Beethoven, le *Prélude à l'après-midi d'un faune* de Claude Debussy, les *Fünf Klavierstücke*, op. 23, d'Arnold Schönberg ou encore *Le Sacre du printemps* d'Igor Stravinsky. Cette part de la valeur artistique de la musique n'a rien à voir avec la valeur (intrinsèque ou instrumentale) de l'expérience qu'on peut en retirer : ce qui témoigne qu'une œuvre possède une valeur d'influence, ce sont les œuvres significatives qu'elle a fait surgir dans son sillage, ce sont les nouveaux chemins qu'elle a ouverts pour la composition, ce sont les futures expériences musicales inouïes qu'elle rend possibles, mais sans les procurer elle-même. Quand nous identifions une œuvre de musique comme séminale, novatrice, révolutionnaire, et que nous la louons pour ces

11. Je fais abstraction ici, pour ne pas trop compliquer les choses, des effets positifs que peut avoir une œuvre de musique sur les autres arts ou les autres sphères culturelles. Mais en principe, il n'y a aucune raison pour ne pas tenir compte de tels effets quand il s'agit d'évaluer la valeur artistique. D'autre part, quand je parlerai de valeur d'influence, j'aurai en tête, sauf indication contraire, la valeur d'influence *positive* de l'œuvre, c'est-à-dire sa capacité à influencer le futur de l'art pour le meilleur.

qualités, nous sommes précisément dans cette partie de la valeur artistique que j'appelle valeur d'influence.

On pourrait également distinguer la valeur d'influence *effective* de la valeur d'influence *potentielle*. La première serait définie par les effets positifs effectifs d'une œuvre donnée sur le développement de la musique, tandis que la seconde, par contraste, serait définie par la capacité de l'œuvre à susciter de tels effets, pour peu que les conditions de réception deviennent favorables. En d'autres termes, la valeur d'influence potentielle d'une œuvre pourrait se mesurer par sa capacité à influencer positivement les développements futurs de la musique grâce à ses caractéristiques artistiques appréciables – à savoir sa forme, son expression ou sa technique. Une fois cette distinction opérée, on pourrait ajouter que seule la valeur d'influence potentielle d'une œuvre, conditionnée par la qualité de ses ingrédients, doit entrer en ligne de compte pour juger de sa valeur artistique.

Il me semble pourtant que, malgré la validité de cette distinction, la valeur d'influence *actuelle*, et pas seulement *potentielle*, fait proprement partie de la valeur artistique des œuvres de musique, surtout quand elles ne sont pas considérées de manière autonome, mais plutôt comme des maillons au sein d'une tradition de pensée et de production musicales toujours vivante. Bien évidemment, qu'une œuvre possède « les bons ingrédients », qui plus est au bon moment, fait assurément partie de sa valeur artistique ; mais ce qui en découle historiquement n'en est pas moins constitutif. Chacun sait que l'influence réelle d'une œuvre sur l'histoire de la musique dépend non seulement, d'une part, de sa nature et des relations qu'elle peut entretenir avec celles qui l'ont précédée, mais également, d'autre part, de la compréhension et de la réceptivité du public, qui sont essentiellement contingentes. Par conséquent, il faut sans doute reconnaître qu'il y a une part de chance dans la valeur artistique qui échoit à l'œuvre. C'est en effet cette part de chance qui fait qu'une œuvre est *effectivement* (et pas seulement *potentiellement*) séminale, révolutionnaire, etc.

Mais que dire alors des influences imméritées, étranges, inspirées par le dégoût, comme lorsqu'une œuvre de seconde zone, contre toute attente, pousse un artiste à créer, sous le coup de l'indignation, quelque chose d'un tout autre calibre ? Les influences à prendre en compte semblent plutôt être celles où une œuvre antérieure suscite un mouvement d'émulation ou d'adaptation et incite les compositeurs à chercher dans le même sens ou dans une direction proche ; c'est-à-dire quand elle sert d'exemple et d'inspiration pour les œuvres à venir et pas de simple repoussoir. Il faut donc sans doute en conclure que seule *une partie* de la valeur d'influence effective contribue à la valeur d'une œuvre en tant qu'objet artistique ; et c'est sans doute *seulement* quand cette valeur d'influence effective se redouble d'une valeur d'influence potentielle, ou qu'elle en découle, qu'elle peut contribuer à la valeur artistique de l'œuvre. Mais il n'en reste pas moins que, dans de tels cas, elle y contribue bel et bien [12].

Supposons maintenant que, contrairement à ce que je viens de soutenir, *seule* la valeur d'influence potentielle est importante pour déterminer la valeur artistique de l'œuvre, les fortunes diverses de celle-ci au regard de l'histoire de la musique étant considérées comme non pertinentes. Même dans ce cas, l'existence de telles valeurs d'influence resterait un problème pour la thèse de Budd. En effet, d'une part la valeur d'influence potentielle d'une œuvre – sa capacité ou sa propension à altérer positivement le cours d'une tradition musicale – vient s'ajouter aux caractéristiques de l'œuvre, sans s'y réduire, même si ce sont ces caractéristiques qui sous-tendent cette capacité ou propension ; d'autre part, la valeur d'influence potentielle n'est clairement pas identifiable, ni même réductible, à la valeur intrinsèque ou instrumentale, attribuée à l'expérience adéquate de l'œuvre.

12. Notons que la valeur d'influence (qu'elle soit effective ou potentielle) peut très bien résider dans un *ensemble* de pièces, plutôt que d'appartenir à une pièce particulière de cet ensemble. Dans ce cas, ces pièces individuelles partageraient la valeur d'influence du tout, ou y participeraient : à cet égard, le groupe des dix derniers concertos pour piano de Wolfgang Amadeus Mozart peut constituer un bon exemple.

Ceci étant dit, on pourrait sans doute qualifier la valeur d'influence de valeur artistique *secondaire* – sans toutefois nier qu'il s'agisse-là d'une valeur bien réelle. La raison en est que la valeur d'influence est clairement dépendante d'une valeur artistique primaire, enracinée dans l'expérience de l'œuvre, et ne pourrait exister sans elle : il s'agit d'une valeur que possède une œuvre capable d'ouvrir la voie à d'autres œuvres dont la valeur artistique ne se limite pas à leur simple valeur d'influence, mais doit sans doute contenir une dimension expérientielle. Une œuvre qui suscite la création d'autres œuvres, mais dépourvue de valeur expérientielle notable, ou ne possédant qu'une simple valeur d'influence, ne jouirait d'aucune valeur artistique particulière. La valeur d'influence d'une œuvre serait comme une sorte de billet à ordre qu'on ne peut encaisser qu'en exhibant des œuvres à la valeur expérientielle positive suscitées par l'œuvre en question. Mais il n'est pas impossible d'exhiber de telles œuvres, comme en témoigne toute l'histoire de la musique.

Enfin, certaines œuvres de musique possèdent-elles d'autres sortes de valeur artistique, en dehors de la valeur d'influence, mais qui comme elle, dépassent la valeur intrinsèque ou instrumentale que recèle l'expérience adéquate de l'œuvre ? Voici quelques réponses possibles :

1) *La résolution de problème* : la valeur artistique d'une œuvre de musique peut résider partiellement dans sa capacité à résoudre divers problèmes liés à des contraintes formelles ou expressives [13]. Il est vrai que la manière dont une œuvre répond aux problèmes soulevés par celles qui l'ont précédée peut contribuer à l'émoi de l'oreille experte, tant la compréhension du problème et de sa solution peut être intrinsèquement gratifiante. Mais la résolution d'un problème artistique non trivial hérité de la tradition semble constituer une source de

13. Voir Stephen Davies, « Musical Understanding and Musical Kinds », *Journal of Aesthetics and Art Criticism*, vol. 52, n° 1, 1994, p. 69-81 ; Anthony Saville, *The Test of Time*, Oxford, Oxford University Press, 1982.

valeur *en soi*, irréductible à la valeur procurée par la compréhension de cette solution chez l'auditeur[14].

2) *L'originalité* : une partie de la valeur artistique d'une œuvre de musique peut résider dans son originalité, ou dans le caractère novateur qu'elle manifeste au sein d'une tradition donnée. Encore une fois, on peut l'intégrer à l'expérience qu'offre l'œuvre à l'oreille experte : l'originalité, qui est une caractéristique rétrospective, se manifeste alors lorsque, dans le temps de l'audition, on replace une œuvre dans son contexte d'émergence ou on la compare avec celles qui l'ont précédée ou préfigurée. Toutefois, l'originalité d'une œuvre dans un contexte donné (une propriété relationnelle complexe) est certainement une valeur en soi, qui va bien au-delà de la valeur constituée par son appréciation.

3) *La valeur pour les interprètes* : une partie de la valeur artistique d'une œuvre de musique peut résider dans le plaisir que prennent ses interprètes à affronter ses difficultés, ou dans l'utilisation que peut en faire un interprète pour manifester sa sensibilité ou son bon goût. Sans être particulièrement intéressante à écouter, une musique peut pourtant être clairement plaisante à jouer, poser des difficultés à l'exécution dont il est grisant de triompher, ou encore procurer une occasion singulière de s'exprimer. On peut en outre dire d'une œuvre de musique qu'elle a plus de valeur parce qu'elle autorise, à un plus haut degré que de coutume, des lectures différentes et variées d'une exécution à l'autre – exécutions qui peuvent donc manifester différemment la relation entre la forme et le contenu de la musique.

Il y a donc certainement, en dehors de l'influence, d'autres sources de valeur artistique qui ne s'enracinent pas dans l'expérience

14. On pourrait plaider de la même manière en faveur des propriétés *structurelles* de l'œuvre, qui ne sont pas directement accessibles à l'appréciation, mais déterminent néanmoins en partie des caractéristiques qui elles le sont. Il faudrait alors montrer qu'il y a ici une valeur irréductible tant à la valeur des caractéristiques accessibles à l'oreille qu'à la valeur qui découle de l'appréciation réflexive du rôle joué par ces propriétés structurelles.

appréciative de l'œuvre; mais je ne chercherai pas à établir ici le nombre ou l'importance exacts de ces autres sources [15].

IV

Mon objectif dans le reste de cet essai est d'explorer ce qui fait la valeur fondamentale d'une pièce de musique pour l'auditeur, c'est-à-dire sa valeur *intrinsèque-expérientielle.* Je veux essayer de préciser en quoi elle consiste fondamentalement et par quels critères, à un niveau très général, on pourrait la mesurer. Comme la discussion précédente en témoigne clairement, je maintiens qu'une part significative de la valeur artistique d'une pièce de musique, sa valeur en tant qu'objet artistique, peut être *non* expérientielle et se traduire par des traits comme l'originalité, la capacité à influencer, ou le fait de présenter une solution à un problème récurrent au sein d'une tradition musicale. De plus, je pense que la valeur expérientielle d'une pièce de musique en tant qu'œuvre d'art peut en principe aller au-delà de ce qui est *intrinsèquement* valorisé dans une telle expérience, et renvoyer à juste titre à un certain nombre de bienfaits extrinsèques. Cependant, ce que je vise ici, c'est précisément cette composante centrale de la valeur de la musique, celle qui est intrinsèque à l'expérience d'écoute elle-même, et nous fait dire qu'il est enrichissant d'avoir une telle expérience juste pour elle-même.

Même si l'on admet que la valeur artistique d'une œuvre de musique découle principalement de la valeur intrinsèque accordée à l'expérience lorsqu'elle s'accompagne d'une compréhension

15. Un autre type de valeur qui semble devoir figurer parmi ces valeurs artistiques, c'est ce qu'on pourrait appeler la *valeur pour les compositeurs.* Cette valeur résiderait dans la capacité de l'œuvre à fournir un modèle pour les autres compositeurs, en termes de formes, de techniques ou de procédés utilisés pour parvenir à des fins artistiques intéressantes. Toutefois, il apparaîtrait rapidement que cette valeur dépend de la valeur que l'œuvre possède aux yeux des auditeurs et des interprètes – ceux à qui la musique est avant tout destinée – et ne pourrait exister sans elle. En effet, une œuvre de musique capable de guider et d'inspirer d'autres compositeurs n'aura, pour cette raison, une valeur particulière que si elle a aussi de la valeur aux yeux des auditeurs et des interprètes. Sans cela, le fait de servir de modèle à de nouvelles compositions ne jouera pas en sa faveur, bien au contraire.

adéquate[16], nos critères pour attribuer de la valeur à une œuvre de musique peuvent naturellement être bien plus concrets que cela. Si on demande à un auditeur de dire pourquoi il juge que telle ou telle pièce est de la bonne musique, il répondra rarement que l'expérience de cette œuvre possède une haute valeur intrinsèque ; ou en tout cas, il ne s'arrêtera pas là. Il y a sans doute une place ou un rôle à jouer pour divers critères de bas niveau, comme une mélodie attractive, un rythme intéressant, une expression intense, des timbres plaisants, une harmonie inventive, une forme globale intelligible, etc. Dans la réalité, de tels critères sont évidemment convoqués plus fréquemment que le caractère intrinsèquement enrichissant de l'expérience adéquate de l'œuvre.

Pourtant, ces propriétés musicales de bas niveau manquent de généralité, et ne peuvent pas suffire par elles-mêmes à garantir *a priori* la valeur d'une œuvre. On peut facilement trouver d'excellentes musiques dépourvues de mélodie attractive (*Le Sacre du Printemps* de Stravinsky ou les *Cinq Mouvements pour quatuor à cordes* d'Anton Webern), d'invention harmonique significative (la plupart des œuvres de Giovanni Pierluigi da Palestrina ou de Georg Friedrich Haendel), d'intérêt rythmique substantiel (pensez à la *Première Gymnopédie* d'Erik Satie), de timbres plaisants (pensez à la musique pour clavier de Jean-Sébastien Bach), d'expressivité émotionnelle apparente (comme dans les *Études* de Conlon Nancarrow pour piano mécanique), et ainsi de suite.

Ce qui est intéressant, c'est de savoir s'il y a des principes pour ainsi dire intermédiaires, des principes moins abstraits que celui du caractère intrinsèquement enrichissant de l'expérience d'écoute, mais pas aussi concrets que ceux dont nous venons de parler. Entre la condition la plus abstraite par laquelle on peut définir ce qui fait le cœur de la valeur musicale (le fait que l'expérience soit intrinsèquement valable) et les caractéristiques les plus concrètes de la musique qui procurent une expérience satisfaisante et auxquelles on fait appel

16. Notons que l'on ne se tromperait pas si l'on incluait dans une telle expérience, en plus de l'appréhension sensible de la musique, la réflexion rétrospective qui peut s'ensuivre une fois l'audition terminée.

pour justifier quotidiennement nos jugements positifs (une mélodie séduisante, une orchestration variée), il y a peut-être des *principes de niveau intermédiaire*, qui capturent les fondements sur lesquels nos jugements et nos justifications reposent, tout en explicitant, à un niveau de validité suffisamment général, ce en quoi consiste essentiellement la valeur expérientielle de la musique.

Une approche assez populaire dans l'esthétique philosophique depuis près de cinquante ans – encore qu'elle ait été quelque peu affaiblie dernièrement par les attaques des particularistes [17] à propos de l'évaluation – consiste à identifier les propriétés générales des œuvres d'art qui conduisent invariablement à la beauté artistique, ou qui la sous-tendent, quel que soit l'art considéré ; et si ces propriétés ont un tel effet, c'est sans doute parce que, lorsque nous nous plaçons dans les conditions d'appréciation adéquates, l'expérience de ces propriétés (prises individuellement ou combinées entre elles) s'accompagne d'une satisfaction inhérente. Monroe Beardsley est la source moderne de cette tradition théorique. Il défend l'existence de trois « canons fondamentaux de la critique » : l'unité, l'intensité et la complexité [18]. Sa position est donc la suivante : une œuvre qui manifeste une des caractéristiques énoncées ci-dessus est *ipso facto* un meilleur objet artistique que si elle ne la possédait pas. De plus, toute autre caractéristique qui semble contribuer à la valeur artistique de l'œuvre s'identifie à une forme particulière d'un des

17. Ndt. Pour un particulariste, les raisons pour qu'un objet O possède une propriété P sont absolument relatives à l'objet O et ne doivent pas nécessairement pouvoir être appliquées à un autre objet O' possédant la propriété P. Ainsi, quand je donne des raisons pour qualifier la *Neuvième Symphonie* de Gustav Mahler de « chef-d'œuvre », on n'exigera pas que ces raisons puissent également justifier le qualificatif de « chef-d'œuvre » appliqué à l'*Orfeo* de Claudio Monteverdi, par exemple. Selon la position opposée, le généralisme, les raisons qui nous permettent de qualifier la *Neuvième Symphonie* de Mahler de « chef-d'œuvre » devrait pouvoir s'appliquer, au moins en partie, à l'*Orfeo* de Monteverdi. Pour plus de détails sur ce débat, voir John W. Bender, « General but Defeasible Reasons in Aesthetic Evaluation : The Particularist/ Generalist Dispute », *Journal of Aesthetics and Art Criticism*, vol. 53, n° 4, 1995, p. 379-392.

18. La première occurence se trouve dans *Aesthetics : Problems in the Philosophy of Criticism*, 2 e édition, Indianapolis, Hackett, 1981.

trois critères fondamentaux (unité, intensité et complexité), ou peut s'y ramener.

Mais cette proposition a pu susciter un scepticisme certain : ces trois propriétés accroissent-elles toujours, et en toutes circonstances, la valeur de l'œuvre ? N'observe-t-on pas parfois des effets d'interaction entre ces propriétés qui font que la satisfaction de l'un d'entre eux ne permet pas automatiquement d'accroître la valeur globale de l'œuvre ? N'y a-t-il pas d'autres propriétés fondamentales capables d'enrichir la valeur d'une œuvre ? Comment combiner concrètement ces critères, pour évaluer comparativement des œuvres qui les satisfont tous les trois à des degrés différents ? Est-ce que la présence de ces caractéristiques, même à un haut degré, est toujours suffisante à elle seule pour justifier l'attribution d'une valeur artistique relativement haute à une œuvre donnée [19] ?

Plutôt que de chercher à réhabiliter cette approche [20], je veux plutôt poursuivre une autre piste, en essayant de mettre en lumière ce qui fonde spécifiquement la valeur d'œuvres de musique particulières, par opposition à la valeur des œuvres d'art en général, tout en rendant davantage justice à l'intuition qui veut que la valeur artistique d'une œuvre soit essentiellement fonction de l'expérience qu'elle procure, et de la qualité de cette expérience. Les idées que je vais proposer peuvent être vues comme différentes manières de spécifier cette intuition, appliquée au cas de la musique.

---

19. Certains auteurs, au premier chef George Dickie, ont exprimé des doutes quant à l'existence de principes critiques « forts » reposant sur ce genre de critères, par opposition à des principes « faibles » qui nous permettent seulement d'établir qu'une œuvre possède une *certaine* valeur artistique – ce qui est bien sûr compatible avec le fait qu'elle soit en définitive une *mauvaise* œuvre d'art. Voir son ouvrage *Evaluating Art*, Philadelphia, Temple University Press, 1988.

20. Mais sur ce sujet, voir Frank Sibley, « General Criteria and Reasons in Aesthetics », Oxford, Oxford University Press, 2001, p. 104-118 ; et Bender, « General but Defeasible Reasons in Aesthetic Evaluation : The Particularist / Generalit Dispute ».

V

Considérez maintenant deux types de réaction que l'on peut avoir lorsqu'on apprécie une musique : (a) « Ça sonne bien ! » ; et (b) « Ça s'enchaîne bien ! ».

Bien qu'aucune de ces deux réactions, qui ne sont rien d'autre que des jugements d'approbation subjectifs, ne puisse servir de fondement adéquat à l'évaluation de la qualité artistique d'une pièce de musique, (b) non seulement en dit plus long que (a), mais encore se rapproche davantage de ce que pourrait être un tel fondement. Et si tel est le cas, c'est parce que (b) capture une caractéristique essentielle de toute bonne musique, à un niveau moins abstrait que celui de la qualité intrinsèque de l'expérience.

Quelqu'un qui réagit par (a) ne fait qu'exprimer son appréciation limitée à, d'une part, la seule apparence sonore de la musique et, d'autre part, à un aspect de la musique qui peut se manifester dans les échantillons sonores les plus réduits. Quelqu'un qui réagit par (b), en revanche, se rapproche davantage du cœur de la musique, car sa réponse témoigne du plaisir pris dans la *progression* musicale, dans le fait de sentir comment la musique évolue d'un point à un autre (ce dont le rythme est probablement la manifestation la plus évidente), comment les parties de la musique (surtout les plus courtes) s'enchaînent les unes aux autres, instant après instant. Si l'on cherche à donner un contenu plus concret à l'expression « l'expérience que je fais de cette musique est intrinsèquement enrichissante », alors « ça s'enchaîne bien » semble plus approprié que « ça sonne bien ». En effet, cette dernière expression n'indique rien, à strictement parler, du pouvoir de séduction premier de la musique, qui est de nature essentiellement dynamique. On pourrait également faire remarquer que l'expression « ça sonne bien » peut s'appliquer tout aussi bien à un art imaginaire fait de brefs surgissements sonores, soigneusement programmés au synthétiseur, pour notre plus grande délectation esthétique. L'intérêt de telles productions ne recouperait pourtant que très partiellement ce qui fait le charme propre de la musique, raison pour laquelle « ça sonne bien » est moins adéquat, quand il s'agit de caractériser l'essence de la bonne musique, que « ça s'enchaîne bien ». Cette dernière expression renvoie à une notion absolument cruciale, qui est que l'on *suit* la musique. En fait, il y a une équivalence approximative entre « ça s'enchaîne bien » et « l'expérience que je fais en suivant cette musique est intrinsèquement enrichissante ». Prendre du plaisir dans l'écoute d'une musique, c'est avant tout aimer suivre cette musique ; et sa valeur en tant que musique réside probablement, et de manière assez centrale, dans sa capacité à susciter ce genre d'expérience intrinsèquement enrichissante qui consiste à suivre son évolution au fil du temps.

L'idée centrale de Leonard Meyer sur le sujet est d'ailleurs tout à fait dans cette veine. Pour lui, la musique a un intérêt dans la mesure où elle produit chez l'auditeur des attentes sur son évolution prochaine, attentes qui sont ensuite confirmées ou infirmées à des degrés divers, par divers moyens, et dans des délais plus ou moins grands. Ainsi, pour Meyer, la musique la plus précieuse est celle qui propose une structure dans laquelle la confirmation de nos attentes est savamment retardée, mais pas infiniment contrariée ; l'idée étant que le degré de plaisir que l'on retire de cette confirmation est, au final, d'autant plus riche que le délai pour y parvenir a été long[21].

Clairement, il s'agit là d'une spécification supplémentaire de notre idée (qui reçoit ainsi davantage de contenu) selon laquelle la musique est d'autant plus prisée qu'on en apprécie la conduite et qu'on la suit avec plaisir. Malheureusement la thèse de Meyer, en ce qu'elle semble privilégier les évolutions musicales surprenantes ou atypiques, est peut-être trop étroite, trop limitée pour rendre compte de toutes les manières, intrinsèquement enrichissantes, dont la musique peut être « menée », se déployer ou se développer au fil du temps. Parfois, un développement qui paraît approprié, convaincant, ou même beau, peut ne pas être spécialement inattendu – ou, dans les termes que Meyer adoptera par la suite, ne délivrer qu'une faible quantité d'information, par rapport à d'autres développements possibles.

21. Voir Meyer, « Some Remarks on Value and Greatness in Music ».

Edmund Gurney a proposé une autre hypothèse [22] – située dans une zone intermédiaire, quelque part entre les vérités conceptuelles inattaquables et les propositions falsifiées par l'expérience – et qui donne encore un peu plus de corps à l'idée selon laquelle c'est le plaisir que l'on prend à *suivre* la musique qui est la clé de la valeur artistique de l'expérience musicale. Selon Gurney, la valeur expérientielle de la musique, ou au moins de la musique que Meyer qualifie de téléologique (la musique qui semble posséder une finalité ou être dirigée vers un certain but), tient presque entièrement à la satisfaction procurée par *l'expérience de l'enchaînement séquentiel de ses parties* – c'est-à-dire à la satisfaction que procure la saisie, à petite échelle, de son évolution et de sa progression instant après instant.

À partir de là, une hypothèse analogue s'impose à nous, portant sur cet aspect sur lequel je suis resté jusque-là silencieux : à savoir, le côté expressif de la musique. Il s'agirait alors de dire que la valeur expérientielle de la musique réside essentiellement dans *la satisfaction résultant de l'appréhension des aspects expressifs de la musique et dans la réaction émotionnelle que ceux-ci suscitent*. Si l'hypothèse précédente s'attache à saisir aussi complètement que possible ce que la musique peut offrir à un niveau *formel*, en tant que processus qu'on ne cherche pas à caractériser en des termes autres que musicaux, notre hypothèse actuelle s'attache à saisir aussi complètement que possible ce que la musique peut offrir au niveau de son *contenu*, en tant que processus que l'on interprète en termes humains ; car sans doute une bonne partie de l'intérêt de la musique découle de ce qu'elle nous dit des sentiments, des actions ou des gestes humains.

Mais on peut parvenir à une caractérisation encore plus adéquate que chacune des deux hypothèses précédentes en les combinant, d'une certaine manière. Plus encore que de prendre du plaisir à suivre la musique dans ses particularités concrètes ou que d'apprécier son déroulement ; et plus encore que de tirer satisfaction des qualités

22. Voir son ouvrage majeur de 1880, *The Power of Sound* (Edmund Gurney, *The Power of Sound*, New York, Basic Books, 1966).

gestuelles, affectives ou agentielles que nous voyons émerger à mesure que la musique se déploie et auxquelles nous répondons; ce que nous trouvons intrinsèquement enrichissant dans l'expérience que nous procure une bonne œuvre de musique, et ce qui, plus important encore, détermine sans doute sa valeur artistique, c'est la manière dont elle opère ce *mariage* particulier entre sa forme et son contenu. Bien sûr, lorsque nous écoutons une bonne pièce de musique, nous apprécions sa conduite – sa forme particulière et la manière dont elle évolue temporellement – et nous apprécions aussi « ce qu'elle communique »[23] – les attitudes, émotions, qualités, actions ou événements qu'elle suggère – mais par-dessus tout, nous apprécions la fusion de ces deux aspects, la manière précise par laquelle ce qui est communiqué se trouve incarné et transmis par le déploiement temporel de la musique[24].

Si nous assimilons la « conduite » d'une pièce de musique avec sa forme structurelle (ou dynamique), et « ce qui est communiqué » avec son contenu expressif (interprétatif), alors on peut raisonnablement identifier la « conduite rapportée à ce qui est communiqué »

23. J'utilise ici le verbe « communiquer » comme un terme générique pour caractériser la relation de la musique à son contenu, au sens large, c'est-à-dire à tout ce qui va au-delà des propriétés que la musique possède en tant que simple séquence sonore. « Communiquer » est donc censé couvrir d'autres verbes : « exprimer », « exemplifier », « représenter », « symboliser », « signifier », « suggérer » et même « évoquer ». Il est donc utilisé ici pour capturer toute la gamme des relations de signification que la musique peut manifester. D'ailleurs, cela est également vrai des termes « expressivité » et « expressif », qui apparaissent un peu plus tard dans le texte. Là aussi, il faut comprendre que ces termes englobent toutes les dimensions de la signification musicale, bien au-delà de ce qu'on pourrait appeler au sens strict « l'expressivité musicale », du moins telle que je l'analyse dans mes essais (voir, dans le présent volume, l'essai « L'expressivité musicale », p. 129-198).

24. Bien sûr, cette idée sera familière à quiconque s'intéresse à l'histoire de l'esthétique, même si elle n'est pas formulée exactement en ces termes. Il est certain que Benedetto Croce, Robin Collingwood et John Dewey défendent des variantes de ce rapport intime entre forme et contenu en art, et Budd fait sienne cette idée en plusieurs points de son livre. Richard Eldridge développe élégamment cette idée dans son essai « Form and Content : An Aesthetic Theory of Art » (*British Journal of Aesthetics*, vol. 25, n° 4, 1985, p. 303-316), bien qu'il lui accorde, à tort selon moi, le pouvoir démesuré de rendre compte de la notion d'art elle-même.

avec sa forme ou avec son contenu compris plus profondément comme forme *signifiante* et comme contenu *immanent*. Appelons cette manière de voir les choses le « Modèle 1 ».

Modèle 1

(I) « La conduite » (comment une note en suit une autre, un accord en suit un autre, un motif en suit un autre, une phrase en suit une autre, un passage en suit un autre…) correspond à la forme structurelle / dynamique.
(II) « Ce qui est communiqué » (gestes, actions, sentiments, états d'esprit, émotions…) correspond au contenu expressif / interprétatif.
(III) « Ce qui est communiqué » mis en rapport avec « la conduite » correspond à la forme signifiante / au contenu immanent.

Bien sûr, distinguer la forme structurelle / dynamique du contenu expressif / interprétatif comme nous venons de le faire n'implique pas que ces deux choses sont habituellement séparées en tant que telles dans l'expérience concrète d'écoute. D'habitude, ce que l'on saisit dans l'écoute, c'est une *forme pénétrée de contenu*, ou un *contenu formellement incarné*, plutôt que la forme ou le contenu en eux-mêmes, bien qu'il soit possible, en faisant un effort, de se concentrer abstraitement sur la forme ou sur le contenu en tant que tels. En règle générale, nous percevons *simultanément* les aspects structurels et expressifs d'une progression musicale, aspects qui nous apparaissent comme intimement mêlés. En effet, il se peut que la frontière soit condamnée à rester floue entre, d'un côté, ce qui relève des relations purement intramusicales, des mouvements et des tensions saisis au niveau de la structure (ou de la dynamique) et, de l'autre, ce qui relève des contenus gestuels, affectifs ou agentiels saisis au niveau de l'expression (ou de l'interprétation). Le modèle exprimé ci-dessus se contente donc de rendre explicites les deux pôles, pour ainsi dire, de l'objet qui est véritablement au cœur de notre appréciation de la musique.

Ce que nous proposons de considérer comme l'objet principal de l'appréciation musicale – c'est-à-dire le rapport entre ce qui est communiqué par la musique et sa conduite – aide à expliquer, selon moi, pourquoi, lorsque nous aimons une pièce de musique, il nous faut généralement l'*écouter* encore et encore pour en faire une expérience pleine et entière. En effet, c'est seulement par une telle expérience, ou par le substitut qu'offre l'écoute intérieure, que l'on peut accéder à cette fusion spécifique de contenu humain et de forme sonore que mon esquisse de proposition met en évidence. Se rappeler abstraitement la forme d'une œuvre aimée, ou même se la repasser concrètement dans sa tête, mais sans vraiment s'engager émotionnellement, ne suffit pas à combler ce vide caractéristique qui apparaît lorsque celle-ci commence à nous manquer cruellement. Et il est encore plus vain de vouloir se rappeler abstraitement le contenu émotionnel d'une musique, convoqué d'une manière ou d'une autre, sans retrouver et réentendre son incarnation sonore spécifique, ou le véhicule formel de ce contenu émotionnel.

Le modèle exposé ci-dessus, et le principe duquel il est dérivé, est sans doute le plus adéquat pour caractériser l'expérience de la musique à un niveau basique, ou fondamental, comme une succession d'événements de durées relativement brèves, chacun possédant sa signification propre, et étant plus ou moins captivant. Mais un autre modèle, plus complexe, mérite d'être évoqué : dans ce modèle, on reconnaît que ce que j'ai appelé jusqu'ici le contenu de la musique admet *lui-même* une forme – c'est-à-dire une « conduite » – mais une forme de plus haut niveau, forme qui génère à son tour une dimension de contenu supplémentaire, offrant ainsi finalement la possibilité d'une relation entre ce contenu et sa forme sous-jacente. Appelons cela le « Modèle 2 » [25].

---

25. Par souci de simplicité, je laisse de côté le fait que ce contenu de haut niveau, ou contenu dramatique, dépend et provient, non seulement de la forme de haut niveau, ou forme *expressive*, mais aussi de la forme *structurelle* à grande échelle, c'est-à-dire dire de la configuration *architectonique* de l'œuvre de musique.

Modèle 2

(I) « La conduite » au niveau expressif (comment un épisode d'un certain caractère expressif succède à un épisode d'un autre caractère expressif, et la forme globale de toutes ces successions) correspond à la forme expressive.
(II) « Ce qui est communiqué en vertu de la conduite » au niveau expressif correspond au contenu dramatique[26].
(III) Le « contenu dramatique communiqué » mis en rapport avec « la conduite expressive » correspond à la forme signifiante (globale) / au contenu immanent (global).

Pour compléter le tableau, nous devrions aussi reconnaître que les relations entre, d'un côté, le contenu et la forme d'ordre supérieur et, de l'autre, le contenu et la forme de niveau élémentaire, peuvent aussi intervenir dans notre appréciation de la musique ; le fait de focaliser son attention sur ces relations pourrait en effet se montrer intrinsèquement enrichissant. Partant, si le Modèle 1 nous donne trois éléments (la forme structurelle, le contenu expressif, et la forme signifiante / le contenu immanent de niveau élémentaire qui en résultent) et le Modèle 2 nous en fournit trois autres (la forme expressive, le contenu dramatique et la forme signifiante / le contenu immanent de haut niveau qui en résultent) alors, en théorie, il y a encore neuf autres relations qui peuvent être candidates à l'appréhension ou à la contemplation musicales, et donc autant d'objets sur lesquels peuvent porter nos évaluations. De toutes ces possibilités, ce

Mais intégrer ces relations supplémentaires dans ce modèle en réduirait encore la transparence (pour plus de détails sur ce genre de complexités, sans pour autant abandonner l'importance fondamentale accordée à la forme structurelle *à petite échelle*, on se reportera à mon ouvrage *La musique sur le vif*, traduit de l'anglais par Sandrine Darsel, Rennes, Presses Universitaires de Rennes, 2013).

26. Le terme « dramatique » n'est sans doute pas idéal pour désigner toutes les variétés de contenu expressif global ; mais ici, « dramatique », comme « communiquer » ou « expressif » ci-dessus, doit être compris en un sens large, qui couvre toutes les sortes de contenus généraux que la musique peut véhiculer en vertu de sa forme globale, et de la structuration générale des mouvements expressifs qu'elle propose.

sont les relations entre la forme expressive et la forme structurelle, et la relation entre le contenu dramatique et le contenu expressif qui sembleraient les plus pertinentes. Mais à ce niveau d'abstraction, nous perdons sans doute le contact avec ce qui fait la valeur expérientielle de la musique. Je pense donc que nous pouvons ignorer sans danger toutes ces autres relations possibles et nous satisfaire des deux modèles que nous avons déjà articulés, dans lesquels l'objet central de l'appréciation musicale est identifié par la relation du contenu à la forme, que ce soit à un niveau élémentaire ou à un plus haut niveau, cette forme et ce contenu pouvant eux-mêmes servir d'objets d'attention subsidiaires.

VI

En se limitant au Modèle 1, le plus simple et le plus fondamental de nos deux modèles, il semble qu'il y ait une asymétrie entre la partie intitulée « la conduite » (la forme structurelle) et celle intitulée « ce qui est communiqué » (le contenu expressif), en tant que lieux possibles de la valeur musicale. En effet, la première – la forme musicale – semble avoir un attrait indépendant pour les auditeurs : la forme est intéressante à appréhender en tant que telle ; tandis que la seconde – le contenu extramusical – ne semble pas, pris en tant que tel, posséder d'attrait comparable. Tel est le point de vue de Budd : « notre expérience de la dimension expressive de la musique n'est pas séparable de notre expérience de la musique ; si nous accordons une valeur à cet aspect expressif, ce n'est pas en lui-même, mais *en tant qu'il est réalisé dans la musique* »[27]. En d'autres termes, le fait qu'une œuvre de musique possède une forme structurelle captivante, toute signification expressive mise à part, est déjà une raison pour lui attribuer de la valeur, cette forme étant un objet approprié à notre appréciation musicale, même si limité. En revanche, semble-t-il, on ne peut lui attribuer de la valeur sur la seule base de son contenu expressif, pris en dehors de toute incarnation dans une forme musicale.

---

27. Voir Budd, *Values of Art*, p. 152.

Mais est-ce vraiment bien le cas ? Je ne crois pas. Ce qui est vrai, c'est qu'il y a une asymétrie de *degré* – c'est-à-dire que l'identification abstraite de la signification expressive d'une œuvre possède *moins* d'intérêt artistique, et contribue *moins* à la valeur artistique de l'œuvre, que la qualité de sa forme structurelle ou la manière par laquelle l'expressivité émerge de cette forme ; mais il est faux de dire que cette signification, saisie en dehors du médium qui l'exprime, ne possède *aucun* intérêt artistique, ou que sa nature n'a *aucune* incidence sur la valeur artistique d'une œuvre. Quand l'expression musicale vise, et atteint, des sujets inhabituels, rares, subtils, fondamentaux, profonds, l'œuvre de musique s'en trouve forcément meilleure, parce qu'il est plus enrichissant, en soi, de contempler de tels contenus, de s'en pénétrer, d'y répondre émotionnellement. Ainsi, une œuvre de musique exprimant une mélancolie douce-amère, ou évoquant les gestes et attitudes de la résignation, possède sans conteste plus de valeur artistique, toutes choses étant égales par ailleurs, qu'une œuvre exprimant une simple bonne humeur, ou véhiculant une colère d'un genre banal.

Souvenez-vous que pour Budd, la question de la valeur artistique d'une œuvre de musique se résume à : l'expérience de l'œuvre possède-t-elle une valeur intrinsèque ? La question que j'ai mise en lumière, par contraste, est plutôt : quelle est la nature de l'expérience que procure typiquement une œuvre de musique (pour autant que l'on s'intéresse à la valeur intrinsèque de cette expérience) et, plus spécifiquement encore : dans quelles *dimensions* de cette expérience la valeur de l'œuvre réside-t-elle ? J'ai tenté d'identifier en termes généraux les dimensions de l'expérience musicale pertinentes pour cerner la valeur d'une œuvre et j'ai conclu qu'elles étaient au nombre irréductible de trois : l'expérience de la forme structurelle ou dynamique ; l'expérience du contenu expressif ou interprétatif ; et l'expérience de l'incarnation de celui-ci dans celle-là. Si l'expérience d'une œuvre de musique possède une valeur intrinsèque, ce sera donc parce que l'œuvre est jugée intrinsèquement enrichissante du point de vue expressif, ou du point de vue formel, ou du point de vue de la fusion de l'expressif et du formel, ou encore des trois points de vue à la fois. Nous pouvons donc identifier maintenant, si nous le désirons, trois critères provisoires de la valeur expérientielle de la musique : d'abord, l'expérience de la « conduite » de la musique est-elle enrichissante – est-il enrichissant de suivre le processus sonore en tant que tel ? Ensuite, est-il enrichissant de saisir ce que la musique *communique*, et d'y réagir ? Et enfin, l'expérience de la relation entre la conduite de la musique et ce qu'elle communique, ou de l'incarnation de l'un dans l'autre, est-elle enrichissante ?

Est-ce qu'il s'en suit nécessairement qu'une œuvre satisfaisant à un haut degré ces trois dimensions de l'expérience musicale soit meilleure qu'une œuvre qui ne satisfait à un haut degré que deux de ces dimensions ? Par exemple, est-ce qu'une œuvre au contenu représentationnel singulier qui manifeste une forme sonore captivante, et associe avec succès ces deux aspects, est nécessairement meilleure qu'une œuvre au contenu expressif plus commun, mais exhibant néanmoins une forme sonore captivante associée avec succès à ce contenu ?

La réponse, je crois, est négative. En effet, il est possible, et même probable, qu'il y ait des interactions, ou des interférences, entre les différentes dimensions de l'expérience musicale. Ainsi, il arrive sans doute souvent que les œuvres à l'aspect représentationnel marqué – même quand elles sont musicalement captivantes, et qu'elles manifestent une belle intégration de ce contenu représentationnel avec la forme sonore – ne procurent pas une expérience globale aussi intrinsèquement enrichissante que la plupart des musiques non représentationnelles et à l'aspect expressif plus quelconque ; la valeur de l'expérience appréciative d'une œuvre de ce genre n'est pas la somme des valeurs attribuées à l'appréciation autonome de chacune des trois dimensions précédemment évoquées : en effet, quand on essaie d'opérer cette triple appréciation en un seul mouvement (ce qui est le cas, normalement, lorsqu'on écoute de la musique), on peut trouver que l'attention que l'on accorde à cet aspect représentationnel de la musique entre dangereusement en compétition avec l'attention qu'il conviendrait d'accorder à sa forme structurelle – ce qui n'est pas le cas quand la musique a bien un contenu extramusical, mais qui n'est pas de nature représentationnelle.

Néanmoins, et en supposant que notre exemple soit exact, même si la valeur de l'expérience musicale ne se réduit pas simplement à l'addition des valeurs attribuées à chacune des trois dimensions précédemment identifiées, il reste que la valeur musicale réside bien dans chacune de ces trois dimensions de l'expérience ; et la satisfaction procurée par celles-ci, prises ensemble ou séparément, reste le seul élément justifiant, fût-ce provisoirement, que l'on attribue de la valeur musicale à une œuvre.

VII

Que valent les principes et les modèles de valeur expérientielle proposés ci-dessus lorsqu'on les confronte à une œuvre d'une valeur indiscutable et insurpassable ? En guise de conclusion, je propose d'examiner brièvement en ce sens la *Sonate pour piano n° 20 en la majeur*, D. 959, de Franz Schubert. Il me semble que la valeur expérientielle de cette sonate, c'est-à-dire sa valeur principale en tant qu'œuvre de musique, se laisse facilement penser sous les auspices de ces modèles et principes : pour simplifier, sa valeur spécifiquement musicale dépend de l'agrément que procure la conduite de l'œuvre en tant que pur processus musical, de la satisfaction obtenue quand nous saisissons le contenu qu'elle communique, et surtout, du plaisir que nous avons à appréhender la manière dont le contenu s'incarne dans la conduite même, dont la conduite véhicule le contenu, et dont contenu et conduite s'enchevêtrent.

Mais essayons d'abord d'identifier quelques-uns des aspects de cette composition musicale qui la rendent si digne d'éloges. À la question « Pourquoi cette *Sonate* de Schubert est-elle de la si bonne musique ? », nos principes de niveau intermédiaire donnent schématiquement la réponse suivante : c'est que l'expérience qu'elle procure, que ce soit du point de vue structurel, du point de vue expressif, ou du point de vue de l'interaction entre ces deux aspects est particulièrement satisfaisante, ou digne d'intérêt, et ce, de manière intrinsèque. À un niveau purement dynamique, c'est une pièce hautement captivante à suivre, que ce soit à petite échelle ou au niveau de la grande forme ; du début à la fin, nos oreilles peuvent se délecter de configurations sonores mouvantes – de manières de dérouler la musique dans le temps – magnifiques, éloquentes et originales. Au niveau du contenu, ce qui est exprimé, ou communiqué, est singulier, intense, et vaut assurément la peine d'être appréhendé. Et au niveau de la fusion de ces deux aspects, la manière spécifique par laquelle l'œuvre transmet musicalement son contenu est absolument fascinante, manifestant d'un bout à l'autre l'élégance d'un rapport adéquat de la fin aux moyens [28].

Néanmoins, il n'est pas inutile d'entrer encore davantage dans le détail des aspects expressifs et dramatiques de ce véritable « essai » musical composé par Schubert. Je commencerai par les premiers.

Cette *Sonate en la majeur* possède une intensité et une diversité d'expressions émotionnelles assez peu ordinaires, couvrant presque toute la gamme des sentiments humains. Elle expose ce qui est peut-être la palette d'états d'esprit et d'affects la plus large que l'on trouve dans toute l'œuvre de Schubert, mais parvient néanmoins à les relier les uns aux autres en un tout tellement satisfaisant qu'écouter cette sonate est comme vivre un condensé de vie humaine.

Dans quels passages les qualités expressives de cette *Sonate* sont-elles les plus marquées ? Voici quatre exemples remarquables d'expressivité, obtenue spécifiquement par des moyens musicaux qui sont de plus, la plupart du temps, pleinement satisfaisants en tant que tels au niveau structurel :

28. En l'occurrence, ces moyens comprendraient la forme structurelle sur laquelle repose l'expressivité locale de la musique, et la forme expressive sur laquelle repose le contenu dramatique de la musique (c'est-à-dire son expressivité globale). Certaines formes expressives, ou manières de structurer l'expressivité à grande échelle, peuvent être moins satisfaisantes que d'autres, suivant qu'on les considère en elle-même comme des formes ou en vertu du genre de contenu de haut niveau qu'elles génèrent (ou, précisément, qu'elles ne parviennent pas à générer).

1) La stase inconfortable qui initie le développement du premier mouvement, et suggère une anxiété ou une obsession inquiète par des oscillations entre le ton de *do* majeur et celui de *si* majeur – Schubert ne module donc pas une bonne fois pour toutes d'un ton à un autre, comme cela aurait pu être fait dans une œuvre plus traditionnelle.

2) La nostalgie inimitable de la coda du premier mouvement, dans laquelle le thème rhétorique inaugural est convoqué à nouveau, mais comme au travers d'un voile – dépossédé de sa force vitale quasi irréfragable et pourtant intact dans son identité essentielle.

3) La violence inégalée – le chaos menaçant – dans la section centrale du mouvement lent : une évocation remarquable d'une personne désespérée sur le point de perdre pied[29].

4) La charmante désinvolture du thème central du scherzo, dont la grâce vient en partie du fait que l'écriture pianistique suggère à ce moment-là des *pizzicati* de cordes.

Je me penche maintenant sur le contenu dramatique, ou contenu expressif global. Nous en avons un exemple frappant avec le dialogue intense et introspectif auquel se livre la persona de la musique dans le climax du second épisode du rondo final (mesures 180-210). Dans ce passage, la *persona* de la musique semble d'abord poser des questions, avant d'y répondre à contrecœur; des questions auxquelles elle aimerait mieux ne pas avoir à faire face, mais qui ne peuvent pas être évitées plus longtemps. Et un auditeur empathique ne peut s'empêcher de sentir qu'il s'agit là de questions existentielles, qui touchent au plus profond de son être. Quant à la source, en termes formels, de la qualité dialogique de ce passage, elle est à trouver dans l'austère alternance entre l'aigu et le grave qui gouverne l'énonciation de ces motifs expressifs caractéristiques du passage, comme gravés à l'eau-forte.

Voici un autre exemple d'expressivité globale dans cette sonate, bien qu'il soit presque impossible de le décrire avec des mots : je

---

29. Je ne peux pas m'empêcher de *voir* ici l'image précise d'un homme désemparé au point de s'arracher les cheveux.

veux parler de l'impression que peut avoir l'auditeur dans le premier mouvement, et plus encore dans la phrase initiale, qu'un adulte s'adresse à lui, d'égal à égal, et qu'on lui transmet ainsi posément des conseils réfléchis plein de sagesse et de maturité. Il s'agit là d'un des nombreux états d'esprit plutôt singuliers qui sont communiqués par la sonate à grande échelle, états d'esprit qui lui confèrent cette sorte de force morale dont certaines pièces de musique semblent être dotées, comme j'en ai fait l'hypothèse plus haut.

Notre dernier exemple d'expressivité globale dans cette sonate concerne cette unité d'un genre spécial que certaines pièces de musique atteignent. Certaines musiques, et parmi les meilleures, manifestent en effet une unité tellement intense qu'on peut les considérer comme des symboles puissants de l'union des contraires, ou de la conciliation des différences – non pas par l'élimination ou la conquête d'un élément par l'autre, mais par la manifestation d'une relation plus profonde en dépit des différences de surface. Appelons ce genre d'unité une unité *transcendante*, pour bien la différencier de la simple unité *formelle*, qui en est, la plupart du temps, le substrat essentiel. Cette relation, si emblématique, des parties au tout que j'ai en tête n'est pas seulement une relation abstraite, que l'on peut considérer intellectuellement, mais plutôt quelque chose que l'on ne peut saisir et ressentir qu'au fil de l'écoute.

Si une œuvre de musique témoigne de ce genre d'unité, c'est bien cette *Sonate* de Schubert. Il y a un travail frappant, bien que subtil, d'unification thématique, rythmique, harmonique, effectué tout au long de la sonate, malgré la riche variété de surface des quatre mouvements. Ce travail participe à l'émergence de l'unité *transcendante* prononcée qui caractérise la pièce. Ici, je me contenterai de souligner quelques aspects de ce travail d'unification formelle, ceux qui semblent jouer un rôle certain dans l'émergence de cette autre forme d'unité.

Les six mesures inaugurales du premier mouvement trouvent leur écho dans le mouvement rétrograde approximatif des huit mesures finales du quatrième et dernier mouvement ; le développement du premier mouvement dérive presque intégralement du motif de tête du deuxième thème ; il y a une claire réminiscence de l'agitation de la section centrale du mouvement lent dans le motif de notes répétées en triolet qui se trouve inséré lors de la reprise du thème principal du mouvement ; la tension qui habite les deux premiers mouvements réapparaît dans la seconde moitié de la section centrale du scherzo, lorsque Schubert utilise une variante du motif du développement du premier mouvement ; le motif inaugural du *trio* du scherzo est le miroir approximatif du motif initial du premier mouvement ; l'intervalle de demi-ton (ascendant ou descendant) joue un rôle important dans les thèmes principaux des premier, deuxième et quatrième mouvements (et cela inclut cette alternance mystérieuse entre les arpèges de *la* majeur et les arpèges de *si* bémol majeur à la toute fin du premier mouvement) ; et enfin, les tonalités situées une tierce au-dessus de la tonique forment clairement un centre d'attraction harmonique dans toute la sonate. Bien sûr, les éléments d'unité formelle d'une composition musicale, même lorsqu'ils sont nombreux, ne créent pas nécessairement cette sorte d'expressivité globale que j'ai appelée unité transcendante, dont le signe ultime est le sentiment d'*être-un* qui s'empare de l'auditeur transfiguré ; mais il me semble que, dans le cas présent, c'est bien ce qui se passe.

Il serait bien sûr chimérique de penser que ce survol partiel et relativement arbitraire des qualités d'une composition remarquable entre toutes puisse nous permettre de conclure à la validité des principes schématiques de niveau intermédiaire proposés plus haut pour rendre compte de la valeur musicale – à savoir la satisfaction que l'on retire de la structure, de l'expression et du rapport expression / structure, ou, à un plus haut niveau, la satisfaction que l'on retire de la forme expressive, du contenu dramatique et du rapport contenu dramatique / forme expressive – mais au moins, rien n'est apparu non plus que ces principes ne puissent aisément subsumer. Quoi qu'il en soit, je pense que c'est seulement par des principes de niveau intermédiaire de ce type que nous pourrons intelligemment réunir une vue « de dessus » – dans laquelle la valeur d'une œuvre de musique est identifiée au caractère intrinsèquement enrichissant de l'expérience qu'elle procure – et une vue « de dessous » – dans laquelle la valeur de la musique se laisse décrire dans des termes renvoyant aux caractéristiques musicales familières (que ce soit la sonorité, la mélodie, le rythme, l'ambiance…) mobilisées directement par les auditeurs pour justifier leur appréciation positive d'une œuvre.

EXPRESSION

CE QUE NOUS DIT LA MUSIQUE

Clément CANONNE et Pierre SAINT-GERMIER

Il est relativement commun de décrire la musique à l'aide de mots que nous employons habituellement pour décrire des émotions humaines. Certains passages de la *Cinquième Symphonie* de Dmitri Chostakovitch peuvent être décrits comme optimistes, alors que d'autres œuvres du même compositeur, à l'instar de sa *Dixième Symphonie*, sont volontiers entendues comme exprimant un état d'esprit angoissé et profondément désabusé. Certaines musiques, comme le *blues*, sont en outre nommées d'après une émotion humaine qu'elles expriment mieux que toute autre. Il n'est donc pas surprenant de voir le discours critique sur la musique laisser la part belle au vocabulaire de l'émotion. André Tubeuf écrit par exemple au sujet du *Trio avec piano n° 7 en si bémol majeur* de Ludwig van Beethoven qu'il

> fait passer et repasser entre non plus des instruments, mais des individus, le fil d'une continuité secouée d'accidents qui pourraient être humains : ruptures de voix, silences enroués, sanglots, un pathos fabuleux, d'une sobriété et d'une économie gigantesques, qui inaugurent en musique une nouvelle dimension de l'émotion et de l'angoisse[1].

Francis Dordor, dans la recension d'un énième nouveau coffret de Jimi Hendrix rappelle que celui-ci

> offrait à ses solos l'intensité d'un orgasme indifférencié, à la fois masculin et féminin, dont le rayonnement était tel qu'il finissait

1. André Tubeuf, *Dictionnaire amoureux de la musique*, Paris, Plon, 2012, « Trio ».

par sortir du périmètre du plaisir pour envahir celui où siège la souffrance[2].

Ce qui peut frapper dans ce genre de descriptions, c'est la littéralité avec laquelle les descriptions émotionnelles sont appliquées à la musique elle-même. L'angoisse du *Trio en si bémol majeur* n'est pas l'angoisse de Beethoven lui-même, pas plus qu'elle n'est celle de celui qui l'écoute avec attention. Il convient sans doute de ne pas prendre ces formules au pied de la lettre, et de reconnaître aux critiques musicaux un certain droit à la métaphore. Il demeure cependant que les émotions, même si ce n'est que par métaphore, sont ici attribuées à la musique *elle-même*, et plus précisément à des individus quasi humains qu'elle parvient à rendre présents à l'auditeur attentif. Il en va de même pour l'orgasme ambigu qui semble animer non pas le guitariste lui-même, mais un sujet sexuel androgyne que la musique nous rend présent de façon sonore. Dans chaque cas, tout se passe comme si un état émotionnel nous était communiqué, qui ne puisse appartenir qu'à un sujet interne à la musique, sans pouvoir lui appartenir véritablement, faute de l'existence, autre que métaphorique, d'une telle intériorité.

On utilise volontiers la notion d'expression pour décrire ce phénomène. Dire que la musique *exprime*, c'est dire qu'elle manifeste par des signes extérieurs des éléments qui sont par nature internes, comme les propriétés psychologiques renvoyant aux états mentaux d'êtres sensibles[3]. Le concept d'expression permet au moins de donner un nom au paradoxe, même s'il ne suffit pas à le résoudre. En effet la notion d'expression est également utilisée pour décrire la relation qui lie un mot au sens qu'il possède, ou une phrase à la proposition qu'elle signifie, et fournit à ce titre un angle d'approche prometteur pour éclaircir cette difficulté, précisément en

2. Francis Dordor, « Jimi Hendrix – Sexperience », *Les Inrockuptibles*, http://www.lesinrocks.com/2000/09/26/musique/jimi-hendrix-sexperience-11219436, consulté le 31 mai 2017.

3. Sur le concept d'expression, voir Alan Tormey, *The Concept of Expression : A Study in Philosophical Psychology and Aesthetics*, Princeton, Princeton University Press, 1971.

ce qu'elle permet de concevoir la capacité étonnante, et en même temps familière, qu'a la musique d'exprimer des émotions comme un cas particulier de sa capacité à véhiculer du *sens*, de posséder un contenu qui signifie au-delà des caractéristiques strictement musicales d'un passage donné.

Il faut dire d'emblée que le problème du sens de la musique est l'un des plus persistants de l'esthétique musicale ; et s'il en est ainsi, c'est sans doute parce que nous semblons être attirés dans deux directions opposées lorsque nous cherchons à clarifier ce que pourrait être une signification proprement musicale. D'un côté, en effet, il y a assurément quelque chose d'étrange dans l'idée que la musique puisse signifier quoi que ce soit : comment une suite de sons musicaux pourrait-elle avoir un *contenu* autre que strictement musical ? Que peuvent bien *signifier* une note de violon ou un accord de piano ? Bien sûr, nous pouvons avoir l'impression que la musique nous parle lorsqu'elle est accompagnée de textes (que ce soit sous la forme de paroles ou sous la forme d'un programme descriptif), d'images ou de gestes, mais ne sont-ce pas précisément ces gestes, images et textes qui prêtent à la musique leur signification ? La musique peut-elle, à elle seule, véhiculer quelque chose ? Mais d'un autre côté, il y a quelque chose de tout aussi étrange dans l'idée qu'une activité aussi universelle et commune que la musique puisse être dépourvue de la moindre signification. Si la musique n'était qu'un simple jeu sonore, une sorte d'art décoratif éminemment plaisant, mais incapable de renvoyer à quoi que ce soit au-delà d'elle-même, revêtirait-elle l'importance qui est la sienne dans nos vies individuelles et collectives ? N'est-elle pas couramment utilisée pour véhiculer *quelque chose* au-delà des sons qui lui servent de support et n'est-ce pas là une source importante de la valeur qu'elle a pour nous ?

Ces deux tendances pourraient cependant n'être incompatibles qu'en apparence. Tout d'abord, le fait qu'une entité (une suite de sons, un texte, une image, etc.) semble posséder une signification aux yeux d'un grand nombre de personnes n'implique pas automatiquement qu'elle possède la *même* signification pour toutes ces personnes. Et dans les cas où cette apparence de signification s'accompagne d'une grande multiplicité de significations attribuées, il devient légitime de s'interroger sur la capacité de l'entité considérée à véritablement signifier quelque chose de déterminé. Le musicologue Ian Cross[4] a par exemple avancé l'idée que la musique possède une « intentionnalité flottante »[5] : quand nous écoutons de la musique, nous faisons bel et bien l'expérience de quelque chose qui est doté d'un certain sens et qui possède un certain contenu, mais ce contenu et ce sens sont pour ainsi dire mobiles, ils varient fortement en fonction des contextes et des individus. Pour Cross, cette indétermination sémantique explique en partie pourquoi la musique vient si souvent réguler les ritualisations du changement social, telles que les cérémonies de mariage, d'enterrement ou encore les rites d'initiation. Parce que ces situations impliquent pour les individus concernés un changement important de place dans une structure sociale, elles se caractérisent par une certaine incertitude devant un avenir potentiellement risqué. Dans ces situations, qui sont aussi la plupart du temps des situations où les gens font ou écoutent de la musique *ensemble*,

> chaque individu peut interpréter la signification de la musique d'une manière qui est plus ou moins idiosyncrasique, et ce sans que cela n'entre en conflit avec l'interprétation des autres individus. La musique peut donc être considérée comme un médium optimal pour réguler les situations d'incertitude sociale, à la fois parce qu'elle vient renforcer le sens d'appartenance mutuelle entre

4. Voir notamment Ian Cross, « Music and Communication in Music Psychology », *Psychology of Music*, vol. 42, n° 6, 2014, p. 809-819.

5. La notion d'intentionnalité est ici employée dans son sens philosophique technique, où elle désigne la capacité pour une entité à renvoyer à quelque chose d'autre qu'elle même, ou encore à être « à propos » de quelque chose d'autre d'elle-même. Les états mentaux, comme l'image mentale que je me fais de Clara Schumann, sont ainsi dotés d'intentionnalité (lorsque j'imagine la rencontre en 1787 à Vienne entre Beethoven et Mozart, mon image mentale de la scène est à propos d'un certain événement impliquant Beethoven et Mozart). Mais il n'est pas exclu *a priori* que des entités non mentales comme les signes linguistiques, et plus généralement toutes les formes symboliques, soient dotées d'intentionalité.

> les participants, mais aussi parce qu'elle leur permet de faire l'expérience d'un événement vécu en commun comme possédant une signification à la fois profondément personnelle et pourtant partagée[6].

Mais la musique ne peut parvenir à ce résultat que si la signification qu'elle offre à cette communauté d'auditeurs est fondamentalement indéterminée.

Dans une étude empirique récente consacrée aux associations entre la musique à programme et de potentielles significations extramusicales[7], les auteurs ont fait écouter à un vaste ensemble de participants six courts extraits musicaux auxquels l'on attribue communément une signification extramusicale programmatique (par exemple les trilles de violon du *Printemps* d'Antonio Vivaldi, censés imiter le pépiement des oiseaux), et leur ont demandé d'écrire en une ou deux phrases ce que la musique leur évoquait dans le monde extramusical, et pourquoi. Il ressort de cette étude deux résultats remarquables : d'une part, la proportion de descriptions *a priori* conformes au contenu sémantique traditionnellement associé à l'extrait est relativement faible; d'autre part, le contenu extramusical perçu dans ces extraits est très dépendant des informations contextuelles données aux sujets (titre, description du programme, etc.) puisqu'une « fausse » information sur les intentions du compositeur suffit à biaiser fortement les sujets en direction de descriptions sémantiques très éloignées du programme imaginé par le compositeur. Ce type de résultats semblerait donc confirmer que si nous percevons bien la musique comme quelque chose de signifiant, son contenu n'en reste pas moins largement indéterminé, puisqu'il semble dépendre fortement du contexte d'écoute ou d'informations extramusicales. Et même si l'absence d'une signification déterminée n'est pas la même chose que l'absence de signification tout court, l'existence d'une grande multiplicité d'attributions de significations

---

6. Cross, « Music and Communication in Music Psychology », p. 818.

7. Voir Mihailo Antovic, Dustan Stamenkovic et Vladimir Figar, « Association of Meaning in Program Music : On Denotation, Inherence, and Onomatopoeia », *Music Perception*, vol. 34, n° 2, 2016, p. 243-248.

divergentes peut être vue comme le symptôme d'une illusion de signification, le signe que de multiples significations sont projetées sur une forme symbolique qui en elle-même ne signifie rien.

C'est ainsi le type de position que défend Vladimir Jankélévitch dans *La musique et l'ineffable* :

> Directement et en elle-même, la musique ne signifie rien, donc elle signifie tout… On peut faire dire aux notes ce qu'on veut, leur prêter n'importe quels pouvoirs anagogiques : elles ne protesteront pas ! L'homme est d'autant plus tenté d'attribuer au discours musical une signification métaphysique que la musique, n'exprimant aucun sens communicable, se prête avec une docilité complaisante aux interprétations les plus complexes et les plus dialectiques ; il incline d'autant plus à lui conférer la dimension de la profondeur qu'elle est, peut-être, une apparence plus superficielle. La musique a bon dos[8] !

C'est précisément parce qu'elle est vide de sens que la musique se prête si bien à toutes les associations d'idées. Mais en réalité, la musique nous parle uniquement de musique et doit être comprise en termes strictement musicaux. Elle n'exprime rien en dehors de la beauté des « formes sonores en mouvement » qui en constituent le seul véritable contenu, pour reprendre la célèbre formule d'Eduard Hanslick[9] ; tenter de la comprendre en termes d'émotions, de représentations, de politique ou de religion, c'est finalement « trahir » ce qui fait la spécificité de l'art musical, à savoir d'être un art intrinsèquement abstrait, qui ne renvoie à rien d'autre qu'à lui-même[10]. On qualifie généralement ce type de position de « formaliste » et à bien des égards, le formalisme peut-être considéré comme l'hypothèse nulle – la position (sceptique) qu'il convient d'adopter jusqu'à preuve du contraire. Remettre en cause le formalisme suppose donc de pouvoir établir que la musique est capable de signification,

8. Vladimir Jankélévitch, *La musique et l'ineffable*, Paris, Seuil, 1961, p. 19.

9. Eduard Hanslick, *Du Beau musical. Contribution à la réforme de l'esthétique musicale*[1854], traduit de l'allemand par Alexandre Lissner, Paris, Hermann, 2012.

10. Voir Nick Zangwill, *Music and Aesthetic Reality : Formalism and the limits of description in Music*, New York, Routledge, 2015.

et surtout de montrer *comment* elle en est capable ; il s'agit là finalement de l'objectif commun de tous les anti-formalistes, dont Jerrold Levinson fait assurément partie.

Mais avant d'aller plus loin, il convient de procéder à un certain nombre de clarifications au sujet de ce que l'on peut entendre par « signification musicale ». Une première distinction qu'il est important d'avoir présente à l'esprit concerne la distinction entre ce que l'on peut appeler la signification intramusicale et la signification extramusicale de la musique. La signification intramusicale d'un événement musical est la signification qu'il possède relativement à l'organisation musicale de la pièce. Par exemple, dans une pièce écrite dans le langage tonal de la période classique, l'apparition d'un accord de dominante *signifie* qu'une résolution doit avoir lieu. L'apparition d'une cadence parfaite *signifie* que nous arrivons à la fin du morceau ou au moins à la fin d'une section importante. Cette forme de signification lie certains événements musicaux ou caractéristiques musicales à d'autres événements musicaux ou caractéristiques musicales au sein d'une même oeuvre ou d'un même objet musical. Il est généralement nécessaire d'utiliser des concepts appartenant à la théorie musicale pour décrire cette relation ainsi que les termes qu'elle relie. La signification extramusicale relie au contraire des événements ou des caractéristiques musicales à des entités extramusicales. Ces entités peuvent être des entités concrètes, lorsqu'un morceau de musique renvoie à une personne particulière, par exemple le motif *si* bémol-*la*-*do*-*si* bécarre, qui signe musicalement le nom de Jean-Sébastien Bach [11], ou abstraites lorsque le *Requiem* de Gabriel Fauré renvoie à une certaine idée de la mort comme délivrance heureuse [12]. La musique peut également renvoyer à des entités fictionnelles telles que Dark Vador, à chaque fois que résonne la célèbre *Marche impériale* de la *Guerre des Étoiles*.

11. Voir à ce sujet, Etienne Barilier, *B-A-C-H : Histoire d'un nom dans la musique*, Carouge, Zoe Editions, 2003.

12. C'est en tout cas en ces termes que Fauré a décrit son *Requiem*. Voir Louis Aguettant, « Gabriel Fauré : mon Requiem est une aspiration au bonheur », *Paris-Comœdia : l'hebdomadaire du spectacle*, vol. 3, n° 57, 1954, p. 6.

Les formalistes ne sont aucunement opposés à l'idée que des événements musicaux puissent posséder une signification intramusicale. Bien au contraire, leur position peut être vue comme affirmant que toute signification musicale véritable est intramusicale et que toute signification extramusicale est une illusion, si elle est prise comme une signification exprimée par la musique elle-même, plutôt que projetée sur la musique par l'auditeur ou associée à elle par des conventions extérieures plus ou moins arbitraires. Inversement, le fait de reconnaître l'existence de significations extramusicales n'est pas du tout incompatible avec le fait de reconnaître des significations intramusicales. Le débat qui nous intéresse ici concerne donc plus spécifiquement la capacité pour la musique de posséder des significations extramusicales véritables.

Mais la notion de signification extramusicale est moins homogène qu'il n'y paraît au premier abord. Il peut être utile d'introduire à ce niveau un second jeu de distinctions. Le fait pour un événement de renvoyer à quelque chose d'autre que lui-même lui confère la propriété de fonctionner comme un signe. Il y a toutefois de nombreuses manières pour un signe de renvoyer à une entité autre que lui-même. Plusieurs philosophes ont proposé une théorie générale des signes accompagnée d'une classification des différents types de symboles. Sans vouloir nous engager trop en faveur d'une approche plutôt qu'une autre, nous pouvons emprunter à Charles Sanders Peirce la distinction utile, et communément acceptée, entre les modes de signification iconique, indexicale et symbolique. La signification iconique repose sur une relation de ressemblance entre le signe et ce qu'il signifie. Une photographie d'identité d'Alice Bertrand renvoie à Alice Bertrand en vertu de la ressemblance qui existe entre Alice et sa photo. La signification indexicale, ensuite, repose au contraire sur l'existence d'une relation factuelle entre le signe et ce qu'il signifie. C'est ainsi que le son de l'alarme à incendie signifie la présence probable de feu dans un bâtiment, en vertu d'une relation causale. La signification d'une occurrence du mot « je » est indexicale en ce qu'elle dépend de l'identité de l'énonciateur. L'expression corporelle d'une émotion constitue un autre exemple de signification indexicale. Ainsi, un cri de douleur, pour autant qu'il exprime quoi que ce soit au sujet de l'état mental de celui qui le pousse, renvoie à cet état mental en vertu d'une relation de causalité : l'émotion exprimée par le cri est l'émotion qui le cause[13]. Enfin, la signification symbolique repose sur une convention, une norme sociale ou une habitude. Par exemple, c'est par une signification symbolique que le mot « chaise » signifie le meuble sur lequel nous nous asseyons.

Ainsi, si le débat se focalise sur la signification extramusicale de la musique, et si cette signification extramusicale peut prendre l'une de ces trois formes, il convient d'examiner de façon systématique, les arguments que l'on peut trouver en faveur et contre la possibilité d'une signification extramusicale iconique, indexicale ou symbolique.

Commençons par la signification symbolique. Au même titre que la plupart des productions culturelles et artistiques, la musique peut posséder une référence extramusicale par le biais d'associations conventionnelles reposant pour une large part sur les usages qui en sont faits en divers contextes. Comme le rappelle Leonard Ratner,

> grâce à ses contacts avec le culte religieux, la poésie, le drame, la distraction, la danse, les cérémonies, le monde militaire, la chasse, et aussi avec les classes populaires de la société, la musique du début du XVIIIe siècle a développé un réservoir de figures caractéristiques, lequel a fourni un héritage riche pour les compositeurs classiques. Certaines de ces figures étaient associées aux différents affects et émotions ; d'autres avaient une touche pittoresque, descriptive[14].

13. Cet exemple est bien évident simplifié à l'extrême et ne prétend pas fournir une analyse complète de la manière dont nous exprimons nos émotions. En particulier, nous ne voulons pas nier qu'il puisse y avoir une dimension conventionnelle, susceptible de varier d'une culture à l'autre, dans la manière dont nous exprimons linguistiquement et corporellement nos émotions. La trichotomie icone / index / symbol est une idéalisation. Dans leur fonctionnement concret, les signes combinent souvent des aspects iconiques, indexicaux et symboliques.

14. Leonard Ratner, *Classic Music*, New York, Schirmer Books, 1980, p. 9.

Ces figures – mélodiques, stylistiques, rythmiques, harmoniques, structurelles ou timbrales – qui renvoient de manière conventionnelle à certains éléments de la vie sociale et culturelle sont communément désignées par le terme de *topique* et ont donné lieu à une abondante littérature musicologique [15]. Il est ainsi bien attesté que pour un auditeur du XVIIIe siècle familier avec la musique savante de son temps, le son du cor évoquait la chasse et les chasseurs, le menuet « symbolisait la vie sociale du monde élégant alors que la marche rappelait l'autorité » [16], et les mélodies simples, proches de la musique des bergers, renvoyaient au monde pastoral et à la nature. On conçoit ainsi relativement clairement comment la musique, via ces topiques, peut exprimer des significations bien précises, et comment des auditeurs peuvent les comprendre, s'ils possèdent une familiarité suffisante avec les conventions sur lesquelles reposent ces topiques. Ce mode de signification peut également s'étendre à d'autres cas, où des musiques renvoient par association à une entité relativement bien définie, par exemple la *Marseillaise* à la nation française, ou la *Marche impériale*, dans la *Guerre des étoiles*, au personnage de Dark Vador.

Toutefois, une position formaliste déniant toute signification extramusicale authentique à la musique peut très bien s'accommoder de la présence de ces topiques, et plus généralement d'associations conventionnelles. Le formaliste répondra en effet que ce n'est pas tant la musique elle-même qui possède cette signification extramusicale que son usage contextuel ; c'est uniquement en raison de relations purement extrinsèques que la musique entretient une relation avec certaines entités distinctes, en vertu des usages qui en sont faits au sein d'une communauté donnée. Mais cette réponse reste insatisfaisante si elle vise à remettre en cause l'existence d'une authentique

15. Voir notamment Raymond Monelle, *The Musical Topic : Hunt, Military and Pastoral*, Bloomington, Indiana University Press, 2006 ; Robert Hatten, *Interpreting Musical Gestures, Topics and Tropes : Mozart, Beethoven, Schubert*, Bloomington, Indiana University Press, 2004 ; et Danuta Mirka (dir.), *Oxford Handbook of Topic Theory*, Oxford, Oxford University Press, 2014.

16. Ratner, *Classic Music*, p. 16.

relation de signification symbolique. En effet, le même raisonnement nous obligerait à conclure qu'il n'y a pas véritablement de relation de signification entre le drapeau bleu-blanc-rouge et la nation française ou entre les deux mots « Dark Vador » et Dark Vador, au motif que cette relation repose sur des conventions « extrinsèques ». Après tout, toute signification symbolique repose sur des conventions, ou des règles qui ne dépendent pas de la ressemblance entre le signifiant et le signifié ou de connexions factuelles ; la signification symbolique, dans tous les cas, est imposée « de l'extérieur ». Le formaliste peut alors affiner sa réponse en arguant que la signification extramusicale, dans les cas cités ci-dessus, exploite des conventions ou des règles non musicales, alors que le drapeau bleu-blanc-rouge exploite des conventions ou des règles qui relèvent clairement de la vexillologie ou de la sémantique lexicale. Mais là encore, cette réponse repose sur une distinction entre des conventions de signification proprement musicales et des conventions « extérieures à la musique » qui demande à être précisée. Si les conventions internes sont des conventions du type : « un accord de dominante appelle une résolution », alors la différence entre les deux types de conventions semble se ramener à la différence entre les conventions qui soutiennent une signification intramusicale et celles qui soutiennent une signification extramusicale. Rejeter une convention comme « extérieure » au motif qu'elle n'est pas le support d'une signification intramusicale ressemble alors très fort à une pétition de principe contre la possibilité même d'une signification symbolique extramusicale. Mais le formaliste peut au moins faire remarquer que les conventions qui soutiennent la signification extramusicale symbolique de la musique ne rendent compte que d'un fragment assez limité de la signification musicale. Il peut très bien concéder que ces conventions existent et permettent à la musique de renvoyer à des entités non musicales tout en minimisant leur centralité dans l'analyse du sens musical. Nous devons par conséquent nous tourner vers les autres formes de signification extramusicale si nous voulons apporter une solution plus tranchée au débat.

Ainsi, la musique pourrait signifier quelque chose d'extramusical en s'appuyant sur des relations de ressemblance. La signification est alors iconique et s'apparente à la représentation picturale. Dans cette perspective, la musique fournirait une sorte d'image sonore de ce qu'elle signifie. Selon Peter Kivy, une petite partie (mais néanmoins une partie non négligeable de la musique instrumentale et vocale, dans la tradition occidentale moderne, est de nature représentationnelle [17]. À l'appui de sa thèse, il livre un grand nombre d'exemples musicaux, qu'il s'agisse de pures « peintures musicales », dans lesquelles l'intention illustrative est pour ainsi dire transparente (comme certains passages de la *Symphonie « Pastorale »* de Beethoven dans lesquels les clarinettes font entendre le chant du coucou ou *Pacific 231* dans lequel Arthur Honegger essaie de traduire en musique les impressions visuelles et les sensations physiques procurées par une locomotive en mouvement) ou de « représentations musicales » plus abstraites qui nécessitent de connaître le titre ou le programme d'accompagnement pour que l'on en perçoive le contenu représenté – comme le sont sans doute les *Jeux d'eau* de Maurice Ravel ou *La Mer* de Claude Debussy. Cependant, il n'est pas du tout évident qu'il soit possible de généraliser cette position et ainsi de faire de la représentation la modalité typique de la signification musicale. Il faudrait pour cela montrer que la musique remplit les conditions nécessaires de toute représentation iconique [18].

Tout d'abord, pour qu'il puisse y avoir représentation iconique entre X et Y, il faut qu'il y ait une certaine ressemblance entre X et Y, c'est-à-dire qu'il faut qu'il existe une certaine similarité entre l'expérience perceptuelle que l'on fait du représentant et l'expérience perceptuelle que l'on fait du représenté. Dans les termes de Richard Wollheim [19], il faut que l'on puisse *voir* le représenté *dans*

17. Voir notamment Peter Kivy, *Sound and Semblance : Reflections on Musical Representation*, Ithaca, Cornell, University Press, 1984.

18. Certaines de ces difficultés ont été soulevées avec force par Roger Scruton (dans « Representation in Music », *Philosophy*, vol. 51, n° 197, 1976, p. 273-287), et affinées par Stephen Davies (dans *Musical Meaning and Expression*, Ithaca, Cornell University Press, 1994, chapitre 2).

19. Voir Richard Wollheim, *L'art et ses objets*, Paris, Aubier, 1994.

le représentant : un tableau ne peut être dit représenter un arbre que si un arbre peut bel et bien être vu dans ce tableau. Une première difficulté est que l'on voit mal comment la musique, qui donne lieu à une expérience sonore, pourrait représenter autre chose que des sons. Mais on peut répondre qu'il est possible de représenter indirectement la source d'un son en représentant directement ce son. Ainsi dans la *Pastorale*, les clarinettes représentent indirectement le coucou, en représentant directement son chant. Mais ce faisant, on admet que la représentation du coucou possède un élément iconique et un élément indexical. On n'a donc rien montré quant à la capacité pour la musique de représenter iconiquement des objets ou des événements non sonores. On pourrait également être tenté de dire que *La Mer* représentent des propriétés dynamiques abstraites qui sont typiques des mouvements que l'on peut voir et entendre dans la mer, et qui, en vertu de leur haut niveau d'abstraction ne sont pas associées à une unique modalité sensorielle. Mais plus ces propriétés dynamiques sont abstraites, plus il est plausible qu'elles soient directement *instanciées*, plutôt que représentées, par la musique elle-même : *La Mer* de Debussy possède ces propriétés dynamiques abstraites, au même titre que la mer. Ainsi la suggestion selon laquelle la musique représenterait des entités ou des propriétés abstraites dissout-elle le problème de la représentation plutôt qu'elle ne le résout.

Cette difficulté nous conduit naturellement à une seconde condition nécessaire à toute représentation : la notion de représentation suppose que l'on puisse distinguer entre le médium représentationnel et le contenu représenté. Apprécier une représentation en tant que telle c'est, par exemple, reconnaître la maîtrise d'un peintre dans son rendu du tranchant du métal, ou de la fermeté de la chair ou de la transparence du verre, justement en l'absence de métal, de chair, ou de verre. Or, dans certains exemples souvent mobilisés pour étayer la thèse représentationnaliste, la distinction entre le médium et le contenu est problématique. En effet, il est tentant de soutenir que Richard Wagner nous offre la représentation d'une chorale luthérienne dans la première scène des *Meistersinger von Nürnberg*, ou du bruit des marteaux sur les enclumes dans le prologue à l'acte 3 du *Rheingold*. Mais la chorale luthérienne est représentée par une chorale et le bruit des enclumes par de véritables enclumes que des percussionnistes frappent avec des marteaux. Il n'y a donc pas *représentation* à proprement parler mais bien plutôt *reproduction*, dans le cadre musical, d'un certain nombre de sons qui adviennent habituellement dans des contextes non musicaux ou du moins en dehors d'une œuvre musicale [20]. Certes, on pourrait répondre à cette objection en disant qu'il s'agit là de cas extrêmes, et que dans les exemples évoqués plus haut (la *Pastorale*, *Pacific 231*, *Jeux d'eau*, *La Mer*) la différence entre les sons musicaux, produits par les interprètes à l'aide de leurs instruments, et les sons extramusicaux qu'ils représentent constitue bel et bien une différence de médium. Et indépendamment de la différence notable qui peut exister entre le son des instruments de musique et les sons représentés, le simple fait de placer ces sons dans le cadre perceptuel et institutionnel de la musique suffit à opérer un changement de médium. En ce sens, on doit sans doute admettre que la musique est capable de représenter des sons non musicaux. Mais il faut également reconnaître qu'il s'agit d'un pouvoir représentationnel relativement limité : du côté de la musique, seuls certains passages somme toute assez peu fréquents possèdent ce pouvoir, et du côté de l'objet représenté, ce pouvoir représentationnel ne permet à la musique que de représenter des sons. Ainsi, rien jusqu'ici ne permet de soutenir l'affirmation que la musique est capable de représenter autre chose que des sons.

Une troisième condition nécessaire de toute représentation iconique est l'existence de conventions qui spécifient le type de ressemblance requis pour que X représente Y. C'est en effet l'existence d'un ensemble de conventions de ce type qui en définitive nous conduit à éprouver comme similaires ou non l'expérience du représentant et l'expérience du représenté. Les règles de la perspective, présentes dans l'art pictural occidental

20. Scruton est le principal défenseur de cette objection (voir « Representation in Music »). Voir également Davies, *Musical Meaning and Expression*, p. 89-98, pour une discussion critique de ce point.

depuis la Renaissance, fournissent un certain type de conventions qui favorisent un certain type de ressemblance – l'apparence visuelle d'un objet vu d'un certain point de vue. Mais on peut douter que de telles conventions de représentation explicitement partagées existent dans le cas musical. Il existe trop d'incertitudes et de désaccords au sujet de ce que représente un morceau de musique pour que l'on puisse raisonnablement accepter l'existence de conventions. De plus, rien de comparable à la codification des règles de perspective, par exemple par Leon Battista Alberti dans son *De Pictura*, n'a été observé dans l'histoire de la musique. Faute de conventions explicites et publiques, il est difficile de fixer les ressemblances pertinentes pour une représentation iconique. Cela explique que, hormis dans les cas où la ressemblance entre le représentant et le représenté est perceptuellement saillante, il reste difficile pour la musique de représenter iconiquement des éléments du monde extramusical.

Enfin, la représentation est une notion intrinsèquement intentionnelle : un compositeur doit avoir l'intention de représenter X pour que l'on puisse dire que sa pièce est une représentation de X. Or, s'il y a évidemment de nombreux exemples d'œuvres pour lesquelles il est avéré que le compositeur a eu une intention représentationnelle, il semble peu probable que ces exemples épuisent l'ensemble des pièces de musique auxquelles l'on attribue volontiers un contenu extramusical. De plus, l'absence notée plus haut de conventions publiques de représentation rend impossible de relier les intentions de représentation d'un compositeur à ce qu'il a effectivement réussi (ou échoué) à représenter. Ainsi, il n'est pas exclu que certains morceaux de musique puissent satisfaire ce critère, mais il est douteux qu'un grand nombre y parvienne.

Pour résumer, les cas les plus clairs de signification extramusicale iconique sont ceux où la musique imite de façon claire les sons qui peuplent le monde. Mais, comme ne manquera pas de le faire remarquer le formaliste, il s'agit de cas relativement limités. Si toute la signification extramusicale de la musique se résumait à cela, alors les pouvoirs sémantiques de la musique seraient bien faibles.

Reste donc le cas de la signification indexicale, qui repose sur l'existence d'une connexion factuelle entre le signe et ce qu'il signifie. Dans le cas des sons, il est assez naturel de supposer que les sons portent une information indexicale au sujet de leur source physique. Les saccades périodiques qui diminuent progressivement de volume signifient au voyageur qui attend sur le quai que le train qui vient de passer s'éloigne peu à peu. Pourquoi la musique ne pourrait-elle pas exploiter ce mode de signification indexical des sons ? Il est en effet probable que nous traitions les sons musicaux de la même manière que nous traitons les sons de notre environnement, c'est-à-dire en opérant à partir de ces sons une inférence sur le mouvement de leur source [21]. Comme le fait remarquer Eric Clarke,

> puisque les sons de la vie de tous les jours spécifient (entre autres choses) le caractère cinétique de leurs sources, il est inévitable que les sons musicaux spécifient les gestes et mouvements fictionnels de l'environnement virtuel qu'ils créent [22].

Le linguiste Philippe Schlenker a précisément développé une sémantique indexicale de la musique qui généralise ce principe [23]. Selon lui, la signification d'une pièce de musique se ramène à l'ensemble des inférences qu'elle autorise sur ses sources virtuelles, c'est-à-dire sur les différentes voix qu'elle contient [24], que ces inférences reposent sur les propriétés acoustiques des sons musicaux (par exemple leur intensité) ou qu'elles dérivent des propriétés spécifiques qu'acquièrent ces sons dès lors qu'ils sont plongés dans l'espace virtuel de la tonalité (par exemple leur degré de stabilité).

---

21. Sur ce sujet, voir le livre fondamental d'Al Bregman, *Auditory Scene Analysis*, Cambridge, MIT Press, 1990.

22. Eric Clarke, « Meaning and the Specification of Motion in Music », *Musicae Scientiae*, vol. 5, n° 2, 2001, p. 213-234 (p. 215).

23. Philippe Schlenker, « Outline of Music Semantics », *Music Perception*, vol. 35, n° 1, 2017, p. 3-37.

24. Une source virtuelle est une entité qui perdure au sein du flux musical et qui sert de point de repère dans la structuration de notre perception auditive, de la même manière que la source d'un son naturel sert de point de repère dans le traitement de l'information sonore. Chaque voix d'une polyphonie peut ainsi être considérée comme une source virtuelle.

Un passage de musique dénote ainsi l'ensemble des situations du monde qui préservent les propriétés relationnelles cruciales existant entre les événements musicaux du passage en question, comme leur ordonnancement temporel, leur plus ou moins grande énergie, leur degré de stabilité, etc. Par exemple, le début d'*Ainsi parlait Zarathoustra* de Richard Strauss, avec son large crescendo et son mouvement harmonique tonique-dominante-tonique, peut dénoter à la fois un lever de soleil ou un bateau à l'approche (c'est-à-dire le mouvement d'un objet dont l'énergie augmente ou le mouvement d'un objet qui s'approche de nous), mais il ne peut en aucun cas dénoter un coucher de soleil. Pour le dire autrement, la sémantique musicale serait essentiellement une sémantique des mouvements et des processus : une pièce de musique dénoterait les mouvements ou processus extramusicaux qui se conforment maximalement avec les mouvements ou processus musicaux qui la constituent. Cette tentative est extrêmement intéressante en ce qu'elle essaie d'aborder le problème de la signification musicale dans toute sa généralité. Mais le prix à payer pour cette généralité est l'*indétermination* de la sémantique ainsi construite, de sorte que le formaliste ne manquera pas de demander si, au-delà de quelques exemples bien choisis, elle est à même de rendre compte du contenu extramusical spécifique d'un grand nombre de pièces.

Le problème est peut-être justement de vouloir identifier des mécanismes de signification indexicale qui permettent de rendre compte en termes absolument généraux de la manière dont une œuvre de musique peut renvoyer à un ensemble d'éléments extramusicaux, et ce quels qu'ils soient. Or on ne peut exclure *a priori* que la musique possède un domaine d'interprétation bien délimité, ou du moins un domaine d'interprétation privilégié : la musique ne nous « parle » peut-être pas de tout avec une force égale. Parmi les exemples typiques de signification indexicale, nous avons évoqué plus haut celui du cri de douleur. Or, en l'occurrence, la musique semble entretenir un lien privilégié avec le monde intérieur des émotions et autres états psychologiques. C'est une idée que l'on retrouve un peu partout « depuis que les philosophes réfléchissent à la musique », comme le souligne James Young[25], de Platon jusqu'à l'idéalisme allemand du XIXe siècle, en passant par les écrits que consacre à la musique la France des Lumières, et dans lesquels le rapport aux émotions est souvent mis en avant pour spécifier l'art musical, que ce soit chez Jean-Jacques Rousseau[26] ou chez l'abbé Charles Batteux[27]. Il faut dire que les résultats de la psychologie expérimentale semblent conforter cette idée d'un lien privilégié entre musique et émotions, comme en témoignent les mille pages du *Handbook of Music and Emotion* publié en 2011 par Oxford University Press[28], qui analysent tour à tour la place des émotions musicales dans notre vie de tous les jours, la propension que nous avons à attribuer un contenu émotionnel aux musiques que nous entendons ou encore les mécanismes psychologiques ou neuronaux par lesquels la musique est capable d'éveiller un certain nombre d'émotions en nous ou de réguler notre état émotionnel. Plus généralement, le linguiste Ray Jackendoff[29] fait remarquer que dans la plupart des cultures humaines, il y a une spécialisation fonctionnelle très forte du langage comme de la musique : le premier est en charge de la transmission de contenus propositionnels, tandis que la seconde a presque toujours à voir avec le renforcement des

25. James O. Young, *Critique of Pure Music*, Oxford, Oxford University Press, 2014, p. 1.

26. Voir Jean-Jacques Rousseau, *Essai sur l'origine des langues* [1781], éd. Catherine Kintzler, Paris, Flammarion, 1993. Rappelons que, pour Rousseau, la musique et le langage trouvent certes leur origine commune dans l'expression des sentiments, mais ces deux modes de communication se sont progressivement différenciés au cours du temps, de sorte que seule la musique a conservé le potentiel d'accéder de manière immédiate aux émotions, et d'exprimer ces émotions sous une forme adéquate.

27. Voir notamment Charles Batteux, *Les beaux-arts réduits à un même principe* [1746], éd. Jean-Rémy Mantion, Paris, Aux amateurs de livre, 1989 : si la musique partage avec les autres arts le fait d'être un art de l'imitation, elle se singularise précisément par *l'objet* de cette imitation, à savoir les émotions.

28. Patrik Juslin et John Sloboda (dir.), *Handbook of Music and Emotion : Theory, Research, Applications*, Oxford, Oxford University Press, 2011.

29. Ray Jackendoff, « Music and Language », dans Theodore Gracyk et Andrew Kania (dir.), *The Routledge Companion to Philosophy and Music*, New York, Routledge, 2011, p. 101-112.

affects (réconforter l'enfant, témoigner de l'affection que l'on porte à quelqu'un, effrayer l'ennemi, intimer le respect, etc.). Bref, la musique semble bien constituer le « langage des émotions » par excellence [30].

Certes, un formaliste comme Nick Zangwill aura ici beau jeu de dénoncer l'absurdité d'une position littéraliste, qui voudrait que la musique puisse *être* triste ou joyeuse au sens où le sont les êtres humains [31]. Mais à y regarder de plus près, il semble que cette critique soit en réalité adressée à un épouvantail, puisque personne ne défend véritablement ce type de position. À l'évidence, la musique n'est pas un être sensible susceptible de posséder des états mentaux intentionnels : décrire la musique en termes émotionnels suppose donc probablement un certain degré de métaphore, comme lorsque nous parlons d'une montagne qui se dresse fièrement à l'horizon ou d'un soleil timide. Ainsi, pour Zangwill, les descriptions de la musique en termes émotionnels ne sont rien d'autre que des descriptions métaphoriques de ses propriétés esthétiques : dire qu'un passage de musique exprime de la sérénité n'est au fond qu'une sorte de raccourci métaphorique pour décrire certaines propriétés esthétiques du passage en question, comme son équilibre ou son unité. Mais le fait que la plupart des descriptions que nous faisons de la musique, et en particulier les descriptions faisant appel à des termes émotionnels, possèdent une dimension métaphorique n'implique pas pour autant que la musique soit incapable d'exprimer quoi que ce soit en dehors d'elle-même.

D'une part, il n'est guère plausible que des descriptions métaphoriques de propriétés esthétiques se cachent systématiquement derrière les caractérisations de la musique en termes de contenu émotionnel. Lorsque l'on prête à la partie instrumentale du

30. Voir par exemple Kathleen Corrigal et E. Glenn Schellenberg, « Music : The Language of Emotions », dans Changiz Mohiyeddini, Michael Eysenck et Stephanie Bauer (dir.), *Handbook of Psychology of Emotions*, vol. 2, New York, Nova Science Publishers, p. 299-325.

31. Voir Nick Zangwill, « Music, Metaphor and Emotion », *Journal of Aesthetics and Art Criticism*, vol. 65, n° 4, 2007, p. 391-400.

Rebel without a Cause de Public Enemy, avec son sample de cordes qui grince comme une sirène, un caractère *enragé*, on ne voit pas clairement quelle propriété esthétique serait ainsi décrite métaphoriquement. Certes, le formaliste pourra toujours chercher à exhiber des propriétés esthétiques qui en réalité sous-tendraient plus fondamentalement le caractère expressif de ce morceau, comme la disgrâce (de certains sons) ou le déséquilibre (entre le volume de la partie de batterie et le volume des samples de corde). Mais il lui faudrait alors expliquer précisément le processus qui nous conduit à décrire métaphoriquement en des termes émotionnels ici évalués positivement (le caractère enragé étant porté au crédit de cette musique) des propriétés esthétiques possédant une valeur intrinsèquement négative. Il semble donc bien possible de distinguer, au moins dans certains cas, le contenu expressif d'un passage de musique de ses propriétés esthétiques. Dès lors, rien ne s'oppose à considérer que les descriptions émotionnelles de tel ou tel passage de musique caractérisent bel et bien le contenu expressif du passage en question – contenu qu'il est pour ainsi dire plus commode de décrire métaphoriquement en termes émotionnels que de tenter de caractériser dans sa pleine singularité : quand Norman Lebrecht décrit l'adagietto de la *Cinquième Symphonie* de Gustav Mahler comme une pièce qui est à la fois « au sujet de l'amour et de sa renonciation »[32], il est clair que le sentiment mêlé, complexe et extrêmement singulier ainsi suggéré ne vise pas tant à décrire métaphoriquement telle ou telle propriété esthétique du mouvement qu'à caractériser ce qui fait la spécificité de son *contenu expressif*.

D'autre part, il faut souligner que notre discours sur la musique est tout entier pénétré de métaphores : parler d'un « mouvement mélodique ascendant », c'est déjà en un sens recourir à une métaphore, car il n'y a littéralement rien qui « monte » dans le son. La question de la description métaphorique de la musique ne se pose donc pas seulement et spécifiquement pour le cas des émotions, bien

32. Norman Lebrecht, *Why Mahler? How One Man and Ten Symphonies Changed the World*, New York, Faber & Faber, 2010, p. 139.

au contraire : quel que soit l'aspect du son musical que nous décrivons, nous faisons appel, d'une manière ou d'une autre, à des termes qui sont utilisés dans un sens métaphorique. Comme l'a montré Marion Guck dans son article « Analytical Fictions », même les analyses musicales en apparence les plus formalistes « nous racontent en réalité l'histoire de l'engagement de l'analyste avec l'oeuvre qu'il ou elle analyse »[33], à travers le choix de tels ou tels termes qui vont orienter, même minimalement, la description vers tel ou tel registre métaphorique. Il y a donc quelque chose de fondamentalement *imaginatif* dans notre appréhension du phénomène musical et dans notre manière d'en rendre compte, ce dont témoigne le caractère inéliminablement métaphorique de nos descriptions musicales. Dès lors, il est tout à fait possible que, lorsque nous décrivons métaphoriquement un passage de musique en termes émotionnels, nous visions également les caractéristiques de l'expérience perceptuelle et imaginative que nous faisons à son écoute et qui en constituent en propre le contenu expressif. Le problème n'est alors pas tant de savoir si un passage de musique exprime ou non littéralement des émotions, que d'être capable de rendre compte de la manière dont nous faisons l'expérience partagée de ce passage *comme* exprimant des émotions.

C'est précisément dans cette perspective que se placent les deux textes de Jerrold Levinson rassemblés dans cette partie, « L'expressivité musicale » (1996) et « La musique comme récit et la musique comme drame » (2004). Dans le premier de ces textes, Levinson propose une analyse conceptuelle des énoncés de la forme « un passage de musique P exprime une émotion E », après avoir examiné de façon critique, et rejeté, toutes les conceptions alternatives discutées dans la littérature philosophique contemporaine. Et à partir de cette analyse de l'expressivité musicale, il examine dans le second texte la manière dont la musique peut raconter une histoire et mettre en scène une dramaturgie, et ainsi posséder un contenu

33. Marion Guck, « Analytical Fictions », *Music Theory Spectrum*, vol. 16, n° 2, 1994, p. 217-230 (p. 218).

extramusical qui va au-delà de l'expression par la musique d'un simple contenu émotionnel.

Deux grandes familles de théories dominent traditionnellement le terrain sur lequel s'aventure Levinson[34] :

1) D'une part, les théories de l'éveil, selon lesquelles un passage de musique P exprime une émotion E si, et seulement si, P éveille E chez l'auditeur. Dans cette perspective, la perception de l'expressivité de la musique a fondamentalement quelque chose à voir avec les émotions que cette musique suscite en nous. L'expressivité musicale s'analyse donc en termes de pouvoir causal : de la même manière que l'herbe est verte si et seulement si cette herbe provoque une certaine expérience (en l'occurrence, l'expérience de la verdeur) pour des observateurs normaux placés dans des conditions d'observation standards, de même ce qui rend la musique triste ou gaie, c'est son pouvoir causal d'éveiller les réponses émotionnelles correspondantes chez les auditeurs.

2) D'autre part, les théories de la ressemblance, selon lesquelles un passage musique P exprime une émotion E si et seulement si P ressemble à cette émotion E ou, plus précisément, si P manifeste les caractéristiques apparentes de E. Dans cette perspective, l'expressivité musicale s'explique par la similarité qui existe entre l'expérience du déploiement temporel de la structure dynamique et agogique de la musique et l'expérience des comportements humains associés à telle ou telle émotion : ainsi, des *sforzandi* irréguliers évoqueront les accents d'une voix prise de colère, un mouvement mélodique lentement descendant évoquera l'allure d'une personne accablée de tristesse, etc.

---

34. Les deux familles de théories présentées dans cette introduction sont en tout cas celles qui sont le plus souvent discutées dans la littérature philosophique anglo-saxonne consacrée à la question des émotions musicales (voir par exemple les chapitres consacrés à chacune de ces théories dans Theodore Gracyk et Andrew Kania (dir.), *The Routledge Companion to Philosophy and Music*, New York, Routledge, 2011). Cependant, d'autres positions ont également pu être défendues sur ce terrain, et toute la première partie du texte « L'expressivité musicale » de Jerrold Levinson vise précisément à présenter un examen critique de celles-ci.

Ces deux familles de théories présentent néanmoins des difficultés symétriques. D'un côté, les théories de l'éveil reviennent à confondre le contenu émotionnel attribué à la musique aux émotions effectivement ressenties par l'auditeur. Or nous faisons souvent la différence entre le caractère expressif de la musique et la réponse émotionnelle (très variable) que nous pouvons avoir, ne serait-ce que parce que ces deux phénomènes se déploient sur des échelles temporelles très différentes (quelques secondes peuvent suffire à identifier le contenu émotionnel d'une pièce de musique alors que l'éveil d'émotions chez l'auditeur suppose clairement une exposition plus longue à la musique) ou parce qu'ils diffèrent nettement en intensité, voire en valence (une musique exprimant une émotion négative pouvant très bien susciter chez l'auditeur une réponse émotionnelle positive, due par exemple à la beauté intense de cette musique[35]). D'un autre côté, en faisant de l'expressivité émotionnelle une simple question d'apparence, sans le moindre substrat psychologique, les théories de la ressemblance déconnectent peut-être trop franchement le contenu émotionnel de la musique et les émotions ressenties par l'auditeur : si la musique est triste à la manière dont nous disons de la gueule du saint-bernard qu'elle est triste (parce qu'elle a « l'air » triste), on ne voit pas très bien ce qui explique la propension de la musique « triste » à nous émouvoir bien davantage que ne le font les saint-bernards.

La théorie proposée par Levinson permet d'éviter ce double écueil. Pour Levinson, en effet, un passage de musique P exprime l'émotion E si, et seulement si, P est aisément perçu par un auditeur familier du genre musical en question comme une *expression* de E. Selon Levinson, l'émotion que nous entendons dans la musique est donc bien attribuée à un *sujet* : non pas le compositeur ou l'interprète qui exprimeraient leurs propres émotions à travers la musique ; non pas l'auditeur, qui projetterait ses propres émotions sur la musique qu'il écoute ; mais bien un sujet interne à la musique elle-même, la

35. Plus généralement, sur la question des bienfaits qui peuvent être retirés de l'écoute d'une musique chargée d'émotions négatives, voir, dans le présent volume, « La musique et les émotions négatives », p. 241-282.

persona de la musique. Quand nous écoutons de la musique, nous imaginons implicitement un agent qui s'exprime par et dans la musique. La *persona* ainsi imaginée est évidemment relativement abstraite : elle ne correspond pas forcément à des thèmes, motifs ou instruments bien particuliers. Il s'agit au contraire d'un agent largement indéterminé, simple support des actions, gestes, intentions et états psychologiques que nous percevons dans la musique quand celle-ci se fait expressive. L'écoute de la musique expressive apparaît ainsi fondamentalement comme une expérience imaginative, qui nous conduit à *animer* la musique que nous percevons, en l'*entendant-comme* l'expression d'une *persona* – *persona* qui, pour ainsi dire, exprime musicalement les états émotionnels qu'elle traverse. L'entendre-comme visé ici par Levinson ne se ramène donc pas à une simple perception aspectuelle [36] : il ne s'agit pas de dire que, dans l'expérience d'un passage de musique expressif, le passage en question est saisi sous un certain aspect plutôt qu'un autre, par exemple comme un passage exprimant de la solennité plutôt que comme une exposition thématique, à la manière dont les canards-lapins peuvent être tantôt vus comme des canards et tantôt comme des lapins. Levinson vise au contraire un mode d'appréhension qui combine perception et imagination, à la fois direct comme peut l'être la perception sensorielle [37] (nous entendons *spontanément* la musique comme triste ou joyeuse) et imaginatif comme peuvent l'être nos expériences interprétatives (nous projetons une *persona*

36. Sur les sources wittgensteiniennes de l'entendre-comme, voir Alessandro Arbo, *Entendre comme. Wittgenstein et l'esthétique musicale*, Paris, Hermann, 2013.

37. Certes, on peut défendre l'idée qu'il y a une pénétration cognitive de tout acte de perception, c'est-à-dire que ce que nous croyons percevoir « directement » dépende en réalité indirectement de ce que nous pensons, et en particulier de nos désirs et de nos croyances (pour une application de cette position dans le domaine de l'esthétique, voir Bence Nanay, *Aesthetics as Philosophy of Perception*, Oxford, Oxford University Press, 2016). Mais il faut toutefois noter que les données empiriques qui sont en général convoquées à l'appui de ce genre de position ont récemment fait l'objet de très sévères critiques méthodologiques qui viennent en relativiser la plausibilité (voir Chaz Firestone et Brad J. Scholl, « Cognition Does Not Affect Perception : Evaluating the Evidence for "Top-Down" Effects », *Behavioral and Brain Sciences*, vol. 39, 2016, p. 1-77).

abstraite en train de s'exprimer au coeur de la musique que nous entendons).

La théorie de Levinson laisse donc la place à la fois à l'idée d'une ressemblance entre musique et émotions et à l'idée d'un lien entre émotions attribuées et émotions ressenties. En effet, d'une part, notre imagination est pour ainsi dire guidée ou canalisée par la ressemblance que nous percevons entre les contours de la musique et les modalités d'expression spontanément associées à telle ou telle émotion : c'est bien parce que la musique sonne comme quelqu'un qui manifesterait (corporellement ou vocalement) une émotion E que nous imaginons spontanément dans la musique une *persona* exprimant cette émotion E (plutôt qu'une autre), et donc que nous faisons l'expérience de la musique comme expressive de E. Mais d'autre part, cet acte d'imagination qui nous conduit à animer la musique, et donc à faire l'expérience de la musique comme d'un processus profondément humain, avec toute la richesse psychologique que cela présuppose, explique pourquoi la musique expressive suscite bel et bien en nous une réponse émotionnelle, quelle qu'en soit par ailleurs son intensité : quand nous écoutons une musique expressive, nous entrons en effet en empathie émotionnelle avec la *persona* imaginaire de la musique comme nous le ferions avec l'un de nos congénères ou avec un personnage de fiction, nous nous mettons à la place de cet agent abstrait que nous percevons, ce qui nous conduit, par sympathie, à éprouver les émotions qu'elle exprime (voire, dans certains cas, à éprouver par antipathie, des émotions contraires à celles qu'elle exprime).

Mais la théorie de l'expressivité musicale proposée par Levinson présente une autre vertu : elle permet en effet de rendre compte du fait que la musique est susceptible de posséder un contenu extramusical qui ne soit pas forcément de nature émotionnelle. D'une part, dans la perspective ouverte par Levinson, la musique est bel et bien capable d'exprimer une palette plus riche d'états mentaux, au-delà du seul cas des émotions « de base » comme la joie, la tristesse, la colère ou la peur sur lesquelles se concentrent trop souvent la philosophie comme la psychologie de la musique :

l'expérience imaginative que nous faisons à l'écoute de la musique expressive, qui nous conduit à postuler une ou plusieurs *personae* s'exprimant dans la musique, ouvre en effet la voie à la perception, dans la musique, d'émotions cognitivement complexes, comme l'espoir [38] ou d'intentions intrinsèquement sociales, comme l'autorité ou le dédain [39]. D'autre part, cette analyse de l'expressivité musicale en termes de *personae* imaginaire permet d'expliquer la facilité avec laquelle certaines œuvres de musique se prêtent à des interprétations riches de sens, que celles-ci s'appuient sur un programme accompagnant explicitement la musique, ou qu'elles se jouent à même le matériau musical.

C'est là tout l'objet du texte « La musique comme récit et la musique comme drame », dans lequel Levinson fait le lien entre sa théorie de l'expressivité musicale et le type de contenu narratif ou dramatique que la musique est susceptible de déployer dès lors que l'on n'envisage plus l'expressivité comme un phénomène essentiellement local (tel passage bien précis exprimant telle émotion bien précise), mais que l'on s'intéresse au contraire aux *dynamiques* musicales à plus large échelle, et donc aux états multiples que traversent les *personae* que nous imaginons à travers le flux musical. Tous ces gestes, actions, émotions et états mentaux que nous attribuons aux *personae* de la musique au fil de notre écoute sont en effet susceptibles de s'assembler en une large fresque dont le contenu s'apparente davantage à un drame – qu'il s'agisse du drame psychologique d'une personne solitaire manifestant tour à tour différents traits de personnalité, comme dans le deuxième mouvement de la *Neuvième Symphonie* de Mahler [40] ou au contraire de la scène sociale produite par les interactions croisées d'individua-

38. Voir Jerrold Levinson, « Hope in the Hebrides », *Music, Art and Metaphysics*, Oxford, Oxford University Press, 2011, p. 336-375.

39. Voir Jean-Julien Aucouturier et Clément Canonne, « Musical Friends and Foes : The Social Cognition of Affiliation and Control in Improvised Interactions », *Cognition*, n° 161, 2017, p. 94-108.

40. Voir Anthony Newcomb, « Action and Agency in Mahler's Ninth Symphony, Second Movement », dans Jenefer Robinson (dir.), *Music and Meaning*, Ithaca, Cornell University Press, 1997, p. 131-153.

lités bien distinctes, comme dans le *Quatuor à cordes en fa mineur*, op. 95, de Beethoven[41] – qu'à la peinture détaillée de telle ou telle émotion. Toutefois, si la théorie de la *persona* que défend Levinson le conduit à privilégier une conception dramaturgique du sens de la musique – la musique s'apparentant à une scène imaginaire sur laquelle des acteurs abstraits incarneraient des personnages plus ou moins indéterminés – elle n'exclut pas pour autant que celui-ci puisse se présenter sous la forme d'un récit ou d'une narration, pour peu que nous envisagions les *personae* imaginées dans la musique non plus comme des entités dotées de leur volonté propre, mais plutôt comme des sortes de marionnettes animées par la volonté supérieure d'un narrateur unique – le compositeur ou l'interprète de l'œuvre en train de nous raconter une histoire. Autrement dit, selon le degré d'autonomie et d'indépendance que nous aurons tendance à attribuer aux *personae* que nous imaginons à l'écoute d'une œuvre musicale expressive, la musique se fera tantôt récit, tantôt théâtre. La théorie de l'expressivité défendue par Levinson permet donc non seulement d'expliquer la manière dont le sens des œuvres musicales s'articule au contenu émotionnel des passages qui les constituent, mais fournit également un critère permettant de distinguer les différentes *formes* que revêt la signification musicale à l'échelle de l'œuvre ou du mouvement.

En mettant ainsi en évidence les ressources expressives de la musique à l'échelle de la grande forme, Levinson retrouve certains des questionnements qui traversent la musicologie contemporaine, notamment à travers le courant de la narratologie musicale, qui s'intéresse à la manière dont des structures de sens peuvent se surimposer aux structures musicales, que ce soit par l'agencement narratif de topiques (comme dans la plupart des grandes pièces pianistiques de Franz Liszt[42]) ou par la dramaturgie intrinsèque à

41. Voir Fred Maus, « Music as Drama », dans Jenefer Robinson (dir.), *Music and Meaning*, Ithaca, Cornell University Press, 1997, p. 105-130.

42. Voir Márta Grabocz, *Musique, narrativité, signification*, Paris, L'Harmattan, 2009.

certaines formes musicales, la forme sonate au premier chef[43]. Mais tout l'intérêt de la démarche de Levinson est de montrer comment ce contenu sémantique très riche qui se déploie à l'échelle de l'œuvre considérée comme un tout repose en réalité sur les *mêmes* mécanismes qui conduisent à attribuer un contenu émotionnel à un passage de musique bien précis. Si le mode fondamental de signification de la musique reste donc bien celui de l'expression, le sens que la musique est susceptible de revêtir n'en va pas moins au-delà de la seule expression émotionnelle. Cette capacité à incarner de manière vivante la diversité et la richesse de notre monde intérieur et à multiplier les manières de le mettre en scène pour le placer sous un éclairage toujours changeant, est sans doute au cœur de la valeur que nous attribuons à la musique : au-delà de sa dimension hédonique ou récréative, la musique sait aussi se faire profonde en nous parlant des humains que nous sommes[44].

43. Voir Byron Almén, *A Theory of Musical Narrative*, Bloomingdale, Indiana University Press, 2008.

44. Sur la question de la musique « profonde », voir notamment Julian Dodd, « The Possibility of Profund Music », *British Journal of Aesthetics*, vol. 54, n° 3, 2014, p. 299-322.

L'EXPRESSIVITÉ MUSICALE [1]

Jerrold LEVINSON

Dans cet essai, je m'efforcerai de dire exactement en quoi consiste l'expressivité musicale ; cela m'amènera à proposer et à défendre une analyse de ce que l'on veut dire quand on dit qu'une émotion E (ou tout autre état mental) est exprimée par un passage de musique P. En raison de l'angle choisi, relativement étroit, je ne dirai pas grand-chose, sauf peut-être en passant, sur les causes et les fondements de l'expressivité musicale, ou encore sur la valeur de l'expressivité en musique.

Il peut être utile pour commencer de rappeler quelques exemples clairs d'expressivité musicale simple [2]. Plutôt que d'invoquer pour la énième fois l'adagio de la *Troisième Symphonie* de Ludwig van Beethoven, ou le finale de sa *Septième Symphonie*, j'appellerai à la barre quelques témoins moins connus :

1. Jerrold Levinson, *The Pleasures of Aesthetics*, Ithaca, Cornell Univerisy Press, 1996, p. 90-125 (« Musical Expressiveness »). Ndt. Avec l'accord de l'auteur, ce texte est ici présenté dans une version enrichie de « Remarques additionnelles » constituées de larges extraits de deux textes plus tardifs (« Sound, Gesture, Spatial Imagination and the Expression of Emotion in Music » et « Musical Expressiveness as Hearability-as-Expression », tous deux repris dans *Contemplating Art*, Oxford, Oxford University Press, 2006, respectivement p. 77-90 et p. 91-108) dans lesquels Jerrold Levinson précise certains aspects de sa théorie de l'expressivité musicale et la défend face à de nouvelles objections.

2. Je considérerai toutefois brièvement à la fin de cet essai quelques cas d'expressivité musicale complexe – c'est-à-dire d'une expressivité qui ou bien implique des attitudes psychologiques imbriquées, ou bien dépend fortement des relations qu'entretiennent les passages de musique considérés avec des passages antérieurs ou ultérieurs.

1) La mélancolie et le désespoir exprimés par le début du *Huitième Quatuor à cordes* de Dmitri Chostakovitch ;

2) La suave exubérance exprimée par l'*Octuor* de Felix Mendelssohn ;

3) L'impudence effrontée exprimée par le finale de la *Kammermusik n° 1* de Paul Hindemith ;

4) L'état d'esprit juvénile, énergique et héroïque exprimé par le début du *Don Juan* de Richard Strauss.

Telles sont les attributions d'expressivité dont j'espère pouvoir préciser le contenu de façon éclairante dans les pages qui suivent.

Le plan de cet essai est simple. Je commencerai avec une liste (que j'espère n'être pas trop sujette à controverse) des réquisits qu'une explication pleinement adéquate de l'expressivité musicale devrait satisfaire. Je passerai ensuite en revue de manière critique un certain nombre de conceptions de l'expressivité musicale avancées récemment, en soulignant leurs vertus et leurs vices respectifs, et en me concentrant pour finir sur celles qui semblent être les moins loin du compte[3]. Je développerai enfin une proposition déjà esquissée ailleurs[4], qui me semble pleinement satisfaire les réquisits initiaux, et la défendrai contre les objections évidentes qu'elle peut susciter.

Ma thèse est fondamentalement la suivante : l'expressivité en musique, et peut-être dans d'autres arts, est en substance la capacité d'un passage musical à pouvoir être *spontanément perçu comme une expression personnelle*. Mais cette proposition n'apparaîtra sous son meilleur jour que lorsque les conceptions voisines et concurrentes auront reçu leur dû, et que les intuitions sur lesquelles elles s'appuient auront trouvé la place qui leur échoit dans une conception où l'expressivité revient à pouvoir-être-perçu-comme-une-expression-personnelle. Une de ces intuitions les plus importantes concerne le

3. Parmi les propositions que je considérerai, certaines se proposent de rendre compte spécifiquement de l'expressivité musicale, tandis que d'autres adaptent au cas musical une conception plus générale de l'expressivité artistique.

4. Voir Jerrold Levinson, « Hope in *The Hebrides* », *Music, Art and Metaphysics*, Oxford, Oxford University Press, 2011, p. 336-375.

rôle des réactions infraémotionnelles et des sensations infraconceptuelles dans la réponse des auditeurs au processus musical. Il s'agit donc d'accorder une place à ce genre d'effets sans toutefois retomber dans une conception de l'expressivité comme potentialité à éveiller des émotions, ou quelque chose du même acabit.

I

À un niveau préthéorique, voici les réquisits qu'une analyse acceptable de l'expressivité musicale devrait, me semble-t-il, s'efforcer de satisfaire :

1) L'expressivité musicale doit être conçue comme parallèle ou fortement analogue à l'expression dans son sens le plus littéral, c'est-à-dire à la manifestation d'états mentaux par des signes extérieurs, et notamment par des comportements (réquisit d'« analogie »).

2) L'expressivité musicale doit être comprise comme clairement reliée à l'expressivité dans les autres arts ; soit parce qu'elle est de manière évidente un cas spécifique de l'expressivité artistique en général, pour peu que l'on ait une théorie plausible à ce sujet ; soit parce qu'elle est un parent proche de l'expressivité qui se manifeste dans les autres arts, avec des divergences qui s'expliquent par les différences saillantes qui peuvent exister d'un médium artistique à l'autre (réquisit d'« extensibilité »).

3) L'expressivité musicale doit être conçue comme appartenant sans équivoque à la musique elle-même – et donc en être une des propriétés ou un des aspects – et pas à l'auditeur, à l'interprète ou au compositeur (réquisit d'« externalité »).

4) L'expressivité musicale doit être quelque chose qu'un auditeur réceptif doit percevoir immédiatement, quelque chose dont il peut faire l'expérience sans détour, plutôt que d'y parvenir de manière intellectuelle, par un raisonnement ou en confrontant des hypothèses rivales – du moins dans les cas les plus élémentaires, c'est-à-dire les cas d'expressivité simple (réquisit d'« immédiateté »).

5) L'expressivité musicale peut éventuellement correspondre à l'expression d'états trop spécifiques pour être décrits avec des mots, mais elle doit aussi, et de manière centrale, se rapporter à des états mentaux courants et généraux (réquisit de « généralité »).

6) L'expressivité musicale doit être telle que, quand un auditeur la perçoit et en prend conscience, il en vient naturellement, si ce n'est inévitablement, à ressentir un sentiment ou un affect, ou à les imaginer (réquisit d'« affectivité »).

7) L'expressivité musicale doit être telle que son expérience possède, ou peut posséder, une valeur, et donc être quelque chose qui participe, au moins typiquement, à la valeur de la pièce qui la possède (réquisit de « valeur »).

II

Il peut être utile de cartographier à grands traits la région à parcourir, avant de se pencher sur les réponses particulières apportées à notre question. Ce qui suit est donc une tentative pour classer les différentes positions qui ont pu être récemment défendues au sein de ce territoire farouchement disputé. On distingue ici :

1) Les théories de l'*éveil* (ou de l'évocation) des émotions, dans leurs variantes brutes (Mew), dispositionnalistes (Nolt), ego-expressivistes (Ridley) ou encore faisant appel à la notion de réponse appropriée (Matravers)[5] ;

5. Peter Mew, « The Expression of Emotion in Music », *British Journal of Aesthetics*, vol. 25, n° 1, 1985, p. 33-42 ; John Nolt, « Expression and Emotion », *British Journal of Aesthetics*, vol. 21, n° 2, 1981, p. 139-150 ; Aaron Ridley, « Musical Sympathies : The Experience of Expressive Music », *Journal of Aesthetics and Art Criticism*, vol. 53, n° 1, 1995, p. 49-57 ; Derek Matravers, « Art and the Feelings of Emotions », *British Journal of Aesthetics*, vol. 31, n° 4, 1991, p. 322-331.

2) Les théories de la *simulation*[6], dans leurs variantes introspectionnistes (Walton), impersonnalistes (Budd), et représentationalistes (Callen)[7];

3) Les théories de la *métaphore*, dans leurs variantes exemplificationnistes (Goodman) et projectivistes (Scruton)[8];

4) Les théories du *jugement* (ou de l'induction), dans leurs variantes correspondantistes (Wollheim), adéquationnistes (Barwell) et explicationnistes (Vermazen)[9];

5) Les théories de l'*apparence expressive*, dans leurs variantes vocalistes (Elliott), physiognomonistes (Davies) et animationnistes (Kivy)[10].

---

6. Ndt. Par « simulation », nous rendons ici le terme anglais « make-believe », correspondant à l'attitude que nous adoptons lorsque nous faisons comme si nous croyons quelque chose que nous savons être faux ou fictif, ou lorsque nous faisons comme si nous éprouvions une émotion que nous n'éprouvons pas réellement. C'est en somme ce que nous faisons lorsque nous simulons une croyance ou un état émotionnel. Cette notion de « make-believe » ou simulation a été popularisée en esthétique par Kendall Walton dans *Mimesis as Make-Believe : On the Foundations of the Representational Arts*, Cambridge, Harvard University Press, 1990.

7. Malcolm Budd, « Music and the Communication of Emotion », *Journal of Aesthetics and Art Criticism*, vol. 47, n° 2, 1989, p. 129-138 ; Kendall Walton, « What is Abstract about the Art of Music ? », *Journal of Aesthetics and Art Criticism*, vol. 46, n° 3, 1988, p. 351-364; Donald Callen, « The Sentiment in Musical Sensibility », *Journal of Aesthetics and Art Criticism*, vol. 40, n° 4, 1982, p. 381-393; et « Transfiguring the Emotions in Music », *Grazer Philosophische Studien*, n° 19, 1983, p. 69-91

8. Nelson Goodman, *Langages de l'art*, traduit de l'anglais par Jacques Morizot, Paris, Fayard, 2011, chapitre 2 ; Roger Scruton, « Understanding Music », *The Aesthetic Understanding*, Londres, Methuen, 1983.

9. Richard Wollheim, *Painting as an Art*, Princeton, Princeton University Press, 1987, et « Correspondence, Projective Properties, and Expression in the Arts », *The Mind and Its Depths*, Cambridge, Harvard University Press, 1993, p. 144-158 ; Ismay Barwell, « How Does Art Express Emotion ? », *Journal of Aesthetics and Art Criticism*, vol. 45, n° 2, 1986, p. 175-181 ; Bruce Vermazen, « Expression as Expression », *Pacific Philosophical Quaterly*, vol 67, n° 3, 1986, p. 196-224.

10. Ray K. Elliott, « Aesthetic Theory and the Experience of Art », *Proceedings of the Aristotelian Society*, vol. 67, 1966, p. 111-126 ; Stephen Davies, « The Expression of Emotion in Music », *Mind*, vol. 89, n° 353, 1980, p. 67-86, et *Musical Meaning and Expression*, Ithaca, Cornell University Press, 1994, chapitre 5 ; Peter Kivy, *Sound Sentiment*, Philadelphia, Temple University Press, 1989.

Ma propre théorie, qui assimile l'expressivité au fait de pouvoir-être-entendu-comme-une-expression-personnelle trouve sa place quelque part dans la dernière catégorie. La manière dont elle se différencie de ses compétitrices les plus proches ne pourra être comprise clairement qu'après un examen critique de celles-ci.

Comme il apparaîtra clairement, je ne discuterai pas toutes les théories mentionnées ici. En particulier, je n'aurai rien à dire sur la plupart des théories de l'expression comme éveil, selon lesquelles la musique exprime les émotions qu'elle éveille ou tend à éveiller chez l'auditeur, ou les émotions qui se tiennent dans une relation appropriée aux émotions qu'elle suscite effectivement. Même si je suis prêt à admettre qu'une musique expressive puisse éveiller chez l'auditeur la composante sensible de l'émotion qu'elle exprime et qu'il s'agit là de quelque chose d'important et d'esthétiquement significatif[11], je rejoins néanmoins la position commune selon laquelle les théories traditionnelles de l'expression musicale comme éveil émotionnel sont fondamentalement erronées; je ne m'emploierai donc pas à énumérer tous les problèmes posés par les différentes variantes de cette théorie[12]. De plus, je passerai sous silence la théorie goodmanienne de l'expression artistique comme exemplification métaphorique; on a déjà consacré suffisamment de pages à cette théorie, pour finalement montrer qu'elle était peu fiable; et certaines critiques récentes ont d'ailleurs été décisives à cet égard[13].

---

11. Voir, dans le présent volume, « La musique et les émotions négatives », p. 241-282.

12. Pour des critiques détaillées de ces théories – critiques qui rendent évidents leurs défauts – et pour une discussion enlevée d'un grand nombre de sujets dans le domaine, voir le volumineux *Musical Meaning and Expression* de Stephen Davies. Voir aussi Malcolm Budd, *La musique et les émotions : théories philosophiques*, traduit de l'anglais par Jacques Favier, Paris, Hermann, 2015.

13. Voir Wollheim, *Painting as an Art*, chapitre 2; Vermazen, « Expression as Expression »; Walton, « What Is Abstract about the Art of Music? »; Budd, « Music and the Communication of Emotion »; et Davies, *Musical Meaning and Expression*, chapitre 3; et « General Theories of Art versus Music », *British Journal of Aesthetics*, vol. 34, n° 4, 1994, p. 315-326.

III

La proposition que je discuterai pour commencer a été mise en avant il y a de cela quelques années par Kendall Walton ; il s'agit d'un exemple caractéristique d'une approche imaginative ou faisant appel à la faculté d'imagination [14]. Comme Walton se refuse à formuler une véritable analyse de l'expressivité, il est nécessaire de se livrer à un peu de reconstruction, mais la théorie implicite de son essai semble être la suivante : un passage P est expressif de E si, et seulement si, l'auditeur est disposé, quand il entend P, à imaginer *ou bien* qu'il entend quelqu'un exprimer E par son comportement, *ou bien* qu'il prend conscience du fait qu'il éprouve lui-même E.

J'ai évidemment peu de raison de chercher querelle à la première partie de l'alternative, qui est assez proche – pour le point qui nous occupe maintenant – de la théorie à laquelle vont mes faveurs. Toute mon attention sera donc concentrée sur la seconde partie de l'alternative, selon laquelle la musique peut être expressive quand elle pousse l'auditeur à imaginer que son écoute de la musique agit comme un révélateur de l'émotion qu'il est en train de ressentir en ce moment. Plus spécifiquement, la suggestion de Walton à cet égard est qu'une musique peut être expressive par le simple fait de disposer l'auditeur à imaginer que la conscience introspective qu'il a de ses sensations auditives, lorsqu'il écoute cette musique, est en réalité une conscience de ses propres émotions, et que ce sont donc ces émotions que la musique exprime.

Cette proposition nous impose d'accepter de nombreuses conséquences peu plausibles. D'abord, il est peu probable qu'un auditeur se livre à une *introspection* de ses sensations auditives lorsqu'il écoute de la musique ; le simple fait de se concentrer sur la substance d'une musique un tant soit peu complexe est suffisant pour exclure en grande partie la possibilité d'une introspection faite en parallèle. Ensuite, il n'est pas plausible que nous imaginions quoi que ce soit *à propos* de telles sensations, quand bien même nous pourrions les soumettre à une introspection. Enfin, même si nous

14. Voir Walton, « What is Abstract about the Art of Music ? ».

parvenions à imaginer quoi que ce soit au sujet de ces sensations, il est très peu vraisemblable que nous imaginions réellement ces sensations auditives *comme l'expérience d'une émotion*; en effet, il n'y a guère plus de ressemblance entre le ressenti d'une émotion et l'introspection de nos sensations auditives qu'entre le ressenti d'une émotion et l'écoute musicale.

Mais même en mettant de côté ces conséquences peu vraisemblables, la raison principale pour laquelle je ne suis pas séduit par la proposition de Walton, c'est qu'elle donne une image trop égocentrique de la perception de l'expressivité musicale : elle représente l'expression dans la musique comme étant en fait l'expression des sentiments de l'auditeur lui-même (même si ces sentiments sont imaginaires). Mais je crois fermement que lorsque nous percevons l'expressivité de la musique, nous faisons l'expérience de quelque chose d'extérieur, qui réside en dehors de notre esprit. On conçoit avant tout l'expressivité de la musique comme appartenant de manière intrinsèque *à la musique elle-même*, et pas *à nous*. Et il en est ainsi même si la pleine saisie de cette expressivité exige que nous adoptions un certain point de vue interne sur la musique entendue, et même si en saisissant cette expressivité nous sommes souvent conduits à éprouver en retour une solide empathie qui nous fait partager l'expression de la musique comme si elle était la nôtre.

Pour autant que nous trouvions une musique expressive, nous n'entendons pas cette expressivité comme liée avant tout à nos émotions, mais plutôt à celles de la musique, ou de sa *persona*. Cette observation, si j'ai raison, se marie mal avec l'idée selon laquelle, quand nous percevons l'expressivité musicale, nous focalisons notre attention d'abord sur nos propres sensations internes, par introspection, puis sur nos propres émotions, par imagination. La proposition de Walton confond les activités ou événements bien distincts que sont la *perception* de l'expressivité et l'*appropriation*, par l'imagination, d'une telle expressivité; elle se trouve, sans doute, doublement loin du compte : quand nous saisissons une expression, nous ne sommes pas fondamentalement concentrés sur *nous-mêmes* (même par l'imagination), mais plutôt sur *quelqu'un d'autre* (et cela même si nous faisons appel à nos propres réactions émotionnelles pour y parvenir, et même si nous en venons subséquemment à nous identifier à cet autre). Nous ne sommes pas dans un mouvement principalement introspectif, mais plutôt dans un mouvement dirigé vers l'extérieur, à savoir la *perception* de la musique dans sa signification émotionnelle.

J'ai déjà indiqué qu'il était peu vraisemblable (et ce à plusieurs titres) que lorsque je trouve une musique expressive, j'imagine directement ma propre expérience auditive comme le ressenti d'une émotion. Mais même si tel n'était pas le cas, la proposition de Walton n'explique aucunement *pourquoi* je ferais cela plutôt qu'autre chose – c'est-à-dire *pourquoi* je m'imaginerais les choses de cette manière en écoutant un passage donné de musique. Aucune connexion n'a été établie entre l'expression ordinaire des émotions par une personne et la nature de l'expressivité émotionnelle de la musique selon Walton. Il n'est donc pas certain que nous ayons une quelconque raison d'accepter la proposition de Walton comme une explication de l'*expressivité* musicale, plutôt que comme une explication d'un possible autre pouvoir de la musique lié aux émotions.

J'ai encore trois critiques à formuler. Premièrement, il semble difficile d'étendre naturellement cette proposition à l'expressivité dans d'autres arts, par exemple la peinture. Y a-t-il la moindre raison de penser que voir un tableau comme expressif implique d'imaginer que voir ce tableau, ou être conscient de ses sensations visuelles en le regardant (ce qui ne doit pas arriver tous les jours, je le crains), c'est faire l'expérience des émotions qu'il nous semble exprimer ? Deuxièmement, il me semble que la proposition de Walton ne permet pas de bien rendre compte de formes d'expressivité empruntées, ou plus précisément de l'influence que peut avoir l'utilisation consciente d'un style musical bien déterminé sur l'expressivité – ce qui est par exemple très saillant dans la *Sonate pour piano* de Richard Strauss, traversée d'allusions explicites à la *Cinquième Symphonie* de Beethoven, à ses formules, ses cadences et tout ce qui va avec. On a vraiment du mal à croire qu'un auditeur puisse imaginer que l'écoute de cette musique si consciente d'elle-même et pénétrée d'histoire corresponde à la prise de conscience d'émotions qu'il a en lui. Troisièmement, la musique peut exprimer des traits de caractère ou de personnalité, comme la noblesse, le sérieux, l'espièglerie ou l'agressivité, presque aussi facilement que des émotions, et dans le même sens du terme « exprimer ». Mais il est peu probable que l'on imagine qu'entendre un passage de musique constitue une *expérience* d'un tel trait : en effet, on ne peut pas à proprement parler faire l'expérience de ces traits, car ils ne correspondent pas à des états dans lesquels on peut être ou que l'on peut ressentir [15].

IV

Je me tourne maintenant vers la proposition de Malcolm Budd, qui comme celle de Walton insiste sur le rôle de l'imagination des émotions dans l'écoute musicale. Voici plus précisément ce que propose Budd : un passage de musique P exprime l'émotion E si, et seulement si, il est possible d'imaginer que l'émotion E est ressentie, mais pas nécessairement par l'auditeur, et que ce contenu imaginatif est généré de façon appropriée par P [16].

Si Budd est conduit à cette formulation plus impersonnelle de la théorie de l'expressivité-comme-émotion-simulée, c'est parce qu'il voit bien, et à juste titre, qu'il n'est pas

15. La proposition de Walton – ou du moins la seconde partie de l'alternative qu'il formule, sur laquelle je me suis concentré – ne parvient pas à satisfaire les réquisits 1, 2, 3 et peut-être pas non plus le quatrième. Pour d'autres critiques de la proposition de Walton, voir Jenefer Robinson, « The Expression and Arousal of Emotion in Music », *Journal of Aesthetics and Art Criticism*, vol. 52, n° 1, 1994, p. 13-22; et Alan Goldman, « Emotions in Music : A Postscript », *Journal of Aesthetics and Art Criticism*, vol. 53, n° 1, 1995, p. 59-69. L'article le plus récent de Walton sur le sujet (« Listening with Imagination : Is Music Representational? », *In Other Shoes*, Oxford, Oxford University Press, 2015, p. 151-174) applique de manière plus efficace certaines de ces intuitions sur l'expérience musicale à la question de savoir à quel point la musique est *représentationnelle*, c'est-à-dire de savoir à quel point la musique génère un monde fictionnel comparable à ceux que l'on rencontre dans la littérature ou la peinture; mais cela n'empêche pas ces intuitions de rester bien peu plausibles pour fonder une analyse de l'*expressivité* musicale.

16. « Music and the Communication of Emotion », p. 135.

> souhaitable de dire que l'expérience que je fais en entendant [un passage de musique] comme tourmenté revient à simuler en moi l'expérience de tourments [ce qui est en gros la seconde partie de l'alternative posée par Walton] [...]. Car bien que cela puisse être le cas, il n'en va pas nécessairement ainsi : une musique tourmentée ne requiert pas toujours de l'auditeur capable de reconnaître l'émotion exprimée qu'il simule en lui l'expérience de tourments [c'est-à-dire que l'écoute musicale elle-même fait que l'auditeur s'imagine être en proie au tourment] [17].

Mais Budd admet qu'il ne sait pas comment définir précisément cette « façon appropriée » pour un passage P de susciter la simulation de l'émotion E et il doute sérieusement (et c'est bien compréhensible) que cela puisse se faire en termes de règles conventionnelles gouvernant l'expressivité musicale. En fait, il semble que la seule façon un tant soit peu plausible de définir cette « façon appropriée » tout en garantissant la connexion requise avec la forme effective et la substance du passage entendu, c'est de dire que l'auditeur est conduit à entendre P comme E (ce qui rend superflu tout usage un tant soit peu sophistiqué de la notion de simulation [18]).

En effet, Budd semble conclure vers la fin de son essai, qu'il ne faut peut-être conserver que « l'idée sous-jacente de cette approche en termes de simulation », c'est-à-dire « l'idée que la musique émotionnellement expressive est de la [musique] conçue pour inciter l'auditeur à imaginer qu'il fait l'expérience des émotions en question », sans préciser la manière exacte dont cela se passe. Réduite à cette idée minimale, il n'y a peut-être pas d'opposition entre l'approche en termes de simulation et celle pour laquelle je milite : selon moi, une musique expressive est bien une musique qui incite les auditeurs à imaginer des émotions, certes, mais seulement et très précisément au sens où les auditeurs sont disposés à perceptuellement imaginer cette musique comme une manifestation extérieure atypique de ces émotions, c'est-à-dire à entendre cette

17. *Ibid.*

18. La proposition de Budd ne parvient pas à satisfaire notre premier réquisit, et peut-être pas non plus le quatrième.

musique comme l'expression personnelle *sui generis* des émotions en question par un individu indéterminé.

V

Dans un essai qui contient une des discussions récentes les plus précieuses sur la question des émotions en musique, Aaron Ridley en arrive à une conception de l'expressivité musicale, en l'occurrence une forme raffinée de la théorie de l'éveil, qui me semble néanmoins tout aussi contestable que celle de Walton, et ce pour une même raison : son narcissisme rampant [19]. Selon Ridley, l'émotion exprimée par un passage de musique est précisément l'émotion qu'il évoque en vertu de sa physionomie propre et qu'il suscite chez l'auditeur lorsque celui-ci répond par sympathie aux contours de ce passage :

> Entendre de la musique comme expressive, c'est faire l'expérience d'une musique qui a des aspects affectifs, de telle sorte que les gestes mélismatiques qu'elle contient sont entendus comme exprimant l'état dont, par sympathie, nous faisons l'expérience [20].

Pour le dire autrement, la musique exprime alors la condition affective particulière de l'auditeur qui adopte une écoute sympathique.

Mais si tel est bien le cas, alors l'expressivité de la musique est dénaturée pour se ramener à l'expression de soi de l'auditeur. Il semble donc que Ridley soit tombé dans l'erreur qui consiste à confondre une implication émotionnelle totale de l'auditeur dans l'expérience de l'expressivité de la musique avec l'expres-

19. Ridley, « Musical Sympathies : The Experience of Expressive Music ».

20. *Ibid.*, p. 55. Notez que Ridley utilise le terme « mélismatique » plutôt que « physionomique »; mais ce terme me semble plutôt mal choisi étant donné que les gestes musicaux ne se limitent ni à l'expression vocale, ni à l'ornementation. On peut aussi douter que Ridley utilise le terme de « sympathie » dans son sens strict, où il se distingue de l'empathie, même si en l'occurrence j'approuverais cet usage : une réaction empathique, à proprement parler, est une réaction spéculaire – un « sentir avec » l'autre –, tandis qu'une réaction sympathique n'a pas besoin de reproduire l'émotion perçue, mais se contente de l'accueillir dans un mouvement d'acceptation ou de compassion.

sivité musicale elle-même ou encore avec la perception de cette expressivité.

L'essai de Ridley contient certes des réflexions éparses qui, correctement assemblées, permettent d'éclaircir l'un des mystères les plus tenaces de l'expérience musicale : qu'est-ce qui justifie l'intuition selon laquelle la musique jouirait d'une forme d'expressivité unique ? Mais il ne nous procure pas, me semble-t-il, une analyse acceptable de ce en quoi consiste, en général, l'expressivité musicale. Sa théorie n'explique pas ce que c'est pour P que d'exprimer E, où E est une émotion ordinaire, mais seulement ce que pourraient être les contenus expressifs d'états émotionnels *maximalement spécifiques* attribués à P, et inséparables de P. La proposition de Ridley, prise comme une analyse de l'expressivité en général, ne peut pas être correcte ; mais prise comme une explication des réactions empathiques que nous pouvons avoir, au moins de temps à autre, à l'écoute de la musique et dans lesquelles il nous semble que l'expressivité de la musique est à la fois absolument singulière et correspond exactement à ce que l'on ressent, elle pourrait très bien se révéler parfaitement juste. Comme je l'ai déjà dit, l'affect spécifique suscité par une immersion totale dans l'expressivité de certains passages ne peut pas être l'émotion exprimée par les passages en question, dans le sens à la fois ordinaire et central de l'expressivité musicale, mais il peut en effet correspondre à ce qu'un auditeur totalement captivé imagine y être exprimé.

Certes, comme Ridley et d'autres, moi y compris[21], l'ont souligné, la saisie de l'expressivité s'entremêle avec l'évocation et la prise de conscience d'affects par l'auditeur. Mais on oublie souvent que plusieurs chemins peuvent conduire à l'évocation de ces émotions, l'identification empathique au geste musical provisoirement perçu comme tel et tel n'étant qu'un de ces chemins : les affects peuvent quelquefois résulter d'un simple écho intérieur ou d'une imitation inconsciente des gestes expressifs, sans qu'il n'y ait aucune

21. Voir, dans le présent volume, « La musique et les émotions négatives », p. 241-282.

catégorisation ou représentation déterminées de ceux-ci. Ils peuvent aussi résulter simplement des propriétés sonores et timbrales qui agissent sur l'auditeur à un niveau inférieur (et antérieur) à celui des gestes dont ces propriétés ne sont que le support, d'une part, et des émotions que ces gestes suggèrent à leur tour, d'autre part. De plus, bien que les affects éveillés chez un auditeur normal qui jauge l'expressivité d'un passage puissent effectivement déterminer, au moins en partie, ce qu'il exprime, en ce qu'ils sous-tendent la disposition, pour la musique, à être entendue de façon privilégiée comme l'expression personnelle de *cette* émotion plutôt que de *celle-là*, l'éveil de tels affects ne fait toutefois pas lui-même partie de ce en quoi cette expressivité consiste, au sens où la présence de cette expérience n'est pas décisive pour déterminer si la musique exprime bel et bien l'émotion en question [22].

VI

Je me tourne maintenant vers une autre catégorie de théories, celles que j'ai appelées les « théories du jugement », en commençant par la version qu'en donne Richard Wollheim. On peut reformuler une première proposition de Wollheim comme suit, en l'adaptant au cas de la musique : un passage est expressif de E s'il s'agit du genre de passage qu'un compositeur pourrait composer s'il ressentait E, ou du genre de passage qui inciterait l'auditeur, dans les circonstances appropriées, à ressentir E, ou les deux à la fois [23].

Wollheim parvient à cette idée en essayant de préciser et de fusionner deux conceptions naïves, quoique traditionnelles, de l'expressivité dont chacune contient une part de vérité : la première veut qu'une œuvre expressive exprime les émotions de son créateur, tandis que la seconde affirme qu'une œuvre expressive éveille des émotions parallèles auprès de son public. Mais il y a clairement des problèmes avec la proposition telle que je l'ai formulée pour le

22. La proposition de Ridley ne parvient pas à satisfaire les réquisits 3 et 5.

23. Wollheim, *L'art et ses objets*, traduit de l'anglais par Richard Crevier, Paris, Aubier, 1994, p. 36-37.

cas musical. Tout d'abord, les intuitions que nous pouvons avoir quant aux genres de passages que les gens créeraient, s'ils étaient compositeurs, quand ils ressentent telle ou telle émotion, semblent un peu trop fragiles et trop vagues pour que l'on puisse y faire appel ici. Ensuite, la seconde partie de l'analyse semble trop accorder aux théories de l'évocation : elle nous autorise à attribuer une expressivité à la musique sur la seule base des effets émotionnels qu'elle a ou pourrait avoir sur nous, indépendamment de la manière dont elle *sonne* effectivement. Mais tout bien considéré, il est peut-être plus raisonnable de voir la proposition disjonctive de Wollheim, qui nous invite en partie à spéculer sur les états du compositeur, comme une généralisation plausible au sujet de l'expressivité musicale, plutôt que comme une analyse au sens strict du terme.

La théorie plus tardive de Wollheim, qu'il élabore dans *Painting as Art* et dans un article sur le même sujet [24], est un développement naturel de la conception présentée dans *L'art et ses objets*; elle y prend en tout cas une forme mieux arrêtée. Si on l'appliquait à la musique, cela donnerait quelque chose comme ceci : P exprime E si, et seulement si, (i) des caractéristiques perceptibles importantes de P dérivent de l'expérience de E chez le compositeur, (ii) les auditeurs perçoivent une correspondance entre P et E et (iii) la perception de cette correspondance chez l'auditeur est voulue par le compositeur [25].

Il y a deux difficultés évidentes avec ce genre de propositions. D'abord, la notion de correspondance est vague, même si Wollheim essaye de l'éclairer quelque peu en recourant à la notion quasi freudienne de projection [26]. On pourrait se demander si toute chose

24. Wollheim, « Correspondence, Projective Properties, and Expression in the Arts ».

25. Wollheim, *Painting as Art*, chapitre 2, section C.

26. Voir, par exemple, Wollheim, « Correspondence, Projective Properties, and Expression in the Arts », p. 154 : « Quand nous considérons qu'une partie du monde naturel correspond à un état psychique, c'est parce que nous pouvons la percevoir comme étant intrinsèquement connectée avec lui, ou comme un objet sur lequel nous pourrions ou aurions pu projeter cet état ». Ainsi le problème de la délimitation des contours de cette correspondance se ramène à la détermination des limites de la projectibilité de nos états internes, ce qui ne semble pas constituer un

ne correspond pas, ne convient pas, ou ne s'accorde pas à une autre chose, au moins sous un certain rapport. Y a-t-il ne serait-ce qu'un état mental auquel nous ne pourrions pas faire correspondre un passage de musique, avec lequel il entrerait en résonance au moins à un certain degré ?

Ce n'est toutefois pas cette ligne que je suivrai, puisque c'est la seconde difficulté qui me semble la plus grave : on ne peut pas raisonnablement concevoir l'expression (ou l'expressivité) en art, à la différence de la représentation, comme une affaire d'intention. Et il en est ainsi même si la possibilité de l'expression, en tant qu'elle fait partie du contenu artistique de l'œuvre présuppose nécessairement des intentions artistiques d'un certain type, relatives au genre ou à la catégorie de l'œuvre. On ne peut pas considérer que l'expression (ou l'expressivité) en art requière généralement un ancrage causal effectif dans la vie de l'artiste, qu'elle dépende de ce que l'artiste a effectivement perçu ou ressenti [27]. Il faut plutôt reconnaître que cette expressivité peut intrinsèquement dépasser les frontières de la vie mentale effective de l'artiste (même comprise en un sens large), tout en admettant que pour d'autres raisons et selon d'autres modalités, elle doive rester dans les limites des états mentaux que l'on peut plausiblement attribuer au créateur de l'œuvre en question dans le contexte en question [28].

Ismay Barwell (à la suite d'un examen minutieux du sujet qui nous intéresse ici) fait quant à elle une proposition, proche de la

---

gain considérable en matière de précision conceptuelle (Wollheim admet d'ailleurs que l'expression « être intrinsèquement connecté », dont on pourrait penser qu'elle permet d'éclairer la nature de la relation de correspondance, n'est qu'une « expression passe-partout, une locution *ad hoc* », *ibid.*, p. 151).

27. Ou encore de quelque chose avec lequel l'artiste a été « mis en contact » (*ibid.*, p. 157), selon une formulation plus faible de Wollheim qui, soit dit en passant, vide son intentionnalisme de presque toute sa substance.

28. Pour une discussion plus poussée des contraintes pesant sur ce genre d'attributions de contenu artistique, voir Jerrold Levinson, « Intention and Interpretation in Litterature », « Philosophy as an Art » et « Messages in Art » ; repris dans *The Pleasures of Aesthetics*, Ithaca, Cornell University Press, 1996 (respectivement p. 175-213, p. 214-223, p. 224-241). La proposition de Wollheim ne parvient donc pas à satisfaire le troisième réquisit, et peut-être pas non plus le quatrième.

manière dont Wollheim voit les choses dans ses deux formulations, même s'il la dépouille de tout intentionnalisme, et qui se résume à ceci : un passage P exprime E si P *peut faire office* de produit d'un acte d'expression de E[29].

Encore une fois, j'ai deux problèmes avec cette proposition. Tout d'abord, elle fait de l'évaluation de l'expressivité musicale une affaire de jugement réflexif, et ce de manière trop prononcée : en effet, d'un côté un élément d'évaluation dont on ne veut pas se trouve introduit et, de l'autre, l'acte crucial de perception / imagination par lequel l'expressivité se révèle fait défaut. Percevoir l'expressivité musicale ne se résume pas à remarquer ou à juger qu'une telle chose convient bien à tel ou tel rôle ; percevoir l'expressivité d'un passage de musique, ce n'est pas la même chose que de dire si telle étoffe convient bien à telle robe ou de faire le décompte des qualités et des défauts d'un gendre potentiel ! C'est au contraire quelque chose de plus immédiat, de plus global, et qui n'est pas nécessairement réflexif.

Le second problème, c'est que la notion de « faire office de » est de toute évidence difficile à saisir avec précision, et il n'est pas certain qu'elle puisse faire le travail que l'on attend d'elle ici. Quand pouvons-nous dire qu'un passage de musique *fait office de* produit d'un acte d'expression de E ? Je peux en avoir une idée si l'acte en question est celui d'un musicien, et que le passage est produit par ce musicien jouant de son instrument : dans ce cas, je demanderais simplement que le passage soit *expressif* de E, toutes choses égales par ailleurs. Mais évidemment, cela ne nous est d'aucune utilité, puisque l'on cherche précisément à comprendre ce que c'est pour le passage que d'être expressif de E. Supposons alors que l'acte en question n'est pas celui d'un musicien, mais celui d'un sujet lambda. J'avoue que la seule manière que j'aurais de savoir si le passage fait office de produit d'un acte d'expression de E par un tel sujet est de me demander si l'on serait disposé à entendre ce passage comme une expression de E plutôt que d'une autre émotion ou même de

29. Barwell, « How Does Art Express Emotion ? », p. 180.

rien du tout ; mais bien sûr, il s'agit là précisément de la proposition que je défends pour ma part[30].

VII

Bruce Vermazen s'efforce de traiter l'expression « comme expression », ce qui paraît tout à fait conforme au bon sens[31]. Selon lui, l'expression dans les arts devrait être envisagée de la même façon que l'expression dans les autres domaines, où l'on se représente l'expression comme étant fondamentalement l'indication ou la manifestation d'états mentaux[32]. Appliquée à l'art, cette approche peut se traduire ainsi : « Lorsque nous disons qu'une œuvre d'art exprime telle chose, nous attribuons en vérité des états, événements ou processus mentaux à un énonciateur imaginaire de l'œuvre que l'on pourrait appeler la *persona* de l'œuvre »[33]. Vermazen clarifie par la suite cette notion :

> La *persona* est [...] un *type* de personne constitué en partie par les inférences que nous avons faites au sujet du fonctionnement mental de cette *persona*, et en partie par certains éléments d'arrière-plan dépendant du contexte. En d'autres termes, nous considérons l'énonciation de l'œuvre comme un indice du fonctionnement mental d'une personne[34].

Vermazen fait enfin la proposition suivante :

---

30. La proposition de Barwell ne parvient donc pas à satisfaire le réquisit 4, et sans doute pas non plus les 6 et 7. Un autre auteur développe une vue similaire à celle de Wollheim : il s'agit de Jenefer Robinson, dans son « Art as Expression », dans Hugh Curtler (dir.), *What is Art ?*, New York, Haven, 1983, p. 91-121. Même s'il y a beaucoup d'éléments admirables dans la discussion subtile qu'entreprend Robinson, je ne pense pas que sa propre proposition échappe aux problèmes que j'ai pointés pour Wollheim et Barwell.

31. Voir son article « Expression as Expression ».

32. En cela, et même s'il ne le mentionne pas explicitement, Vermazen suit de très près l'analyse présentée par Alan Tormey dans son livre important : *The Concept of Expression*, Princeton, Princeton University Press, 1970.

33. Vermazen, « Expression as Expression », p. 196.

34. *Ibid.*, p. 200.

> L'analyse de l'expression dans le cas des objets expressifs revient à ceci : un objet exprime une propriété mentale si et seulement s'il constitue un indice sur la base duquel nous pouvons inférer qu'un énonciateur imaginaire de cet objet posséderait cette propriété mentale [ou, de manière plus prudente], si, et seulement si, le fait d'attribuer cette propriété à un énonciateur imaginaire de l'objet expliquerait pourquoi l'objet en question possède les traits qui sont les siens [35].

La théorie de Vermazen est séduisante, ne serait-ce que parce qu'elle tient la promesse de rendre compte, d'une manière univoque, de l'expression sous toutes ses formes : l'expressivité des personnes et l'expressivité des objets, l'expression des pensées et l'expression des sentiments, l'expression d'états psychologiques et celle des traits de personnalité. J'ai néanmoins une réserve au sujet de cette théorie : le rôle prépondérant accordé à l'inférence et à l'explication rend-il également justice aux formes spécifiques d'expressivité que l'on peut rencontrer dans les arts non verbaux et en particulier dans la musique [36] ? Je ne le pense pas : et s'il en est ainsi, c'est parce que, comme avec la proposition de Barwell, le fait d'être perçu-comme a été ici mis de côté dans l'analyse de l'expression, au profit de la capacité à soutenir des inférences et de la puissance explicative. La proposition de Vermazen est simplement trop intellectualisante, au moins lorsqu'elle est appliquée au cas de la musique. L'expressivité

35. *Ibid.*, p. 207.

36. J'aurais une autre réserve mineure, qui pourrait bien ne concerner qu'une maladresse inessentielle dans la manière qu'a Vermazen de formuler sa position. Vermazen dit qu'en jugeant de l'expressivité, nous attribuons des états psychologiques à un énonciateur imaginaire de l'*œuvre*, sa *persona*. Cela donne l'impression que l'on imagine que la *persona* énonce l'*œuvre*. Mais cela ne peut pas être exact : on ne suppose pas automatiquement que la *persona* à laquelle nous attribuons des états psychologiques est un artiste, c'est-à-dire quelqu'un qui fabrique et énonce des *œuvres*. La *persona* doit plutôt être l'énonciateur imaginaire du *contenu*, ou de la substance sémantique, de l'œuvre. C'est peut-être tout ce que Vermazen a en tête, malgré la nature déroutante de la formulation qu'il utilise : sans doute doit-on comprendre que « l'énonciateur imaginaire de l'œuvre » signifie simplement « l'énonciateur imaginaire appartenant à l'œuvre ou associé à l'œuvre », et non « le sujet que l'on imagine énoncer, ou avoir énoncé, l'œuvre ».

en musique, si elle veut mériter son nom, doit être perceptible et pas seulement déductible ; l'état d'esprit que l'on associe à la musique expressive doit être *entendu dans* la musique et pas simplement lui être *attribué* au titre d'*hypothèse* maximalement explicative.

Quoi qu'en dise Vermazen, je crains que la notion d'expressivité émotionnelle ne soit *pas*, après tout, complètement univoque si nous tenons compte de toutes les disciplines artistiques. En particulier le pouvoir-être-perçu-comme n'a peut-être pas toujours caractère de réquisit : c'est bien une condition *sine qua non* de l'expressivité musicale, mais peut-être pas de l'expressivité littéraire[37]. Nous n'exigeons pas de tous les arts qu'ils manifestent directement certains états psychiques, ou au moins pas au même degré. Si l'émotion E pouvait être raisonnablement inférée comme étant l'état mental de l'auteur dans le cas d'un roman – ou, quand nous l'attribuons à un énonciateur imaginaire, constituer la meilleure explication de certains des traits de ce roman –, alors cela pourrait suffire à dire que ce roman exprime E, même si par ailleurs nous n'étions pas disposés à y voir le résultat d'un tel état (ou à faire comme s'il était le résultat de cet état). Dans le cas de la musique au contraire, même si nous admettions qu'une telle inférence est raisonnable, nous ne considérerions pas que la musique exprime E – c'est-à-dire qu'elle a réussi dans son entreprise expressive – si nous ne sommes pas par ailleurs disposés à l'entendre spontanément de cette manière, sans un effort spécial de la volonté[38].

VIII

J'en viens maintenant à la cinquième classe de théories que j'ai distinguée, à savoir les théories de l'apparence expressive, au sein desquelles je placerais d'ailleurs ma propre théorie. J'examinerai

37. Robert Stecker est lui aussi sceptique quant à l'univocité du verbe « exprimer » dans le domaine artistique, même si c'est pour d'autres raisons. Voir son « Expression of Emotion in (Some of) the Arts », *Journal of Aesthetics and Art Criticism*, vol. 42, n° 4, 1984, p. 409-418.

38. La proposition de Vermazen ne parvient donc pas à satisfaire le réquisit 4, et peut-être pas non plus le 6.

d'abord la théorie proposée par Stephen Davies. Davies commence par insister sur le fait que les termes d'émotions utilisés pour décrire l'apparence des choses – que ce soit l'apparence de personnes, d'objets naturels ou d'œuvres d'art – sont entièrement dépendants de l'usage qui est fait de ces termes pour faire référence aux émotions ressenties ; ils ne représentent donc qu'un usage secondaire, bien que littéral, de ces termes. Selon cet usage secondaire, les termes d'émotions décrivent des caractères-émotionnels-inhérents-à-l'apparence-des-choses, et c'est là que gît l'expressivité de la musique :

> l'expressivité de la musique consiste dans la présentation de caractères émotionnels résidant dans son apparence propre [...]. Les caractères émotionnels inhérents à l'apparence des choses sont attribués indépendamment des sentiments ou des pensées que posséderaient les entités dont ils sont prédiqués. Ces apparences expressives [...] ne sont pas du tout des émotions occurrentes; ce sont plutôt des propriétés émergentes des choses auxquelles elles sont attribuées [39].

Davies poursuit en expliquant qu'une telle expressivité musicale « dépend principalement de la ressemblance que nous percevons entre le caractère dynamique de la musique et le mouvement humain, l'allure, la conduite ou encore la démarche » [40]. En conclusion, Davies affirme que

> les émotions perçues dans la musique sont entendues comme lui appartenant de la même manière que des apparences d'émotions sont présentes dans l'allure, la conduite ou la démarche de nos congénères ou d'autres créatures. La gamme des émotions que la musique peut présenter à nos oreilles, comme celle que véhiculent les apparences humaines, est donc limitée aux émotions et sentiments qui ont des expressions comportementales caractéristiques [41].

39. Davies, *Musical Meaning and Expression*, p. 228. Les positions de Davies sur l'expression musicale ont d'abord été formulées, quatorze ans auparavant, dans son essai « The Expression of Emotion in Music ».

40. *Ibid.*, p. 229.

41. *Ibid.*, p. 239.

La position de Davies peut être condensée, il me semble, dans la formule suivante : P exprime E si, et seulement si, P manifeste des caractères-émotionnels-inhérents-à-l'apparence-sonore qui sont associés à E – c'est-à-dire qu'il manifeste une apparence sonore analogue aux caractères-émotionnels-inhérents-aux-apparences-comportementales de l'émotion E.

Bien que je sois largement sensible à cette manière de voir les choses, qui est d'un esprit semblable à la position que j'adopterai *in fine*, j'ai tout de même des doutes quant à la notion centrale utilisée dans cette formule, à savoir la notion de caractère-émotionnel-inhérent-à-l'apparence-*musicale*. Le problème, et je suis sûr que Davies en est conscient, c'est que l'apparence d'un passage de musique[42] n'est précisément pas celle d'une personne, de son visage ou de son corps, quel que soit son état affectif, pas plus qu'il ne s'identifie à l'apparence d'un comportement humain, quelle que soit la phase que l'on considère. Quand un passage manifeste une caractéristique émotionnelle au moyen de séquences sonores, il s'agit plutôt d'une apparence *analogue* (ou similaire) à celle que pourrait présenter une personne dans le même état. Mais comme une chose est toujours analogue (ou similaire) à n'importe quelle autre à un degré ou à un autre, la question est alors de savoir *de quelle manière* cette apparence sonore doit être analogue aux apparences des comportements humains pour qu'elle constitue un caractère-émotionnel-inhérent-à-l'apparence-sonore de l'émotion en question ; ou encore, pour reprendre une formulation plus prudente de Davies, il s'agit de savoir de quelle manière l'expérience du mouvement musical doit être analogue à celle d'un comportement humain pour que les apparences générées par ce mouvement musical constituent un caractère-émotionnel-inhérent-à-l'apparence-sonore de l'émotion en question.

Il me semble évident qu'on ne peut répondre à cette question sans faire appel à notre disposition à *entendre* cette émotion dans

42. C'est aussi valable pour l'apparence du saule pleureur et des autres objets naturels, leur expressivité étant conçue par Davies de la même manière que celle de la musique. Voir son « General Theories of Art versus Music », p. 323.

la musique – cette émotion plutôt qu'une autre ou qu'aucune – c'est-à-dire notre disposition à interpréter auditivement la musique *comme* une forme d'expression personnelle, percevant l'apparence humaine derrière l'apparence musicale, ou pour faire bref, notre disposition à *animer* les sons d'une certaine manière[43]. C'est seulement quand ces conditions sont réunies que la musique possède l'expressivité en question, indépendamment du degré objectif d'analogie ou de similitude entre les apparences musicales et les apparences humaines, même si ce sont effectivement ces apparences « d'allure, de conduite, de démarche » qui permettent à la musique d'acquérir une expressivité lorsqu'elle est mise en rapport avec elles.

La vérité, me semble-t-il, c'est qu'il est impossible de concevoir ce que Davies appelle les caractères-émotionnels-inhérents-à-l'apparence-musicale sans faire intervenir la condition d'audibilité-dans-la-musique-de-l'expession-d'une-émotion pour des auditeurs expérimentés et réceptifs ; et sans elle, il n'est pas non plus possible d'y accéder. C'est cette condition d'audibilité qui donne *in fine* son contenu aux caractères-émotionnels-inhérents-à-l'apparence-musicale de Davies, indépendamment de la question de savoir si les apparences comportementales des émotions en question sont facilement identifiables en tant que telles. En général, on ne peut pas lire les caractères-émotionnels-inhérents-à-l'apparence-musicale de la tristesse dans les caractères-émotionnels-inhérents-à-l'apparence-comportementale de la tristesse humaine, pas plus qu'on ne peut inférer ceux-là à partir de ceux-ci. Comme Davies s'en rend certainement compte, il n'y a pas de règle de traduction nous permettant de passer des caractères-émotionnels-inhérents-à-l'apparence-comportementale aux caractères-émotionnels-inhérents-à-l'apparence-musicale[44] ; c'est seulement en percevant dans la

43. Nous anticipons ici sur la proposition de Peter Kivy, discutée ci-dessous.

44. Voir Davies, *Musical Meaning and Expression*, p. 225 : « En définitive, il se pourrait bien que l'expérience de l'expressivité en musique trouve son fondement dans l'expérience irréductible d'une similarité entre, par exemple, le mouvement spatial et le mouvement musical, ou entre le mouvement musical et l'action humaine intentionnelle ».

musique l'esquisse des premiers que les seconds peuvent pleinement surgir. Ce que je reproche à Davies, au fond, c'est d'avoir mis la charrue (l'apparence expressive effective d'un passage, compris comme expressif de E) avant les bœufs (l'expérience auditive de l'expression de E dans le passage en question).

Bien que Davies souhaite assez clairement éviter une position qui réduirait l'expressivité musicale à une analogie ou une ressemblance littérale avec un comportement expressif, son recours aux caractères-émotionnels-inhérents-à-l'apparence-sonore conçus comme enracinés dans une telle analogie ou ressemblance, ou émergeant à partir d'elle, laisse entendre que ces caractères ont une identité que l'on peut spécifier indépendamment de l'expérience que l'on fait lorsque l'on entend l'expression d'une émotion en musique, et qu'en dernier ressort ils peuvent être identifiés et classés de manière autonome, comme peuvent l'être les caractères-émotionnels-inhérents-à-l'apparence des comportements associés directement aux émotions ressenties – par exemple, les formes stéréotypiques du visage joyeux, de la posture dépressive ou du geste de colère.

La formulation adoptée par Davies pour énoncer sa position conduit à deux difficultés qu'on aurait pu facilement éviter. D'une part, on peut craindre que la différence réelle qui sépare les supposés caractères-émotionnels-inhérents-à-l'apparence-musicale et les caractères-émotionnels-inhérents-à-l'apparence-humaine n'ait été qu'effleurée. En effet ceux-ci, mais pas ceux-là, peuvent être dans une certaine mesure identifiés et catalogués indépendamment des jugements individuels que peuvent formuler les sujets percevant leur portée expressive. D'autre part, le critère effectif de l'expressivité musicale serait alors donné par un degré d'analogie entre ces apparences (ou entre les expériences correspondantes que l'on peut faire de certains comportements humains et de certaines séquences sonores) qu'il est impossible de fixer précisément, ce qui est pour le moins ennuyeux.

Pour qu'un visage humain ou animal soit triste, il faut qu'il ait une apparence que l'on associe aux personnes qui sont effectivement tristes, ou qui soit typique de ces personnes. On peut déterminer de façon concluante ce qu'est cette apparence typique en examinant un large éventail de personnes tristes ; et cette apparence peut à juste titre être appelée un caractère-émotionnel-inhérent-à-l'apparence-comportementale, en l'occurrence celle de la tristesse. Mais pour qu'un passage musical soit triste, selon Davies, il faut que l'on fasse l'expérience de son *apparence sonore* comme significativement *analogue* à l'*apparence* de personnes qui sont tristes – ce qui est une tout autre histoire, plus compliquée, qui suppose le passage d'une modalité de perception à une autre. Il me semble pour le moins douteux que cela nous justifie à isoler un *genre* d'apparence que revêtirait la musique triste, quelque chose qui mériterait d'être appelé « caractère émotionnel de la tristesse inhérent à la musique ».

C'est maintenant l'occasion de mentionner la position développée par Roger Scruton sur notre sujet dans son essai « Understanding Music »[45]. En effet, même si je l'ai classée ci-dessus parmi les théories de la métaphore, on pourrait tout aussi bien la placer dans le camp des théories de l'apparence expressive. Bien qu'il soit difficile de formuler précisément la position que défend Scruton à propos de l'expressivité musicale sur la base de ce texte – Scruton cherche en effet davantage à dire ce que c'est que d'entendre cette expressivité, ou de pénétrer à l'intérieur de celle-ci, que d'en proposer une analyse précise – on peut néanmoins y lire en filigrane la proposition suivante : un passage P exprime l'émotion E dans la mesure où l'on fait l'expérience de ce passage comme présentant ou contenant métaphoriquement des gestes qui sont caractéristiques de l'expression de E[46].

Pour peu que cette formulation traduise bien la pensée de Scruton, j'aurais deux objections à lui opposer – même si une telle position, qui se situe dans les mêmes eaux que la mienne, m'est évidemment sympathique. Il y a d'abord le fait qu'elle s'appuie sur l'idée de *métaphore*. Il me semble que faire appel à la métaphore en dehors de son sol d'origine, le langage – par exemple en recourant à

45. Scruton, « Understanding Music ».

46. *Ibid.*, p. 94-95.

des versions métaphoriques de relations ou de processus bien définis – obscurcit l'expressivité plus qu'elle ne l'éclaire, en la ramenant à une nouvelle métaphore qu'il convient d'élucider à son tour. Ma seconde objection, moins importante, est la suivante : pour que l'on puisse qualifier la musique d'expressive, Scruton exige que l'on puisse percevoir un passage comme présentant les *gestes* caractéristiques d'une certaine émotion, plutôt que comme l'expression extérieure, quelle qu'elle soit, de cette émotion, ce qui constitue sans doute une limitation inutile. Cela dit, Scruton a sûrement raison de considérer que l'expérience de l'expression en musique implique souvent d'entendre dans le mouvement musical les gestes d'un individu exprimant les émotions qu'il ressent[47].

J'en viens pour finir à la théorie de l'expressivité musicale proposée par Peter Kivy dans *The Corded Shell*[48]. Je parviens pour ma part à distinguer dans ce livre trois propositions que l'on pourrait prendre pour des formulations de la position de Kivy :

1) Un passage exprime E si, et seulement si, le passage est considéré comme ressemblant dans ses contours aux caractéristiques comportementales de E[49].

2) Un passage exprime E si, et seulement si, le passage est lié à E, soit par une relation de ressemblance au niveau de ses contours, soit par une association conventionnelle, soit par les deux à la fois[50].

47. À d'autres endroits, Scruton adopte implicitement la position selon laquelle la musique est expressive quand elle permet aux auditeurs d'entendre dans la musique, ou dans les gestes qu'ils y entendent, l'expression d'une émotion. Pour autant que cette dernière formulation représente la position finale de Scruton, elle reste largement conforme à celle qui est présentée ci-dessus.

48. Peter Kivy, *The Corded Shell*, Princeton, Princeton University Press, 1980. Ce livre a été republié, avec des chapitres additionnels, sous le titre de *Sound Sentiment*; toutes les références suivantes renvoient à cette seconde version. Notons que les solutions de Kivy et de Davies, qui possèdent beaucoup de points communs, sont apparues au même moment, même si elles ont été élaborées indépendamment l'une de l'autre.

49. *Sound Sentiment*, chapitre 6.

50. *Ibid.*, chapitre 8.

3) Un passage exprime E si, et seulement si, les auditeurs sont disposés à *animer* le passage en lui attribuant l'émotion E[51].

Les propositions 1 et 2, qui sont suggérées tour à tour par le texte à défaut d'y être explicitement affirmées, substituent malheureusement à l'analyse du concept d'expressivité musicale une liste de ses causes premières ou de ses fondements, ce qui leur est fatal. De plus, la proposition 1 possède le défaut supplémentaire d'exclure arbitrairement la dimension conventionnelle de l'expressivité, ce qui n'est sans doute pas ce que veut Kivy[52]. Quant à la proposition 3, il me semble qu'elle est fondamentalement correcte. Le seul problème, c'est qu'elle est quelque peu obscure : la notion d'*animation* demande au moins autant d'explications que celle d'expressivité. Je suppose qu'il n'y a rien de plus, dans l'idée d'« animer » les sons, telle qu'elle est introduite par Kivy, que le fait d'entendre la musique comme l'expression personnelle d'émotions effectives ou hypothétiques. C'est d'ailleurs plus ou moins ce qu'il affirme explicitement :

> Il faut d'abord voir une forme visuelle comme le véhicule d'une expression – comme un visage ou une silhouette – avant de pouvoir y percevoir de l'expressivité. De la même manière, il nous faut d'abord entendre une forme sonore comme le véhicule d'une expression – comme un énoncé ou un geste – avant de pouvoir entendre son expressivité[53].

Me voilà parvenu au terme de cette revue de la littérature. Je pense avoir dit tout ce qu'il y avait à dire d'utile concernant les positions des uns et des autres sur le sujet qui nous occupe. Sans perdre de vue le terrain défriché par mes prédécesseurs, je vais à présent essayer de m'aventurer un peu plus loin.

---

51. *Ibid.*, chapitre 7.

52. J'ai formulé ces critiques avec davantage de détails dans ma recension du livre de Kivy : « Review of *The Corded Shell* », *Canadian Philosophical Review*, n° 1, 1991, p. 148-152.

53. Kivy, *Sound Sentiment*, p. 59.

IX

Ma suggestion, donc, est la suivante : un passage de musique P exprime une émotion E (ou un autre état psychologique) si, et seulement si, P est, pris dans son contexte[54], aisément et adéquatement[55] perçu par un auditeur possédant le bagage culturel approprié comme l'expression *sui generis*, proprement « musicale »[56],

54. J'ai en tête à la fois le contexte *interne* à l'œuvre, constitué par ce qui précède et suit le passage considéré, et le contexte *externe*, constitué par le style du compositeur et celui de l'époque dans laquelle s'inscrit l'œuvre, ainsi que par l'environnement que constituent les œuvres de musique déjà existantes, qu'elles soient du compositeur en question ou d'autres auteurs.

55. J'entends souligner, par cet adverbe supplémentaire, que les auditeurs en question sont parfaitement familiers avec : (i) le style de la musique et l'éventail de ses possibilités expressives intrinsèques ; (ii) la nature et les potentialités des instruments utilisés ; (iii) les objectifs globaux des compositeurs de la période ; (iv) les normes structurelles et esthétiques du genre musical considéré ; etc. Certes, on pourrait supposer que ces conditions sont déjà implicites quand on parle d'un *auditeur possédant le bagage culturel approprié*, mais il m'a semblé préférable d'éviter tout malentendu en rendant explicite ce réquisit d'adéquation. Dans ce qui suit, toutefois, j'aurai tendance à parler simplement de « passages aisément perceptibles comme une expression de telle ou telle émotion » ; il faudra alors y voir une version abrégée de « *aisément et adéquatement* perceptibles comme une expression de telle ou telle émotion ».

56. Je mets ici « musicale » *entre guillemets* pour bien indiquer qu'il ne faut pas considérer que la *persona* de la musique exprime son émotion par des moyens musicaux *au sens où on dirait qu'un individu jouant d'un instrument exprime ses émotions par des moyens musicaux*. Pour le dire autrement, je ne suggère pas qu'il faut imaginer la *persona* en train de jouer du piano, de la trompette, ou même de chanter. Il faut plutôt comprendre que la *persona* manifeste ses émotions par le biais du résultat musical, mais d'une manière indéterminée, en tout cas pas de la manière qu'on attendrait d'un instrumentiste compétent (voir mon article « Hope in *The Hebrides* », *Music, Art and Metaphysics*, p. 338-339, notes 5 et 6 ; voir aussi Ray K. Elliott (« Aesthetic Theory and the Experience of Art », p. 160) pour une présentation de cette idée de modes d'expression *sui generis*, et du rôle qu'ils jouent dans notre perception de l'expressivité musicale).

Il me faut aussi faire remarquer que recourir à des modes d'expression *sui generis* ne revient pas à invoquer l'expression d'émotions qui seraient elles-mêmes *sui generis* – celles que la musique est censée pouvoir exprimer en propre, du moins selon certaines théories de l'expressivité musicale. (Ces théories sont critiquées à juste titre par Davies dans *Musical Meaning and Expression*, p. 202-203.)

de E par un agent indéfini, la *persona*[57] de la musique. Cette analyse entretient des affinités évidentes avec certaines des propositions discutées précédemment, même si aucune ne coïncide intégralement avec elle[58]. J'espère, grâce à elle, être parvenu à présenter aussi explicitement que possible ce qui fait le noyau essentiel de l'expressivité musicale (le fait pour la musique de pouvoir être aisément perçue comme expression), qui avait été seulement approché par d'autres auteurs, tout en excluant ce qui ne lui est pas essentiel, ou ce qui porte sur d'autres aspects du phénomène de l'expressivité en art, comme par exemple les structures ou les conventions qui la rendent possible, ou les différents types de réactions qu'elle peut susciter,

57. Il faut comprendre cette « *persona* de la musique » comme la *persona* que nous entendons investir un passage de musique donné, le sujet de l'acte imaginaire d'expression que nous entendons avoir lieu à ce moment-là. L'écoute expressive d'une longue œuvre de musique, par opposition avec un passage plus réduit, peut donc impliquer une *série* de *personae*, plutôt qu'une seule (je dois cette clarification à John Fisher).

La question de savoir si un auditeur identifie, ou devrait identifier, les *personae* entendues dans les passages successifs d'une longue composition est une question difficile, que je n'essayerai pas de résoudre ici. Il est très probable que la réponse qu'on lui apporte varie en fonction du genre et du style de l'œuvre, des particularités de sa construction formelle, et de la manière dont l'expressivité locale de ses parties se rapporte à l'objectif expressif global qui semble se dessiner à l'horizon (pour quelques travaux suggestifs portant sur cette question, voir : Fred Maus, « Music as Drama », dans Jenefer Robinson (dir.), *Music and Meaning*, Ithaca, Cornell University Press, 1997, p. 105-130; Gregory Karl et Jenefer Robinson, « Shostakovitch's Tenth Symphony and the Musical Expression of Higher Emotions », *Journal of Aesthetics and Art Criticism*, vol. 53, n° 4, 1995, p. 401-415; cette notion d'une *persona* de la musique porteuse de l'expressivité que nous entendons dans la musique a d'abord été explorée en détail par Edward Cone dans *The Composer's Voice* (Los Angeles, University of California Press, 1974), même si Cone s'intéresse davantage à cette question en relation avec la musique à programme.

58. Je pense évidemment à celles d'Elliott, Scruton, Vermazen, Callen, Davies et Kivy. On peut aussi songer à ce qu'écrit Wollheim : « Lorsque nous dotons un objet naturel ou un artefact de significations expressives, nous avons tendance à le voir sous forme corporelle, c'est-à-dire à lui conférer un aspect particulier présentant une forte ressemblance avec une attitude corporelle toujours associée à un état intime » (Wollheim, *L'art et ses objets*, p. 41). Il est intéressant de remarquer que ce passage est aussi cité par Kivy, à l'appui de sa théorie de l'« animation » (Kivy, *Sound Sentiment*, p. 58-59).

au-delà de la réponse qui est de fait logiquement constitutive de l'expressivité musicale[59].

Ma théorie vise simplement à expliquer en quoi consiste l'expressivité *de la musique* plutôt que l'expressivité *de séquences sonores* en général, indépendamment de leur provenance. En d'autres termes, je présuppose donc ici que P est de la musique – une séquence de sons humainement produits en vue d'un certain objectif général. De toute façon, je dirais même qu'un son non musical ne peut pas être expressif au sens où l'est la musique, parce que même si on peut l'entendre-comme de multiples choses, il n'y a aucune

59. Dans un essai portant sur certains travaux récents de l'esthétique musicale (« Recent Books in the Philosophy of Music », *Philosophical Quaterly*, vol. 44, n° 1, 1994, p. 503-518), Roger Scruton indique, à propos de la version de ma théorie présentée dans *Music, Art and Metaphysics*, qu'il s'agit d'une tentative malavisée de parvenir à une définition de l'expressivité musicale. Mais les raisons qu'il invoque – à savoir les doutes raisonnables exprimés par des auteurs comme Sibley, Isenberg et Mothersill, à la suite de Kant, quant à la possibilité de définir véritablement des termes intrinsèquement *esthétiques* comme « unifié », « délicat », « harmonieux » – ne s'appliquent peut-être pas aussi clairement aux termes *métaesthétiques*, ou métacritiques, comme « exprimer », « représenter », « formalisme », « désintéressement », et ainsi de suite.

Dans le même essai, Scruton maintient également que si la notion de « entendre-dans » est adéquatement intégrée à l'analyse de l'expressivité musicale, alors le rôle de la *persona* (ou sujet imaginaire) en musique est tout simplement court-circuité. Mais même si les notions de « entendre-dans » ou « entendre-comme » sont cruciales, comme Scruton et moi-même le pensons, cela n'empêche pas que ce que nous entendons dans la musique expressive soit, qu'on le veuille ou non, l'expression d'émotions par un individu indéterminé, c'est-à-dire que cette attribution de l'expression à une *persona* constitue la manière la plus pertinente d'identifier le contenu de l'expérience d'« entendre-dans ». Dans ce qui ressemble à un cas d'amnésie partielle, Scruton semble d'ailleurs avoir oublié la description convaincante qu'il avait proposée de la manière dont pourrait être saisie l'expressivité d'un passage du mouvement lent du *Quatuor à cordes n° 15* de Franz Schubert : « Soudain, de cette mer d'anxiété murmurante jaillit un geste saisissant de terreur, porteur du plus noir désespoir, comme la main tendue d'un homme qui se noie [...]. C'est le geste d'un être doué d'intention » (« Analytic Philosophy and the Meaning of Music », *Journal of Aesthetics and Art Criticism*, vol. 46, 1987, p. 169-176, plus particulièrement p. 174). Il ne fait pas de doute que cette description atteste implicitement de la présence de *personae* au cœur de l'écoute imaginative que nous faisons quand nous percevons la dimension expressive de la musique.

pratique instituée ou intention d'arrière-plan nous indiquant qu'il *faille* l'entendre-comme ceci plutôt que comme cela, et encore moins qu'il faille l'entendre-comme une expression personnelle. Les passages de musique dans lesquels nous percevons une expressivité sont compris comme des séquences sonores qui invitent l'auditeur à les entendre-comme ceci ou comme cela; il en résulte que presque toutes les musiques sont, de fait, expressives, mais que ce n'est pas le cas de sons non musicaux – quand bien même nous serions disposés à y entendre une expression personnelle – parce que rien ne nous autorise à considérer de cette manière des sons qui n'ont pas été produits par des agents humains. Malgré les réserves que j'ai pu émettre concernant la seconde proposition de Wollheim, il y a donc bien une contrainte intentionnelle qui pèse sur l'expressivité, même si elle n'est pas aussi forte que celle que défend Wollheim. Elle peut être formulée comme suit: nous trouvons que P exprime E en partie parce qu'il s'agit du genre de chose (la musique) qui a été conçue ou produite pour être entendue ou interprétée comme quelque chose d'expressif, même si le fait que P ait été effectivement conçu pour exprimer l'émotion E en particulier n'est pas une condition pour qu'il puisse de fait exprimer E[60].

Le fait d'invoquer une classe d'auditeurs de référence pour donner un fondement aux attributions adéquates d'expressivité – c'est le rôle que joue explicitement l'expression « auditeur possédant le bagage culturel approprié » dans ma définition – soulève une objection bien naturelle. Peut-on définir cette classe de manière non circulaire, autrement que comme la classe des auditeurs qui perçoivent correctement le contenu expressif de l'œuvre considérée ? On aura fait un grand pas vers l'atténuation de cette difficulté, sinon sa dissolution totale, si l'on remarque que les auditeurs peuvent

60. En d'autres termes, une suite de sons doit d'abord être catégorisée puis entendue comme musique, et même comme une musique d'un certain genre, pour que le fait qu'on la perçoive aisément comme une expression *sui generis* de E puisse indiquer qu'elle est expressive de E (voir Wollheim, *L'art et ses objets*, p. 205, où il est admis que pour que la forme appropriée de voir-dans se produise au contact d'une représentation, il faut d'abord qu'elle soit vue *comme* une représentation).

très bien justifier leur appartenance à cette classe, c'est-à-dire leur statut de juges compétents, non pas parce qu'ils convergent avec d'autres dans leurs jugements d'expressivité sur l'œuvre considérée, mais parce qu'ils ont régulièrement convergé par le passé dans leurs jugements d'expressivité et aussi parce qu'ils manifestent certaines des autres compétences, capacités de discrimination ou dispositions à réagir de façon juste dont on sait bien, par expérience et par observation, qu'elles vont souvent de pair avec la faculté de produire des jugements expressifs fiables[61].

X

La définition proposée ci-dessus fait clairement appel à la notion d'*entendre-comme*, qu'il faut comprendre comme analogue à la notion wittgensteinienne de *voir-comme*. Toutefois, Wollheim, un des défenseurs les plus notables de la pertinence de cette notion de voir-comme en philosophie de l'art, recommande de remplacer, du moins en ce qui concerne l'analyse de la représentation picturale, le voir-comme par la notion connexe, mais distincte, de *voir-dans*[62]. Pour Wollheim, voir-comme et voir-dans sont des genres d'expériences visuelles distincts, possédant chacun une phénoménologie particulière; et c'est le voir-dans, plutôt que le voir-comme,

---

61. On peut soulever une autre difficulté au sujet de cette classe d'*auditeurs possédant le bagage culturel approprié*, du moins telle que je l'ai présentée jusqu'ici : à moins que nous n'excluions de cette classe d'auditeurs ceux qui, bien que compétents et parfaitement familiers avec la musique considérée, sont tellement contaminés par les théories formalistes qu'ils ne sont plus enclins à entendre la musique comme expression, voire qu'ils n'en sont plus capables, nous ne pourrons pas obtenir la convergence qui serait nécessaire pour soutenir une quelconque affirmation quant au contenu expressif de la musique (cette difficulté à été portée à mon attention par John Fischer). C'est bien possible; mais dans ce cas, je pense qu'il est tout à fait raisonnable de les exclure : les auditeurs qui ne s'autorisent *d'aucune façon* à entendre la musique comme expressive n'ont aucune légitimité à faire partie de la classe des auditeurs dont les réactions servent à justifier les affirmations objectives relatives à ce qu'exprime *spécifiquement* un morceau de musique.

62. Voir Wollheim, *L'art et ses objets*, essai additionnel n° 5 (« Voir-comme, voir-dans, et représentation picturale ») ainsi que *Painting as an Art*, chapitre 2.

qui joue un rôle central quand on considère quelque chose comme une représentation, et donc dans ce que c'est que d'être une représentation. Wollheim avance trois arguments pour étayer cette affirmation.

D'abord, alors que des particuliers et des états de choses peuvent être *vus-dans* une chose (par exemple un tableau), on ne peut *voir* cette chose (le tableau) que *comme* un particulier, et non comme un état de choses. Ensuite, pour la plupart des choses qu'un tableau représente habituellement (par exemple une femme, un arbre, une maison), il n'est pas vrai de dire que nous voyons *tout* le tableau – cette mosaïque rectangulaire de couleurs – *comme* cette chose ; tout au plus voyons-nous une *partie* du tableau *comme* la chose en question. En revanche, nous pouvons bien voir toutes ces choses *dans* un tableau, considéré comme un tout. Enfin, lorsque nous voyons-dans, nous sommes simultanément conscients du médium de la représentation *et* de l'objet représenté, ce qui n'est pas le cas lorsque nous voyons un objet comme un autre objet. Lorsque nous voyons une chose dans une autre, la première n'est pas engloutie par la seconde : nous prêtons attention à la surface peinte aussi bien qu'à ce qui est représenté par le biais de celle-ci[63].

Toutefois, ces arguments ont selon moi peu de poids lorsqu'on passe de la représentation picturale à l'expressivité musicale, quelle que soit par ailleurs leur force pour étayer la différence entre les deux types d'expériences visuelles qui intéressent Wollheim. En ce qui concerne le premier point, dans le cas musical, la chose *dans* laquelle nous entendons un état de choses est déjà un processus ou en tout cas quelque chose qui a lieu dans le temps : une succession sonore, un flux musical. Il n'y a donc pas de difficulté à l'entendre *comme* un état de choses en évolution ou un *événement*. Par exemple, il n'y a pas de difficulté à entendre un passage particulier de la fin de *La Poule* de Jean-Philippe Rameau – marqué par une progression harmonique très chromatique – comme le trépas ou l'exécution d'une poule de basse-cour. Pour ce qui est du deuxième

63. Voir Wollheim, *L'art et ses objets*, p. 193-197.

point, quand nous trouvons qu'un passage exprime une émotion, nous considérons typiquement que c'est *tout* le passage, plutôt que certains de ses éléments ou moments isolés, qui exprime cette émotion, tous les composants musicaux du passage en question contribuant d'une manière ou d'une autre à l'effet global ; il n'y a donc rien qui nous empêche de dire que nous entendons le passage dans son entièreté *comme* l'expression d'une émotion. Le deuxième argument de Wollheim ne peut donc pas être retenu, parce que nous entendons typiquement un passage dans sa totalité comme exprimant telle ou telle émotion, même quand certains éléments spécifiques qu'il contient – par exemple certains motifs, ou lignes mélodiques, ou harmonies – semblent être les supports principaux de son expressivité.

Venons-en au troisième point, le plus important : il semble que, lorsque nous entendons un passage comme l'expression d'une émotion, nous demeurons conscients d'avoir affaire à une suite de sons, dont nous savons pertinemment qu'elle n'est pas littéralement l'expression *hic et nunc*, par des moyens *sui generis* ou autres, de l'émotion d'un agent concret. En d'autres termes, lorsqu'on écoute la musique de cette manière, on l'écoute *comme si elle était* l'expression *hic et nunc* d'une émotion, ce qui implique qu'on l'écoute simultanément et consciemment comme un acte d'expression fictif *et* comme quelque chose de tout autre, à savoir une séquence de sons intentionnellement composés. Je ne vois pas pourquoi cela devrait impliquer une instabilité dans l'attention de l'auditeur, contraint de prêter attention tantôt à la *gestalt* expressive émergente, tantôt aux caractéristiques musicales qui génèrent celle-ci, mais pas aux deux à la fois. Si l'on entend un passage comme une expression *sui generis* de tristesse, cela ne nous empêche en rien d'être simultanément conscients des timbres, intervalles et rythmes qui sous-tendent cette perception ; il n'est nullement nécessaire de passer successivement de l'un à l'autre. Peut-être que ce qui nous faisait tenir pour impossible d'être simultanément attentif au tableau et à ce que nous voyons à travers ce tableau, quand nous considérons un tableau comme autre chose que ce qu'il est, ne vaut tout simplement pas dans le cas de la musique où il est question d'entendre un passage, c'est-à-dire un processus musical, comme un acte d'expression, c'est-à-dire comme un processus comportemental et psychologique. Lorsque nous entendons une progression musicale comme l'expression d'une émotion, il n'y a donc peut-être pas de difficulté particulière à saisir simultanément l'un et l'autre, au-delà de la difficulté générale qu'il y a à distribuer également son attention sur deux objets à la fois.

Le problème fondamental soulevé par une conception du « voir-comme » (et, par extension, de tout « percevoir-comme ») comme expérience duale, c'est-à-dire comme expérience consciente simultanée du médium et du contenu, semble être le suivant : « il n'est pas possible, lorsque l'on voit *x* comme *f*, alors que *x* n'est pas *f*, d'être visuellement conscient des propriétés de *x* qui devraient changer si *x* était effectivement *f*, ou devait le devenir »[64]. Pour défendre ce point, Wollheim maintient que, quand *x* n'est pas *f*, nous ne pouvons voir *x comme f* que lorsque *x pourrait* être (un) *f*, ou pourrait *devenir* (un) *f* : « Nous ne pouvons pas voir une chose comme quelque chose qu'elle n'aurait jamais pu être »[65]. Mais on ne voit pas très bien à quoi revient exactement cette contrainte – quel est le type de possibilité qu'elle implique – et il n'est pas du tout évident qu'elle soit réellement valide, pour peu qu'on parvienne à s'en faire une idée raisonnablement claire.

Certes Wollheim reconnaît que dans certains cas de voir-comme contrefactuel (ceux où je vois *x* comme un *f* tout en *sachant* qu'il n'est pas un *f* et peut-être même qu'il ne *ressemble pas* à un *f*) « voir-comme » devient approximativement équivalent à « voir-comme-s'il-s'agissait-de »[66]. Ainsi, en admettant que l'« entendre-comme » impliqué dans l'écoute expressive de la musique s'apparente à un « entendre-comme-s'il-s'agissait-de », la contrainte de possibilité énoncée ci-dessus, même si elle reste valide pour les cas les plus classiques de percevoir-comme, perd singulièrement de sa force.

64. *Ibid.*, p. 202, traduction modifiée.
65. *Ibid.*, p. 201, traduction modifiée.
66. *Ibid.*

En effet, on peut sans doute percevoir *x* comme s'il s'agissait d'un *f*, même si *f* n'est pas quelque chose que *x* aurait pu être ; il n'est alors plus question de se concentrer à la fois sur les caractéristiques que *x* devrait perdre pour être un *f* et celles qu'il *devrait* acquérir pour le devenir – ce qui aurait été fatal pour une conception duale du percevoir-comme. Ainsi, si les cas d'entendre-comme pouvaient se ramener, de manière générale, à des cas d'entendre-comme-s'il-s'agissait-de, alors nos analyses de l'écoute de passages de musique comme expression d'émotions éviteraient le problème fondamental que rencontre le percevoir-comme lorsqu'il est assimilé à une expérience duale, à savoir le fait de ne pouvoir être simultanément conscient du contenu et du médium. Or l'entendre-comme impliqué dans notre perception des émotions exprimées par la musique n'est autre qu'un entendre-comme-s'il-s'agissait-de[67]. Il est clair, dans ce cas-là, que nous ne croyons pas que les passages de musique expressifs sont vraiment en train d'exprimer une émotion *sui generis*, pas plus qu'ils ne sonnent réellement comme l'expression d'une émotion : comme nous ne pouvons pas avoir d'expérience préalable ou indépendante de ces émotions en raison de leur caractère *sui generis*, il ne nous est guère possible de savoir si les passages musicaux en question sonnent, ou non, comme de telles émotions[68].

Je reste ainsi convaincu qu'il n'y a pas de différence notable entre entendre-comme et entendre-dans, du moins en ce qui concerne l'appréhension de l'expression en musique, et je ne ressens donc pas le besoin de me cantonner à l'une de ces locutions plutôt qu'à

67. Voir Elliott, « Aesthetic Theory and the Experience of Art », p. 159 : « Pour percevoir de la musique comme *exprimant* une émotion, nous devons percevoir les sons [musicaux] *comme s'ils* étaient une expression ».

68. Entendre un passage comme s'il était une (forme *sui generis* d') expression d'émotions n'est pas très loin de simplement *imaginer* que le passage entendu exprime une émotion. La seule différence, c'est que dans une expérience d'entendre-comme – et même dans les formes extrêmes de l'entendre-comme qui nous intéressent ici – le concept de *y* (où *x* est entendu comme *y*, ou bien est entendu comme s'il s'agissait de *y*) « imprègne » l'écoute de *x* et « se mêle » avec elle, plutôt que d'être simplement présent à la conscience de l'auditeur pendant son écoute de *x* (voir Wollheim, *L'art et ses objets*, p. 200).

l'autre : dans la mesure où dans certains contextes, l'emploi de l'une est plus heureux d'un point de vue grammatical que l'emploi de l'autre, je continuerai à employer les deux[69].

XI

Il est maintenant temps de revenir aux émotions que la musique *suscite* en nous, et de trouver une place satisfaisante à ce phénomène dans le cadre de la théorie pour laquelle je milite, qui assimile l'expressivité au fait de pouvoir-être-entendu-comme-une-expression-personnelle[70]. Ce n'est pas parce que l'on refuse une théorie de l'expressivité comme évocation ou éveil d'émotions qu'il faut nier que la musique produise bien, chez les auditeurs attentifs, des sensations, sentiments et autres réactions psychiques de faible ampleur, et souvent sans qu'il n'y ait véritablement de médiation cognitive consciente. On observe ce genre de réactions – que l'on peut appeler « réponses infraémotionnelles » ou « microsensations » – lorsque nous avons des frissons, la chair de poule, ou la gorge serrée, des pincements au cœur, des frémissements ou des tressail-

69. Je me permets de faire une dernière remarque sur cette opposition entre entendre-dans et entendre-comme dans le contexte de l'expression des émotions : si j'entends *x* dans *y*, alors *x* doit être, au moins en partie, un phénomène audible, quelque chose que l'on peut entendre. Mais ce n'est pas le cas pour la plupart des expressions émotionnelles humaines, qui sont plutôt exclusivement visuelles. D'un autre côté, on peut très bien entendre *y* comme s'il s'agissait de *x*, où *x* n'est pas, en tant que tel, audible. Quand *y* exprime une émotion E, donc, nous pouvons ou bien dire que l'auditeur entend *y* comme s'il s'agissait de *x*, un mode d'expression *sui generis* de E, ou bien que l'auditeur entend *x*, un mode d'expression *sui generis et audible* de E, *dans y*.

70. Sur ce point, je dois beaucoup à Jenefer Robinson, dont le texte « The Expression and Arousal of Emotion in Music » a été le premier à attirer mon attention sur le rôle des réponses émotionnelles sans médiation cognitive dans la détermination de l'expressivité musicale. Dans la même optique, Monique Roelofs, dans « The Musical Evocation of Emotion » (manuscrit non-publié), a exploré de manière éclairante la grande diversité des réponses de faible ampleur que l'on peut avoir lors d'une expérience musicale, et dont la plupart ont pour objet les caractéristiques musicales elles-mêmes. Voir aussi Stanley Speck, « "Arousal Theory" Reconsidered », *British Journal of Aesthetics*, vol. 28, n° 1, 1988, p. 40-47.

lements, des mouvements de tension et de détente, de contraction et de décontraction, le cœur qui s'emballe puis ralentit, lorsque nous avons des attentes, satisfaites ou frustrées, des sentiments de surprise, de clôture ou d'incertitude, ou que notre attention s'avive et s'émousse. L'augmentation du tempo, ou l'introduction d'une subdivision rythmique peuvent produire une accélération du rythme cardiaque ; une ligne mélodique constamment ascendante peut produire une certaine anxiété ; la douceur d'un accord ou d'une harmonisation peut provoquer un soupçon de plaisir ; la résolution longuement délayée d'une phrase en suspens peut nous faire fondre ; une dissonance grinçante peut entraîner une légère douleur ; une modulation inattendue nous rend perplexes ; une phrase bien tournée nous donne envie de l'entendre encore et encore, telle quelle ou variée. L'éventail de ce type de réactions possibles à la musique, réactions qui n'épuisent jamais l'intégralité du profil expérientiel d'une émotion donnée et qui, la plupart du temps, ne nécessitent pas une conceptualisation de la musique entendue ou de son sens, est en effet très large ; il va en tout cas bien au-delà de la réaction de surprise que les psychologues aiment tant étudier, ou de la terreur que peut produire « une note de trompette jouée à l'oreille d'un bébé »[71], pour reprendre l'un des exemples que prend Kivy lorsqu'il concède à la musique une capacité à susciter certains affects.

Mais même si ces réactions ne constituent pas la totalité de la composante expérientielle de nos émotions habituelles, elles entretiennent néanmoins, bien évidemment, des relations d'affinité ou de partie à tout avec les états mentaux plus riches que sont les émotions ainsi qu'avec d'autres états intentionnels plus complexes ; elles font partie des ingrédients constituant ces émotions et états intentionnels – ou elles y font penser – même si elles ne suffisent pas à indiquer, à elles seules, de quels états précis il s'agit. Admettre l'existence de toutes ces réponses infraémotionnelles que la musique provoque communément, à un niveau qui se situe bien en deçà, et indépendamment, de ce qui se passe lorsque l'on comprend la

71. Kivy, *Sound Sentiment*, p. 34.

musique comme exprimant telle ou telle émotion – c'est-à-dire, lorsqu'on l'entend comme l'expression personnelle de telle ou telle émotion – c'est déjà reconnaître que la théorie de l'éveil n'est pas dénuée de tout fondement. Mais cela nous permet également de voir qu'il y a, en dehors de la ressemblance entre la musique et l'expression habituelle d'une émotion, d'autres facteurs dans la situation d'écoute globale qui nous invitent à entendre un passage de musique comme l'expression d'une émotion déterminée.

Le fait qu'un passage ait la capacité de provoquer ce genre de microréponse évite également à la théorie de l'expressivité-comme-expression-personnelle de laisser de côté quelque chose d'important, à savoir la pertinence des aspects dynamiques et phénoménologiques *internes* d'une émotion, au-delà de ses aspects extérieurs, observables dans le seul comportement, pour expliquer la capacité d'un passage donné à exprimer telle émotion. Il nous suffit de supposer que ces aspects internes de l'émotion sont suggérés par l'ensemble des microréponses suscitées par un passage, via une relation de ressemblance partielle, pour comprendre comment elles peuvent disposer encore davantage l'auditeur à entendre le passage en question comme s'il était l'expression, par quelqu'un, de cette émotion.

Reste toutefois la question, souvent soulevée dans les essais consacrés à cette question de l'expression musicale, de savoir ce qui est premier : ce que la musique vous fait ressentir, ou ce que la musique vous semble exprimer ? La réponse est probablement : ni l'un ni l'autre. On observe plutôt un constant mouvement de balancier entre ces deux aspects, qui finit par conduire à un état d'équilibre cognitif. Il est clair que, fréquemment, la musique nous fait nous sentir d'une certaine manière *e* et que, par conséquent, nous finissons par penser que la musique sonne comme E, c'est-à-dire comme quelqu'un exprimant E, où *e* est lié à E par une relation de ressemblance, d'association ou d'identité partielle. D'un autre côté, il est tout aussi fréquent que la musique s'impose à nous comme exprimant E et qu'en conséquence une sensation liée à E, à savoir *e*, se développe chez l'auditeur.

En fait, ce serait céder à la facilité que de simplifier à l'extrême les mécanismes par lesquels un auditeur répond à un passage de musique expressif : d'une part, parce que certaines possibilités se trouveraient alors négligées et, d'autre part, parce que d'autres mécanismes peuvent être à l'œuvre dans différents cas, ou selon le mode d'écoute adopté. Il semble y avoir au moins trois voies principales par lesquelles un passage de musique expressif peut produire un affect chez l'auditeur. Dans le premier cas, l'auditeur reconnaît et identifie consciemment le caractère E d'un passage et réagit ensuite à cela, que ce soit par empathie, sympathie ou antipathie. Dans le deuxième cas, l'auditeur saisit inconsciemment le caractère E d'un passage, par exemple en imitant mentalement les gestes dont ce passage est porteur, sans que cela ne débouche toutefois sur une reconnaissance intellectualisée de l'émotion ainsi simulée. Et dans le troisième cas, l'auditeur se contente de suivre, avec les attentes particulières qui sont les siennes, la progression musicale du passage, ce qui produit diverses réactions de petite échelle parmi celles évoquées précédemment ; ces microsensations viennent en retour informer, consciemment ou non, l'appréhension que peut avoir l'auditeur de l'expressivité du passage en question, achevant ainsi de déterminer l'émotion exprimée par le passage entendu.

Les réponses émotionnelles à la musique ne sont donc pas toujours le produit de l'identification volontaire d'une émotion bien définie qui serait exprimée par la *persona* de la musique. Tout aussi fréquemment, ce sont ces réponses émotionnelles particulières (celles que je qualifie d'infraémotionnelles) qui sont premières et qui vont nourrir l'identification de la musique à une *persona* et influencer non seulement la manière dont nous nous représentons les émotions de cette *persona*, mais également le contenu de cette représentation. D'autre part, même quand c'est principalement par l'identification à la musique que nos affects sont éveillés, il ne faut pas non plus croire que cette identification soit toujours totale, et que nous partagions intégralement l'émotion exprimée par la *persona* de la musique, telle qu'elle est comprise ou représentée. C'est parfois le cas, bien sûr; mais parfois, il s'agit juste de s'approprier les gestes perçus dans la musique, ou de redoubler mentalement le flux musical dans l'écoute attentive (par exemple en se chantant la musique dans la tête en même temps qu'on l'écoute), ce qui n'implique aucunement une représentation consciente de la *persona* de la musique comme ressentant ou exprimant une certaine émotion[72].

Il faut aussi noter que la théorie proposée dans la section IX n'implique pas qu'un passage exprimant l'émotion E doive être entendu comme s'il était strictement l'expression de cette émotion *par un comportement humain*. Une telle proposition rendrait inutilement problématique le rôle des éléments conventionnels et des microréponses émotionnelles dans la génération de l'expressivité musicale. Il serait ainsi difficile de comprendre comment le timbre du trombone peut nous inviter à entendre spontanément un passage comme l'expression d'un comportement humain solennel, qui s'accompagne typiquement d'un port altier, d'un visage fermé et d'une démarche lente et silencieuse. En revanche, il est facile d'imaginer comment un tel timbre peut nous disposer, par les sensations auditives qu'il produit et par les associations culturelles dont il est porteur, à entendre un passage comme exprimant la

72. Voici un autre scénario possible, qui complète ceux déjà esquissés ci-dessus : parfois, lorsque nous entendons un passage P exprimant E, il arrive que la dynamique globale de P, son mouvement, ou ses caractéristiques sensibles, nous placent dans un état général S (par exemple un état de calme, d'excitation ou d'allégresse); c'est seulement ensuite, en percevant, en absorbant et en répondant émotionnellement à l'expressivité de P – telle qu'elle est manifestée par les caractéristiques musicales plus locales de P – que E en vient à occuper notre imagination, où E s'accorde dans ses grandes lignes avec S, voire en est un cas particulier.

On peut illustrer cela avec le début du *Trio pour piano et cordes n° 3 en ut mineur* de Johannes Brahms : la dynamique *forte*, les harmonies mineures et les timbres âpres peuvent d'abord placer immédiatement l'auditeur dans un état de tension ou d'inconfort, indépendamment de toute représentation du contenu gestuel de la musique; ce n'est qu'ensuite, après avoir absorbé le mouvement et la progression spécifiques de ce passage, que l'auditeur entendra les gestes défiants et glacés qu'il contient, pour ensuite en venir, par identification au contenu gestuel de la musique, à s'imaginer comme défiant et glacé, avant, peut-être, de finalement ressentir lui-même les affects caractéristiques de la défiance.

solennité d'une façon unique en son genre, irréductible à l'apparence d'un comportement humain. Ma théorie préserve toutefois cette connexion centrale avec le caractère *humain* de l'expression qui était précisément exigée par le premier des réquisits présentés au début de ce texte : la musique est expressive quand nous l'entendons faire *quelque chose de semblable à* ce que font les humains quand ils manifestent leurs émotions, mais avec des moyens qui lui sont propres, des moyens analogues aux gestes humains, aux usages expressifs de la voix ou aux mouvements expressifs sous toutes leurs formes (y compris la danse), mais qui ne s'y réduisent pas. Quand la musique est expressive, elle nous invite à se la représenter comme si elle était ou abritait un individu extériorisant sa vie intérieure par des moyens nouveaux, d'une puissance sans égal[73].

XII

On peut également parvenir à la position que je défends par un autre chemin : la conception la plus évidente de l'expressivité musicale qui vienne à l'esprit, avant que d'éventuels doutes et amendements ne pointent le bout de leur nez, c'est probablement qu'un passage de musique exprime E, au fond, s'il *sonne comme* E aux oreilles d'un auditeur normalement constitué et suffisamment familier de la musique entendue. On peut se souvenir de la célèbre formule de Carroll Pratt[74] : « La musique sonne comme une émotion qui s'éprouve ». Bien sûr, cette idée n'est pas recevable en l'état, parce que nous ne pouvons pas nous représenter de manière intelligible ce que cela pourrait vouloir dire, pour une émotion,

73. Voici une autre idée qui, bien qu'elle ne soit sans doute pas toujours applicable, capture bien ce que j'ai en tête quand je parle d'un mode d'expression unique en son genre : souvent, entendre un passage de musique comme exprimant E, c'est l'entendre comme quelqu'un qui vous *parlerait* dans une langue nouvelle – une langue que vous semblez comprendre à un niveau émotionnel, même si elle vous est absolument inconnue – et qui exprimerait ainsi ce qu'il ressent.

74. Ndt. Carroll Pratt était un psychologue et musicologue américain (1894-1979), connu entre autres pour son ouvrage *The Meaning of Music : A Study in Psychological Aesthetics* (New York, McGraw-Hill, 1970), dont est tiré cette citation.

prise en elle-même, de *sonner* comme quoi que ce soit. Pour affiner cette idée, on pourrait alors proposer qu'il faille considérer qu'un passage de musique est expressif quand il sonne comme *l'expérience que quelqu'un peut faire de E.* C'est déjà un progrès, parce que nous disposons maintenant de quelque chose de particulier et personnel qui peut être mis en rapport avec la sonorité du passage. Mais cela ne suffit toujours pas, parce qu'il est presque aussi inintelligible de dire, pour une expérience émotionnelle individuelle, qu'elle sonne comme quelque chose que pour une émotion considérée abstraitement.

La précision supplémentaire qu'il faut donc à présent apporter ne surprendra personne : il faut dire que le passage doit nous sembler sonner comme *quelqu'un exprimant E*, c'est-à-dire comme quelqu'un qui manifeste extérieurement le fait qu'il éprouve E. L'idée que la musique puisse sonner comme la manifestation extérieure d'une émotion est parfaitement intelligible ; et c'est d'ailleurs littéralement ce qui se passe dans l'expression comportementale de certaines émotions, que cette expression soit vocale ou non. En outre, il est à la fois naturel et tout à fait intelligible de considérer que la musique elle-même puisse « sonner comme », ou comme si elle était, un mode d'expression alternatif, spécifiquement musical, des émotions, qui s'étend bien au-delà de leur simple expression comportementale. Ainsi, si l'on voulait adapter la formule de Pratt à la lumière de ces réflexions, cela donnerait probablement quelque chose comme cela : « La musique sonne comme une personne qui éprouve et exprime une émotion ».

XIII

Je me propose maintenant d'examiner quelques-unes des objections qui ont pu être formulées à l'encontre de ma conception de l'expressivité musicale.

1) J'ai avancé l'idée qu'entendre une musique comme expressive de E c'est, en réalité, l'entendre *comme une expression* de E, ou

comme si elle était une expression de E[75]. Cette position est donc très proche de la conception discutée ci-dessus selon laquelle la musique peut sonner comme une expression ou une manifestation de E. Mais faut-il qu'un passage de musique ressemble au répertoire comportemental restreint des expressions corporelles de E pour qu'il sonne comme une manifestation de E ou, plus important encore, pour qu'on puisse distinctement l'entendre comme une manifestation de E ? Si tel était le cas, cela constituerait une objection à ma position, tant il semble évident qu'une large part de la musique expressive ne ressemble en aucune manière à l'expression corporelle d'une émotion. Mais il se trouve qu'il n'y a aucune espèce de nécessité logique ou empirique à cela. Un passage de musique peut causer chez l'auditeur, sans que cela passe par une médiation conceptuelle, une certaine réponse infraémotionnelle typique de E ; ou bien il peut posséder des caractéristiques qui sont conventionnellement associées à E ; ou il peut encore ressembler à des phénomènes naturels qui sont déjà expressifs de E[76] ; tout cela peut très bien nourrir l'impression globale que nous fait la musique d'être une manifestation ou une extériorisation de E, et compenser, le cas échéant, le fait que le passage en question ne possède pas de ressemblance notable avec les expressions comportementales de E.

---

75. Stephen Davies a fait remarquer qu'il y avait une différence entre percevoir-X-comme-F et percevoir-X-comme-s'il-était-F : le second cas, mais pas le premier, implique que l'on suspende volontairement la croyance que X *n'est pas* F (voir « The Expression of Emotion in Music », p. 73). Je ne suis pas du tout certain que l'auditeur qui entend une musique comme expressive doive volontairement oublier que la musique qu'il entend comme expressive n'est pas réellement le produit d'un acte d'expression personnelle. Il me semble donc utile de pouvoir utiliser alternativement ces deux locutions et de choisir l'une ou l'autre en fonction du contexte, au-delà de la différence pointée par Davies.

76. Parfois, la ressemblance directe sur laquelle se fonde l'expressivité musicale concerne moins des comportements humains expressifs que des phénomènes naturels que l'on a déjà associés à l'expression d'une émotion ou qui possèdent une expressivité particulière bien établie ; par exemple, un passage de musique peut très bien ressembler au soleil qui commence à poindre, dispersant brumes et brouillards, et donc avoir tendance, par le phénomène naturel qu'il suggère, à exprimer telle ou telle émotion.

2) Certains contestent la théorie qui explique l'expressivité musicale par le fait de pouvoir-être-entendu-comme-expression-personnelle au motif qu'elle serait incapable de faire justice à la dimension purement conventionnelle de l'expressivité musicale, dimension qui reste indépendante de toute relation de ressemblance, ce qu'illustrent la qualité pastorale du timbre de hautbois ou l'élégance du rythme de menuet. Mais cette réserve ne repose sur rien de solide : la théorie en question n'est en aucun cas obligée de faire de l'isomorphisme entre les formes musicales et les expressions comportementales humaines typiques la seule cause ou le seul fondement de l'expressivité d'un passage, c'est-à-dire de sa capacité à disposer les auditeurs à l'entendre-comme-l'expression-d'une certaine émotion – ni même de considérer qu'il s'agit là nécessairement du fondement le plus important. La théorie ne porte en effet pas tant sur la mécanique de l'expressivité musicale que sur les *attributions* d'expressivité, ce qu'elles signifient et ce en quoi elles consistent fondamentalement.

3) Je n'en dirai pas plus en ce qui concerne les objections reprochant à ma théorie de trop s'appuyer sur la ressemblance entre musique et comportement humain. Il est toutefois intéressant de remarquer qu'une objection liée, mais logiquement indépendante de celles-ci, a également été formulée : ma théorie ne fonctionnerait pas précisément parce qu'elle mobilise une relation de ressemblance, aussi minime soit le rôle qu'elle joue. L'idée est ici que les séquences sonores ou les progressions musicales ne ressemblent tout simplement *pas* aux comportements humains, qu'ils soient corporels ou vocaux.

Ma réponse est la suivante : d'abord, l'accusation de dissemblance est exagérée et sous-estime le fait que ces relations de ressemblance sont en réalité créées par (ou, pour utiliser une formulation moins extravagante, se ramènent à) certaines dispositions, spontanément suscitées par les objets naturels et les œuvres d'art, à connecter perceptuellement des choses différentes. Ensuite, cette objection sous-estime en particulier le rôle des gestes et, comme Scruton l'a utilement souligné[77], la manière dont ceux-ci fonctionnent comme une sorte de lien ou de médiation entre les configurations et mouvements musicaux d'un côté, et les configurations et mouvements des êtres humains de l'autre.

4) On pourrait ensuite faire l'objection suivante : le fait d'imaginer un agent qui exprimerait, à travers les vicissitudes de la musique, une émotion E – ce qu'on pourrait identifier au fait d'entendre un passage de musique comme une expression de E – ne peut pas être une condition nécessaire pour reconnaître que le passage de musique en question exprime bien E ; et s'il en est ainsi, c'est tout simplement parce que l'auditeur n'a *pas besoin* d'imaginer quoi que ce soit de ce genre. Deux réponses me semblent ici appropriées : d'abord, il n'est peut-être en effet pas nécessaire que l'auditeur imagine quelque chose de ce genre, du moment qu'il *voit* à quel type d'acte d'imagination la musique l'invite ; ensuite, la forme spécifique d'imagination que ma théorie associe à l'écoute de la musique expressive, en disant qu'elle est entendue comme l'expression d'un agent, n'a pas forcément besoin d'être *au premier plan*, pas plus qu'elle n'a besoin de mettre en scène un agent dont la nature et l'identité seraient parfaitement déterminées ou de représenter précisément les mécanismes par lesquels cet agent manifesterait extérieurement une émotion par la musique.

5) J'ai moi-même objecté précédemment à certaines théories de l'expression musicale qu'elles conduisaient à faire de l'appréhension de l'expressivité dans la musique un processus plus réflexif ou intellectuel qu'il ne semble l'être en réalité, se heurtant par là à mon quatrième réquisit. On pourrait croire que ma position prête également le flanc à cette objection, dans la mesure où, selon moi, un auditeur qui trouve un passage expressif semblerait devoir non seulement *percevoir* ou *entendre* la musique comme si elle était l'expression d'une émotion, mais également *inférer* ou *juger* que ce passage est facilement et adéquatement entendu comme tel par les

77. Scruton, « Understanding Music ».

autres auditeurs. Toutefois, et en y regardant de plus près, la théorie que je propose peut échapper à cette critique.

Selon moi, la perception ou l'appréhension *de* l'expressivité musicale est effectivement, et habituellement, quelque chose d'immédiat et de non inférentiel. En d'autres termes, un auditeur compétent qui entend un passage de musique expressif de la manière appropriée, en y entendant des émotions, en écoutant ce passage comme s'il s'agissait d'un acte d'expression émotionnelle, acquiert normalement ainsi, sans plus de réflexion, la croyance ou la conviction que le passage en question peut être aisément et adéquatement entendu de cette manière par d'autres auditeurs compétents. En revanche, *le fait de savoir que* la musique entendue est bel et bien expressive de tel ou tel état émotionnel – ce que je distinguerai bien de la simple perception ou appréhension par l'auditeur de l'expressivité en question – pourrait en effet nécessiter une confirmation par des témoignages faisant état de réactions convergentes de la part d'autres auditeurs compétents, ou par la consultation de critiques reconnus, qui peuvent avoir consigné par écrit leurs expériences d'*entendre-comme* (à moins que notre auditeur ne se soit déjà assuré de la fiabilité de ses propres expériences musicales, en constatant l'accord invariable existant entre ses jugements concernant le contenu émotionnel de la musique et ceux d'autres auditeurs compétents, qu'ils soient critiques reconnus ou non). Si l'on garde cette distinction à l'esprit, il n'y a alors pas de contradiction entre affirmer que l'expressivité musicale, telle que je la comprends, peut être *appréhendée* directement par les auditeurs possédant le bagage culturel approprié et reconnaître qu'appréhender un contenu émotionnel n'est pas encore *savoir* que ce qui nous semble être exprimé par la musique est vraiment ce qui y est exprimé.

6) On pourrait également objecter à ma position qu'elle menace de réduire l'expressivité musicale à une forme de représentation musicale, même s'il s'agit d'une représentation d'un genre très particulier. Quelle est alors la différence, pourrait-on demander,

entre le fait d'entendre un passage comme le jeu des vagues sur l'océan, ou une bataille, et le fait d'entendre un passage comme l'expression *sui generis* d'une émotion par une personne ? En d'autres termes, peut-on éviter de rabattre l'expressivité musicale sur la représentation musicale comme semble le faire mon modèle du « pouvoir-être-entendu-comme-s'il-s'agissait-d'un-acte-d'expression »[78] ?

Cette question peut recevoir une réponse positive, selon moi, même si sa justification ne nous empêche pas de reconnaître que l'expression et la représentation artistiques sont bel et bien de plus proches parents que ce que l'on pense habituellement. Selon ma théorie, un passage de musique exprime E non pas en représentant E, mais en fournissant tout ce qui est *musicalement requis* (ou presque) pour la représentation d'*expressions* fictives de E, sans pour autant représenter effectivement ces expressions. S'il n'y a pas de représentation à proprement parler, c'est parce que les conditions intentionnelles nécessaires à la représentation ne sont pas satisfaites. En effet, les compositeurs n'ont généralement pas l'intention explicite que les auditeurs perçoivent de tels actes d'expression dans leur musique. De plus, parce que l'*entendre-comme* impliqué ici est typiquement de l'ordre de l'*entendre-comme-si*, l'expérience fondamentale que nous faisons lorsque nous entendons de la musique comme expressive est d'une *nature* quasi différente de celle que nous faisons lorsque nous entendons un objet ou un événement sonore *dans* la musique, comme l'attestent les exemples typiques de représentation musicale[79]. Il s'agit en effet d'un *entendre-comme* d'un genre plus

---

78. Donald Callen (voir les articles cités dans la note 7) ne parvient peut-être pas à éviter cette réduction, mais, contrairement à moi, cela ne semble pas le gêner le moins du monde.

79. Par exemple, les passages bien connus de *Pacific 231* d'Arthur Honegger (une locomotive qui prend de la vitesse), de l'Ouverture du *Songe d'une nuit d'été* de Mendelssohn (le braiement des ânes) ou de la « Scène au bord du ruisseau » de la *Symphonie « Pastorale »* de Beethoven (le chant des oiseaux). Pour une typologie et une discussion de ces cas, voir Peter Kivy, *Sound and Semblance*, Ithaca, Cornell University Press, 1984.

faible, un entendre guidé par la pensée que telle ou telle émotion est exprimée.

7) On a pu objecter, enfin, que ma conception de l'expressivité musicale implique que les auditeurs qui saisissent le caractère expressif d'une musique doivent imaginer des expressions spécifiquement corporelles, et donc des corps, ce qui n'est guère vraisemblable. Les partisans de cette objection pensent que ma position implique qu'un auditeur doit effectivement imaginer la manière singulière qu'aurait une personne, dans un état E, de produire des sons avec son corps pour exprimer qu'elle se trouve dans cet état E[80].

Mais il n'y a aucune raison, selon la position que je défends, d'accabler l'auditeur d'un tel fardeau mental, en exigeant de lui un acte d'imagination à la fois très concret et très étrange. Au contraire, l'acte d'imagination qui est en jeu lorsque l'on entend un passage de musique comme la manifestation d'une émotion par un individu n'en précise pas le mécanisme exact, mais postule seulement l'existence d'une analogie entre cette expression et les modes d'expression corporels. L'imagination n'est donc ni réduite à broder autour du répertoire limité des émotions ayant une expression corporelle bien définie, ni contrainte de se représenter concrètement une forme d'expression corporelle inédite.

Mais cette dernière objection peut être présentée sous une forme plus embarrassante. Ma théorie semble en effet exiger

> que les auditeurs entendent la musique comme s'il s'agissait d'un mode naturel d'expression émotionnelle […], qu'ils l'entendent « de la manière dont une personne en proie à une émotion exprimerait comportementalement cette émotion si les gens s'exprimaient

80. Voir Budd, *La musique et les émotions*, traduit de l'anglais par Jacques Favier, Paris, Hermann, 2015, chapitre 7, sections 6 à 17 : « Lorsque nous écoutons de la musique expressive, ce sera rarement parce que nous pensons à quelque moyen imaginaire par lequel les êtres humains seraient capables d'exprimer leurs émotions par des sons » (p. 245). Voir aussi son « Music and the Communication of Emotions » : « Quand j'entends une émotion dans un passage de musique, ma relation à cette émotion n'est pas médiée par l'idée que les sons entendus émanent du corps d'une personne en proie à cette émotion » (p. 134).

naturellement *en musique* ». La pensée caractéristique que l'on est censé avoir lorsqu'on entend de la musique comme étant expressive de l'émotion E est donc la suivante : « Si la musique était un mode d'expression naturel, cette pièce de musique serait produite par quelqu'un qui fait l'expérience de E ». Toutefois, si la perception du caractère expressif d'une pièce de musique dépend de cette considération contrefactuelle, alors les auditeurs doivent savoir ce que cela signifierait pour la musique que d'être un mode naturel d'expression. Comme tel n'est pas le cas, et que les auditeurs sont pourtant capables d'entendre la musique comme exprimant une émotion, c'est donc que la thèse de l'expressivité comme expression *sui generis* n'est pas correcte, du moins dans sa formulation présente[81].

Deux manières de répondre à cette objection me viennent à l'esprit. La première consiste à conserver l'idée selon laquelle le mode d'expression entendu dans la musique expressive est bien un mode d'expression *sui generis* tout en maintenant que les auditeurs n'ont pas vraiment besoin de *savoir*, de manière détaillée, en quoi consisterait exactement une musique devenue mode d'expression naturel, mais seulement de *supposer*, en imagination, que la musique pourrait bel et bien être un tel mode d'expression. Une fois cette supposition admise, plus rien n'empêche la musique, en vertu de son profil sonore particulier ou des réponses infraémotionnelles qu'elle peut susciter, d'inciter les auditeurs à l'entendre comme un *autre* mode d'expression naturel.

La seconde réponse concède davantage à l'objection. Elle nécessite de retirer tout rôle dans l'analyse au fait que le mode d'expression des émotions entendues dans un morceau de musique soit unique en son genre ou du moins de redéfinir ce rôle d'une manière ou d'une autre. Malgré la ressemblance seulement partielle qui existe entre la musique et les modes d'expression humains, il est possible que, lorsque nous percevons l'expressivité d'un passage de musique,

81. Cette citation est extraite d'un essai inédit de Hubert Eiholzer, intitulé « Musical Expression ». Les références à l'intérieur de cette citation proviennent de mon « Hope in *The Hebrides* », p. 338.

nous n'entendions pas une forme d'expression personnelle extraordinaire, unique en son genre, mais bien une expression personnelle d'un genre indéterminé, ou encore une expression personnelle *tout court*. Néanmoins, l'expression que nous entendons dans la musique reste telle que, si quelqu'un exprimait *effectivement* ses émotions de cette manière, c'est-à-dire en émettant spontanément de la musique, cela *constituerait* tout de même une forme d'expression unique en son genre.

Dans ces conditions, laquelle de ces deux formulations du critère expérientiel de l'expressivité musicale est la plus judicieuse, d'un point de vue logique et phénoménologique ?

(1) L'auditeur entend P comme une expression personnelle de E unique en son genre ou « musicale ».

(2) L'auditeur entend simplement P comme l'expression personnelle de E, mais de telle manière que, s'il venait à y réfléchir, il la reconnaîtrait comme un type d'expression *sui generis*.

Il est difficile de trancher. Quoi qu'il en soit, si nous en restons à la formulation (1), la réponse à l'objection selon laquelle nous ne savons pas en quoi consisterait une musique érigée en mode naturel d'expression humaine a déjà été donnée ci-dessus ; et si nous choisissons la formulation (2), l'objection n'a tout simplement plus lieu d'être.

XIV

On pourrait maintenant se demander si ma conception permet de rendre compte adéquatement des formes complexes et imbriquées d'expressivité que l'on rencontre dans les œuvres musicales. Prenons deux exemples qui permettront de préciser ce que j'ai ici en tête. Certaines parties du 3e mouvement (« Burletta ») du *Sixième Quatuor à cordes* de Béla Bartók expriment sans doute quelque chose de drôle et de spirituel, et en même temps sonnent incontestablement comme quelqu'un qui aurait clairement bu un coup de trop. On trouverait un exemple similaire dans certains passages gauches et rustauds de la suite *Pulcinella* d'Igor Stravinsky – surtout les parties de contrebasse vers la fin – qui expriment néanmoins une bonne humeur toute gaillarde[82]. La raison pour laquelle le Bartók exprime l'espièglerie plutôt que l'ébriété, et le Stravinsky la bonne humeur plutôt que la balourdise, c'est que le premier est au final entendu non pas comme s'il s'agissait d'une manifestation d'ébriété, mais bien plutôt comme quelqu'un faisant de bon cœur semblant d'être saoul, et que le second est au final entendu non pas comme une démarche pataude, mais bien plutôt comme si quelqu'un s'amusait à adopter une telle démarche. Dans chacun de ces cas, la musique est plus aisément entendue, dans son contexte stylistique propre, comme la parodie au deuxième degré du comportement littéral initialement suggéré et produit donc quelque chose comme un effet de burlesque plutôt qu'elle n'exprime simplement la fébrilité ou la rustrerie. À un premier niveau, nous entendons dans la musique de Bartók le comportement d'une personne ivre ; mais à un second niveau, ce que nous entendons dans cette musique, c'est plutôt le comportement d'une personne imitant le comportement d'une personne ivre.

On peut trouver un autre exemple de cette expressivité à deux niveaux dans la marche qui ouvre les *Jeux d'enfants* de Bizet dans sa version pour orchestre. À un premier niveau, la musique évoque une attitude plastronnante et fanfaronnante ; mais à un second niveau, elle prend une dimension davantage satirique, en vertu de l'exagération comique de ces fanfaronnades. En d'autres termes, la musique sonne plus comme une caricature de bravacherie que comme l'évocation simple et directe d'une attitude de matamore. Et encore une fois, il n'y a pas de problème pour rendre compte de l'expressivité de ce genre de passage en disant qu'ils peuvent-être-entendus-comme-une-expression-personnelle : on les entend alors comme s'il s'agissait de l'expression d'un état d'esprit satirique.

Le Scherzo du *Quatuor à cordes en do dièse mineur*, op. 131, de Beethoven permet d'illustrer un autre genre d'expression complexe. Il semble exprimer la joie, mais une joie d'une espèce particulière :

82. Par contraste, on peut entendre un passage similaire de contrebasse, quoiqu'à un tempo plus allant, vers le milieu d'*España* d'Emmanuel Chabrier, sans que l'on n'y perçoive la moindre trace d'expressivité de second degré, satirique en l'occurrence.

la joie hystérique. Cette expressivité provient en partie du caractère haché du discours musical qui fait alterner de longs passages haletants avec des passages plus brefs qui semblent reconsidérer d'un œil inquiet les accès de frénésie que l'on vient d'entendre. Nous n'entendons pas la musique simplement comme une expression de joie, mais bien comme une expression de joie *venant d'une personne hystérique*, ou comme une joie *ressentie hystériquement*. C'est le retour régulier de ces sections brèves qui est ici essentiel à cette forme bien particulière d'expressivité, et pas seulement ce que l'on perçoit au premier abord à l'écoute des sections prises séparément les unes des autres.

Le deuxième mouvement de la *Symphonie concertante pour violon et alto* de Wolfgang Amadeus Mozart fournit un dernier exemple de ce genre d'expressivité nuancée par la juxtaposition de différentes séquences. L'énoncé initial du thème au violon communique une tristesse poignante, mais d'un type assez familier, du moins chez Mozart. Mais la première entrée de l'alto, bien que partageant la tonalité et le matériau thématique de l'énoncé liminaire du violon, nous semble quant à elle évoquer une version à la fois plus sage et plus mûre de ce qui a été exprimé par le violon[83].

83. Une autre approche du problème des expressions musicales complexes qui serait compatible avec l'analyse fondamentale de l'expressivité présentée dans le présent essai, et que je ne peux qu'esquisser ici, serait de faire appel à l'idée d'une *persona musicale d'ordre supérieur*. Ainsi pour rendre compte d'un cas d'expression complexe générée par une séquence particulière de passages exprimant chacun tel ou tel état psychologique simple, on pourrait postuler une *persona* musicale dominante qui revêtirait successivement les visages de différentes *personae*, et qui posséderait par conséquence une personnalité complexe, reflétée par la succession des états mentaux ainsi exprimés.

Une possibilité différente, bien que similaire en apparence à la précédente, serait de rapporter cette expression complexe non pas à une *persona* musicale dominante, mais plutôt au *compositeur impliqué*, à qui l'on attribue une certaine personnalité qui se dégage de la manière dont il combine entre eux les passages expressifs et les *personae* musicales qui les sous-tendent. Une bonne part des désaccords que l'on peut avoir au sujet de ces formes complexes d'expressivité musicale est peut-être d'ailleurs due à la facilité avec laquelle les deux idées précédentes peuvent être confondues. En effet, la personnalité que l'on attribue à un agent interne à la musique, une *persona* dominante qui traverse une série donnée d'états ou incarne des *personae* successives,

XV

La théorie de l'expressivité musicale défendue dans cet essai est bien sûr compatible avec le fait que certains passages de musique (et peut-être beaucoup, d'ailleurs) n'expriment pas d'état émotionnel particulier, ou en tout cas d'états psychologiques qui nous soient familiers ou que l'on puisse facilement identifier. Il peut y avoir plusieurs raisons à cela. Un passage de musique, même d'un intérêt musical considérable, peut très bien ne pas être expressif du tout – c'est-à-dire ne pas disposer les auditeurs possédant le bagage culturel approprié à l'entendre comme s'il exprimait la moindre émotion (par exemple : les *Inventions à deux voix* de Bach ; certaines parties du ballet *Apollo* de Stravinsky ; ou le troisième mouvement de la *Cinquième Sonate pour violoncelle et piano*, op. 102, n° 2, de Beethoven). De même, un passage de musique peut conduire ces auditeurs de référence à entendre dans la musique une multiplicité d'émotions variées et fluctuantes qui ne convergent pas vraiment vers une émotion bien déterminée ; en d'autres termes, la dimension expressive d'une telle musique est irréductiblement ambiguë ou indéterminée, ce qui a pu amener certains à qualifier l'expressivité d'une telle musique d'*intransitive* plutôt que de transitive (par exemple : le début très suggestif du *Premier Quatuor à cordes* de Leoš Janáček ; ou le premier mouvement de l'énigmatique *Sonate pour violoncelle et piano* de Debussy). En outre, un passage de musique peut encore susciter de façon régulière auprès de ces auditeurs qualifiés des expériences convergentes les conduisant à entendre dans la musique une émotion double ou ambivalente. Dans de tels cas, la musique n'exprime pas une émotion particulière, mais plutôt un état émotionnel hybride ou impur qu'il est sans doute peu probable de rencontrer en dehors du champ musical (par exemple : le deuxième thème du premier mouvement du *Quatuor à cordes* de

---

diffère sans doute de la personnalité que l'on attribuerait à un agent plus extérieur, le compositeur impliqué, en raison de la responsabilité qui est la sienne dans l'arrangement d'une telle série.

Maurice Ravel, avec sa curieuse mixture de mélancolie, de mystère et d'amour).

Enfin, certaines musiques possédant un contenu émotionnel peuvent *dépeindre* cette émotion (ou au moins s'en approcher) plutôt que de l'*exprimer* d'une manière ou d'une autre. En d'autres termes, une telle musique ressemblerait davantage à l'image d'un état émotionnel (ou au moins à la tentative d'en donner une image) qu'à une chose qui pourrait être entendue comme l'expression d'une émotion par une personne (ou comme si elle était une expression de ce genre). La singulière pièce pour piano d'Alexandre Scriabine *Vers la flamme* pourrait en être un bon exemple, avec ses notes répétées de manière obsessionnelle et ses séries de trilles s'élançant toujours plus haut, jusqu'à l'extinction. Mais à quoi pourrait bien ressembler la manifestation extérieure d'un sentiment de panthéisme extatique ? On ne voit pas très bien. Pourtant cette composition semble bien chercher à dépeindre un tel état, ce en quoi elle n'échoue d'ailleurs peut-être pas complètement. Quoi qu'il en soit, si la musique possède un contenu émotionnel de ce type, mon analyse ne peut pas en rendre compte. Mais encore une fois, ce n'est pas tant l'*expressivité* émotionnelle de la musique qui est ici en jeu, mais plutôt certains des autres types de relations qui peuvent exister entre la musique et les états psychologiques humains.

XVI

Si l'on accepte la théorie que j'ai défendue dans cet essai, alors l'expressivité artistique n'est pas nécessairement une notion univoque. L'expressivité des œuvres de musique et, par exemple, l'expressivité des romans, des films ou des sculptures, pourraient bien ne pas être exactement la même chose, ou ne pas reposer précisément sur les mêmes critères, même s'il faut espérer qu'il y ait tout de même suffisamment de liens entre elles pour ne pas contrevenir à mon deuxième réquisit, selon lequel une analyse de l'expressivité dans un médium artistique donné doit pouvoir s'étendre aux autres arts[84]. Toujours est-il que le fait d'avoir affaire à des notions d'expressivité divergentes, chacune étant taillée sur mesure pour une forme d'art particulière, pourrait être considéré comme une conséquence malheureuse de ma théorie.

Mais est-ce vraiment le cas ? Non, si du moins l'on a des raisons *préalables* de penser que l'expressivité pourrait bien ne pas être une notion complètement univoque dans son application à l'ensemble du domaine des arts. Les observations suivantes sembleraient d'ailleurs étayer cette hypothèse. Premièrement, comme la notion d'expression n'a déjà pas exactement le même sens selon que l'on parle de personnes et de leurs expressions faciales ou d'œuvres d'art et de leurs parties expressives, il ne faut peut-être pas s'attendre non plus à ce qu'elle conserve un sens parfaitement constant lorsque l'on passe d'un art à l'autre. Deuxièmement, l'expression de la pensée et l'expression de l'émotion ne sont pas elles-mêmes parfaitement parallèles : la première est typiquement, et sans doute même nécessairement, de nature intentionnelle, tandis que la seconde ne l'est pas. Troisièmement, les arts peuvent différer suffisamment dans leur manière de parvenir à l'expressivité, ou dans les mécanismes impliqués à cet égard, par exemple selon que l'on a affaire à une forme d'art temporel ou à une forme d'art non temporel[85], pour que cette expressivité s'avère propre à la forme d'art considérée. Quatrièmement, et comme noté plus haut, les arts diffèrent dans leur capacité à manifester *directement* les états psychiques, ce qui est sans doute une raison pour différencier d'un art à l'autre les critères nous permettant d'établir si une œuvre donnée est parvenue à manifester un état psychique donné.

Je voudrais pour finir montrer comment ma théorie permet de satisfaire le dernier des réquisits listés au début du présent essai, à

84. On pourrait envisager de satisfaire ce réquisit en disant que toutes les formes d'expressivité impliquent, via la perception ou la réflexion intellectuelle, la manifestation d'états mentaux, réels ou imaginaires.

85. À propos de cette distinction en général, voir l'article que j'ai coécrit avec Philip Alperson : « What Is a Temporal Art ? », dans Jerrold Levinson, *Musical Concerns*, Oxford, Oxford University Press, 2015, p. 155-169.

savoir qu'une théorie de l'expressivité musicale doit laisser une place à la *valeur* que peut revêtir l'expressivité, et permettre d'en rendre compte d'une manière intelligible. Comme j'ai déjà discuté cette question ailleurs [86], je serai ici relativement bref. En un mot, la valeur que revêt pour l'auditeur la musique expressive, la musique que l'on peut entendre-comme-une-expression-personnelle, c'est la valeur que l'on peut trouver à se confronter à des images de l'expérience humaine, comme nous le faisons dans notre rapport quotidien au monde qui nous entoure. Mais dans le cas de l'expressivité musicale, ces images sont en quelque sorte tissées à partir de la substance même de la musique, une substance qui peut nous absorber si complètement que tout se passe comme si, selon l'image marquante de T.S. Eliot, nous devenions la musique en l'écoutant, et nous nous fondions ainsi dans la vie mentale qu'elle incarne [87]. Cette incarnation tient à ce que la musique nous donne l'impression d'être effectivement l'expression de telle ou telle émotion par une personne, et rien de plus. Une fois que cette expérience se produit, il nous est loisible de nous identifier à cet acte imaginaire d'expression, et de le faire nôtre à des degrés variés, reproduisant intérieurement ses gestes et ressentant ainsi par empathie ses aspects les plus profonds – et tout cela sans jamais perdre contact avec les tours et détours sonores qui font l'essence même de la musique [88].

86. Voir, dans le présent volume, « La musique et les émotions négatives », p. 241-282, ainsi que Jerrold Levinson, « Pleasure and the Value of Works of Art », *The Pleasures of Aesthetics*, Ithaca, Cornell University Press, 1996, p. 11-24. Pour d'autres positions, qui complètent en grande partie mes réflexions sur le sujet, voir Alan Goldman, « The Value of Music », *Journal of Aesthetics and Art Criticism*, vol. 50, n° 1, 1992, p. 35-44; Davies, *Musical Meaning and Expression*, chapitre 6; Aaron Ridley, *Music, Value and the Passions*, Ithaca, Cornell University Press, 1995; et Malcolm Budd, *Values of Art. Pictures, Poetry, and Music*, Londres, Penguin, 1995, chapitre 4.

87. Je me fais ici l'écho de Scruton, « Understanding Music », p. 100, qui lui-même se fait l'écho de T. S. Eliot dans « The Dry Salvages », *Four Quartets*.

88. Dans son ouvrage *Values of Art*, malheureusement paru trop tard pour que je puisse le prendre en compte ici de manière significative, Malcolm Budd maintient qu'il y a plusieurs conceptions viables de l'expressivité musicale, même s'il considère une de ces conceptions comme *minimale* et *fondamentale*, à savoir la conception selon laquelle la musique exprime une émotion si elle sonne comme cette émotion se

Remarques additionnelles

1. Expressivité musicale et simulation mentale[89]

Quand nous imaginons dans la musique des agents indéterminés, semblables à des personnes humaines, qui nous paraissent exprimer leurs propres émotions, ce qui constitue pour moi le cœur même de l'expérience de l'expressivité musicale, nous livrons-nous à un acte de simulation mentale ? Et si oui, en quoi cet acte de simulation consiste-t-il exactement ?

Bien que je ne sois pas certain de la manière dont on puisse répondre à ces questions, je m'autoriserai néanmoins à spéculer quelque peu sur le sujet. Lorsque nous sommes confrontés à un passage de musique qui nous semble clairement se « comporter » d'une certaine manière ou « faire » tel ou tel geste, en raison de son mouvement musical, des gestes exécutifs qui lui sont sous-jacents ou de tout autre aspect lié à son apparence sonore, il est possible que nous adoptions plus ou moins consciemment un mode de questionnement hypothétique, du type : si quelqu'un se comportait de cette manière, quelle serait l'émotion qu'il ressentirait selon toute probabilité ? Toutefois, il est également possible que dans les cas où nous sommes confrontés à ce genre de passage, nous ne rentrions pas, même inconsciemment, dans un processus théorique visant à *inférer* ce que l'expressivité de la musique *doit* être, mais bien plutôt que nous essayions de nous imaginer nous-mêmes *à la place* de la musique, que nous fassions nôtres les gestes musicaux que nous

---

ressent. Même si je suis d'accord avec l'idée qu'il y a peut-être plus d'une conception de l'expressivité musicale qui possède une certaine validité ou applicabilité, je prétends néanmoins que l'analyse présentée ici permet de capturer ce qui est *central* dans notre concept d'expressivité musicale. De plus, comme l'indiquent mes remarques de la section X, je ne crois pas vraiment que la conception minimale et fondamentale de l'expressivité musicale proposée par Budd – inspirée de la célèbre formule de Pratt sur le sujet – soit suffisamment intelligible pour nous permettre d'élucider ce qui se passe fondamentalement quand nous attribuons une expressivité à la musique.

89. Ndt. Nous traduisons ici la section VI de « Sound, Gesture, Space and the Expression of Emotion in Music », *Contemplating Art*, Oxford, Oxford University Press, 2006, ici p. 87-88.

percevons au cœur du passage en question, et qu'en conséquence, nous ressentions nous-mêmes, en imagination, telle ou telle émotion, nous permettant ainsi d'identifier le contenu expressif de la musique [90]. Il ne reste alors plus qu'à ajouter que ces actes que nous postulons – se mettre à la place de la musique, faire sien les gestes perçus dans la musique – pourraient très bien être implémentés par une procédure de simulation mentale.

Plus précisément, il nous faudrait, pour effectuer une telle simulation, nourrir « hors-ligne » notre simulateur mental, en parallèle de l'écoute musicale, avec des pensées et des croyances du type : [Je suis la musique], [Je me comporte de la manière …], [Je fais le geste musical …] (le contenu des points de suspension étant fourni par des actes d'ostension ou de démonstration mentales), et ce dans l'espoir de se trouver par là-même dans un certain état psychique dont on pourrait alors légitimement dire qu'il est ce qu'exprime la musique. Je ne serais pas prêt à parier que nous faisons effectivement quelque chose de ce genre quand nous écoutons de la musique, mais un tel scénario me semble au moins possible. Quoi qu'il en soit, la théorie de l'expressivité musicale présentée dans les pages qui précèdent peut tout à fait se prêter à une interprétation de type simulationniste, même si elle ne la requiert pas.

2. Sur l'idée d'expression sui generis (i) [91]

Les formulations antérieures de ma théorie faisaient appel à l'idée d'un mode d'expression des émotions *sui generis* et suggéraient que la musique, du moins quand on l'entend comme étant expressive, constitue elle-même un tel mode d'expression. Mais il s'agit peut-être d'une mauvaise idée, qui a d'ailleurs reçu son lot d'objections et

90. Dans *The Aesthetics of Music* (Oxford, Oxford University Press, 1997), Roger Scruton décrit de manière convaincante ce processus de projection imaginative par lequel nous nous efforçons de saisir l'expressivité de la musique, même si cette description se fait plutôt dans les termes du *Verstehen* que de la simulation mentale.

91. Ndt. Nous traduisons ici un extrait de la section II de « Musical Expressiveness as Hearability-as-Expression », *Contemplating Art*, Oxford, Oxford University Press, 2006, ici p. 94-95.

de critiques. Certains commentateurs ont ainsi soutenu qu'il y a quelque chose d'incohérent à suggérer que l'on puisse entendre un passage de musique comme l'expression *sui generis* d'une certaine émotion, car il est impossible d'avoir une conception claire de ce que serait un mode d'expression proprement *sui generis*[92] ; d'autres ont maintenu qu'il semble impliquer que notre expérience de la musique s'apparente à l'expérience d'un nouveau moyen corporel de production des sons[93] ou encore à l'expérience d'une créature étrange qui se comporterait pour ainsi dire musicalement[94].

Au vu de ces critiques, j'ai eu probablement tort de vouloir à tout prix faire de l'expression que nous entendons dans la musique, quand nous percevons son expressivité, une forme d'expression *sui generis* plutôt que d'expression *simpliciter*. Il semble qu'on ne gagne pas grand-chose à insister sur ce qualificatif, si ce n'est de la confusion. Pourtant, l'idée d'un mode d'expression *sui generis*, dont témoigne la singularité de l'expérience que nous faisons quand nous entendons la musique comme expressive, a peut-être toujours un rôle à jouer dans une explication complète de l'expressivité musicale.

Ce qu'il faut avant tout éviter, semble-t-il, c'est de faire de l'idée d'un mode d'expression *sui generis* une partie du *contenu* de l'expérience d'entendre-comme que nous faisons quand nous prenons conscience du caractère expressif de la musique (après tout, on ne peut pas sérieusement exiger de quelqu'un qu'il doive penser en latin pour saisir l'expressivité d'un passage de musique !). Cet aspect *sui generis* de l'expression musicale devra donc intervenir à un autre niveau de l'analyse.

Comparez le fait d'entendre le son des roues d'un train comme le gémissement d'un bébé (mais un gémissement inhabituel, parce que rythmique et régulier) et le fait d'entendre un passage

92. Derek Matravers, *Art and Emotion*, Oxford, Oxford University Press, 1998, p. 131.

93. Kendall Walton, « Listening with Imagination : Is Music Representational ? », *In Other Shoes*, Oxford, Oxford University Press, 2015, p. 151-174 (en particulier p. 167) ; Budd, *Values of Art*, p. 132.

94. Kendall Walton, « Projectivism, Empathy, and Musical Tension », *In Other Shoes*, p. 118-150.

de musique comme l'expression de la tristesse (mais une tristesse inhabituelle, parce que non corporelle et extraordinairement fluide). Les parenthèses utilisées ci-dessus font-elles partie du *contenu* de l'expérience d'entendre-comme que nous faisons dans chacun de ces deux cas ? C'est possible, du moins si nous considérons que les contenus correspondants sont vraiment à l'arrière-plan. Mais il serait plus juste de répondre par la négative, et de considérer que ces parenthèses ne constituent pas une partie du contenu de l'*expérience* d'entendre-comme, mais plutôt une partie du contenu de la *réflexion* subséquente que nous faisons sur cette expérience. Il est donc probable que cette dimension *sui generis* que nous prêtons à l'expression perçue dans la musique expressive n'intervienne pas au niveau de l'expérience d'entendre-comme elle-même, mais seulement au niveau des pensées supplémentaires qui sont plutôt *au sujet* de cette expérience. Pour le dire autrement, la locution « d'une manière *sui generis* » concerne plus probablement le contenu d'une pensée subsidiaire portant sur l'acte d'expression entendu dans un passage de musique expressif que le contenu de l'expérience fondamentale que nous faisons quand nous entendons la musique comme (ou comme si elle était) un certain type d'expression.

3. Sur l'idée d'expression sui generis (ii)[95]

Roger Scruton a soulevé une autre objection, et il vaut la peine de répondre aux difficultés qu'elle pose à ma théorie. Il s'agit d'une variation sur un doute déjà exprimé plus haut : peut-on vraiment former une idée claire et distincte de ce mode singulier d'expression des émotions qui est selon moi au cœur de l'expressivité musicale, ou au moins se l'imaginer ? Et nous représentons-nous ainsi ce mode d'expression des émotions comme un mode d'expression *sui generis* ? Je cite l'objection de Scruton *in extenso :*

> D'après Levinson, entendre une expression dans la musique, c'est comme entendre une autre personne exprimer ses sentiments. Mais

95. Ndt. Nous traduisons ici un extrait de la section V de « Musical Expressiveness as Hearability-as-Expression », *Contemplating Art*, Oxford, Oxford University Press, 2006, ici p. 106-107.

> que signifie ici « c'est comme » ? Nous n'avons pas de conception préalable de ce que serait l'expression de sentiments en *musique* : si nous pouvons imaginer quelqu'un s'exprimer ainsi, c'est parce que nous avons déjà une idée du caractère expressif de la musique, et nous pouvons donc imaginer quelqu'un choisissant précisément *ce* morceau de musique pour véhiculer précisément *cet* état psychologique. Notre capacité à imaginer une personne exprimant ses sentiments précisément de *cette* manière dépend donc de notre capacité à reconnaître le contenu expressif de la musique. C'est seulement parce que nous sommes capables de reconnaître de manière indépendante le contenu émotionnel de la musique que nous pouvons suivre Levinson dans l'expérience de pensée requise par sa définition[96].

Scruton affirme que ma théorie doit reconnaître que les auditeurs sont capables de concevoir ce que serait l'expression, au sens littéral, d'une émotion *en* musique ou *par* la musique. Il suggère ensuite que le seul moyen de concevoir cela serait d'imaginer quelqu'un choisir un morceau de musique approprié pour communiquer l'émotion en question, ce qui présuppose évidemment que l'on ait déjà antérieurement une idée de l'expressivité de ce morceau, et ce qui rend donc parfaitement oiseuse mon explication de l'expressivité musicale.

Toutefois, les deux remarques sur lesquelles repose cette objection manquent leur cible. Premièrement, ma théorie n'implique pas que les auditeurs qui perçoivent l'expressivité d'une musique possèdent une *conception* concrète de ce en quoi consisterait l'expression littérale d'émotions par la musique, par opposition à une expression simplement comportementale, ou du fonctionnement d'un tel mode d'expression. Ma théorie requiert seulement que les auditeurs soient capables d'*imaginer* que la musique exprime littéralement des émotions. Deuxièmement, ces auditeurs ne sont pas forcés d'imaginer la *persona* de la musique comme *choisissant* en quelque sorte à partir d'un stock d'objets musicaux déjà disponibles ceux qui seront appropriés pour communiquer ses états d'âme, à la manière

96. Scruton, *The Aesthetics of Music*, p. 352.

d'un monteur qui choisirait les pistes sonores qui conviennent le mieux aux scènes successives d'un film.

Scruton a tout simplement mal compris la nature de l'expérience de pensée à laquelle nous sommes effectivement amenés à nous livrer pour saisir l'expressivité d'un passage de musique, si toutefois mon explication de l'expressivité musicale est correcte. La consigne n'est pas : « Imagine que quelqu'un choisisse un morceau de musique déjà existant pour véhiculer un certain état psychique; quel serait cet état psychique si le morceau de musique choisi était précisément celui que tu entends en ce moment ? »; mais plutôt : « Imagine que la musique que tu entends en ce moment est l'expression littérale d'un certain état psychique; quel est l'état qui semble ainsi exprimé ? »; ou peut-être : « Imagine que le geste musical que tu entends dans la musique était ton propre geste; dans quel état psychique semblerais-tu être alors ? » Cette expérience de pensée, à laquelle conduit mon explication, donne un *fondement* à l'identification de l'expressivité musicale, mais en aucun cas elle ne *présuppose* que l'identification en question ait déjà eu lieu, contrairement à l'expérience de pensée que Scruton m'attribue à tort. Si j'ai raison, nous saisissons ce qui est exprimé par un passage de musique précisément en imaginant un état mental dont la musique serait l'expression littérale. Et ce n'est pas parce qu'il n'y a pas d'algorithme ou de procédure pour la conduite de cette expérience de pensée, contrairement à ce qui passe pour l'expérience de pensée que Scruton voudrait lui substituer, qu'elle ne peut pas être menée à bien. De fait, nous la menons à bien à chaque fois que nous prêtons attention à la dimension expressive d'une musique donnée et que nous essayons d'expliciter pour nous-mêmes ce qu'elle est.

4. *Entendre-comme et imagination*[97]

On aura remarqué que, dans tout ce qui précède, j'ai fait un usage important de la notion d'*entendre-comme*. Mais qu'est-ce que c'est

97. Ndt. Nous traduisons ici un extrait de la section II de « Musical Expressiveness as Hearability-as-Expression », *Contemplating Art*, Oxford, Oxford University Press, 2006, ici p. 95.

au juste que d'entendre un passage de musique *comme* quelque chose d'autre – ou, de manière alternative, d'entendre ce quelque chose d'autre *dans* le passage de musique en question ? C'est évidemment une question difficile, mais l'essentiel est de bien considérer que ces actions d'entendre-comme et d'entendre-dans font partie des actes perceptifs qui participent librement de l'*imagination*, ou qui y font appel de manière substantielle. Les agents que nous entendons dans la musique quand nous l'entendons comme l'expression, *sui generis* ou non, d'une émotion, sont donc inévitablement des agents *imaginaires*, qui manifestent par là même le caractère indéfini que partagent tous les objets imaginaires. Entendre de la musique comme *X* ou *Y*, c'est donc probablement imaginer *que* cette musique est *X* ou *Y*, ou, plus précisément, d'imaginer *au sujet de* cette musique, *alors* qu'on l'écoute, qu'elle est *X* ou *Y*.

On pourrait objecter que ce n'est pas une bonne chose de faire appel à l'imagination pour analyser l'expressivité musicale, l'imagination étant trop libre pour garantir le degré d'objectivité dont semble jouir l'expressivité musicale. Mais on peut tempérer cette objection si l'on se rappelle qu'il ne s'agit pas de savoir si un passage *pourrait peut-être* être imaginé comme l'expression de telle ou telle chose, mais plutôt de savoir si un passage *est naturellement et spontanément* imaginé comme l'expression de telle ou telle chose ; et dans ce cas, l'imagination se montre plutôt constante.

5. *Entendre-comme et entendre-comme-si*[98]

Dans de précédentes discussions du problème de l'expressivité musicale[99], je me suis permis d'alterner entre la locution « entendre X *comme* Y » et la locution à la saveur contrefactuelle plus prononcée « entendre X *comme s'il* était Y », suggérant ainsi qu'elles revenaient peu ou prou au même dans le cas musical. J'en suis maintenant moins certain et je préfère me restreindre à l'emploi

98. Ndt. Nous traduisons ici un extrait de la section V de « Sound, Gesture, Space and the Expression of Emotion in Music », *Contemplating Art*, Oxford, Oxford University Press, 2006, ici p. 86.

99. Voir « Hope in *The Hebrides* » et le présent essai.

de la première locution. Cette idée d'entendre X *comme s'il* était Y n'est en effet peut-être pas vraiment heureuse, sans doute parce que l'usage du modificateur « comme si » est plus approprié pour décrire des manières de considérer ou traiter un objet, ou de se comporter avec lui, que pour caractériser des actes de perception en tant que tels. Par exemple, si l'on comprend bien ce que cela signifierait pour X que de *traiter* Y comme si elle était la seule personne au monde, on voit beaucoup moins bien ce que signifierait pour X que de *voir* Y comme si elle était la seule personne au monde.

6. L'expressivité musicale sans persona ?[100]

Un certain nombre de commentateurs contestent que les auditeurs compétents – ou du moins pas tous, ou pas tout le temps – entendent ou imaginent effectivement des *personae* dans la musique qu'ils perçoivent comme expressive. Il s'ensuivrait qu'une telle écoute imaginative ne peut donc pas être constitutive de l'expérience que l'on fait quand on entend une musique comme expressive, pas plus que la disposition à induire chez l'auditeur un tel type d'écoute n'est constitutive de ce qui fait l'expressivité de la musique en question[101].

C'est effectivement ce qui peut sembler parfois, si l'on en reste à la surface des choses, mais si la musique expressive est bien, comme je le prétends, une musique qui est spontanément entendue comme expression (ou comme s'il y avait expression) et si, de plus, il faut bien qu'il y ait quelqu'un ou quelque chose qui s'exprime pour qu'il y ait expression, alors l'existence de *personae* ou d'agents, même minimaux, est tout simplement *présupposée* par l'expérience de la musique expressive. Bien sûr, on ne remarque ou ne reconnaît pas forcément ce qui est présupposé par cette écoute imaginative de

100. Ndt. Nous traduisons ici un extrait de la section V de « Musical Expressiveness as Hearability-as-Expression », *Contemplating Art*, Oxford, Oxford University Press, 2006, ici p. 103-104.

101. Stephen Davies, « Contra the Hypothetical *Persona* in Music », dans Mette Hjort et Sue Laver (dir.), *Emotion and the Arts*, Oxford, Oxford University Press, 1997, p. 95-109 ; Walton, « Projectivism, Empathy, and Musical Tension » ; et Robert Stecker, « Expressiveness and Expression in Music and Poetry », *Journal of Aesthetics and Art Criticism*, vol. 59, n° 1, 2001, p. 85-96.

la musique. Je ne prétends pas que les auditeurs soient toujours explicitement conscients que des *personae* sont impliquées quand ils entendent une musique comme expressive. Il est en effet courant que l'on ne soit pas entièrement conscient de ce qui est implicitement présent dans la perception ou dans l'expérience que l'on a.

Il peut être pertinent de rappeler ici un point que j'ai déjà avancé précédemment. Il est en effet possible que des auditeurs qui reconnaissent l'expressivité d'un passage de musique ne l'*entenden*t pas pour autant invariablement, ici et maintenant, comme l'expression d'une émotion. Mais ma théorie nécessite seulement que ces auditeurs *reconnaissent* la musique comme susceptible d'être spontanément écoutée comme l'expression d'une émotion, même si en certaines occasions, pour une raison ou pour une autre, ils ne se laissent pas aller au type d'écoute suggéré par la musique. De plus, il est bien possible que toutes ces occasions correspondent à des cas dans lesquels les auditeurs reconnaissent des passages qu'ils ont *auparavant* entendus comme l'expression d'une certaine émotion, ou bien comme *ressemblant* fortement à de tels passages. Cela présuppose ainsi que l'expressivité en question ait déjà été saisie par les auditeurs qui ont alors entendu ces passages comme des expressions d'émotions.

En outre, certaines divergences entre ma théorie et les témoignages sincères d'auditeurs décrivant leur expérience d'écoute résident dans le fait qu'un passage de musique peut très bien posséder simplement une certaine *qualité* émotionnelle, parce que son apparence sonore suggère une certaine émotion, sans pour autant être émotionnellement *expressif*, compris au sens strict comme ce qui nous fait entendre-la-musique-comme-l'expression-de-cette-émotion. Pour prendre un exemple archi-classique, le finale de la *Cinquième Symphonie* de Beethoven exprime quelque chose comme une joie triomphante, et je crois qu'il est difficile de ne pas entendre ce finale comme s'il y avait là quelqu'un, fût-ce un agent abstrait, qui exprime sa joie triomphante par ces gestes musicaux bien connus, et dont le sens apparaît sans doute encore plus clairement quand on les entend comme le point culminant des trois mouvements précédents. Au contraire, le prélude inaugural du *Clavier bien tempéré* de Bach a bien une certaine *qualité* émotionnelle, que l'on pourrait décrire comme du contentement ou de l'équanimité, mais nous ne sommes peut-être pas pour autant disposés à l'entendre comme (ou comme si c'était) l'expression de cet état d'esprit. Il serait alors probablement juste de considérer que ce prélude n'*exprime* pas véritablement le contentement ou l'équanimité, mais qu'il se contente seulement de posséder la *qualité* émotionnelle correspondante.

7. *L'objectivité de l'expressivité musicale*[102]

D'après ma conception initiale, le critère pour décider si l'on a affaire à une musique *réellement* expressive (et non pas simplement expressive *en apparence*) est que la musique en question puisse être *adéquatement* entendue-comme-expression. Or, certains commentateurs ont suggéré que ce critère était insuffisant pour remplir le rôle qu'on voulait lui faire jouer[103].

J'aurais aujourd'hui tendance à être d'accord. Dans ma formulation originale, l'ajout du qualificatif « adéquatement » n'était en fait qu'une dérobade. Je pense maintenant que c'est le fait que l'auditeur possède le bagage culturel approprié et qu'il écoute le passage de musique en le considérant dans son contexte (à la fois interne et externe à l'œuvre) qui suffit à garantir l'objectivité de l'expressivité ou, pour le dire autrement, la normativité des jugements d'expressivité. Il y a objectivité (de l'expressivité) et normativité (des jugements d'expressivité) quand un auditeur répondant à ces conditions peut *spontanément* entendre-un-passage-de-musique-comme-une-expression, et la convergence des expériences d'écoute des auditeurs répondant aux mêmes conditions en constitue le signe le plus évident. Et quand cette spontanéité ne peut pas être attestée,

---

102. Ndt. Nous traduisons ici un extrait de la section V de « Musical Expressiveness as Hearability-as-Expression », *Contemplating Art*, Oxford, Oxford University Press, 2006, ici p. 104-106.

103. Robert Stecker, « Expressiveness and Expression in Music and Poetry », p. 91-94.

alors il n'y a ni objectivité ni normativité. La question de savoir jusqu'où s'étend l'objectivité de l'expressivité musicale, elle-même conditionnée par cette convergence des expériences d'écoute, reste donc une question largement ouverte.

Scruton a avancé une objection qui n'est pas sans rapport avec la précédente : d'après lui, faire appel à la classe des auditeurs qualifiés dont la capacité à entendre spontanément un passage de musique comme une expression de E constitue le critère de l'expressivité véritable d'un tel passage est condamné à la circularité, tout simplement parce qu'il n'est pas possible de caractériser cette classe de référence autrement que comme la classe des auditeurs qui perçoivent effectivement l'expressivité du passage en question[104].

Mais cela n'est pas exact. Cela reviendrait à suggérer que la seule manière de caractériser la classe de spectateurs de référence par l'intermédiaire de laquelle on peut définir l'objectivité de la perception d'une tache de peinture verdâtre est de dire qu'il s'agit de la classe des spectateurs qui perçoivent correctement que la tache de peinture en question est verdâtre. La classe de référence des auditeurs permettant de définir l'objectivité de l'expressivité pour un genre musical donné – ce que j'entends, quant à moi, par « auditeurs possédant le bagage culturel approprié » – est plus ou moins la classe des auditeurs qui s'avèrent capables de comprendre la musique en question, ce qui se manifeste par une série de capacités (à reconnaître, décrire ou poursuivre le passage de musique considéré), et dont les jugements d'expressivité portant sur d'autres passages musicaux s'accordent avec l'opinion commune lorsque ces passages représentent des cas dont le contenu expressif ne fait pas débat. Je concède qu'il est nécessaire d'admettre dès le départ que les auditeurs qualifiés savent détecter l'expressivité (et autres qualités) des œuvres musicales d'un genre donné, expressivité dont ils serviront ensuite à établir l'objectivité, mais je n'y vois aucune circularité vicieuse. Dans tous les cas, cette difficulté semble toucher toute tentative d'analyse des propriétés perceptuelles en termes

---

104. Roger Scruton, *The Aesthetics of Music*, p. 353.

d'apparence ou de disposition à apparaître pour une certaine classe de sujets percevant.

Paul Boghossian a récemment secondé l'objection de Scruton, en lui donnant une forme plus générale [105]. Il objecte que le recours dans l'analyse à la notion d'auditeur qualifié est vain puisqu'il n'est pas possible de caractériser ce qui fait la « qualification » des auditeurs sans présupposer une compréhension de l'expressivité musicale qui fasse elle-même appel à de tels auditeurs ou aux façons dont ces auditeurs écoutent la musique ou y répondent.

Encore une fois, il ne faut naturellement pas définir les auditeurs qualifiés pour un morceau de musique donné comme les auditeurs qui en perçoivent correctement l'expressivité : cela ne serait effectivement pas d'une grande utilité. Mais comment alors les définir ? Comme je l'ai suggéré plus haut, il faut sans doute les définir comme des auditeurs musicalement compétents dont les jugements d'expressivité sur les œuvres d'une certaine tradition s'accordent avec les jugements communément acceptés formulés sur des cas *paradigmatiques* appartenant à cette tradition. Maintenant, que sont ces cas paradigmatiques d'expressivité musicale ? Une manière de les décrire serait de dire qu'il s'agit des œuvres d'une tradition donnée pour lesquelles *presque tous* les auditeurs au moins minimalement compétents d'un point de vue musical formulent des jugements d'expressivité semblables.

Boghossian rétorque que, même dans ces conditions, le fait que ces cas paradigmatiques expriment telle ou telle émotion doit être pris à chaque fois comme un fait brut; il présuppose en définitive une notion d'expressivité qui n'est pas expérientielle et qui ne dépend pas de la manière dont nous répondons à la musique. Mais je n'en suis pas si sûr. En effet, c'est bien la même chose qui constitue l'expressivité des cas paradigmatiques et des cas non paradigmatiques, à savoir le fait que la musique peut être spontanément perçue comme l'expression de telle ou telle émotion par des auditeurs

105. Paul Boghossian, « Musical Experience and Musical Meaning », dans Kathleen Stock (dir.), *Philosophers on Music*, Oxford, Oxford University Press, 2006, p. 117-129.

qualifiés, la seule différence étant que les cas paradigmatiques, précisément en tant qu'ils sont paradigmatiques, seront perçus de cette manière par presque tous les auditeurs ayant un minimum de compétences musicales.

LA MUSIQUE COMME RÉCIT ET LA MUSIQUE COMME DRAME[1]

Jerrold LEVINSON

INTRODUCTION

Jusqu'à quel point peut-on considérer la musique instrumentale comme *narrative* ? Dans quelle mesure peut-on dire qu'elle implique une sorte de *récit* ? Ce sont là les questions centrales de cet essai, même si un certain nombre de questions subsidiaires guideront également mes réflexions. Je m'intéresserai au fait que toutes les formes de musique ne sont pas également susceptibles d'une interprétation narrative : certaines peuvent inviter à ce genre d'interprétation et d'autres y résister. Je me demanderai ce que raconte la musique lorsqu'elle possède une dimension narrative. Je chercherai à savoir si les narrations musicales peuvent posséder certaines des caractéristiques des systèmes narratifs de référence que sont la littérature ou le cinéma. Enfin, j'examinerai également en détail les atouts d'une interprétation alternative de la musique, selon laquelle la musique est de nature moins narrative que *dramatique*.

À l'orée d'une telle enquête, il est nécessaire de se demander si la musique purement instrumentale exige souvent de nous, pour qu'on la comprenne, une interprétation narrative. Je répondrai pour ma part que c'est assez rarement le cas. Il ne s'agit pas, évidemment, de nier que nous apprécions la musique en nous focalisant sur la manière dont elle évolue et progresse, de note en note, phrase en

1. Jerrold Levinson, « Music as Narrative and Music as Drama », *Mind and Language*, vol. 19, n° 4, 2004, p. 428-441 ; repris dans *Contemplating Art*, p. 129-142.

phrase, section en section. C'est précisément ce que fait un auditeur quand il *suit* la musique. Mais de là à dire que la musique, en se déployant ainsi pas à pas, narre une sorte de récit, il y a un grand pas.

Il n'en demeure pas moins que l'idée que les pièces de musique instrumentale, et en particulier les longues œuvres des compositeurs des XVIIIe, XIXe et XXe siècles, puissent être comprises comme des récits est un des fondements de la critique musicale humaniste, et en particulier des écrits de Donald Tovey, George Bernard Shaw, Leonard Bernstein, Anthony Hopkins, Charles Rosen, Andrew Porter, Alex Ross (et d'autres encore) pour se limiter à quelques figures notables. Il n'est pas très surprenant après tout que la musique, en tant qu'ensemble de sons intentionnellement ordonnés et temporellement organisés, souvent apparentée à la parole humaine, puisse être considérée comme le récit d'une chose ou d'une autre, et particulièrement de quelque chose qui possède une organisation temporelle, comme une suite d'actions, d'événements ou d'états mentaux.

LE CONCEPT DE RÉCIT

Comment caractériser le récit ? Pour ce qui nous occupe, le plus simple sera le mieux. Un auteur a suggéré récemment qu'un « récit authentique requiert la représentation d'au minimum deux événements et une indication de la manière dont les événements décrits sont ordonnés dans le temps »[2]. Si tel est le cas, alors il y a trois éléments cruciaux dans un récit : une représentation, des événements et des relations temporelles. Un autre auteur a récemment proposé qu'un récit doit, de surcroît, indiquer les relations causales intervenant entre les événements représentés :

> Le fondement du lien narratif est que les événements ou les états de choses antérieurs soient au moins des conditions causalement

2. George Wilson, « Narrative », dans Jerrold Levinson (dir.), *Oxford Handbook of Aesthetics*, Oxford, Oxford University Press, 2003, p. 392-407, ici p. 393.

nécessaires, au plus des causes directes, de l'occurrence d'événements ultérieurs dans l'histoire en question[3].

Si l'on applique cette caractérisation à la musique, alors, pour que la musique soit narrative il faut : (a) qu'elle représente quelque chose ; (b) qu'elle représente des événements ou des états de choses ; (c) qu'elle représente des relations temporelles ou causales entre ces événements ou états de choses. Si l'on accepte que telles sont les caractéristiques minimales d'un récit, la question est alors d'évaluer si de la musique purement instrumentale (c'est-à-dire sans programme ou texte) peut effectivement les exhiber. Mais les perspectives ne sont pas brillantes. La troisième condition en particulier paraît difficile à satisfaire, car il semble qu'elle nécessite les fonctions référentielles, temporelles et singulières, que le langage possède, mais pas la musique. Pourtant, c'est précisément là que le trait distinctif du récit, par opposition à la représentation non narrative, semble résider[4].

Objets et contenus de la narration musicale

Si un récit musical relate des événements, la question se pose immédiatement de savoir s'il s'agit d'événements musicaux ou non musicaux. En d'autres termes, il est possible que la musique ne raconte, d'une certaine manière, que des histoires purement musicales, comme l'inversion d'un motif, ou l'arrivée d'une cadence, ou la modulation de *si* bémol majeur à *mi* bémol majeur. Une autre

---

3. Noël Carroll, « On the Narrative Connection » ; repris dans *Beyond Aesthetics*, Cambridge, Cambridge University Press, 2001, p. 118-133, ici p. 133.

4. Une approche alternative serait de faire résider la spécificité de la représentation narrative dans l'existence d'un narrateur distinct, intérieur à la représentation, qui raconte ou relate les événements et les relations en question. Mais depuis qu'un certain nombre de philosophes ont argumenté en faveur de la possibilité d'une « narration sans narrateur » (voir Kendall Walton, *Mimesis as Make-Believe*, Cambridge, Harvard University Press, 1990) ; Gregory Currie, *The Nature of Fiction*, Cambridge, Cambridge University Press, 1990 ; et George Wilson, « *Le Grand Imagier* Steps Out : The Primitive Basis of Film Narration », *Philosophical Topics*, vol. 25, n° 1, 1998, p. 295-318), ce n'est pas une approche que l'on peut adopter à la légère.

possibilité est que la musique raconte, d'une certaine manière, des histoires non musicales. Les récits les plus intéressants en musique sont sans doute ceux du second type plutôt que ceux du premier qui semblent en effet être redondants, à supposer même qu'on puisse les comprendre. Comme la suite des événements musicaux est directement présente et immédiatement entendue, quel serait en effet l'intérêt d'en faire simultanément le récit ?

Pour identifier des objets de narration musicale plus plausibles, il faut d'abord expliquer dans ses grandes lignes ce en quoi consiste l'appréhension musicale de l'auditeur ordinaire (pour peu qu'il soit musicalement sensible et habitué à écouter de la musique), du moins telle qu'on pourrait la concevoir si l'on n'est pas un strict formaliste. L'expérience que l'on fait lorsque l'on appréhende de la musique peut être envisagée comme comprenant différentes étapes, ou niveaux, même s'il est erroné de les considérer comme strictement séparables ou clairement ordonnés dans le temps. Quoi qu'il en soit, le premier niveau de l'appréhension musicale est celui où les propriétés les plus élémentaires du son (hauteurs, durées, timbres…) sont perçues. Juste après vient le niveau auquel les rythmes, les motifs, les phrases, les mélodies et les harmonies, c'est-à-dire les éléments constitutifs fondamentaux de la musique, sont perçus ; notez que ce niveau implique l'audition d'un *mouvement* dans la musique, plutôt que d'une simple succession ou altération. Ces deux étapes, sans doute pas entièrement séparables, correspondent à ce que l'on pourrait appeler le niveau *configurationnel* de l'appréhension musicale. Le niveau suivant est celui des gestes et des actions, le niveau auquel on entend la musique *faire* quelque chose, quelque chose qu'elle ne fait pas littéralement. Notez que le sens des gestes effectifs des interprètes qui produisent la musique fait partie du geste que l'on entend dans la musique elle-même (appelons-le *geste musical*), même si le geste musical ne doit pas être confondu avec les gestes instrumentaux que l'on peut supposer ou imaginer en écoutant de la musique. Ce niveau peut être qualifié de niveau *gestuel* (ou *agentiel*) de l'appréhension musicale. Enfin, on trouve le niveau auquel des états mentaux sont perçus derrière les gestes ou les actions entendus au niveau précédent, gestes et actions qui sont alors considérés comme l'expression de ces états mentaux ; il s'agit du niveau *expressif* de l'appréhension musicale.

Si cette description à grands traits de l'expérience musicale est exacte, alors quels sont les *objets* narratifs possibles de la musique ? On pourrait au minimum en proposer quatre : (a) les gestes ; (b) les actions ; (c) les expressions ; (d) les états mentaux. Quant au contenu de la narration musicale, il s'agirait probablement d'une sorte d'*agencement séquentiel* des objets précédents. Supposez qu'à titre d'exemple nous nous concentrions sur l'hypothèse (d) et que nous envisagions le contenu narratif de la musique comme étant une succession d'états mentaux. La narration musicale pourrait alors typiquement prendre la forme suivante : « D'abord S_1, puis S_2, puis S_3, … » où les S_n sont des états mentaux, forme à laquelle il faut ajouter toute autre relation entre les S_n qui pourrait être à l'œuvre dans cette séquence, comme : « S_1 évolue en S_2 », « S_2 résulte de S_1 », « S_2 est en réaction à S_1 », et ainsi de suite. Ceci étant dit, est-il plausible qu'une musique expressivement variée *raconte* effectivement ce genre d'histoires ? Est-il plausible que l'on *entende*, même indistinctement, une narration de ce genre dans une telle musique ? Il y aurait à tout le moins de bonnes raisons d'être agnostique sur ce point.

Nous devrions également observer que certaines caractéristiques centrales des formes habituelles de narration littéraire ou cinématographique, même si elles ne sont pas essentielles à toute narration, semblent pratiquement introuvables dans la musique instrumentale. Elles incluent la capacité à prédiquer d'un sujet, la capacité à faire des commentaires réflexifs, et la capacité à clairement indiquer le passé ou le futur[5]… et à ces trois caractéristiques difficilement imaginables pour la musique pure, on peut encore en ajouter d'autres, comme

5. Voir Fred Maus, « Narratology, Narrativity », dans Stanley Sadie (dir.), *New Grove Dictionnary of Music and Musicians*, vol. 17, n° 2, Oxford, Oxford University Press, 2001, p. 641-643. La référence au passé n'est peut-être pas au-delà du pouvoir de la musique. Le meilleur exemple serait sans doute celui de l'émergence de la nostalgie en musique, lorsqu'un passage de musique semble faire référence avec regret à un passage précédent, ou aux sentiments ou actions auxquels ce passage précédent a été associé.

la présence de la voix du narrateur, l'existence d'un point de vue narratif bien déterminé ou encore la capacité pour le récit d'être plus ou moins fidèle à la réalité[6].

LA REPRÉSENTATION MUSICALE

Il nous faut maintenant examiner plus précisément l'idée de représentation qui est présupposée dans toute cette discussion. Si l'on considère la représentation comme une condition *sine qua non* de la narration, trois exigences doivent être remplies pour pouvoir considérer une œuvre de musique instrumentale comme une narration : premièrement, cette musique doit effectivement *représenter* quelque chose ; deuxièmement, elle doit représenter des événements *non musicaux* ; et troisièmement, elle doit représenter ces événements sur un mode narratif, c'est-à-dire en relatant ou en communiquant d'une certaine manière les *relations causales ou temporelles* entre ces événements non musicaux.

Mais la première de ces exigences soulève déjà des difficultés. Même si la musique expressive pousse spontanément les auditeurs possédant le bagage culturel approprié à y entendre des gestes et des expressions d'états mentaux, conformément au schéma de l'appréhension musicale que nous avons esquissé plus haut, est-ce vraiment suffisant pour dire que la musique *représente* ces choses ? Malheu-

6. Il ne s'agit pas de nier que le point de vue que l'on peut attribuer au compositeur implicite joue un rôle dans le cas de musiques maniant l'humour, la parodie, l'allusion, etc. De tels exemples incluent *Ein musikalischer Spass* de Wolfgang Amadeus Mozart, le *Sixième Quatuor à cordes* de Belá Bartók, le *Quatuor* « *La plaisanterie* » de Joseph Haydn et certains passages des symphonies de Charles Ives. De tels cas impliquent typiquement l'existence de commentaires implicites sur quelque chose de musicalement très référencé pour les auditeurs de l'époque. Malgré ces exemples, il est difficile de voir comment il pourrait y avoir une place en musique pour le fonctionnement d'un véritable point de vue narratif. Sur la question de la fidélité à la réalité, on se reportera à mon essai « Truth in Music » (dans *Music, Art and Metaphysics*, Oxford, Oxford University Press, 2011, p. 279-305) pour une tentative de théoriser le réalisme en musique en le rapportant à un ensemble de faits généraux concernant le domaine des émotions. Bien que je ne répudie pas entièrement cet essai, je suis maintenant moins confiant quant au bien fondé de l'approche que j'avais alors adoptée.

reusement non. En effet, la représentation artistique, comme le montre très clairement le cas de la représentation picturale, est une notion *fortement* intentionnelle. Ainsi, pour qu'un dessin représente un chêne, un chêne doit y être visible, certes, mais l'auteur du dessin doit surtout avoir effectivement eu l'intention que l'on voie un chêne *dans* le dessin. D'un autre côté, la notion d'expressivité artistique n'est pas une notion fortement intentionnelle, pas plus que celle de contenu gestuel ; un passage de musique peut exprimer une émotion ou incarner des gestes musicaux sans que son compositeur ait voulu que l'on y entende ces gestes ou cette émotion, et dans certains cas, sans même qu'il n'ait prévu ou anticipé une telle écoute.

Dans cette perspective, il se peut que la relation entre la musique et les gestes ou expressions qu'elle nous pousse à entendre soit comprise plus proprement comme une relation de *suggestion* que de *représentation*. Néanmoins, je laisserai pour l'instant cette réserve de côté et continuerai de parler de la musique expressive comme représentant les gestes, actions et expressions qu'elle ne fait probablement, à proprement parler, que suggérer. Cela permettra à la question de la narration musicale de rester ouverte.

NARRATION MUSICALE EXTERNE ET NARRATION MUSICALE INTERNE

Concernant la narrativité de la musique, il peut être utile pour notre propos de distinguer entre la narration musicale externe (la narration musicale du compositeur) et la narration musicale interne (la narration musicale de la musique elle-même). Dans le premier cas, la suite d'événements musicaux *est* « l'histoire » ; dans le second cas, les événements musicaux sont *à propos* de « l'histoire », si toutefois elle existe. Bien sûr, dans les cas où l'on peut comprendre la musique comme narration à la fois externe et interne, la responsabilité de la narration interne incombe également, en dernier ressort, au compositeur, celui-ci étant le narrateur, en premier lieu, de la suite d'événements musicaux, et, en second lieu, de la suite d'événements non musicaux que la suite d'événements musicaux représente, même si c'est parfois à son insu.

Si l'on prend au sérieux l'idée d'une narrativité externe de la musique (c'est-à-dire l'idée que les événements constitutifs de la musique font eux-mêmes l'objet d'une narration), alors il faut également envisager le rôle de l'interprète. L'interprète peut être vu comme celui qui déroule dans le temps les événements racontés une fois pour toutes par le compositeur sur la partition, ou bien comme le seul narrateur *stricto sensu* des événements musicaux, le compositeur n'étant alors que celui qui agence abstraitement des événements destinés à être racontés par l'interprète à chaque performance.

Je suis allé aussi loin que je le pouvais pour l'instant en suivant cette idée de musique comme récit ; et je veux maintenant considérer une piste alternative, celle de la musique comme drame.

Le drame en musique selon Maus et Newcomb

Dans cette section, je résumerai deux analyses de compositions musicales effectuées par des musicologues bien informés philosophiquement et qui proposent un modèle davantage dramatique que narratif pour rendre compte des événements que les compositions semblent représenter. La première est celle de Fred Maus et porte sur le mouvement inaugural du *Quatuor en fa mineur*, op. 95, de Beethoven ; la seconde, par Anthony Newcomb, concerne le Scherzo de la *Neuvième Symphonie* de Mahler.

L'analyse de Maus, qui se concentre minutieusement sur les saisissantes dix-huit premières mesures du *Quatuor* de Beethoven, en y identifiant un certain nombre de gestes particuliers en relation les uns avec les autres, débouche sur la conclusion générale suivante :

> Il serait naturel de qualifier le quatuor de composition ostensiblement *dramatique*. L'analyse rend concrète l'idée que cette pièce donne à voir un drame théâtral, en narrant une suite d'*actions* dramatiques : tout d'abord, une éruption abrupte, qui reste en suspens ; ensuite, un second éclat en réponse, non moins abrupt et presque grossier dans sa tentative pour contrebalancer la première ;

enfin, une réponse aux deux premières actions, plus douce et plus précautionneuse, et à bien des égards plus gratifiante[7].

Maus note que sa description analytique du passage explique les événements en les considérant comme des *actions* et en s'aventurant à proposer des *motivations* pour ces actions. Mais à qui, se demande Maus, faut-il attribuer ces actions et ces motivations ? Ni au compositeur, ni à l'interprète, semble-t-il, car bien qu'ils soient les auteurs de certaines actions clairement liées à la musique (respectivement composer et interpréter), on ne peut pas raisonnablement les considérer comme les auteurs des actions entendues à l'intérieur de la musique, comme affirmer, objecter, répondre. Ces actions, et les motivations sous-jacentes, sont bien plutôt attribuées à une *persona*, ou à un agent quasiment considéré comme une personne, que l'on imagine présente et effectuant ces actions en temps réel. « En écoutant un morceau », observe Maus, « c'est comme si l'on suivait une suite d'actions qui sont exécutées ici et maintenant, sous nos oreilles, et non comme si l'on ne faisait que prendre connaissance de ce que quelqu'un avait fait plusieurs années auparavant »[8].

Maus avance l'idée qu'un morceau de musique instrumentale, comme le mouvement du quatuor qu'il analyse, soit assimilé à une pièce de théâtre plutôt qu'à une forme narrative comme le roman, et que l'on considère ainsi qu'il dispose d'un caractère *essentiellement* dramatique. Les pièces de théâtre ont un certain nombre de traits saillants que la musique semble pouvoir partager. Elles consistent en une suite d'actions, qui sont les actions de personnages fictifs ou de *personae*, actions qui sont comprises comme ayant lieu dans le même temps qu'elles sont perçues, et qui forment une intrigue ou, du moins, possèdent un sens global. Bien sûr, les actions entendues dans la musique ne sont pas aussi concrètes et détaillées que les actions d'une pièce de théâtre qui se rapprochent davantage de

7. Fred Maus, « Music as Drama », dans Jenefer Robinson (dir.), *Music and Meaning*, Ithaca, Cornell University Press, 1997, p. 105-130, ici p. 118-119. Remarquez que si Maus parle de narration dans cette citation, la narration en question est opérée par l'*analyse*, et pas par la *musique* analysée.

8. *Ibid.*, p. 121.

celles que l'on peut observer dans la vraie vie. Les agents, les objets et les motivations des actions musicalement incarnées demeurent bien plus indéterminés. La musique est, comme le rappelle Maus, « un drame sans personnages déterminés »[9]. Toutefois, cette différence dans le degré d'indétermination des personnages ou *personae* impliqués dans la musique et dans le théâtre ne doit pas nous conduire à remettre en cause la validité de l'analogie. Car, après tout, des auteurs dramatiques comme August Strindberg et Samuel Beckett ont créé des pièces de théâtre, comme *Fin de Partie* ou *La Sonate des Spectres*, dont les *personae* sont presque aussi indéterminées que celles entendues dans la musique instrumentale expressive qui nous intéresse ici.

Anthony Newcomb maintient pour sa part que la musique est entendue comme « une reconstitution d'un schéma complexe d'actions humaines intentionnelles »[10], et l'analyse du mouvement de Mahler qu'il propose est conçue pour illustrer ce point. Selon Newcomb, la manière dont on imagine l'agentivité[11] de la musique correspond au schéma suivant :

> [D'abord] on sélectionne des caractéristiques musicales [sur lesquelles on focalise son attention], [...] on interprète ces caractéristiques musicales comme des traits de caractère ou des types de comportement humain, [...] on agrège, selon des configurations variées, ces éléments humains pour former des agents humains possibles ou plausibles, [...] [et finalement] on comprend [...] ces agents fictifs comme jouant un rôle dans le déroulement d'une chaîne plausible d'événements et d'actions humaines[12].

---

9. *Ibid.*, p. 128.

10. Anthony Newcomb, « Action and Agency in Mahler's Ninth Symphony, Second Movement », dans Jenefer Robinson (dir.), *Music and Meaning*, Ithaca, Cornell University Press, 1997, p. 131-153, ici p. 131.

11. Ndt. Nous proposons ce néologisme pour décrire le fait que quelque chose possède un statut d'agent.

12. *Ibid.*, p. 133. Newcomb s'empresse d'ajouter une nuance : « Il est important de noter qu'en musique, comme dans d'autres arts, cette agentivité n'est pas présente de bout en bout. [...] Même la musique la plus « expressive » [...] ne fait parfois que tourbillonner, rêvasser, ou ronronner en une fonction clairement décorative ».

Newcomb distingue dans le scherzo de Mahler trois danses de caractères différents, qui sont d'abord introduites individuellement, puis s'entrelacent à mesure que le mouvement se poursuit. La première est un Ländler modéré (A), le deuxième une valse rapide (B), et la troisième un Ländler lent (C). Quand la deuxième danse apparaît pour la première fois, on a l'impression d'un agent distinct de celui de la première danse, mais il y a deux interprétations raisonnables sur ce qu'est cet agent : ou bien il s'agit d'une deuxième *persona*, entièrement distincte, ou bien d'un élément interne à la personnalité de la première *persona*. Le contexte historico-culturel de la Vienne du début du XXe siècle, imprégné des écrits d'Arthur Schopenhauer et de Sigmund Freud, et favorable à l'idée d'une face cachée de la psyché humaine, nous pousse plutôt à préférer la seconde interprétation, celle d'un contraste entre les formes d'agentivité incarnées respectivement par les danses A et B. Dans l'ensemble, Newcomb suggère que le mouvement propose l'image d'une personnalité rustique, maladroite et épaisse, balayée par une personnalité mondaine, sophistiquée et pleine d'assurance, elle-même suivie, le moment venu, d'une personnalité sobre et réfléchie, associée à la danse C, qui sert à réfréner la seconde et sans doute à restaurer, dans une certaine mesure, l'honneur de la première.

Dans la suite de cet essai, je vais tenter d'illustrer d'autres aspects des approches dramatiques et narratives du contenu musical, et d'évaluer leurs mérites respectifs eu égard à différentes sortes de musique.

MUSIQUE DRAMATIQUE ET MUSIQUE NARRATIVE

Je maintiens que la musique est expressive quand elle nous incite à l'entendre comme dotée d'agentivité, plus spécifiquement, quand elle nous pousse à l'entendre comme exprimant un état mental, ou ce qui revient peut-être au même, quand elle nous pousse à imaginer une *persona* exprimant un état mental par le biais de la musique. C'est ce que j'appelle la théorie de l'expressivité musicale comme disposition-pour-la-musique-à-être-entendue-comme-l'expression-d'un-état-mental[13]. Mais une suite de passages musicaux qui exprime une suite d'états mentaux forme-t-elle ainsi automatiquement un *récit* d'émotions ? Pour cela, il faudrait, semble-t-il, que nous ayons le sentiment qu'il existe un agent supplémentaire qui se livre à un récit ou à une narration, et qui est bien distinct de l'agent ou des agents imaginaires auxquels sont attribués les états mentaux et les actes d'expression constituant la substance expressive de la musique[14]. Si tel n'est pas le cas, nous aurions plus de raisons, comme le suggèrent les analyses de Maus et Newcomb, d'envisager la musique selon un modèle dramatique (dans lequel les *personae* et leurs actions expressives apparaissent directement sur la scène musicale) que selon un modèle narratif (dans lequel ces *personae* et leurs actions expressives nous sont au contraire relatées par un narrateur).

La *Poétique* d'Aristote est le *locus classicus* de la distinction entre le narratif et le dramatique, la première tentative sérieuse dans la pensée occidentale pour proposer une taxinomie des arts. Aristote convoque cette distinction pour expliquer la différence entre l'épopée et la tragédie. Il remarque que, bien qu'elles aient les mêmes objets d'imitation (c'est-à-dire de nobles êtres humains dans des situations sérieuses), et à peu près les mêmes moyens d'imitation (à savoir des personnes qui parlent), elles diffèrent néanmoins quant au mode d'imitation : alors que l'épopée relate les événements de l'intrigue, la tragédie les présente directement. Ou, pour le dire autrement, le narrateur épique *décrit* les événements de l'histoire alors que les acteurs tragiques les *incarnent*.

Encore une fois, d'après la théorie de l'expressivité musicale qui est la mienne, nous entendons la musique expressive précisément comme si elle était l'expression d'états mentaux. Plus généralement, nous entendons une telle musique, et la plupart des musiques non expressives, comme traversées d'actions. Cela signifie que

13. Voir, dans le présent volume, « L'expressivité musicale », p. 129-198.

14. C'est-à-dire, en suivant les termes introduits précédemment, il faudrait que la musique soit le lieu d'une narration *interne* et pas seulement *externe*.

nous entendons couramment la musique agir sans qu'elle ne fasse littéralement ce qu'elle semble faire : on l'entend faire des choses ou des gestes qu'elle ne fait pas littéralement. Dans le cas de la musique expressive, ces actions sont, naturellement, des actions expressives, mais dans les autres cas, ces actions peuvent être de tout autres types. Dans une telle perspective, il est clairement plus naturel de voir la musique instrumentale comme dramatique (c'est-à-dire proposant une suite d'actions à imaginer directement) que comme narrative (c'est-à-dire proposant le récit séquentiel de ces actions).

DANS QUELLES CONDITIONS L'INTERPRÉTATION NARRATIVE DE LA MUSIQUE EST-ELLE PLUS APPROPRIÉE ?

Quand sommes-nous disposés à considérer les actions que nous entendons dans la musique comme directement présentes sous nos oreilles, incarnées dans le temps par des *personae*, et quand sommes-nous disposés à les considérer comme des choses qui ne sont pas directement présentes, mais au contraire représentées par le récit d'un narrateur, qu'il s'agisse du compositeur, de l'interprète ou d'un narrateur interne à la musique ? Il s'agit là d'une question des plus délicates. Je la traiterai, si vous le permettez, dans une version simplifiée : quand avons-nous l'impression qu'une musique instrumentale sans fioritures nous raconte une histoire, qu'une telle musique est, dans les termes utilisés précédemment, *narrante* et pas seulement *narrée* ?

Il me semble premièrement que la musique doit avoir un caractère *énonciatif* marqué, comme si elle parlait elle-même, pour que ce sentiment émerge. Et ce n'est clairement pas le cas de toutes les musiques. Mais deuxièmement, elle doit plus spécifiquement *raconter une histoire*. Ce que j'entends par là, c'est qu'elle doit prendre une allure mesurée, délibérée, réfléchie, comme dans les contes qui s'ouvrent par « il était une fois » ou « il y a bien longtemps dans un pays fort lointain ». La musique qui raconte une histoire s'appuie sur les traits typiquement associés au discours posé du conteur qui, par définition, sait prendre son temps. Ainsi, un tempo plutôt lent, un rythme relâché, et des dynamiques mesurées font partie des traits musicaux propices à l'émergence de ce caractère de conte. Le début de *Má Vlast* de Smetana serait un bon exemple d'une musique au caractère proche de celui d'un conte. Certes, il s'agit explicitement d'une œuvre à programme, mais on peut aussi trouver des exemples non programmatiques : le début de la *Septième Symphonie* d'Anton Bruckner, la *Symphonie en ré mineur* de César Franck, la *Symphonie n° 5 « Réformation »* de Felix Mendelssohn, ou la *Symphonie n° 9 « Du Nouveau Monde »* d'Antonín Dvořák pourraient être convoqués à cet égard.

Nous pourrions également tester la généralisation suivante : plus la musique se présente comme étant une énonciation directe du compositeur, plus nous serons enclins à la considérer comme narrative, comme si le compositeur se confiait à nous ou nous racontait quelque chose par ces sons ; et plus la musique se présente comme constituant un monde autonome, où les événements arrivent indépendamment de toute force directrice extérieure, plus nous serons enclins à la considérer comme dramatique, comme si elle impliquait des agents qui apparaissent, interagissent puis disparaissent sous nos oreilles. Ou, pour le dire autrement : plus les agents imaginés en lien avec la musique expressive semblent autonomes et animés d'une volonté propre, plus une vision dramatique de la musique est adéquate ; et, inversement, plus les agents imaginés semblent manipulés et objets d'une volonté extérieure, plus une vision narrative de la musique s'impose.

Quoi qu'il en soit, il est clair que toute musique instrumentale ne manifeste pas forcément un caractère narratif, pas plus qu'elle ne se prête toujours facilement à une interprétation narrative. Cela dépend du *genre* de musique en question. Quand on a affaire à des menuets, des scherzos, des toccatas, des études, des canons, des variations, ou à d'autres choses de ce type, la forme même de ces pièces impose certaines répétitions structurelles ou certains « matériaux de remplissage » qui tendent à empêcher toute évocation narrative, ou à couper tout élan narratif ; et c'est ainsi que de tels morceaux peuvent se rapprocher de la définition de la musique instrumentale comme « papier peint sonore », proposée par Peter Kivy[15]. Dans les mouvements d'une sonate au contraire, la narrativité interne a plus de prise : la forme sonate consiste essentiellement en progressions et en développements et est donc bien plus propice à une interprétation narrative[16].

Néanmoins, l'interprétation la plus naturelle d'un mouvement de sonate est moins narrative que dramatique. Les mouvements de sonate donnent généralement l'impression d'être une scène sur laquelle les acteurs entrent, expriment directement leurs émotions, et s'en vont (on peut aussi imaginer qu'il n'y a qu'un seul acteur qui passe par toute une série d'états, un peu à la manière d'un soliloque). Par exemple, dans le mouvement d'ouverture de la très méconnue *Symphonie pour Piano* de Charles-Valentin Alkan, on entend facilement un protagoniste, représenté très clairement par un motif distinctif de cinq notes, exprimer un mélange étrange de désir et d'inquiétude. Mais il ne nous semble pas entendre une voix qui nous parle d'une tierce personne. Nous n'avons pas le sentiment d'écouter un médiateur qui ferait le lien entre nous et les gestes expressifs que nous percevons dans la musique.

Il serait probablement préférable d'admettre que la musique peut généralement être entendue ou bien comme strictement narrative, ou bien comme strictement dramatique, même si la plupart des musiques penchent plutôt vers le second terme de l'alternative. Quand la musique est considérée comme la parole ou la voix du compositeur, alors l'entendre comme un récit (dont le contenu se trouve dans les gestes, les actions ou les émotions de l'alter ego du compositeur) est assez naturel. Selon ce modèle, le compositeur est

15. Peter Kivy, « The Fine Art of Repetition »; repris dans *The Fine Art of Repetition*, Cambridge, Cambridge University Press, 1993, p. 327-359, ici p. 359.

16. On peut faire des remarques analogues pour la fugue, qui évite également la répétition stricte, et que l'on peut entendre comme relatant l'histoire d'un thème et de ses vicissitudes, et pour l'improvisation jazz sur des standards, étant donné qu'une telle improvisation est souvent considérée, au moins en partie, comme un commentaire sur un morceau donné ou sur sa grille d'accord. Pour des réflexions intéressantes sur la dimension narrative de l'improvisation jazz, voir la troisième partie de Jon Elster, *Ulysses Unbound*, Cambridge, Cambridge University Press, 2000.

analogue au poète lyrique, et l'interprète au récitant ou au rapsode. Quand la musique est plutôt considérée comme le produit organisé d'une activité créative proposé à notre réception active, alors l'entendre comme un drame (dont le contenu se trouve dans les gestes, les actions ou les émotions des *personae* successives) est sans conteste plus naturel. Selon ce modèle, le compositeur est analogue à un auteur de théâtre, et l'interprète au metteur en scène ou au producteur.

En dernière analyse, entendre un morceau de musique comme un récit ou comme un drame, au-delà de la saisie de son contenu expressif, doit plutôt être vu comme une *option* d'appréciation, et pas comme une condition *sine qua non* d'une appréciation correcte de ce morceau. Même quand on suit cette option, il est souvent impossible de déterminer laquelle de ces deux interprétations, narrative ou dramatique, est la meilleure. La source probable de cette indécidabilité est qu'il y a toujours une multiplicité d'actions verbales possibles qui puissent être imaginativement entendues dans un passage de musique donné : un monologue, un dialogue, une récitation, un aparté, un soliloque, une méditation, une diatribe, une ballade, une chronique, un rapport, une confession, une exhortation, une péroraison, une élégie, une admonestation, et ainsi de suite, certaines de ces actions étant dramatiques et d'autres, narratives.

LE RÉCIT EN MUSIQUE AU SENS LARGE ET AU SENS RESTREINT

Un mouvement de sonate, écouté pour ainsi dire de l'intérieur, donne à voir un drame théâtral dont les acteurs sont les thèmes et les motifs. C'est la manière dont les sonates sont habituellement entendues, comme l'illustre l'exemple d'Alkan présenté ci-dessus. Cela dit, un mouvement de sonate, écouté de l'extérieur, comme le produit délibéré d'un créateur, peut prendre l'aspect d'un récit relaté par le compositeur *via* le drame musical plus immédiatement perceptible. Ainsi, bien qu'il ne soit pas narratif au sens *restreint* (sens selon lequel le narratif s'oppose au dramatique), le mouvement de sonate peut être considéré comme narratif au sens *large* (au sens où le récit est effectué *au moyen* du drame).

Imaginez un général racontant une bataille passée à l'aide d'acteurs ou de marionnettes ayant des caractéristiques propres. Cela ressemble au travail de mise en scène auquel se livre le compositeur quand il organise le matériau musical et conduit les personnages auquel le matériau donnera vie à l'occasion d'une écoute imaginative. Nous avons alors affaire à la narration d'une histoire par la création d'un drame. Bien sûr, dans ce sens large du terme « narration », les auteurs de théâtre, qui façonnent des drames en vue d'une incarnation directe, sont aussi engagés dans une entreprise narrative, et même encore plus clairement que ne le sont les compositeurs. Par exemple, *Macbeth* transmet manifestement un récit, et on ne voit pas d'objection qui nous empêcherait de voir Shakespeare comme le destinateur de cette histoire. Mais ni en théâtre ni en musique cela ne peut aboutir à une narration au sens strict, celle que l'on rencontre par exemple dans la fiction littéraire, où l'on peut identifier un narrateur au sein de la fiction, où il y a une voix narrative déterminée, où le point de vue narratif est fortement présent et où il y a une nette distinction entre le discours narratif et l'histoire narrée.

LA *PERSONA* MUSICALE

Qu'est-ce qui nous conduit à penser que la *persona* musicale entendue dans un passage de musique ou dans une certaine zone de la texture musicale soit la même que la *persona* entendue dans un autre passage ou dans une autre zone ? Il est très difficile de généraliser à ce sujet, mais on peut sans doute dire qu'une suite de gestes musicaux contigus, de caractère semblable, sera interprétée, *ceteris paribus*, comme les gestes d'une seule et même *persona*.

Pourtant, il est probable que ce genre de questions soit frappé d'une irréductible indétermination. À propos des *personae* théâtrales que l'on peut entendre au début de l'*Opus 95* de Beethoven, Fred Maus observe :

> On ne sait jamais si c'est le même agent qui produit la première éruption et qui y répond, ou bien s'il s'agit de deux agents différents. Si la continuité de l'instrumentation suggère une persistance de l'agentivité musicale, la discontinuité des registres et le traitement extrêmement contrasté du quatuor peut suggérer qu'un agent (ou des agents) distinct(s) soi(en)t apparu(s) pour donner la réponse [...]. Les actions suivies par l'auditeur quand il écoute ce passage de Beethoven n'émanent pas d'agents clairement distincts. Plus précisément, lorsque l'auditeur discerne des actions et les explique à l'aide des états mentaux des agents sous-jacents, différentes manières d'individuer ces agents lui sembleront appropriés, mais jamais de façon suffisamment déterminée pour exclure tout autre interprétation[17].

Néanmoins, la musique soliste est le plus souvent entendue comme communiquant un épisode de la vie psychologique d'une *persona* persistante tout au long d'un passage. Même quand la mélodie est bien séparée de l'accompagnement, ou que plusieurs lignes distinctes se dégagent d'une texture contrapuntique, on a généralement l'impression d'une agentivité expressive unique, que servent les différents constituants musicaux discriminables. Au contraire, dans certains genres comme le concerto, avec sa structure agonistique manifeste, faisant s'affronter le soliste et l'orchestre, l'hypothèse d'une agentivité expressive unique est tout aussi clairement exclue. Et les sonates en duo, ainsi que les trios, peuvent tout aussi souvent inviter au type d'écoute approprié pour les concertos, dans lesquels différents instruments ou groupes instrumentaux sont perçus comme les véhicules de *personae* différentes.

Coda

Je terminerai avec un exemple musical, le premier mouvement de la *Sonate pour piano en la mineur*, D. 845, de Franz Schubert. Il peut être instructif de suivre à la trace la manière dont nous appréhendons

17. Fred Maus, « Music as Drama », p. 123.

les gestes, les expressions et les actions dans ce morceau qui, comme la plupart des mouvements en forme-sonate, se prête plus facilement à une écoute dramatique plutôt que narrative. Toute tentative pour convaincre les auditeurs de ce fait à l'aide d'une simple description se heurte néanmoins à une difficulté pragmatique. En effet, en décrivant la musique, on est inévitablement forcé de raconter que l'on entend tel agent faire ceci puis tel autre agent faire cela[18]. En tout état de cause, ce n'est pas parce que l'on est forcément conduit à raconter sa propre expérience du contenu dramatique d'un morceau de musique lorsque l'on plaide une interprétation dramatique de ce contenu, que la musique elle-même se transforme en récit plutôt qu'en drame.

Trois thèmes (ou groupes de thèmes) contrastants (respectivement A, B et C) peuvent être distingués dans ce mouvement, auxquels on peut facilement associer trois *personae* ou trois traits de personnalité. Le motif inaugural, A, est d'un caractère sinistre et introverti, alors que le suivant, B, est globalement agité, et consiste en trois sous-motifs, respectivement balançant, coulant et déclamatoire. Le motif suivant, C, a un caractère martial et hautain; il est suivi par une fusion entre C et B qui, bien que toujours vigoureuse, revêt un caractère plus lyrique que ce qui nous avait été donné à entendre jusque-là, et qui fait ressortir une parenté entre les deux motifs. Finalement, C disparaît et le sous-motif coulant, en arpège, de B prédomine alors, jusqu'au retour de A, dont la tonalité est transposée à la tierce supérieure. De là jusqu'à la fin de l'exposition (une vingtaine de mesures environ), A et C alternent, comme dans un dialogue, lequel est finalement conclut en douceur par C.

Au début du développement, on assiste à une alternance entre deux aspects de A, distingués par des différences très nettes de registre et de dynamique, ce qui donne au passage l'allure d'un soliloque dans lequel les différents aspects d'une question sont examinés tour à tour. Cela est suivi, après deux accords tenus en guise de transition, par une section au caractère fantaisiste plus prononcé : ici, la *persona*

18. Voir la section « Le drame en musique selon Maus et Newcomb », pour une précaution similaire.

de A, bien qu'un peu masquée par le sous-motif syncopé et oscillant de B à la basse, prend son envol, s'aventure dans des régions encore inconnues, et à partir de la mesure 120 (environ), se trouve en proie au doute ; le résultat de cette lutte n'est d'ailleurs pas vraiment clair. Les sombres pensées continuent à s'accumuler, et le sentiment de crise est accentué par la fragmentation de A, réduit à ses quatre dernières notes descendantes, qui dégringolent, désespérément semble-t-il, encore et encore. La crise s'éloigne finalement, ce qui permet à A de se réaffirmer à nouveau dans son intégralité, même si A est désormais plus incertain, vidé de son énergie, et tournant sur lui-même dans une série de tonalités aussi lointaines qu'inhospitalières. C'est ici que je prendrai congé de nos motifs et de leurs *personae* associées, bien qu'il reste encore une soixantaine de mesures avant la réexposition, et le retour de l'ordre initial.

Dans le récit que je viens de faire de l'expérience qu'un auditeur (ou du moins qu'un certain auditeur) peut faire de cette musique, j'ai mélangé un vocabulaire musicologique, un vocabulaire expressif et un vocabulaire agentiel. Mais les éléments musicologiques de ce récit ne servent qu'à mettre en lumière ce qui se passe dans la musique sur les deux autres plans, ceux de l'expression et de l'agentivité. En définitive, et j'espère que votre propre expérience vous le confirmera, on n'assiste pas tant à des actions prenant place en d'autres temps et d'autres lieux dont nous recevrions un compte-rendu, qu'à un drame fait d'événements prenant place ici et maintenant, impliquant des *personae* indéfinies qui sont les lieux mouvants des émotions et des actions rencontrées sur les chemins de l'écoute.

ÉMOTION

PLAISIRS ET DÉPLAISIRS MUSICAUX

Clément CANONNE et Pierre SAINT-GERMIER

Lorsque Emmet Ray, avachi sur le lit d'une chambre d'hôtel bon marché, fait sonner sur sa guitare les premières notes de la chanson *I'm Forever Blowing Bubbles*, sa compagne Hattie s'arrête net. La caméra de Woody Allen zoome alors lentement sur le visage de la jeune femme, que l'on voit se remplir d'une émotion aussi imprévue que profonde, éveillée par la douceur de la ballade. Cette scène mémorable du film *Accords et désaccords* donne une illustration particulièrement nette – et cinégénique – du pouvoir qu'a la musique de susciter des émotions chez celles et ceux qui l'écoutent : à bien des égards, la musique constitue pour nous une source intarissable d'émotions riches et variées.

Ce pouvoir de susciter des émotions doit toutefois être bien distingué du pouvoir qu'a la musique d'*exprimer* des émotions. L'émotion exprimée par un passage de musique n'est pas toujours suscitée chez l'auditeur. Il peut arriver que l'on écoute, avec toute l'attention et la disponibilité émotionnelle requises, l'Adagio du *Concerto pour piano n° 23* de Wolfgang Amadeus Mozart, qui exprime manifestement un sentiment diffus de tristesse, sans véritablement éprouver de la tristesse, mais plutôt une satisfaction mêlée d'admiration pour le génie mozartien. Inversement, il est possible d'éprouver de la tristesse à l'écoute du *Nutty* de Thelonious Monk, un morceau qui respire plutôt la joie et l'humour, parce que cette musique nous rappelle immanquablement une personne pleine de joie et d'humour qui est partie trop tôt. Le phénomène de l'éveil d'émotions chez l'auditeur par la musique et le phénomène de l'expressivité musicale doivent donc être nettement distingués[1].

L'éveil d'émotions par la musique peut prendre de multiples formes. Avec Jenefer Robinson[2], nous pouvons en distinguer quatre types. Tout d'abord, comme nous venons de le souligner, la capacité qu'a notre mémoire associative de lier de façon arbitraire certaines musiques à des événements passés permet à ces musiques d'évoquer indirectement des émotions, si le souvenir de l'événement en question est de nature à susciter en nous une émotion. Mais la nature musicale du stimulus ne joue ici aucun rôle particulier. Or, il y a clairement des cas où l'éveil d'une émotion par la musique repose de façon plus directe sur certaines qualités inhérentes à la musique elle-même. Ainsi, le deuxième type de réaction émotionnelle provoquée par la musique consiste à être mu par des propriétés esthétiques globales de la musique. Nous pouvons être ravis par la beauté ciselée d'un canon de Josquin ou éprouver du dégoût face à certains instruments, à l'instar de Pierre Boulez qui confesse être pris de nausée à l'écoute des ondes Martenot de la *Turangalîla Symphonie* d'Olivier Messiaen[3]. On peut cependant distinguer un troisième type de réaction émotionnelle qui prend moins pour objet les propriétés esthétiques globales de l'œuvre musicale que des processus de développement plus locaux. C'est dans cette perspective que Leonard Meyer a défendu l'idée que la

1. Il est vrai que certaines théories de l'expressivité – les théories dites de l'éveil – cherchent à expliquer le pouvoir expressif par le pouvoir évocatif. Mais cela ne doit pas nous inviter à confondre les deux. Et quand bien même cette approche serait sur la bonne voie, elle serait complètement tautologique et dépourvue de valeur informative si les deux pouvoirs étaient identiques : on ne peut expliquer une chose A par une autre chose B que si B est précisément une *autre* chose. Pour une discussion critique des théories de l'éveil, nous renvoyons à l'essai de Jerrold Levinson, « L'expressivité musicale », traduit dans le présent volume, p. 129-198.

2. Jenefer Robinson, « Emotional Responses to Music », dans Peter Goldie (dir.), *The Oxford Handbook of Philosophy of Emotion*, Oxford, Oxford University Press, 2010, p. 651-680.

3. Voir Dominique Jameux, *Pierre Boulez*, Paris, Fayard, 1984, p. 49.

compréhension de la musique était tout imprégnée d'émotions[4] : suivre le fil d'une pièce de musique complexe suppose d'éprouver de la surprise suite à un mouvement harmonique non conventionnel, de l'étonnement face à l'emploi de certaines orchestrations, du soulagement lorsqu'une tension accumulée sur plusieurs mesures est finalement résolue, ou encore de l'inconfort devant l'usage de certaines dissonances. On peut enfin identifier un quatrième type de réaction émotionnelle, par lequel l'auditeur réagit par une émotion bien réelle à l'émotion exprimée par la musique, qu'il s'agisse de contagion, lorsque l'écoute d'une musique joyeuse nous rend joyeux, ou de consécution, lorsqu'une musique exprimant la misère et le désespoir suscite en nous de la compassion.

Le fait que nous ressentions à l'écoute de la musique des émotions riches et variées, tant du point de vue de leur qualité que de leur valence, semble donc être une caractéristique indéniable de notre expérience musicale. Pourtant, les philosophes de la musique, dans certains cercles au moins, ont pu se montrer relativement méfiants vis-à-vis de ces émotions, et considérablement réticents à leur attribuer une signification esthétique. C'est une doctrine centrale de l'esthétique musicale formaliste que de nier toute pertinence esthétique et toute valeur aux pouvoirs émotionnels de la musique : Hanslick a ainsi critiqué de façon virulente l'attitude critique visant à attribuer une valeur positive à une œuvre de musique sur la base de sa capacité à susciter des émotions chez l'auditeur[5]. D'un point de vue formaliste, le fait qu'une musique évoque ou non des émotions chez l'auditeur est rigoureusement indépendant de sa valeur en tant que musique, et méconnaître ce fait au point de tenir ce pouvoir émotionnel pour une vertu ne peut conduire qu'à produire de la

4. Voir Leonard Meyer, *Émotion et signification en musique*, traduit de l'anglais par Catherine Delaruelle, Arles, Actes Sud, 2011.

5. Voir Eduard Hanslick, *Du Beau Musical* [1854], traduit de l'allemand par Alexandre Lissner, Paris, Hermann, 2012 ; ou Nick Zangwill, *Music and Aesthetic Reality. Formalism and the Limits of Descriptions*, New York, Routledge, 2015. Pour un examen critique des arguments de Hanslick à ce sujet, voir Malcolm Budd, *La musique et les émotions : Théories philosophiques*, traduit de l'anglais par Jacques Favier, Paris, Hermann, 2015.

mauvaise musique[6]. Une autre source du mépris esthétique envers les émotions éveillées par la musique provient, dans la tradition analytique, d'une méfiance plus générale à l'endroit de la pertinence esthétique des émotions, méfiance qui a pu être encouragée par la lecture du dernier chapitre de *Langages de l'art*. Nelson Goodman y résiste en effet à la tentative de faire jouer un rôle décisif aux émotions dans la définition de ce qu'est une expérience esthétique : « toute considération de l'expérience esthétique en termes d'orgie ou de bain émotionnels est à l'évidence absurde »[7]. Cela a pu être interprété comme une raison de se détourner du thème des émotions dans le débat sur la nature de l'expérience esthétique. Mais ce serait oublier que, si Goodman refuse de faire de l'émotion l'élément central de l'expérience esthétique, il reconnaît volontiers qu'elle peut y jouer un rôle cognitif :

> Dans l'expérience esthétique, *les émotions fonctionnent cognitivement*. L'œuvre d'art est appréhendée par l'entremise des sentiments aussi bien que par l'entremise des sens. La torpeur émotionnelle invalide aussi sûrement, sinon aussi complètement, que la cécité ou la surdité[8].

Goodman ajoute que le rôle des émotions dans la réception des œuvres d'art n'est pas limité à leur simple contenu expressif ou émotionnel, mais à toutes sortes de propriétés esthétiquement pertinentes :

6. Il est à noter que la critique formaliste des émotions dans l'esthétique musicale se situe sur plusieurs plans distincts. Comme nous l'avons vu dans notre introduction à la deuxième partie, le formalisme est d'un côté hostile à l'idée que la musique puisse exprimer des émotions. Mais d'un autre côté, il récuse l'idée que les émotions de l'auditeur puissent jouer un quelconque rôle dans l'appréciation esthétique de la musique. Ces deux points sont logiquement indépendants même s'ils participent tous deux d'une conception générale du beau musical dans laquelle toute considération de type émotionnel, que ce soit au niveau de l'expression ou de la réception, n'a aucune pertinence ni légitimité.

7. Nelson Goodman, *Langages de l'art*, traduit de l'anglais par Jacques Morizot, Paris, Fayard, 2011, p. 288.

8. *Ibid.*, p. 290.

> Il s'en faut d'ailleurs que nous utilisions les sentiments exclusivement pour explorer le contenu émotionnel d'une œuvre. Jusqu'à un certain point, nous pouvons ressentir quelle apparence a une peinture autant que nous pouvons voir comment elle touche. [...] Dans l'expérience esthétique, l'émotion est un moyen de discerner quelles propriétés une œuvre possède et exprime[9].

Nous pouvons donc reconnaître aux émotions suscitées par la musique au moins une valeur cognitive, au sens où elles constituent un canal par lequel nous pouvons acquérir des informations au sujet d'une œuvre musicale. Si ces aspects que nos émotions nous permettent de saisir plus précisément que notre ouïe ou notre réflexion conceptuelle possèdent effectivement une pertinence esthétique particulière, alors les émotions jouent bel et bien un rôle crucial dans l'appréciation esthétique de la musique.

À l'instar de Nelson Goodman, Jerrold Levinson fait résolument partie des philosophes qui considèrent les émotions suscitées par les œuvres d'art, et par les œuvres musicales en particulier, comme un sujet important de réflexion philosophique. Prenant acte de la diversité des expériences émotionnelles que nous pouvons avoir à l'écoute de la musique, il s'interroge dans « Les frissons musicaux » (2006) sur la nature, la signification et la valeur de ce qui se passe lorsque la musique nous émeut au point de nous donner la chair de poule, alors que « La musique et les émotions négatives » (1982) est consacré aux émotions négatives que peut éveiller la musique et au paradoxe qui découle de notre attrait pour les musiques qui les suscitent. Dans chaque cas, la contribution des émotions éveillées par la musique à la valeur qu'elle peut avoir pour nous est questionnée, et une thèse favorable à l'inclusion des émotions dans l'esthétique musicale est défendue.

Avant de revenir plus en détail sur cette question, et dans le but d'en préparer le terrain, il peut être utile de se pencher brièvement sur la nature même des émotions. Les émotions sont à la fois des états mentaux très familiers – nous en éprouvons quotidien-

9. *Ibid.*

nement – et relativement difficiles à caractériser et à expliquer, même si la philosophie de l'esprit et plus généralement les sciences affectives, qui incluent la psychologie et les neurosciences, ont ces dernières années considérablement contribué à accroître notre compréhension des phénomènes émotionnels [10]. Pour en rester à un niveau très général, on peut caractériser les émotions comme des états mentaux complexes, au sein desquels six composantes peuvent être distinguées : a) un vécu ou un affect caractéristique, b) un objet intentionnel sur lequel porte cette émotion, c) une évaluation de cet objet intentionnel, d) des désirs ou des inclinations caractéristiques relatifs à cet objet, e) des dispositions comportementales, f) des réactions physiologiques distinctives. Si nous prenons le cas de la tristesse, on peut y associer : a) un vécu caractéristique, une coloration particulière de la conscience qui nous affecte de façon négative; b) un objet ou un événement qui nous a rendus tristes, comme la perte d'un proche; c) une évaluation négative de la perte ainsi engendrée; d) le désir particulier de rester seul; e) une tendance au repli sur soi; et enfin f) un nœud dans la gorge et des yeux larmoyants. Différentes théories des émotions, qu'elles soient psychologiques ou philosophiques, accorderont une priorité à certaines composantes plutôt qu'à d'autres [11], mais toutes doivent au moins reconnaître cette diversité d'aspects et, dans la mesure du possible, en rendre compte.

---

10. Voir par exemple Jorge Armony et Patrik Vuilleumier, *The Cambridge Handbook of Human Affective Neuroscience*, Cambridge, Cambridge University Press, 2013.

11. Par exemple, selon une théorie des émotions popularisée par William James, les émotions ne sont rien de plus que la perception par l'esprit des changements physiologiques induits par un stimulus extérieur. L'accent est ici clairement mis sur la dimension incarnée de notre vie émotionnelle. Voir William James, « What is an emotion », *Mind*, vol. 9, 1884, p. 188-205. Selon une autre théorie populaire à l'heure actuelle en psychologie, les émotions proviennent de l'évaluation cognitive d'une situation. L'accent est mis ici sur le processus par lequel une valeur est attribuée par l'esprit à la situation dans laquelle se trouve le sujet et aux conséquences qu'elle peut avoir pour lui. Voir Klaus Scherer, Angela Schorr et Tom Johnstone, *Appraisal Processes in Emotion : Theory, Methods, Research*, Oxford, Oxford University Press, 2001.

La distinction entre des émotions positives ou négatives peut être tracée de différentes manières[12]. On peut certes distinguer une valence positive ou négative dans l'affect qui entoure une émotion, agréable ou pénible, mais aussi dans l'évaluation de l'objet sur lequel porte l'émotion, suivant qu'une valeur positive ou négative lui est attribuée. Ces deux critères ne vont pas nécessairement toujours dans le même sens. Par exemple, la souffrance d'autrui est évaluée négativement dans la compassion, mais la compassion n'est pas toujours accompagnée d'un affect pénible. Même si dans de nombreux cas typiques d'émotions négatives, comme la colère, le dégoût, la honte, la terreur ou la tristesse, les deux critères donnent des verdicts similaires, il peut être utile de se rappeler que la valence des émotions peut être interprétée de ces différentes manières.

Cette première clarification de la nature des émotions appelle assez naturellement une question au sujet des émotions éveillées par la musique : s'agit-il des *mêmes* émotions que celles que nous éprouvons dans la vie de tous les jours ? Il y a plusieurs raisons d'en douter. Considérons à nouveau l'exemple de la tristesse. Une condition qui semble nécessaire pour éprouver de la tristesse est d'être dans un état mental dirigé vers un objet dont la perte ou l'absence est évaluée négativement. Supposons que je vienne à éprouver de la tristesse à l'écoute d'une musique exprimant elle-même de la tristesse, par exemple le thème *Silence* de Charlie Haden. Même si ce morceau peut être écouté comme une méditation abstraite sur la mort et la perte qu'elle engendre, il y a une différence importante entre la tristesse que j'éprouve face à la mort d'un proche et la tristesse qu'éveille en moi le morceau de Charlie Haden. Dans le premier cas, il y a une personne dont l'absence possède une valeur négative pour moi et cause ma tristesse. Or rien de comparable ne semble exister dans la musique de Charlie Haden. Quel est l'objet de la tristesse que j'éprouve à l'écoute de la musique ? Quelle peut être l'absence évaluée négativement ? À moins que j'associe cette musique

12. Pour une réflexion critique sur la notion d'émotion négative, voir Kristján Kristjánsson, « On the very Idea of Negative Emotions », *Journal for the Theory of Social Behaviour*, vol. 33, n° 4, 2003, p. 351-364.

à la mort de quelqu'un en particulier – et alors la musique de Charlie Haden joue un rôle très secondaire dans l'éveil de mon émotion – il semble difficile d'expliquer comment une tristesse authentique peut être évoquée par cette musique. On peut alors adopter diverses positions pour rendre compte de l'idée que nous puissions ressentir de la tristesse à l'écoute d'une musique triste. Une première position consiste tout simplement à nier que nous éprouvions toute forme de tristesse, si par « tristesse » nous entendons la tristesse des funérailles et des séparations amoureuses. Peter Kivy a défendu cette position [13], au moins à propos de la musique pure, au risque de devoir contredire le témoignage de nombreux mélomanes (ainsi que de plusieurs études de psychologie [14]). Une version plus nuancée de cette position consiste à dire que, certes, nous n'éprouvons pas de la tristesse au sens strict du terme, mais que nous éprouvons quelque chose qui ressemble à l'émotion de la tristesse, comme un climat affectif de tristesse, plus diffus que l'émotion, et surtout dépourvu d'objet spécifique. Une position similaire, quoique légèrement différente consiste à soutenir que la musique n'éveille en nous que la composante affective ou phénoménologique de l'émotion, à l'exception de sa composante cognitive. Une autre position, que l'on retrouve par exemple sous la plume de Stephen Davies [15], serait de dire que nous pouvons être contaminés par l'émotion exprimée par une œuvre musicale, et en venir à l'éprouver nous-mêmes, de la même manière que nous pouvons être contaminés par l'émotion

13. Voir notamment Peter Kivy, *Music Alone*, Ithaca, Cornell University Press, 1990. Peter Kivy a adouci au fil des années sa position, reconnaissant que la musique puisse nous émouvoir, mais seulement en fournissant elle-même un objet à notre émotion : si nous sommes émus positivement par la musique, c'est seulement par sa beauté ou ses qualités esthétiques positives, et si nous sommes émus négativement, c'est seulement par sa laideur ou ses qualités esthétiques négatives.

14. Voir par exemple Marcel Zentner, Didier Grandjean et Klaus Scherer, « Emotions Evoked by the Sound of Music : Characterization, Classification, and Measurement », *Emotion*, vol. 8, n° 4, 2008, p. 494-521.

15. Stephen Davies, « Infectious Music : Music-Listener Emotional Contagion », dans Amy Copland et Peter Goldie (dir.), *Empathy : Philosophical and Psychological Perspectives*, Oxford, Oxford University Press, 2011, p. 134-148.

d'une personne triste, même si nous ignorons tout de l'objet de sa tristesse : dans les cas de contagion émotionnelle, nous pouvons en effet éprouver des émotions sans que toutes les conditions cognitives requises pour les émotions de premier ordre ne soient satisfaites. Enfin, une dernière manière de résoudre la difficulté consiste à dire que les émotions que nous ressentons à l'écoute de la musique sont en fait des émotions dirigées vers un objet imaginaire. Par exemple, si la musique expressive met en scène une *persona* que nous imaginons être prise de souffrances psychiques atroces, nous pouvons en venir à éprouver de la compassion envers elle[16]. Mais indépendamment de la solution que l'on préfère, il faut reconnaître que les émotions suscitées par la musique ne sont pas identiques aux émotions que l'on éprouve en dehors de la salle de concert ou une fois que nous avons posé nos écouteurs et repris une activité normale, même si elles en conservent probablement la plupart des aspects affectifs.

Ces précisions ayant été apportées, nous pouvons revenir à la question de la valeur des émotions éveillées par la musique et de la relation entre ces émotions et la valeur de la musique elle-même. Outre la valeur cognitive des émotions, déjà soulignée par Goodman, il existe également une valeur hédonique des émotions suscitées par la musique dont il est difficile de nier l'existence, bien que l'on puisse débattre de leur poids dans l'évaluation de la musique. En effet, même si les émotions suscitées par la musique se distinguent des émotions ordinaires en ce qu'elles n'ont généralement pas d'objet intentionnel (ou du moins pas d'objet intentionnel non imaginaire), il y a un consensus pour leur reconnaître une coloration affective comparable. Et il est plausible que cette coloration affective possède à ce titre une valence positive ou négative, quand bien même elle n'impliquerait pas l'évaluation d'un objet intentionnel bien défini. Ainsi, comme les émotions ordinaires, les émotions suscitées par la musique peuvent être plus ou moins plaisantes (comment ne pas être transporté par l'Adagietto de la *Cinquième Symphonie* de Gustav

16. Pour plus de détails sur la théorie de la *persona*, voir, dans le présent volume, « Ce que nous dit la musique », p. 101-128.

Mahler ?) ou plus ou moins pénibles (comment ne pas ressentir un certain malaise à l'écoute des demi-tons menaçants du deuxième mouvement du *Musica Ricercata* de György Ligeti ?). La question qui se pose alors est celle d'évaluer la portée esthétique de cette valence affective : est-elle totalement hors-sujet, comme le soutiennent les formalistes, ou bien contribue-t-elle d'une manière ou d'une autre à notre appréciation esthétique de la musique ?

Dans « Les frissons musicaux », Levinson envisage cette question sous la forme d'une étude de cas. En effet, le discours appréciatif, aussi bien que l'expérience commune, fait état de l'existence d'un type distinctif d'état affectif positif suscité par la musique que l'on décrit souvent à l'aide du terme de « frissons » musicaux, ou encore par celui d'« orgasmes cutanés » (*skin orgasms*[17]). Certains passages de musique provoquent en effet en nous une émotion soudaine, de valence clairement positive, caractérisée par un profil physiologique distinctif : nos poils se hérissent et nous avons la chair de poule, alors qu'un tressaillement se propage le long de notre corps. Ce type de réaction émotionnelle semble étroitement lié aux caractéristiques musicales de certains passages – une texture développée par une orchestration ciselée, un changement soudain de dynamique qui nous prend de vertige, ou un mouvement harmonique non anticipé – qu'il s'agisse du *Quatuor à cordes n°14 en do dièse mineur*, op. 131, de Beethoven ou de la chanson *The Post War Dream* de Pink Floyd.

Déterminer quelles sont les propriétés musicales qui ont la plus grande propension à générer des frissons musicaux est évidemment une question empirique : deux séries d'études pionnières, menées respectivement par Jaak Panksepp[18] et John Sloboda[19] ont ainsi informé l'écriture de l'article de Jerrold Levinson. Panksepp a par

17. C'est le terme qu'utilisent Luke Harrison et Psyche Loui dans leur article de synthèse sur le sujet : « Thrills, Chills, Frissons, and Skin Orgasms : Toward an Integrative Model of Transcendent Psychophysiological Experiences in Music », *Frontiers in Psychology*, vol. 5, n° 790, 2014, p. 1-6.

18. Jaak Panskepp, « The Emotional Sources of "Chills" Induced by Music », *Music Perception*, vol. 13, n° 2, 1995, p. 171-207.

19. John Sloboda, « Music Structure and Emotional Response : Some Empirical Findings », *Psychology of Music*, vol. 19, n° 2, 1991, p. 110-120.

exemple observé que l'occurrence de frissons est fortement corrélée avec une augmentation du volume sonore et un mouvement mélodique vers les aigus. Sloboda a pour sa part défendu l'hypothèse selon laquelle c'est principalement en frustrant nos attentes musicales que la musique parvient le mieux à nous donner des frissons. Ces hypothèses ont été par la suite consolidées et confirmées par de plus amples études [20] et incorporées dans les principaux modèles généraux des émotions musicales qui ont été proposés par les psychologues [21].

Ces informations sont assurément d'un grand intérêt psychologique, mais que nous disent-elles de la valeur des frissons pour l'appréciation de la musique ? Une piste suivie par Levinson consiste à interpréter les frissons comme des signaux nous informant de la présence d'expressivité dans la musique. Cette observation va sensiblement au-delà de ce qu'ont établi les psychologues (même si elle est parfaitement compatible avec leurs observations) ; mais si elle est correcte, les frissons pourraient être beaucoup plus qu'un simple accompagnement contingent de notre saisie des propriétés esthétiques de la musique. Pour cela, il nous faut faire plus que simplement ressentir les frissons : il faut encore leur reconnaître une signification.

---

20. Voir en particulier Nikolaus Steinbeis, Stefan Koelsch et John Sloboda, « The Role of Harmonic Expectancy Violations in Musical Emotions : Evidence from Subjective, Physiological, and Neural Responses », *Journal of Cognitive Neuroscience*, vol. 18, n° 8, 2006, p. 1380-1393 ; Oliver Grewe, Frederik Nagel, Reinhard Kopiez, et Eckard Altenmüller, « Listening to Music as a Re-creative Process : Physiological, Psychological, and Psychoacoustical Correlates of Chills and Strong Emotions », *Music Perception*, vol. 24, n° 3, 2007, p. 297-314 ; Martin Guhn, Alfons Hamm, et Marcel Zentner, « Psychological and Musico-acoustic Correlates of the Chill Response », *Music Perception*, vol. 24, n° 5, 2007, p. 473-484 ; Marina Korsakova-Kreyn et W. Jay Dowling, « Emotional Processing in Music : Study in Affective Responses to Tonal Modulation in Controlled Harmonic Progressions and Real Music », *Psychomusicology*, vol. 24, n° 1, 2014, p. 4-20.

21. Voir notamment Patrik Juslin, « From Everyday Emotions to Aesthetic Emotions : Towards a Unified Theory of Musical Emotions », *Physics of Life Reviews*, vol. 10, n° 3, 2013, p. 235-266.

Cette position a le mérite de reconnaître la pertinence de certains aspects de notre expérience musicale qui sont souvent sous-estimés, comme sa composante affective et même psychologique, tout en l'intégrant aux aspects cognitifs qui sont généralement admis. Mais la place cruciale accordée à l'interprétation des frissons induit une tension dans cette conception : les frissons semblent en effet être réduits au rôle de support inerte de l'appréciation esthétique puisque tout le travail appréciatif est alors fait par la signification que nous leur accordons. Il semble ainsi y avoir une difficulté de principe à prendre les frissons musicaux au sérieux dans une conception de l'appréciation esthétique tout en subordonnant leur rôle appréciatif à un acte cognitif par lequel une signification appréciative leur est attribuée. Une solution à cette difficulté, suggérée par Levinson à la fin de son essai, consisterait à insister sur le caractère holistique de l'appréciation musicale, qui n'engage pas seulement l'esprit d'un côté et le corps de l'autre. Parce que nous sommes des êtres incarnés, il est impossible de dissocier la manière dont les frissons nous affectent de la manière dont nous interprétons le sens de cette affection. Le sens des frissons se lit, pour ainsi dire, à même la peau. La réflexion de Levinson sur les frissons annonce ainsi, sans la développer totalement, la perspective d'une somaesthétique[22], qui pourrait également éclairer d'autres aspects de notre expérience musicale et de sa valeur, comme sa connexion avec la danse ou, en s'éloignant un peu de la musique savante occidentale, des pratiques de transe.

---

22. Le programme d'une somaesthétique a été indépendamment dessiné par Richard Shusterman, sur la base de prémisses philosophiques pragmatistes, et nourri de références (Pierre Bourdieu, Michel Foucault) qui ne sont pas nécessairement partagées par Levinson. Mais il y a probablement une possibilité de discussion féconde entre les deux approches au sein de ce que Shusterman appelle la partie « analytique » de la somaesthétique, consacrée à l'examen des représentations et des pratiques corporelles associées au domaine de l'art. Voir Richard Shusterman, « Somaesthetics : A Disciplinary Proposal », *Journal of Aesthetics and Art Criticism*, vol. 57, n° 3, 1999, p. 299-313. Un autre interlocuteur pourrait être le champ émergent de la cognition musicale incarnée, qui étudie le rôle du corps dans la mise en forme de notre expérience de la musique (voir par exemple Marc Leman, *Embodied Music Cognition and Mediation Technology*, Cambridge, The MIT Press, 2007).

Que l'on soit ou non tenté par l'aventure somaesthétique, il est difficile de nier que les frissons fournissent ainsi un exemple intéressant du rôle appréciatif positif que des émotions musicales peuvent jouer. Et même si certaines musiques exprimant des émotions négatives peuvent induire en nous des frissons[23], les frissons musicaux n'en restent pas moins un exemple typique de *plaisir* musical. Mais comme nous l'avons remarqué plus haut, certaines musiques peuvent éveiller en nous des affects clairement négatifs. Il arrive aussi que certaines musiques aient pour objectif plus ou moins avoué de plonger l'auditeur dans l'inconfort émotionnel, quand ce n'est pas dans les affres de la terreur musicale. La musique proposée par le groupe Naked City, dirigé par le compositeur et saxophoniste américain John Zorn, fournit un exemple de musique manifestement composée dans le but de provoquer chez l'auditeur des réactions violentes, d'une intensité propre à choquer plus qu'à séduire l'oreille : dans la plus pure tradition du *grind core*, les morceaux proposés, minutieusement composés, et d'une durée très brève (quelques dizaines de secondes), sont saturés de sons stridents et distordus. En dehors d'un contexte de diffusion approprié pour cette musique de niche, les sons proposés sont généralement considérés comme désagréables et propres à susciter au moins un sentiment de malaise, si ce n'est une certaine terreur – c'est d'ailleurs un morceau de ce groupe, intitulé *Bonehead*, qu'a choisi Michael Haneke pour impressionner ses spectateurs dès les premières minutes de son film *Funny Games*. Mais Naked City a un public fidèle qui se déplace à ses concerts et achète ses disques, ce qui peut sembler pour le moins paradoxal. Comment peut-on s'exposer volontairement et même apprécier une musique propre à susciter en nous des émotions négatives ? Telle est la question qui est au centre de l'essai de Jerrold Levinson, « La musique et les émotions négatives ».

23. C'est un phénomène qui a été relevé par Panksepp dès sa première étude de 1995.

Ce paradoxe n'est pas propre à la musique. On peut y voir une variante musicale du paradoxe de la tragédie qui a occupé les théoriciens du théâtre, et plus généralement de l'art, depuis Aristote [24]. Sous sa forme la plus générale, le paradoxe repose sur la conjonction des trois propositions suivantes, qui paraissent plausibles indépendamment les unes des autres :

1) Nous ne sommes généralement pas attirés par des activités qui suscitent en nous des émotions négatives;

2) Nous ressentons normalement des émotions négatives en réponse à certaines œuvres d'art;

3) Nous sommes attirés par l'expérience d'œuvres d'art dont nous savons qu'elles suscitent en nous des émotions négatives.

Le paradoxe qui découle de la conjonction de ces trois propositions n'est pas à proprement parler un paradoxe logique, mais la troisième proposition, à la lumière des deux autres, demande une explication : comment une telle attirance est-elle possible? Pourquoi des gens acceptent-ils de perdre de l'argent en échange d'une place à un concert de Naked City?

On peut distinguer deux grandes classes de solutions classiques au problème, suivant qu'elles s'appuient ou non sur une forme (faible) d'hédonisme motivationnel, c'est-à-dire sur la théorie selon laquelle le plaisir fournit au moins une motivation suffisante pour se livrer à une certaine activité. Sous cette hypothèse, on peut résoudre le problème en identifiant un plaisir qui rend compte spécifiquement de l'attrait des œuvres qui nous meuvent négativement. Il y a alors deux manières de procéder. Un premier type de théorie consiste à expliquer comme les émotions négatives sont *converties* en émotions

---

24. Même si historiquement le problème s'est cristallisé autour du cas de la tragédie qui, selon Aristote, repose sur les ressorts émotionnels de la peur et de la pitié, il a été discuté en relation avec d'autres disciplines artistiques. Voir par exemple Noël Carroll qui, dans *The Philosophy of Horror : Paradoxes of the Art* (Londres, Taylor and Francis, 2004), traite de son application au cinéma d'horreur. Pour un ouvrage collectif récent sur ce problème, combinant des études historiques et des propositions contemporaines, voir Jerrold Levinson (dir.), *Suffering Art Gladly. The paradox of Negative Emotion in Art*, New York, Palgrave Macmillan, 2014.

plaisantes. On peut lire la théorie aristotélicienne de la *catharsis* de cette manière : selon Aristote, la tragédie suscite en nous des émotions de peur et de pitié dont elle procure en même temps la *catharsis*, c'est-à-dire la purgation et la purification. Cependant, le mécanisme exact de la *catharsis* reste relativement obscur et il n'est pas clair qu'il soit d'un grand secours pour résoudre le problème si les spectateurs de la tragédie doivent effectivement ressentir de la peur et de la pitié pour en être purgés [25]. David Hume, dans son célèbre essai *De la tragédie* propose lui aussi une solution *transformiste* au paradoxe, en postulant un mécanisme par lequel les qualités artistiques et esthétiques d'une œuvre d'art convertissent en plaisir les émotions négatives qu'elle peut susciter. Mais, une nouvelle fois, le mécanisme sur lequel repose la solution humienne reste relativement obscur. De plus, et indépendamment de la difficulté qu'il peut y avoir à exhiber un mécanisme de conversion qui soit plausible pour des raisons indépendantes, les théories transformatives aboutissent à une position instable. Si les émotions négatives sont transformées, restent-elles présentes au sein de l'expérience de l'œuvre ? Si elles le sont, alors il n'est pas clair que le problème soit résolu, et il faut encore expliquer comment le plaisir résultant de la transformation contrebalance les émotions négatives subsistantes. Et si l'on soutient que les émotions négatives sont éliminées par la transformation, alors le paradoxe est moins résolu que dissout puisque la « solution » consiste alors tout simplement à revenir sur une des données initiales du problème, à savoir la deuxième prémisse mentionnée ci-dessus.

Au sein de la classe des solutions qui s'appuient sur une forme d'hédonisme motivationnel, un deuxième type de théorie consiste à dire que les œuvres d'art qui suscitent en nous des émotions négatives offrent simultanément un plaisir qui vient *compenser* ces dernières. Noël Carroll soutient par exemple que les films d'horreur nous procurent un plaisir cognitif qui compense l'horreur que nous

25. Pour une discussion critique plus poussée du traitement aristotélicien du paradoxe de la tragédie et du rôle qu'y joue (ou n'y joue pas) la notion de catharsis, voir Pierre Destrée, « Aristotle on the Paradox of Tragic Pleasures », dans Levinson (dir.), *Suffering Art Gladly*, New York, Palgrave Macmillan, p. 3-27.

ressentons. Mais l'idée que des plaisirs puissent venir compenser des peines au sein d'une même expérience, fut-elle étendue dans le temps, n'est pas des plus limpides : à partir de combien d'unités de plaisir cognitif mon horreur est-elle compensée ?

Pour compléter cet aperçu des solutions qui se situent dans le cadre de l'hédonisme motivationnel, il faut enfin mentionner un troisième type d'approche selon laquelle les œuvres d'art qui posent problème sont généralement appréciées dans des conditions où nous avons une maîtrise de la situation, au sens où nous pouvons à tout moment interrompre l'expérience esthétique, et par suite la cause de nos émotions négatives, ce que nous ne pouvons pas faire pour les émotions négatives de la vie ordinaire. Si l'on admet qu'il peut y avoir un plaisir à éprouver des émotions, fussent-elles négatives, tout en restant maître de leurs causes, alors l'attrait des œuvres qui les suscitent paraît moins difficile à expliquer. Mais il n'est pas clair que cela fournisse une solution complète : autant il est plausible que le plaisir conditionné par une telle maîtrise diminue les désagréments causés par les émotions négatives, autant cela ne semble pas suffire à rendre l'expérience de ces émotions intrinsèquement désirable. Pour franchir ce pas, un argument supplémentaire est requis, sous la forme d'une compensation ou d'une transformation de ces émotions. Et l'on retrouve alors les avantages et les inconvénients des deux autres approches que nous venons de discuter.

La deuxième grande classe de solutions au paradoxe de la tragédie regroupe des théories qui ne reposent pas sur l'hédonisme motivationnel. La solution recherchée ne consistera donc pas à identifier un plaisir suffisant pour motiver l'expérience d'œuvres désagréables, mais plutôt à mettre en évidence une ou plusieurs valeurs, qui ne sont pas nécessairement toutes hédoniques, mais qui suffisent à rendre ces œuvres désirables. On peut ainsi identifier une version anhédonique de la solution compensatoire, selon laquelle la possession par une œuvre d'art de certaines valeurs morales ou cognitives, compense le caractère pénible de l'expérience qu'elle suscite. Par exemple, un film mettant en scène des atrocités peut donner un aperçu de la face obscure de l'âme humaine ou nous rendre moralement meilleurs en nous dégoûtant du mal. La difficulté est alors de trouver une explication psychologiquement plausible de la force motivationnelle de ces valeurs non hédoniques.

Dans « La musique et les émotions négatives », Levinson s'attaque de front au versant spécifiquement musical du problème. Même si Levinson admet que les émotions négatives suscitées par la musique ne sont pas exactement les mêmes que celles que nous éprouvons dans la vie de tous les jours, il n'y voit pas une raison suffisante de dissoudre le paradoxe : le problème est bien réel et nécessite une explication substantielle. Mais il est nécessaire pour y parvenir de bien comprendre ce que ces émotions musicales retiennent de leurs contreparties ordinaires. Et la solution qui obtient les faveurs de Levinson dépend très étroitement de l'analyse originale qu'il propose du rapport entre les émotions musicales et les émotions ordinaires. La partie la plus consensuelle de son analyse consiste à dire que les émotions musicales conservent la tonalité affective et une partie du profil physiologique des émotions ordinaires, même si elles n'ont pas la même composante cognitive. Mais Levinson avance l'idée supplémentaire que les émotions musicales substituent à l'objet intentionnel bien défini qui caractérise les émotions ordinaires une idée générale de l'émotion considérée : une musique triste dont la tristesse se fait contagieuse plonge son auditeur dans une émotion dont l'objet n'est pas la perte d'un être cher, qui de toute évidence n'affecte pas l'auditeur, mais une idée plus ou moins générale et plus ou moins vague de la tristesse. Levinson ajoute, conformément à sa théorie de l'expressivité, que nous percevons la tristesse d'une *persona* imaginaire mise en scène par la musique, et que nous nous imaginons nous-mêmes atteints de tristesse, dans un mouvement d'identification avec l'état émotionnel exprimé par la musique. Une fois cette analyse des émotions musicales mise en place, une solution de type compensatoire peut être développée. Il s'agit alors d'identifier un certain nombre de bienfaits qui, pris tous ensemble, ont suffisamment de poids motivationnel pour compenser ce qu'il peut y avoir de pénible dans la tonalité affective des émotions musicales. Par exemple, le fait que les émotions musicales négatives soient dépourvues d'objet spécifique nous permet de concentrer notre attention sur leur composante purement affective, et d'en tirer un certain plaisir (si l'émotion n'est pas trop violente) ou en tout cas une meilleure connaissance de notre propre vie émotionnelle. Et le fait que nous imaginons nos émotions fusionner avec celles de la *persona* confère à notre vie émotionnelle une *puissance* qui est indéniablement une source de satisfaction, même si les émotions ainsi imaginées sont négatives. De cette manière, Levinson peut construire une solution cohérente et détaillée au paradoxe des émotions négatives en musique.

Bien évidemment les forces d'une théorie peuvent facilement se retourner en faiblesses. Les bienfaits identifiés découlent naturellement de la caractérisation offerte des émotions musicales. La richesse et la sophistication de cette caractérisation font assurément sa force, en ce qu'elle permet de dériver aisément toute une série de bienfaits attachés aux émotions musicales. Mais elle fait aussi, en un certain sens, la faiblesse de l'explication, s'il s'avère que cette caractérisation concerne au mieux un sous-ensemble des émotions musicales négatives. En effet, les émotions suscitées par la violence contenue du deuxième mouvement du *Musica Ricercata* de Ligeti ou par les convulsions extrêmes de Naked City ne cadrent pas tout à fait avec le portrait dressé par Levinson. Certes, la pièce de Ligeti possède une expressivité qui parle clairement à notre imagination, sans toutefois conduire à une identification avec l'émotion exprimée. L'auditeur de cette pièce est plutôt comparable au spectateur d'un film d'horreur qui craint le personnage principal plutôt qu'il ne fusionne affectivement avec lui. Dans le cas du *grind core*, il est relativement douteux que l'émotion ressentie par l'auditeur s'accompagne d'une idée générale et abstraite de l'effroi ressenti. Les bienfaits évoqués plus haut ne semblent pas véritablement opérants ici pour résoudre le paradoxe. Si donc ces deux types de musiques trouvent des auditeurs volontaires, ce n'est probablement pas, ou au moins pas complètement, pour les raisons invoquées par Levinson. Mais le fait d'avoir un domaine d'application limité n'est pas forcément un point négatif. Il n'est pas évident *a priori* que le paradoxe des émotions négatives soit uniforme et requière exactement la même solution pour tous les types, relativement variés, de musiques propres à nous faire souffrir volontairement[26]. Il est même plausible que des explications différentes valent pour différents types de musiques ; de ce point de vue, le texte de Levinson fournit une tentative solide de résoudre le problème, au moins sous une de ses multiples formes.

Il faut, pour finir, revenir sur un dernier aspect de la discussion menée par Levinson. À la fin de son essai, celui-ci s'interroge en effet sur la place des émotions négatives dans l'appréciation esthétique de la musique. Contre la répudiation formaliste des émotions dans l'appréciation esthétique, il se propose de défendre la portée esthétique des émotions négatives, en montrant comment certaines d'entre elles sont étroitement en dialogue avec les propriétés des œuvres musicales. Par exemple, un des bienfaits apportés par les émotions négatives est ce que Levinson appelle « l'appréhension de l'expression », c'est-à-dire le fait que les émotions négatives ressenties puissent nous faire accéder aux propriétés expressives de la musique. Si ce bienfait est bien réel, alors les émotions négatives constituent, comme les frissons musicaux, une fenêtre vers le cœur expressif de l'œuvre et par conséquent un auxiliaire non négligeable dans nos efforts pour apprécier la musique à sa juste valeur. Certes, la valeur de la musique ne saurait résider tout entière dans les émotions qu'elle nous procure, mais il est probable que sans les frissons qu'elle nous donne et la tristesse qu'elle nous communique délicieusement, la musique ne vaudrait pas la peine d'être vécue.

26. Voir par exemple Catherine Guesde et Pauline Nadrigny, « L'écoute de la *harsh noise* : de la physiologie à l'esthétique », dans Clément Canonne (dir.), *Perspectives philosophiques sur les musiques actuelles*, Sampzon, Delatour, 2017, p. 157-195. Elles y proposent une solution d'inspiration cartésienne au problème de l'appréciation esthétique de la *harsh noise*, une des formes les plus violentes de musique *noise*.

LA MUSIQUE ET LES ÉMOTIONS NÉGATIVES [1]

Jerrold LEVINSON

I

Un homme adulte, sain de corps et d'esprit, manipule les boutons d'un appareil électronique. Il prend place dans un siège confortable en pensant au bon moment qu'il va passer, et c'est parti : pendant l'heure qui suit, il subit un bombardement continu de stimuli qui produisent en lui des états extrêmement déplaisants à première vue et auxquels on s'efforcerait normalement d'échapper. Il semble bouleversé et affligé; de temps à autre, il laisse échapper un léger soupir et des frémissements traversent son corps. Et pourtant, au terme de cette épreuve, notre sujet semble satisfait. Il déclare que le moment qu'il a passé a été très enrichissant et proclame son intention de répéter ce type d'expérience dans un futur proche.

Qu'a-t-il fait exactement et, plus intéressant encore, *pourquoi* a-t-il fait cela? Il a écouté de la musique, ni plus ni moins. Au programme du jour figuraient la *Marcia funebre* de la *Symphonie « Eroica »* de Ludwig van Beethoven, l'*Étude n° 5*, op. 42, d'Alexandre Scriabine, le troisième mouvement de la *Troisième Symphonie* de Johannes Brahms, l'*Adagio et Fugue en do mineur*, K. 546, de

1. Jerrold Levinson, « Music and Negative Emotions », *Pacific Philosophical Quaterly*, vol. 63, 1982, p. 327-346; repris dans *Music, Art and Metaphysics*, Oxford, Oxford University Press, 2011, p. 306-335. Ndt. Ce texte a déjà fait l'objet d'une traduction française dans Jerrold Levinson, *L'art, la musique et l'histoire*, traduit de l'anglais par Jean-Pierre Cometti et Roger Pouivet, Paris, Éditions de l'Éclat, 1998, p. 77-113, (« Musique et émotions négatives »). Pour des raisons de cohérence dans les choix de traduction avec les autres textes de ce volume, nous en proposons ici une nouvelle traduction.

Wolfgang Amadeus Mozart et le début de la *Deuxième Symphonie* de Gustav Mahler, adroitement coupés et collés les uns à la suite des autres, avec les pauses adéquates, sur la bobine d'un magnétophone. Ce dont il a fait l'expérience peut être décrit, au moins *provisoirement*, comme un profond chagrin, un désir inassouvi, une mélancolie larmoyante, une résignation tragique et un désespoir amer. Mais pourquoi en réalité quelqu'un se torturerait-il lui-même de la sorte ? Qu'est-ce qui peut conduire une personne normale à réunir à dessein les conditions d'une expérience manifestement douloureuse ?

Mon but dans cet essai est de donner la réponse la plus complète possible à cette question qui, à un niveau plus général, peut être formulée comme suit : pourquoi de nombreuses personnes sensibles considèrent-elles que l'expérience d'une émotion négative procurée par la musique est enrichissante et possède une valeur, et ce, au moins en partie intrinsèquement, ce qui est encore plus paradoxal ? Non seulement ceux qui apprécient la musique semblent considérer de telles expériences comme bonnes ou valables en vue d'autre chose – ce qui demande déjà en soi à être expliqué – mais le plus souvent ils les recherchent et les savourent pour elles-mêmes, en y prenant à vrai dire le plus grand des plaisirs.

À ce stade, de nombreux lecteurs sortiront leur baguette magique pour, en un tour de main, dissoudre le paradoxe. Mais mon intention n'est pas de les encourager dans cette voie. Tout en admettant que ma description initiale du phénomène demande à être quelque peu modifiée, je soutiens que, même quand on en a percé toutes les subtilités esthétiques et psychologiques, le phénomène, en substance, persiste.

II

Dans sa forme la plus générale, le problème de la valeur et du caractère désirable du négatif ou du déplaisant dans l'art est bien sûr l'un des plus vénérables en esthétique. C'est ce problème que soulève Aristote pour l'appréciation de la tragédie, évocatrice de la pitié et de la terreur, et auquel il répond par la doctrine de la catharsis. C'est le problème du sublime dans la pensée des XVIIIe et XIXe siècles, l'« horreur délicieuse », analysée entre autres par Edmund Burke et Arthur Schopenhauer, qu'un spectateur ressent lorsqu'il est confronté à un aspect menaçant de la vie incorporé dans une œuvre d'art. Mais dans le cas de la musique, ce problème apparaît en l'absence de tout contenu représentationnel ; et si l'on veut y répondre, il importe d'en tenir compte.

Chez les auteurs contemporains dont il sera question plus loin, on constate un intérêt pour le paradoxe particulier que soulève la jouissance d'une musique émotionnellement éprouvante. Il est intéressant de relever le consensus quasi unanime de ces philosophes sur le fait que même les œuvres musicales les plus intenses ne déclenchent pas réellement une émotion négative chez l'auditeur réceptif :

> Si le fait d'entendre la douleur intense des passages fugués de l'*Eroica* exigeait de véritables larmes et d'authentiques pics d'adrénaline, alors l'auditeur devrait se trouver dans un état psychologique manifestement anormal, si ce n'est franchement impossible. Le fracas magnifique occasionné par les secondes mineures dissonantes qui concluent précipitamment la courte mais formidable fugue – plusieurs mesures d'une angoisse quasi insoutenable – a été une source de délice suprême pour d'innombrables mélomanes. Comment un auditeur peut-il être à la fois si malmené et si satisfait [2] ?

> Pourquoi donc souhaiterais-je entendre [de la musique triste] ? Des expériences tristes, telles la perte d'un être cher ou une déception cuisante ne sont pas de ces choses que nous souhaitons répéter ou prolonger. Cependant, ce n'est pas ainsi que la musique triste nous affecte ; elle peut apporter au contraire un soulagement, du plaisir et même du bonheur. Drôle de tristesse que celle qui nous donne du plaisir [3] !

---

2. Carroll C. Pratt, *The Meaning of Music*, New York, McGraw-Hill, 1970, p. 3-4.

3. John Hospers, « The Concept of Artistic Expression », dans John Hospers (dir.), *Introductory Readings in Aesthetics*, New York, Free Press, 1969, p. 142-166 (p. 152).

> On perçoit dans la musique les émotions les plus déplaisantes qu'on puisse imaginer ; si cela signifiait que nous *ressentons* ces émotions, la raison pour laquelle quelqu'un se soumettrait volontairement à la musique serait complètement incompréhensible. *Tristan und Isolde*, par exemple, est rempli de passages exprimant l'angoisse la plus profonde. Personne, à l'exception des masochistes qui se cachent parmi nous, ne s'aventurerait à écouter une telle musique si elle provoquait effectivement ce type d'angoisse[4].

Je suis d'accord avec ces philosophes pour dire *a minima* que, à strictement parler, la musique, lorsqu'elle fait l'objet d'une attention esthétique « respectable », ne permet d'éveiller aucune des émotions les plus typiques sous une forme pleinement achevée. Mais je veux mettre l'accent sur le fait que, dans de nombreux cas, elle n'est pas loin d'y parvenir, et donc que, même si on tient compte de cette limitation générale, le paradoxe de l'expérience musicale désirable mais déplaisante ne disparaît pas pour autant. Certains morceaux de musique provoquent parfois quelque chose de *très semblable* à l'apparition d'émotions négatives, et alors notre avidité pour de telles expériences demande à être expliquée.

Avant de me lancer dans mes propres explications, il est utile de passer en revue certaines réponses qui, en gros, tentent de résoudre le problème en l'éliminant. Cela occupera les six prochaines sections. En effet, ces réponses contestent l'existence même du phénomène, en lui substituant d'inoffensives doublures. De telles manœuvres sont cependant insuffisantes pour résoudre le paradoxe du masochisme musical esquissé au début de ce texte.

Mais avant de continuer, il me faut désamorcer dès le début un possible malentendu. En défendant la réalité et l'importance de la réponse émotionnelle à la musique, je ne défends aucune position particulière au sujet de l'expressivité émotionnelle en musique et de la meilleure manière de l'analyser. Les trois philosophes déjà cités visent tous à démolir l'équivalence entre expression et évocation. En cela, ils ont sans doute raison. Pour tout un ensemble de raisons, ce qu'un passage exprime est rarement, voire jamais, identique à ce

4. Peter Kivy, *The Corded Shell*, Princeton, Princeton University Press, p. 23.

qu'il évoque. Même si, au sujet de l'expressivité musicale, je rejette toute théorie de l'évocation[5], je ne suis toutefois pas prêt à accepter pour cela que l'on évacue complètement la réponse émotionnelle, tout particulièrement dans le cas des musiques que l'on qualifie volontiers de « sombres ». On peut très bien rejeter la théorie de l'évocation sans considérer toute réponse émotionnelle négative – quelle que soit l'œuvre et les conditions d'écoute en question – comme illusoire ou esthétiquement inappropriée. Il me semble qu'il y a bien des compositions qui peuvent produire chez l'auditeur des émotions réelles, positives ou négatives, quand elles sont écoutées dans une disposition d'esprit adaptée à l'appréciation esthétique de la musique.

C'est tout particulièrement notre attitude envers la musique « négative » qui semble énigmatique. On peut être soumis à la torture musicale, entendre tourner la roue du chevalet, pour ainsi dire, et aimer cela. C'est précisément ce point que nous devons expliquer.

III

Il y a une hypothèse qui, si elle était acceptée, devrait facilement désamorcer le paradoxe qui nous concerne : moins populaire aujourd'hui qu'elle ne le fut par le passé, cette hypothèse postule l'existence d'une « émotion esthétique » spéciale, totalement différente des émotions de la vie de tous les jours et occasionnée seulement par la perception des œuvres d'art. Sous sa forme générale, cette conception est associée à la personne de Clive Bell, mais son principal défenseur dans le domaine de la musique est le psychologue anglais Edmund Gurney[6]. Selon Gurney, il y a une unique « émotion musicale », *sui generis*, qui est suscitée chez l'auditeur par toute œuvre de musique « impressionnante » (par sa beauté), et seulement par une telle œuvre. L'effet invariablement produit par ce type de musique est soit en lui-même une sorte de plaisir, soit quelque chose dont l'expérience procure du plaisir.

5. Ndt. Voir, dans le présent volume, l'essai « L'expressivité musicale », p. 129-198.

6. L'œuvre maîtresse de Gurney, *The Power of Sound*, a été publiée en 1880.

Il est clair que si l'effet principal sur l'auditeur d'une musique à la fois impressionnante et, disons, angoissante, était l'éveil d'une telle « émotion musicale », nous n'aurions guère de difficulté à comprendre comment une telle musique pourrait être agréable à écouter.

Il n'y a malheureusement pas d'autres arguments à donner en faveur de la conception selon laquelle la réponse appréciative à la musique consiste en un seul type d'émotion, spécifique à la musique et invariablement plaisant. Les effets de différentes sortes de musique sont trop différents les uns des autres, et ils rappellent trop les émotions de la vie de tous les jours, pour que cette conception puisse être considérée comme plausible. Notre intérêt manifeste pour une multiplicité d'œuvres et d'expériences musicales variées semblerait étrange si le bénéfice principal que l'on pouvait retirer de chacune de ces œuvres ou expériences était à chaque fois la même « émotion musicale ». Il est tout simplement faux de dire que toute musique impressionnante, toute bonne musique, induise une unique émotion positive chez l'auditeur.

Cela ne revient pas à dire qu'il n'y a jamais rien de spécifiquement musical dans l'expérience d'une œuvre particulière, qu'il n'y a rien qu'il ne soit possible de reproduire par d'autres moyens. L'expérience totale – perceptive, émotionnelle, cognitive – que l'on fait en écoutant une œuvre donnée est sans doute propre à cette œuvre, ce qui n'est pas sans pertinence esthétique[7]. Mais on peut soutenir cela sans postuler l'existence d'un élément émotionnel invariant et spécifiquement musical dans chaque expérience de cet ordre.

IV

On trouve implicitement dans certaines réflexions que le compositeur Paul Hindemith a consacrées à la musique une autre

7. Sur ce point, voir mon texte « Aesthetic Uniqueness », *Music, Art, and Metaphysics*, Oxford, Oxford University Press, 2011, p. 107-133 (particulièrement p. 132, note 25).

approche pour résoudre notre paradoxe. Hindemith nie que la musique produise à proprement parler un effet émotionnel sur les auditeurs. Il s'appuie principalement pour cela sur la différence qui semble exister entre la rapidité avec laquelle les compositions musicales typiques changent de caractère émotionnel, et la relative lenteur avec laquelle nos états émotionnels ordinaires se modifient. Pour Hindemith, puisqu'une personne ne peut pas changer d'états émotionnels aussi rapidement que la musique change d'expression, il n'est pas vraisemblable que la musique suscite chez elle une émotion réelle.

> Il ne fait pas de doute que les auditeurs, les interprètes et les compositeurs peuvent tous être profondément émus par la musique qu'ils perçoivent, interprètent ou imaginent ; la musique doit donc bel et bien résonner avec leur vie émotionnelle pour pouvoir les placer dans cet état d'excitation. Mais si ces réactions mentales étaient des sentiments, elles ne pourraient pas changer aussi rapidement qu'elles ne le font, elles ne pourraient pas s'éveiller et s'éteindre en même temps que le stimulus musical qui les provoque […]. Les sentiments réels ont besoin d'un certain intervalle de temps pour se développer, atteindre un pic, puis s'évanouir ; mais les réactions à la musique peuvent changer aussi rapidement que le font les phrases musicales, elles peuvent atteindre leur pleine intensité à chaque instant et disparaître entièrement quand la figure musicale qui les a provoquées s'achève ou se modifie [8].

Plutôt que de véritables émotions, Hindemith affirme que les passages musicaux évoquent chez l'auditeur de simples souvenirs ou images d'émotions dont il a fait l'expérience dans le passé. Il s'ensuit qu'il n'y a pas de réaction émotionnelle à la musique qui ne soit profondément enracinée dans l'expérience émotionnelle ordinaire. À suivre Hindemith, écouter de la musique, c'est faire une promenade dans le musée de notre mémoire, visiter la salle des souvenirs émotionnels en prenant pour guide une sonate ou une symphonie.

8. Paul Hindemith, *A Composer's World*, New York, Doubleday, 1961, p. 44-45.

Le musicologue Deryck Cooke a offert deux réponses aux remarques de Hindemith, qui valent la peine d'être rappelées[9]. La première, c'est que même en admettant une certaine inertie dans la réponse émotionnelle d'une personne moyenne, les changements rapides de caractère d'un passage à un autre dans une œuvre musicale ne garantissent pas, à eux seuls, qu'aucune émotion ne se développe au même moment, car rien ne nous oblige à supposer que de telles émotions s'éteignent abruptement quand les passages qui les ont suscitées sont eux-mêmes terminés. Selon Cooke, la réponse émotionnelle provoquée par un passage persistera et se prolongera souvent bien après que le passage a été entendu, au lieu d'être entièrement oblitérée ou effacée par les passages subséquents ou par la fin de l'œuvre elle-même.

Deuxièmement, Cooke affirme de façon tout à fait plausible que nos réactions à la musique ne peuvent pas toutes consister en images mnésiques d'expériences antérieures, puisque la musique (du moins une certaine musique) a manifestement le pouvoir de nous procurer des sentiments et des émotions que nous n'avions jamais éprouvés auparavant. Les sentiments suscités en moi par certaines écoutes du final du *Concerto pour piano* de Robert Schumann ont ainsi été différents de tout ce que j'avais pu éprouver jusque-là dans la vie courante. Ils ont pu entrer dans un rapport complexe avec certaines de mes expériences antérieures, mais ils ne se réduisaient pas à la simple réminiscence de ces expériences, prises ensemble ou séparément.

De plus, si ce que nous pouvons appeler de façon neutre une « réaction à la tristesse », c'est-à-dire la réaction suscitée en nous par une musique triste, consistait couramment en certaines images mnésiques d'une tristesse particulière antérieure, il semblerait que nous devrions, en règle générale, être conscients des circonstances particulières qui entouraient cette tristesse-là – le moment et le lieu de son apparition, son objet et ses raisons. Mais ce n'est pas le cas. Il

9. Deryck Cooke, *The Language of Music*, Londres, Oxford University Press, 1959, chapitre 1.

ne fait pas de doute que l'expérience de la tristesse dans la vie de tous les jours a pour effet de stimuler et de parfaire la capacité que nous avons à ressentir de la tristesse en écoutant de la musique. Mais il n'y a pas la moindre raison de penser que des auditeurs doivent avoir été tristes au préalable, indépendamment de la musique, pour pouvoir être rendus tristes par la musique qu'ils écoutent ou, plus important encore, que leurs « réactions à la tristesse » puissent se réduire au simple souvenir d'expériences de tristesse particulières.

Il me faut faire deux observations supplémentaires sur les remarques d'Hindemith concernant le problème des émotions négatives en musique. Tout d'abord, s'il est douteux que la réaction de l'auditeur à des œuvres musicales riches où se succèdent rapidement des expressions variées puisse constituer une réponse émotionnelle unifiée, nous pouvons néanmoins nous intéresser aux parties ou sections qui sont homogènes d'un point de vue expressif sur une durée suffisamment longue. La vaste *Marcia funebre* de l'*Eroica* laisse sans doute suffisamment de temps pour que se développe chez l'auditeur un authentique sentiment d'accablement, sans qu'aucun autre ingrédient ne soit nécessaire à son évocation. Ainsi, même s'il n'existe qu'un petit nombre de compositions dont la profondeur et la continuité émotionnelles suffisent à susciter réellement ces effets apparemment indésirables, notre paradoxe reste entier.

Deuxièmement, même si Hindemith avait raison de penser que la réponse émotionnelle à la musique se réduit à une simple reviviscence mémorielle d'émotions passées, on ne comprendrait toujours pas comment nous pouvons désirer entendre des musiques qui ravivent le souvenir d'expériences émotionnellement négatives. S'il est très surprenant que nous puissions chercher à *être* tristes, il n'est guère moins surprenant que nous puissions chercher à nous *remémorer* les moments où nous avons été tristes. En effet, les souvenirs de moments tristes sont souvent eux-mêmes tristes ; ce qui veut dire que leur rappel réveille souvent la tristesse qui en est la source. Les souvenirs ne sont pas de simples traces des émotions passées, ce sont aussi des archives où toutes ces émotions sont soigneusement conservées : rappeler à sa mémoire un moment de tristesse revient souvent ainsi à revivre cette tristesse et, en règle générale, les souvenirs préservent et restituent la tonalité affective de l'expérience originale [10].

Nous ne trouverons donc pas plus de solution à notre paradoxe dans l'hypothèse de Hindemith que dans celle de Gurney.

V

Pour pouvoir discuter d'autres solutions possibles à notre problème, nous devons pousser un peu plus loin notre analyse de l'émotion. Aujourd'hui, la thèse qui a cours chez les spécialistes de philosophie de l'esprit consiste à admettre que les émotions sont plus que de simples états de sentiment intérieur [11]. Même s'il n'y a pas d'accord unanime sur la liste des éléments qui entrent dans la composition de toute émotion, ainsi que sur ceux qui seraient essentiels à toute émotion (si jamais il y a quoi que ce soit de tel), la plupart des auteurs s'accordent au moins sur le fait que les émotions possèdent non seulement une composante *affective*, mais aussi une composante *cognitive*. Cette dernière peut prendre la forme d'une croyance, d'une attitude, d'un désir ou d'une évaluation qui identifient un objet sur lequel porte l'émotion et focalise l'attention sur celui-ci. Lorsque l'on est effrayé, on ressent un certain affect (plutôt déplaisant) envers un objet que l'on croit être dangereux et que l'on veut éviter. Lorsqu'on nourrit un espoir, on ressent un certain affect (cette fois plus agréable) au sujet d'une situation dont

10. Voir Richard Wollheim, « On Persons and Their Lives », dans Amelie O. Rorty (dir.) *Explaining Emotions*, Los Angeles, University of California Press, 1980, p. 299-321.

11. Voir les analyses dans William Alston, « Emotion and Feeling », dans Paul Edwards (dir.), *The Encyclopedia of Philosophy*, New York, Macmillan, 1967 ; Georges Rey, « Functionalism and the Emotions », dans *Explaining Emotions* ; Moreland Perkins, « Emotion and Feeling », *Philosophical Review*, vol. 75, 1966, p. 139-160 ; Patricia S. Greenspan, « Ambivalence and the Logic of Emotion », dans *Explaining Emotions* ; et Malcolm Budd, « The Repudiation of Emotion : Hanslick on Music », *British Journal of Aesthetics*, vol. 20, n° 1, 1980, p. 29-43. Les deux premiers articles comportent une analyse approfondie du concept d'émotion, et les distinctions opérées dans le présent essai leur doivent beaucoup.

on pense qu'elle pourrait advenir et dont on désire l'avènement. La présence d'un objet intentionnel sur lequel pensées et affects sont dirigés est alors considérée comme une caractéristique centrale de la structure paradigmatique de toute émotion.

En plus des composantes affectives et cognitives, on peut soutenir que les émotions ont également des composantes *comportementales* et *physiologiques*. La peur implique typiquement des tremblements, une posture recroquevillée, etc., et sans doute nécessairement une tendance ou une disposition à fuir en présence de l'objet craint. Et en plus d'une expérience subjective bien connue de tous, la peur nécessite typiquement que les systèmes endocriniens et respiratoires soient dans un certain état.

Mais comment concevoir exactement la composante affective de l'émotion, c'est-à-dire la partie qui comprend ce que l'on *ressent*, au sens étroit du terme ? Selon une première conception, la composante affective de l'émotion consiste en une certaine coloration globale de la conscience – une certaine qualité phénoménologique – qui varie essentiellement selon l'axe douleur / plaisir, même s'il y a probablement d'autres dimensions à prendre en compte. Une seconde conception présente la composante affective simplement comme un ensemble de sensations internes signalant des changements physiologiques, par exemple la gorge qui se serre, la chair de poule qui se propage, l'estomac qui se noue, ou les muscles de la tête qui se tendent. Je suis tenté de penser qu'il est préférable de concevoir la composante affective des émotions comme comprenant simultanément ces deux choses que je désignerai respectivement comme l'« aspect phénoménologique » et l'« aspect sensitif » de la composante affective d'une émotion.

Il est temps de dire clairement que la réponse émotionnelle standard à une œuvre musicale – par exemple ce que j'ai appelé une « réaction à la tristesse », pour une musique triste – n'est pas véritablement une émotion. La raison principale en est que la musique ne fournit pas un objet approprié sur lequel l'émotion pourrait porter, pas plus qu'elle n'engendre les croyances, désirs ou attitudes associés à cet objet, lesquels sont essentiels pour qu'une émotion soit ce qu'elle est. Quand un adagio symphonique me rend « triste », ma tristesse ne porte pas sur la musique elle-même, pas plus que je ne désire qu'un autre sort échût à l'adagio. De plus, cet affaiblissement de la composante cognitive de notre réponse émotionnelle à la musique conduit généralement à la suspension de la plupart des comportements caractéristiques de l'émotion considérée et à une inhibition significative des dispositions comportementales qui lui sont associées.

Cependant, il semble que les composantes purement physiologiques et, plus généralement, affectives d'une émotion soient intégralement présentes au moins en certaines occasions d'écoute. Si la musique ne peut pas susciter par elle-même une véritable *émotion* de tristesse, faute de pouvoir fournir un contexte adéquat, il n'en demeure pas moins que certaines musiques sont tout à fait capables d'induire au moins l'*affect* caractéristique de la tristesse [12]. Cela suffit, me semble-t-il, pour que le paradoxe des émotions négatives en musique ne se laisse complètement résoudre par aucune des hypothèses que nous allons à présent considérer. Dans ce qui suit, je distinguerai entre les émotions (qui incluent des éléments cognitifs) et les affects correspondants (auxquels ces éléments cognitifs font précisément défaut). Et quand je parlerai de « réponse émotionnelle » à la musique, il faudra comprendre que je désigne une expérience que fait l'auditeur quand il ressent au moins l'affect caractéristique d'une émotion donnée, sans que celle-ci ne parvienne au statut d'émotion véritable.

Dans le cadre de ce texte, je tiendrai pour acquis que la majorité des émotions ordinaires ont des composantes affectives (comprenant des aspects à la fois phénoménologiques et sensitifs)

12. Il est utile de garder ici à l'esprit une distinction entre le fait d'induire et celui de raviver des émotions. La musique par elle-même n'*induit* pas normalement d'émotions véritables, mais elle peut parfois raviver celles qu'on a éprouvées par le passé, de telle façon qu'on en fait de nouveau l'expérience avec les croyances, les désirs, les sentiments, etc., qui les accompagnent. Le plus souvent, la musique ne fait que rappeler ces émotions à notre mémoire, c'est-à-dire qu'elle se contente d'en raviver le *souvenir*. Mais les objets et les contenus cognitifs des émotions ainsi ravivées auront été produits antérieurement dans un contexte non musical.

qui leur sont propres, indépendamment des composantes cognitives qui les individuent sans doute à un niveau plus logique. En d'autres termes, je tiendrai pour acquise l'existence de différences entre les diverses émotions ordinaires qui puissent s'appréhender simplement par introspection. C'est ce que montrent les cas de personnes qui se rendent compte soudainement qu'elles sont tristes, heureuses, déprimées, anxieuses ou amoureuses, simplement sur la base de la qualité phénoménale de l'affect ressenti, sans pour autant explicitement reconnaître qu'elles entretiennent certaines croyances, désirs ou jugements évaluatifs spécifiques. Il est vrai que, selon certaines recherches psychologiques, les émotions ordinaires ne semblent pas se différencier franchement par la qualité phénoménologique de l'affect ressenti; mais ces recherches me paraissent à la fois peu concluantes et passablement discutables dans leur méthodologie [13]. Quoi qu'il en soit, il est indéniable que l'affect négatif est intégralement impliqué dans bon nombre d'états émotionnels et qu'il existe au moins une certaine palette de différences qualitatives parmi les affects qui figurent dans le spectre des émotions négatives. De fait, il n'en faut pas plus pour que notre problème conserve sa consistance et pour que certaines solutions, que nous allons examiner plus bas, aient un minimum de plausibilité.

VI

Ceux qui ont quelque difficulté à admettre que la musique induit souvent des émotions ordinaires chez les auditeurs soutiennent parfois que ce qui est induit n'est ni une émotion esthétique particulière ni une image mnésique d'émotions passées, mais plutôt une sorte d'émotion musicale *analogue* aux émotions de la vie de

13. J'ai en tête l'article bien connu de Stanley Schacter et Jerome D. Singer (« Cognitive, Social and Psychological Determinants of Emotional State », *Psychological Review*, vol. 69, n° 5, 1962, p. 379-399) dont on pourrait tirer ce genre de conclusions. Cet article reconnaît tout juste la possibilité d'une composante affective dans les états émotionnels qui serait distincte de la stricte stimulation physiologique. De plus, il cherche principalement à établir la *nécessité* des composantes cognitives dans l'émotion.

tous les jours. Deux questions se posent alors : quelle différence y a-t-il entre les émotions ordinaires et les « émotions » musicales? Et à l'inverse, qu'ont-elles en commun qui justifierait que l'on parle dans les deux cas d'*émotion*?

John Hospers, dans un célèbre article sur l'expression dans l'art, suggère que la réponse émotionnelle à la musique triste n'est pas en fait de la tristesse réelle, mais seulement de la « tristesse » musicale. Voici l'explication du phénomène que propose Hospers :

> La tristesse exprimée dans la musique est une chose très différente de la tristesse que l'on éprouve dans la vie de tous les jours; c'est seulement par une sorte d'analogie que nous utilisons le même mot pour désigner les deux choses [...]. La tristesse en musique est dépersonnalisée; elle est abstraite de la situation personnelle particulière dans laquelle nous la ressentons à l'ordinaire, comme la mort d'un être cher ou la perte de ses espérances. En musique, nous atteignons ce qu'on a parfois appelé l'« essence » de la tristesse sans tous les accidents qui l'accompagnent ou toutes les conditions causales qui la font habituellement apparaître. S'il en est ainsi, on peut continuer à dire que la musique exprime la tristesse, mais qu'il nous faut distinguer la « tristesse » musicale, qui est une expérience heureuse, de la tristesse de la vie de tous les jours, qui ne l'est pas[14].

On peut lire dans ces lignes de John Hospers l'idée selon laquelle l'affect de la « tristesse » musicale ressemble à l'affect de la tristesse ordinaire, à ceci près que (1) la « tristesse » musicale n'a pas d'objet ou de contexte situationnel auxquels se rapporter, et (2) qu'elle n'a pas les conditions causales habituelles de la tristesse. Dès lors, ce qu'elle a de commun avec la tristesse de la vie de tous les jours, paraît consister en une certaine modalité affective, vraisemblablement d'une intensité moindre, accompagnée de certaines altérations physiologiques sous-jacentes.

---

14. John Hospers, « The Concept of Artistic Expression », p. 152. Dans ce paragraphe Hospers considère les théories évocatives de l'expressivité artistique et, pour les besoins de la discussion, accepte provisoirement l'équivalence entre expression et évocation.

Il n'est pas évident que l'invocation des « émotions » musicales, ces analogues amoindris et sans objet des émotions ordinaires, soit d'un quelconque secours pour comprendre pourquoi nous recherchons à ce point les émotions négatives suscitées par la musique. La piqûre d'une aiguille fait moins mal qu'un coup de couteau, mais elle n'en est pas plus désirable pour autant. Et quand bien même la conscience de celui qui vous pique, de l'environnement physique et de l'effet qui en résulte était éliminée, cela ne vous pousserait pas davantage à désirer vous faire piquer. Plus généralement, toute invocation de formes plus faibles et cognitivement appauvries d'émotions négatives ordinaires se trouve confrontée au dilemme suivant. D'un côté, si une « émotion » musicale E_m impliquait la même modalité affective qu'une émotion ordinaire E_o, aussi amoindrie soit-elle, alors son caractère *prima facie* déplaisant semblerait en faire quelque chose d'indésirable. D'un autre côté, si E_m et E_o impliquent des modalités affectives distinctes, alors il devient très difficile de comprendre quel rapport il peut y avoir entre elles, et d'accepter que la réponse émotionnelle à la musique soit à ce point indépendante de l'émotion ordinaire en référence à laquelle nous sommes tentés de la nommer. En bref, s'il existe quelque chose comme la « tristesse » musicale, qui ressemble à la tristesse de la vie de tous les jours et qui est évoquée par la musique triste, on n'a toujours pas montré comment il peut s'agir d'une « expérience heureuse ».

Selon une autre approche qui mérite d'être considérée ici, lorsque nous sommes « attristés » par la musique, nous ne sommes pas *réellement* tristes, mais on fait *comme si* c'était le cas [15]. C'est-à-dire que la musique éveille en nous certains états affectifs, et nous faisons comme s'il s'agissait d'émotions au sens plein du terme, en complétant nous-mêmes la composante cognitive requise par toute émotion véritable.

La réponse que j'ai apportée à la proposition d'Hospers pourrait tout aussi bien s'appliquer ici. Si la composante affective d'une colère simulée, par exemple, était la même que celle d'une colère réelle,

15. C'est une idée que l'on peut tirer de l'article de Kendall Walton, « Fearing Fictions », *Journal of Philosophy*, vol. 75, n° 1, 1978, p. 5-27.

alors étant donné sa tonalité affective déplaisante, on ne voit pas pourquoi la colère simulée serait plus désirable que la colère réelle. Pourquoi simuler la colère, si cela implique que je sois dans un état approprié d'agitation intérieure, devrait-il me procurer la moindre satisfaction ? En outre, à supposer que cette simulation de colère soit réaliste, je devrais paraître d'autant plus perturbé, puisque j'imaginerais non seulement ressentir un certain affect déplaisant, mais également toutes les conséquences indésirables qui devraient accompagner concrètement le fait d'être réellement en colère.

Qui plus est, je doute que dans les cas de réponse émotionnelle profonde à la musique qui nous intéressent ici, nous fassions semblant d'être saisis par des émotions variées, du moins si cela requiert que nous simulions ces états de façon *explicite et pleinement déterminée*. Nos réponses imaginatives à la musique ne donnent pas l'impression d'être aussi définies que cela. Quand nous sommes « attristés » par une musique triste, ou « effrayés » par une musique terrifiante, nous ne faisons généralement pas comme s'il y avait un objet bien précis, avec des caractéristiques bien précises, qui nous attristait ou qui nous effrayait. Et nous ne faisons pas plus semblant d'avoir des attitudes ou des désirs spécifiques envers ces hypothétiques objets intentionnels déterminés.

Autrement dit, la réponse émotionnelle à la musique n'a pas le même degré de structure cognitive que la réponse émotionnelle suscitée par les entités bien définies qui peuplent les mondes fictionnels. Soutenir la thèse inverse revient à surestimer l'activité intellectuelle des auditeurs par laquelle ils enrichissent leurs réponses affectives élémentaires à la musique. D'un autre côté, cela ne revient pas pour autant à nier qu'un auditeur puisse, d'une façon moins concrète, adopter de façon imaginaire un état émotionnel en s'identifiant avec la musique qu'il écoute. Je reviendrai sur ce point dans la section IX.

VII

Une autre manière de contourner les problèmes soulevés par les réponses émotionnelles suscitées en nous par la musique, et donc en particulier le problème des émotions négatives, consiste à affirmer que toute apparence de réponse émotionnelle n'est rien d'autre qu'une illusion bien enracinée, fondée sur une confusion entre percevoir et ressentir. La réponse esthétique correcte à la musique, dira-t-on, est une réponse purement *cognitive*, consistant entre autres choses à reconnaître et apprécier les qualités émotionnelles présentes dans la musique elle-même. Ce qui nous semble parfois être l'expérience d'une émotion proche de la tristesse, lorsque nous écoutons de la musique de façon plus ou moins appropriée, n'est en fait toujours qu'une appréhension vive de la tristesse présente dans la musique.

Je considère cette façon de voir les choses comme très peu plausible. Bien sûr, appréhender de façon exclusivement cognitive les éléments expressifs de la musique est une manière comme une autre de s'impliquer esthétiquement dans la musique : c'est par exemple la manière détachée et critique du connaisseur. Certes, on peut détecter l'expression d'une émotion sans être ému soi-même, et on peut en venir à saisir la couleur émotionnelle d'une œuvre sans nécessairement la refléter dans son esprit. Mais cette attitude esthétique détachée est seulement un mode d'implication esthétique parmi d'autres, et on peut difficilement y voir le seul qui puisse être légitimement recommandé. Et il n'est pas du tout évident que cette attitude détachée soit esthétiquement supérieure aux modes d'implication plus ouverts et plus inclusifs par lesquels on *réagit* à l'émotion musicale en plus de la percevoir.

Être ému par un morceau musique n'est bien évidemment pas incompatible avec le fait de percevoir les qualités émotionnelles qui sont présentes en lui. Mais plus encore, ces deux états mentaux peuvent entretenir de subtiles relations d'interdépendance. Ce que nous semblons percevoir influence ce que nous ressentons, et ce que nous ressentons influence ce que nous disons percevoir. D'un côté, ce qui nous pousse à décrire une qualité de la musique avec un terme d'émotion donné, c'est en partie l'impression que la musique tend à évoquer cette émotion en nous ; mais d'un autre côté, si nous sommes émus par la musique, c'est en partie parce que nous percevons en elle une qualité émotionnelle correspondante, identifiée en première approximation sur la base d'une ressemblance physiognomonique (c'est-à-dire d'une analogie avec le comportement expressif d'un être humain) ou d'associations conventionnelles. Nous sommes attristés en partie par la perception, dans un passage de musique, d'une qualité que nous interprétons comme de la tristesse, mais nous parlons spontanément de « tristesse » à son sujet et persistons dans ce choix terminologique, en partie parce que nous sommes attristés par ce passage ou parce que nous voyons qu'un tel passage pourrait nous rendre tristes dans des conditions quelque peu différentes. La reconnaissance d'une émotion dans la musique et l'expérience d'une émotion suscitée par la musique pourraient bien ne pas être aussi séparables en principe qu'on aurait pu le penser. Si tel est le cas, l'idée que, dans l'appréciation esthétique de la musique, nous ne faisons qu'appréhender cognitivement des attributs émotionnels sans ressentir quoi que ce soit qui leur corresponde pourrait bien être conceptuellement problématique, en plus de manquer de crédibilité empirique.

VIII

Nelson Goodman, pour sa part, ne fait certainement pas l'erreur d'analyser la perception de l'expression musicale comme une activité elle-même dépourvue d'émotion. Au contraire, il insiste sur le rôle de l'affect comme un auxiliaire essentiel dans la détermination des propriétés expressives réellement possédées par une œuvre. Selon sa formule bien connue, « dans l'expérience esthétique, les émotions fonctionnent cognitivement »[16]. Leur principal rôle est de nous

16. Nelson Goodman, *Langages de l'art*, traduit de l'anglais par Jacques Morizot, Paris, Fayard, 2011, p. 290.

informer de la nature et des propriétés de l'œuvre à laquelle nous sommes confrontés.

Mais cela peut-il en soi expliquer l'attrait que la musique négative a pour nous ? Goodman nous dit que « dans l'expérience esthétique, l'émotion positive ou négative que nous ressentons est un mode d'accès sensible à l'œuvre »[17]. Si un sentiment de désespoir ou de tristesse suscité par une œuvre possède une valeur, c'est parce qu'il est requis pour discerner correctement les qualités émotionnelles présentes dans l'œuvre en question. Donc, selon cette conception, lorsque nous nous livrons nous-mêmes à une détresse parfois considérable en écoutant de la musique, c'est seulement pour connaître précisément les caractéristiques de l'objet qui nous tourmente. Ce qui semble incompréhensible, c'est la raison pour laquelle nous devrions être si enclins à nous intéresser aux propriétés possédées par des œuvres d'art qui nous placent dans des états aussi déplaisants. Avons-nous envers tout objet artistique le devoir de discerner correctement toutes ses caractéristiques, quel qu'en soit le coût ? Certainement pas. La récompense cognitive que nous obtenons en percevant correctement le caractère angoissant d'un morceau de musique supplante-t-elle l'angoisse que nous pouvons ressentir en percevant cette qualité angoissante ? Rien n'est moins sûr. Chercher à pénétrer le côté obscur d'une œuvre peut constituer une justification partielle des souffrances qu'elle nous procure, mais on ne saurait s'en tenir à cela. Deux choses en particulier semblent insuffisamment expliquées. L'une est l'intensité du désir qui nous pousse à rechercher dans la musique une émotion négative et qui souvent va bien au-delà de ce que l'on attendrait d'un simple auxiliaire à l'appréhension cognitive de l'œuvre. L'autre est que l'observation goodmanienne, si elle est juste, rend bien compte de la valeur instrumentale des émotions négatives, mais pas du tout de ce qui les rend désirables en elles-mêmes.

17. *Ibid.*, p. 291 (traduction modifiée par nos soins).

IX

Dans cette section, je décrirai plus complètement ce qui me semble être le type habituel de réponse émotionnelle intense que suscite la musique. Esquisser les contours de cette expérience de façon plus détaillée nous aidera à déterminer la valeur qu'elle possède et qu'aucune des approches examinées dans les sections précédentes ne permet d'expliquer adéquatement.

Commençons par énoncer les conditions d'écoute qui favorisent une réponse de ce type. En effet, il est toujours possible de trouver une manière d'écouter une œuvre émotionnellement intense qui ne suscite pas ce type d'expérience, et il n'est pas du tout certain que nous recherchions à chaque fois ce type bien précis d'expérience.

La première condition semblerait être qu'une œuvre soit d'un style bien connu de l'auditeur et que l'œuvre elle-même lui soit suffisamment familière pour que son déroulé et son caractère propres ne soient pas une totale découverte, mais pas au point de le plonger dans l'ennui lorsqu'il suit son évolution. Une œuvre nous est ainsi familière sans être ennuyeuse pour autant lorsqu'elle suscite des attentes claires chez l'auditeur tout en laissant leurs résolutions encore incertaines[18].

La deuxième condition est généralement considérée comme un des aspects centraux de l'« attitude esthétique », quelle que soit la conception qu'on puisse se faire de cette disposition d'esprit : il s'agit d'un mode d'attention étroitement focalisé sur la musique, sa structure, sa progression et le caractère qui s'en dégage, nous conduisant à ignorer le monde extramusical et notre propre situation en son sein, ou du moins à en avoir une conscience réduite.

L'ouverture émotionnelle de l'auditeur au contenu de la musique, par opposition à sa contemplation distante constitue une troisième condition. Il doit vouloir s'identifier à la musique, se mettre à sa

---

18. On peut trouver une théorisation intéressante, inspirée par la théorie de l'information, des conditions dans lesquelles l'appréciation d'une œuvre musicale atteint son niveau optimal chez Leonard Meyer, « On Rehearsing Music », *Music, the Arts and Ideas*, Chicago, University of Chicago Press, 1967, p. 42-53.

place. Il doit s'autoriser à être réceptif aux émotions qu'il entend, à se laisser émouvoir par elles, plutôt que de simplement les constater ou même de s'en émerveiller.

Un tel auditeur n'est cependant pas automatiquement plongé dans un bourbier émotionnel qui l'empêcherait de se concentrer sur la musique elle-même. Au contraire, notre réponse émotionnelle est en général d'autant plus intense qu'elle résulte d'une perception claire de la musique. C'est habituellement parce que nous *identifions* des émotions ou des gestes expressifs chargés d'émotions dans la musique qu'une réaction émotionnelle se manifeste en nous [19]. Cette réaction est en général de nature *empathique* ou *imitative*. Quand nous nous identifions à la musique que nous percevons ou, mieux, avec la personne que nous imaginons être le sujet des émotions et des gestes expressifs que nous entendons dans la musique, nous accueillons ces émotions et les faisons nôtres, pendant le temps de l'écoute [20]. Et finalement, nous en venons à épouser les mêmes sentiments que ceux qu'exprime la musique, de façon imaginaire.

19. Pour ne pas compliquer inutilement les choses, je néglige ici le fait que l'identification d'une expression émotionnelle dans la musique et l'évocation d'un affect par la musique puissent être, dans une certaine mesure, mutuellement dépendants (je renvoie sur ce point à la section VII).

20. Bien sûr, il est possible d'avoir une réponse émotionnelle à la musique qui ne soit pas de nature *empathique* mais plutôt *réactive*. Au lieu de s'identifier à la musique, on peut simplement réagir directement à une qualité que la musique possède de façon littérale plutôt que métaphorique, ou on peut imaginer la musique comme étant une personne distincte de nous dont le comportement extérieur nous fait réagir, plutôt que de nous inviter à calquer nos émotions sur les siennes. En guise d'exemples du premier cas de figure, on pourrait citer le fait de s'amuser en écoutant une musique pleine d'humour, de s'indigner à l'écoute d'un plagiat honteux, ou d'être contrarié par une musique particulièrement bancale. Dans ce genre de réactions, la musique est à la fois cause et objet de l'émotion éveillée. En guise d'exemples du second cas de figure, on peut penser à l'effroi suscité par un passage menaçant lorsqu'il est entendu comme l'expression d'un personnage imaginaire menaçant, ou encore la pitié que peut susciter un passage agonisant que l'on considérerait comme l'expression d'un personnage à l'article de la mort. Examiner plus avant les réponses émotionnelles réactives à la musique nous conduirait beaucoup trop loin. Il est cependant évident que certaines de ces réponses soulèveraient le même paradoxe des émotions négatives quand leur tonalité affective est ostensiblement déplaisante.

Je voudrais insister ici sur le rôle central joué par la cognition dans ce type de phénomène. Si je ne perçois pas les émotions qui appartiennent à la musique en l'écoutant attentivement, il n'y a rien à quoi je puisse m'identifier et avec quoi je puisse entrer en empathie[21].

Tout ce que je veux dire ici, c'est que lorsque les trois conditions présentées ci-dessus sont satisfaites, nous aurons le plus souvent, pour certaines compositions au moins, une réponse empathique qui consiste à éprouver quelque chose de très semblable à l'émotion exprimée dans la musique. Comme on l'a déjà remarqué, cette expérience inclut de façon centrale les altérations physiologiques caractéristiques de l'émotion ainsi que l'affect intérieur qui lui est propre. Ce qui la différencie de façon cruciale d'une émotion authentique, c'est l'absence de toute dimension cognitive : les émotions musicales sont dépourvues d'objet propre et de pensées renvoyant à un objet distinct d'elles-mêmes.

Cela ne revient pas à dire cependant que les réponses émotionnelles à la musique sont privées de *toute* composante cognitive (ou représentationnelle). Une telle composante existe bel et bien, mais elle est étiolée en comparaison de la composante cognitive des émotions ordinaires. Supposons, par exemple, que l'émotion exprimée dans un morceau de musique soit la tristesse. Alors une réponse empathique contiendra, en plus des éléments physiologiques et affectifs susmentionnés, le *concept* ou l'*idée* générale de la tristesse. Parce qu'un auditeur qui ressent lui-même de la tristesse à l'écoute de ce morceau commence normalement par appréhender la tristesse exprimée dans la musique avant de s'identifier à elle, l'idée de la tristesse sera généralement présente à son esprit en même

21. Il y aurait bien sûr beaucoup de détails à ajouter pour compléter cette description élémentaire de la manière dont la musique suscite des réponses affectives. Pour une description de la réponse imitative aux caractéristiques émotionnelles de la musique, voir Stephen Davies, « The Expression of Emotion in Music », *Mind*, vol. 89, n° 353, 1980, p. 67-86. Au sujet du mécanisme par lequel nous nous identifions à la musique, voir la discussion éclairante menée par Ray K. Elliott, dans « Aesthetic Theory and the Experience of Art », *Proceedings of the Aristotelian Society*, vol. 67, 1966, p. 111-126.

temps qu'il en ressent l'émotion. En deuxième lieu, l'identification à la musique suppose un acte cognitif préalable, puisque l'on doit imaginer que la musique est elle-même une personne triste ou bien qu'elle est l'*expression audible* de la tristesse de quelqu'un. En troisième lieu, une telle identification implique un acte cognitif consistant à imaginer que l'on est soi-même triste – c'est-à-dire que c'est notre *propre* tristesse que la musique exprime – et donc que notre tristesse a un objet, aussi informe soit-il.

Examinons de plus près cette dernière phase. Quand on entend de la musique triste, que l'on commence à ressentir de la tristesse, et que l'on s'imagine soi-même empreint de tristesse, il est nécessaire, en vertu de la logique même du concept de tristesse, que l'on imagine que notre tristesse a un objet et que nous entretenons certaines attitudes ou croyances évaluatives à son sujet. Mais il est important de remarquer que l'imagination reste ici généralement *indéterminée :* nous n'attribuons pas réellement à notre tristesse un objet *particulier*, pas plus que nous n'entretenons de croyances imaginaires à son sujet. Lorsque je m'imagine être véritablement empreint de tristesse à l'écoute d'un morceau, je me contente de conférer une direction vague à mon émotion, sans qu'il ne me soit nécessaire de spécifier plus avant son objet. En d'autres termes, notre réponse empathique à la tristesse exprimée par la musique possède un objet qui s'apparente à bien des égards à un objet essentiellement formel. Quand, en m'identifiant émotionnellement à la musique, je suis empreint de tristesse à l'écoute du Poco allegretto de la *Troisième Symphonie* de Brahms, ma « tristesse » n'est pas dirigée vers la musique, ou vers une quelconque situation de la vie réelle qui me touche, mais plutôt vers un objet sans caractéristique particulière, postulé de façon vague par mon imagination[22].

22. On pourrait soutenir que ce que j'imagine être l'objet de ma tristesse n'est rien d'autre que l'objet de la tristesse éprouvée par la personne triste entendue « dans » la musique avec laquelle je m'identifie. Je pense que cela peut parfois être le cas, mais cela ne retire rien à l'indétermination que je souligne ici, dans la mesure où cet objet resterait lui-même complètement indéterminé ou ne serait indiqué que de façon purement formelle.

Pour résumer, le type de réponses émotionnelles empathiques à la musique qui nous intéresse ici – celui-là même que subissait notre courageux héros au début de ce texte – comprend habituellement les ingrédients suivants : les composantes physiologiques et affectives de l'émotion exprimée dans la musique; l'idée ou la pensée de cette émotion; et le fait de s'imaginer soi-même, via l'identification émotionnelle à la musique, faire réellement l'expérience de cette émotion, sans toutefois lui conférer un objet aussi bien défini que dans les émotions ordinaires.

X

Nous voilà maintenant en mesure, je pense, d'expliquer l'intérêt qu'une réponse émotionnelle négative à la musique (réponse dont j'ai essayé jusqu'ici de clarifier la nature) peut avoir pour nous. Tout d'abord, on peut retenir des conceptions discutées plus haut deux éléments qui nous aideront à parvenir à une explication complète. Le premier correspond à l'observation de Goodman selon laquelle la réponse émotionnelle facilite notre saisie, notre estimation et notre description de ce qu'exprime l'œuvre musicale. Cette observation est sans doute juste, et même si elle ne saurait expliquer à elle seule pourquoi nous acceptons d'éprouver des émotions négatives à l'écoute d'une sonate, nous ne devons pour autant l'ignorer complètement.

Le second élément correspond à la catharsis aristotélicienne. Bien entendu, dans certains cas, éprouver de la tristesse en réponse à un morceau de musique a le mérite de purger l'auditeur, de façon contrôlée, d'une certaine passion dont il est affligé. L'« affliction » que l'on ressent à l'écoute de ce morceau est éprouvée sous une forme pure, tout en étant limitée dans son intensité, ce qui nous permet, dans une certaine mesure, de nous délester des afflictions bien réelles auxquelles on s'est sciemment laissé aller, sans pouvoir les maîtriser, ou encore de celles que l'on a refoulées dans les oubliettes de l'inconscient. Dans une perspective cathartique, la réponse émotionnelle négative à la musique est désirable parce qu'elle conduit au bien-être mental, en renforçant le moi futur de l'auditeur par l'administration de pilules émotionnelles aux effets momentanément douloureux. Il est difficile de ne pas accorder ce genre de vertu thérapeutique aux musiques les plus tristes ; mais il faut noter, cependant, que l'explication cathartique ne s'applique, strictement, qu'aux auditeurs qui sont de fait en proie à des passions excessives, que ce soit de façon consciente ou inconsciente. Cependant il semble que la réponse émotionnelle négative ne soit pas moins attrayante, ni moins gratifiante, pour les auditeurs qui ne rentrent pas dans cette catégorie. Je peux rechercher et savourer le chagrin, la langueur ou l'angoisse suscités par une musique sans être effectivement submergé, ni même inquiété de façon souterraine par ces émotions. De plus, la simple apparition de telles émotions semble nous apporter une satisfaction avant même qu'une éventuelle purge ne s'ensuive. Les bénéfices cathartiques, même s'ils peuvent à l'occasion être réels, semblent considérablement indirects, et ne peuvent être recherchés que par un raisonnement calculateur. Ils ne sauraient par conséquent expliquer intégralement ou même en grande partie pourquoi nous désirons si ardemment faire l'expérience d'émotions négatives à l'écoute de la musique.

XI

La première chose à souligner, pour parvenir à la solution plus générale que nous recherchons, c'est que les réponses émotionnelles à la musique et les émotions ordinaires diffèrent sur un point crucial évident, qui a trait à l'importance du contenu cognitif. Les réponses émotionnelles à la musique n'ont habituellement aucune implication *vitale*, à la différence de leurs homologues ordinaires. La « tristesse » que nous sommes conduits à ressentir en appréhendant la musique avec empathie n'a aucun fondement dans notre environnement extramusical : elle n'indique aucun état affectif négatif durable, ne signale aucun problème exigeant une réaction, n'appelle aucun schéma comportemental récurrent et ne présage en général d'aucun futur funeste pour nous. Nous ne croyons pas réellement, même si nous pouvons nous l'imaginer par moments, que notre propre tristesse est objectivement justifiée, au sens où il y aurait dans notre vie un état de choses à déplorer. En revanche, si nous sommes en proie à une tristesse bien réelle, un tel état de choses doit bel et bien exister ; nous devons alors nous attendre à ce que cette émotion persiste tant que ces conditions objectives restent inchangées, et être disposés à agir pour mettre un terme à notre affliction. En général, une personne qui éprouve de la tristesse à l'écoute d'un morceau de musique n'a aucune attente ni aucune disposition de cet ordre. L'expérience de la tristesse générée par la musique consiste, avant tout, en un sentiment associé à une représentation mentale, libéré des attentes et des dispositions qui accompagnent ordinairement la tristesse dans la vie de tous les jours.

Dans la mesure où la réponse émotionnelle à la musique n'est pas concernée par les implications contextuelles des émotions ordinaires que sont la tristesse, le chagrin et la colère, nous pouvons nous concentrer pleinement sur la dimension affective de ces émotions. Cela nous permet d'accéder à trois bienfaits qui s'offrent à nous lorsque nous nous faisons le miroir des sombres émotions exprimées par la musique, à savoir un certain plaisir, une meilleure compréhension des émotions exprimées et une plus grande confiance en nos propres émotions.

Pour mettre en évidence le premier de ces bienfaits, je vais devoir avancer une thèse quelque peu surprenante, mais sans laquelle il me paraît difficile de résoudre le paradoxe que nous discutons ici. Selon cette thèse, nous sommes capables dans presque tous les cas de tirer satisfaction de la pure dimension affective de l'émotion suscitée par la musique, indépendamment de toutes les conséquences psychologiques et comportementales qui peuvent s'ensuivre. Cela signifie que la composante purement affective de n'importe quelle émotion, pourvu qu'elle ne soit ni trop violente ni trop intense, est quelque chose dont, tout bien considéré, nous pouvons tirer une expérience plaisante.

Quand les affects nous sont dispensés isolément les uns des autres, sans arrière-plan particulier, et pour une courte durée seulement –

comme c'est le cas lorsque c'est la musique qui nous les fournit – nous pouvons les envisager comme si nous étions des œnologues goûtant aux délices de différents crus, à l'instar de Des Esseintes, le héros de *À rebours* de Joris-Karl Huysmans, qui se délectait des parfums de diverses liqueurs conservées dans les flacons assemblés côte à côte dans le meuble qu'il aimait à appeler son « orgue à bouche ». Nous devenons alors de véritables connaisseurs en matière d'affects, capables de savourer pour eux-mêmes les aspects qualitatifs de notre vie émotionnelle.

Cela ne veut pas dire pour autant que rien dans le pur affect n'est déplaisant. S'il ne possédait pas en lui-même une certaine tonalité négative, il pourrait difficilement compter comme l'affect d'une émotion négative. Mais dans le contexte détaché de l'écoute musicale, il devient possible, pour nous, de savourer l'affect pour son caractère propre, puisque, pour une fois, la détresse supplémentaire qui l'accompagne normalement dans la vie réelle nous est épargnée. L'affect caractéristique qui est au cœur du chagrin ou du désespoir, par exemple, possède un aspect irréductiblement douloureux, pour sûr, mais le caractère repoussant et indésirable de l'émotion dans sa globalité découle au moins autant des croyances associées au sujet de l'existence réelle d'un mal causant en nous cette émotion et de la persistance de l'affect négatif qui en résulte. Un état inconfortable dont on sait qu'il ne durera pas et qui ne révèle aucun tort dans notre monde ne nous atteint pas de la même manière que si nous étions privés d'une telle assurance. Ce n'est pas tant l'affect résultant qui nous importune dans le chagrin et le désespoir que la signification et la résonance qu'il a pour nous, portées par les croyances qui lui sont associées et les attitudes qui l'accompagnent. Quand ces dernières sont absentes, comme c'est le cas dans les émotions induites par la musique, nous sommes alors capables, dans une large mesure, d'apprécier les affects pour eux-mêmes, même ceux dont la tonalité est négative. Nous nous délectons des qualités particulières de ces affects à tel point que cela suffit à compenser l'aspect douloureux qu'ils revêtent encore. L'expérience attentive d'un affect quelconque, lorsqu'elle est détachée de toute conséquence pratique, semble être quelque chose d'intrinsèquement attrayant pour la plupart d'entre nous. J'appellerai ce bienfait « le délice des affects ».

Le deuxième bienfait que procure une réponse émotionnelle négative à la musique est celui d'une meilleure compréhension de la dimension affective de l'émotion ainsi identifiée, ce qui est rendu possible, justement, par le contexte détaché de l'écoute musicale. Il est notoirement difficile de dire en quoi consiste la connaissance de l'effet que cela fait de ressentir une émotion, mais il est relativement clair qu'une telle connaissance, quelle qu'en soit la nature, ne peut qu'être accrue par les expériences émotionnelles qui accompagnent l'écoute ou qui lui succèdent. Dans de tels moments, nous avons la possibilité d'examiner introspectivement et de scruter dans ses moindres détails l'affect intérieur d'une émotion, par exemple l'angoisse, dont l'idée se trouve comme placée devant l'œil de notre esprit d'une manière qui reste inaccessible à un individu pris dans les affres d'une angoisse bien réelle. Nous pouvons accéder à un aperçu de l'effet que cela fait d'être pris d'angoisse, non pas au sens où nous apprendrions à quoi cette angoisse ressemble, mais au sens où nous la percevons et l'appréhendons plus clairement. Cet aperçu nous permet à son tour de mieux reconnaître cet affect dans le futur et de le rappeler plus facilement à notre mémoire pour mieux le contempler. On peut affermir et préciser notre conception de l'effet que cela fait de ressentir de la mélancolie en faisant l'expérience du Poco allegretto de la *Troisième Symphonie* de Brahms, ou de ressentir une passion sans espoir en vibrant au rythme de l'*Étude en do dièse mineur* de Scriabine. Notons enfin que le bienfait cognitif dont nous venons de rendre compte, que l'on pourrait appeler « l'intelligence des affects », diffère sensiblement du bienfait goodmanien mentionné plus tôt, « l'appréhension de l'expression », même si celui-ci n'est pas sans lien avec celui-là.

Le troisième de ces bienfaits est directement lié au respect de soi-même, ou à la dignité que nous nous accordons en tant qu'êtres humains. La capacité à ressentir sincèrement une large palette d'émotions joue un rôle central dans l'image idéale que se font d'eux-mêmes la plupart des gens. Nous aimons nous savoir capables d'être profondément émus, de diverses façons, suivant les exigences des circonstances. L'individu dont la faculté à ressentir des émotions est superficielle, unidimensionnelle ou même simplement ensommeillée nous semble diminué en sa qualité de personne. Parce que la musique a le pouvoir de nous mettre dans l'état affectif associé à une émotion négative sans pour autant nous exposer aux conséquences indésirables qui en découlent dans la vie réelle, elle nous permet en partie de nous rassurer, en toute sécurité, sur la profondeur et l'étendue de notre capacité à ressentir des émotions. Avoir une réponse émotionnelle négative à la musique, c'est comme faire tourner à vide le moteur de nos émotions. Si l'avion a un problème, mieux vaut s'en rendre compte sur la piste de décollage qu'en plein vol. Bien sûr, personne n'irait jusqu'à se causer réellement du chagrin juste pour savoir s'il est capable d'en ressentir, mais la fréquentation de la musique permet d'en obtenir une sorte de confirmation, à moindre risque. Il est permis de douter que cette méthode soit à même de fournir des résultats probants, mais là n'est pas la question ; car même si cette confirmation n'est pas bien fondée, son effet psychologique n'en est pas moins réel. De plus, en exerçant nos capacités affectives sur la musique, on peut dire qu'on les affûte et qu'on les prépare en vue d'éprouver des réactions émotionnelles plus intenses et plus ciblées aux situations susceptibles de se présenter dans la vie réelle. Il est intéressant de remarquer que ce bienfait des réponses émotionnelles à la musique est plus naturellement associé aux émotions négatives qu'aux émotions positives. Habituellement, ce ne sont pas à des émotions comme la joie, le plaisir ou l'excitation que nous avons besoin de nous mesurer ou nous préparer et ce n'est généralement pas la capacité de ressentir ces émotions-là qui a le plus de poids dans l'idée que l'on se fait généralement d'une personne émotionnellement épanouie. Tel est le bienfait de la « confiance émotionnelle ».

XII

Jusqu'ici nous avons pris acte d'un certain nombre de bienfaits que peut offrir une réponse émotionnelle négative à un morceau de musique lorsqu'elle est considérée comme une expérience purement affective simplement associée à l'idée de l'émotion correspondante. Nous devons maintenant nous tourner vers les bienfaits qui nous reviennent lorsque nous imaginons, en nous identifiant à la musique, que nous éprouvons pleinement l'émotion exprimée par la musique, tout en sachant pertinemment d'un bout à l'autre que ce n'est pas le cas.

Ces nouveaux bienfaits, pris ensemble, sont tout aussi importants que ceux que nous avons précédemment discutés. Il semble y en avoir au moins trois, que j'examinerai tour à tour. Le premier de ces bienfaits est d'une pertinence toute particulière pour le paradoxe qui nous concerne, parce que, à la différence des autres, il découle presque exclusivement des réponses émotionnelles *négatives*.

Si, par empathie, je fais l'expérience de sentiments de désespoir ou d'angoisse à partir d'une œuvre musicale désespérée ou angoissée, et que je considère la musique comme l'expression progressive du désespoir ou de l'angoisse de quelqu'un, alors je peux commencer à m'identifier avec cette personne, et par suite m'imaginer être moi-même pris d'angoisse et accablé de désespoir, comme cela a déjà été décrit plus haut. Je peux même avoir l'impression que la musique provient du plus profond de mon être, exprimant ainsi le désespoir et l'angoisse dont je m'imagine faire l'expérience. Quoi qu'il en soit, parce que l'émotion imaginée ne fait qu'un avec celle de la *persona* musicale, elle partagera la destinée et les vicissitudes de l'émotion qui s'incarne dans le mouvement de la musique.

Parce que j'ai identifié mon état émotionnel à celui qui est exprimé dans la musique, je peux sentir que les changements que subit cette émotion, au fur et à mesure que la musique se développe, m'affectent moi aussi. Et, parce que le contenu émotionnel de la musique est en réalité porté par la structure musicale, ces variations émotionnelles constituent souvent une source importante de satisfaction, d'autant plus que les émotions exprimées sont déplaisantes ou difficiles.

Les émotions manifestées dans la musique, et dont nous imaginons faire l'expérience à travers elle, possèdent, à la différence de celles que l'on rencontre dans la vie réelle, une inévitabilité et une finalité caractéristiques. S'il en est ainsi, c'est sans doute parce qu'elles semblent si intimement liées à l'évolution de la matière musicale elle-même, au point d'en être inséparables. Ainsi, ce qui semble au départ être seulement une caractéristique du mouvement ou du développement musical en vient à être vu également comme un attribut du contenu émotionnel qu'ils sous-tendent. Souvent, l'émotion exprimée par une composition musicale, du fait de la construction de cette dernière, nous apparaît comme ayant été résolue, transformée, transfigurée ou dépassée, au moment où la musique s'éteint. Quand la première section en *do* mineur du *Poco Allegretto* de Brahms cède doucement la place à un trio en *la* bémol majeur, nous pouvons imaginer notre mélancolie sanglotante se changer en gaîté hésitante. Quand le matériau principal de la *Marcia funebre* de l'*Eroica* de Beethoven se brise, en plein milieu de l'œuvre, en une fugue majestueuse construite sur les mêmes thèmes, nous pouvons imaginer notre désespoir sans fond se métamorphoser, se diffracter en une multiplicité de fragments miroitants au pathos plus supportable. Et quand la logique musicale imparable du final de la *Septième Symphonie* d'Antonín Dvořák débouche, dans les dernières mesures, sur un grand glapissement dominé par les cuivres, dissonant mais immédiatement résolu, nous pouvons nous fondre dans cette expérience d'une tragédie implacable s'achevant par une résignation coûteuse et douloureuse.

La structure compositionnelle de la musique, lorsque nous nous imaginons ressentir ce qu'elle exprime, nous donne une impression de maîtrise et de contrôle sur des émotions qui, dans la vie réelle, nous bouleversent au plus haut point, et de l'affrontement desquelles on ne peut qu'espérer sortir victorieux, si jamais nous y parvenons. On doit insister sur le fait qu'une authentique réponse émotionnelle est nécessaire pour que l'on puisse recueillir ce bienfait. À moins de vraiment ressentir une émotion en écoutant un morceau de musique, et de nous projeter dans l'émotion exprimée par la musique, nous ne sommes pas en position de nous dire : « C'est mon émotion que j'ai entendue là, c'est comme cela que je l'ai gérée, et voilà ce qu'il en est advenu ». Cela compense amplement la détresse additionnelle qui pourrait découler de la mélancolie, du désespoir ou du chagrin que nous nous autorisons, en imagination, à ressentir. C'est le bienfait du « dénouement émotionnel ».

Le deuxième bienfait que procure la musique lorsque nous nous identifions à elle au point de nous imaginer éprouver une authentique émotion négative est plus simple que celui que nous venons de discuter; en un sens, il lui est antérieur. Si nous commençons à considérer la musique comme l'expression actuelle de notre propre état émotionnel, nous ne tarderons pas à la considérer comme provenant de nous-mêmes, comme si elle se déversait du plus profond de notre être[23]. Il est alors très naturel pour nous d'avoir l'impression de posséder une véritable puissance expressive, une capacité à extérioriser librement et à incarner aisément ce que nous ressentons. Le sens que l'on a de la richesse et de la spontanéité avec lesquelles notre propre vie intérieure se déploie, même quand les affects en jeu sont négatifs, est une source de joie indéniable. L'aspect déplaisant de certaines émotions dont nous nous imaginons faire l'expérience en nous identifiant à la musique est contrebalancé par la justesse, la grâce et la splendeur du tableau que nous sommes amenés à en dresser. Bien sûr, cette puissance expressive que nous semblons posséder quand nous nous identifions à la musique nous fait défaut et réside en réalité dans le talent musical du compositeur. Mais cela ne veut pas dire pour autant que nous nous mentons à nous-mêmes. Nous ne croyons pas littéralement que nous créons la musique que nous entendons. Le génie musical du compositeur rend possible l'expérience imaginative décrite précédemment, et nous pouvons rester conscients de cela de bout en bout, sans que cela

23. Sur l'expérience consistant à entendre la musique « de l'intérieur », voir Elliott, « Aesthetic Theory and the Experience of Art ».

n'élimine la satisfaction qui en résulte. Un manteau d'emprunt n'en est pas forcément moins chaud ! Ce sera le bienfait de la « puissance expressive ».

Enfin, le dernier bienfait que je souhaite examiner se développe de façon privilégiée quand un auditeur envisage d'appliquer au contenu émotionnel de ce qu'il entend ce que j'appellerai l'hypothèse expressive. Selon la « théorie expressive » de la musique, adoptée par Léon Tolstoï et Deryck Cooke, entre autres, l'émotion entendue dans une sonate est toujours une émotion dont le compositeur a préalablement fait l'expérience avant de la métamorphoser en musique. La sonate est alors un support permettant de transmettre, d'une personne à une autre, un certain type d'expérience émotionnelle. Ceci dit, même sans souscrire à une théorie aussi manifestement fausse que peut l'être la théorie expressive de la musique, nous pouvons parfois, lorsque nous nous imaginons être en proie à l'émotion exprimée par l'œuvre, adopter, en tant qu'auditeurs, une *hypothèse* expressive, et faire comme si l'émotion exprimée par l'œuvre relevait de la biographie de son compositeur. Nous imaginons alors partager l'expérience émotionnelle d'un autre être humain, celle de l'homme ou de la femme qui est à l'origine de la musique que nous entendons. Il en résulte une intimité entre l'auditeur et le compositeur, que l'émotion exprimée soit positive ou négative, un bienfait que Tolstoï avait apprécié à sa juste valeur. L'impression d'être en contact intime avec l'esprit ou l'âme d'un autre et le sentiment clair de ne pas être seul dans l'univers émotionnel contribuent largement à contrebalancer les aspects les plus pénibles de la tristesse, du désespoir ou de la colère que l'on s'imagine ressentir. L'aliénation et l'isolement émotionnels, qui sont d'ordinaire notre lot commun, sont ici miraculeusement balayés par une identification imaginaire avec le compositeur qui, dès lors que l'hypothèse expressive est adoptée, livre pleinement ses sentiments à l'auditeur afin qu'il les entende et les fasse siens. Tel est le bienfait de la « communion émotionnelle ».

XIII

Dans cette section, je réponds à une objection que l'on oppose parfois à ceux qui, comme moi, accordent une importance aux émotions suscitées en nous par la musique [24]. Selon cette objection, l'intérêt que l'on prête aux expériences émotionnelles induites par la musique ne saurait être un intérêt proprement esthétique. En effet, appréhender la musique d'un point de vue esthétique, c'est s'intéresser à la musique pour elle-même, dans tous ses détails concrets et particuliers, et non la considérer comme un simple moyen en vue d'une autre fin. On doit s'intéresser à l'œuvre musicale elle-même, de sorte qu'aucun autre objet, musical ou non, ne puisse s'y substituer, quand bien même il induirait précisément le même état émotionnel. Autrement dit, l'œuvre elle-même est indissociable de l'appréciation esthétique dont elle fait l'objet, et ne saurait, par principe, être remplacée par un substitut qui produirait les mêmes effets.

J'ai des doutes quant à la possibilité de défendre jusqu'au bout cette thèse selon laquelle tout intérêt esthétique exclut nécessairement les émotions. Mais même en laissant cette question de côté, je veux examiner s'il y a une manière de concevoir cet intérêt pour les émotions négatives qui le présente clairement comme un intérêt esthétique, et selon laquelle, en particulier, l'œuvre écoutée joue bien elle-même un rôle inéliminable dans l'expérience qui en résulte.

Si nous considérons les huit bienfaits examinés plus haut qui découlent de la réponse émotionnelle négative suscitée par certaines musiques [25], nous pouvons remarquer d'abord que trois d'entre eux – « l'appréhension de l'expression », « le dénouement émotionnel » et « le pouvoir expressif » – impliquent de façon inhérente une attention au détail de la substance musicale, parallèlement à toutes

24. On en trouve une formulation particulièrement claire dans Budd, « The Repudiation of Emotion », p. 39-41.

25. Rappelons-en la liste complète : (1) l'appréhension de l'expression, (2) la catharsis émotionnelle, (3) le délice des affects, (4) l'intelligence des affects, (5) la confiance émotionnelle, (6) le dénouement émotionnel, (7) le pouvoir expressif, (8) la communion émotionnelle.

les émotions éveillées chez l'auditeur. Il est en effet manifeste que l'on ne peut identifier l'émotion exprimée par un passage, entendre cette émotion se métamorphoser au fil d'un développement, ou s'enorgueillir de la puissance et de la richesse de l'expression émotionnelle qui se déploie dans le son sans prêter une attention soutenue à la matière musicale qui nous fait face. La musique n'est pas simplement un moyen en vue d'une fin qui pourrait être conçue indépendamment d'elle, mais elle fait partie intégrante de cette fin.

Mais même pour les cinq autres bienfaits, l'appréciation de la réponse émotionnelle à la musique peut revêtir un caractère esthétique si cette réponse émotionnelle est intimement liée à la perception de la forme musicale propre à l'œuvre. Si nous passons en revue les éléments constitutifs de l'expérience émotionnelle suscitée par les œuvres musicales, voici ce que nous trouvons habituellement : (1) la perception de la forme musicale propre à l'œuvre, (2) l'appréhension de l'émotion exprimée, (3) la réponse empathique à l'émotion exprimée, (4) la simulation d'une émotion authentique sur la base de (3), et (5) une claire conscience de la façon dont (2), (3) et (4) sont enracinées dans (1). La partie strictement perceptive de cette expérience est irremplaçable, car elle est non seulement causalement responsable de la partie affective, mais encore la relation qui existe entre ces deux parties est en elle-même un objet d'appréhension. Dès lors, puisque les œuvres musicales sont perceptuellement distinctes les unes des autres, on ne trouvera jamais deux œuvres qui fournissent exactement la même expérience totale, c'est-à-dire la même fusion entre l'émotion provoquée et l'appréhension de la matière et de la forme musicales, le tout accompagné d'une conscience claire de la relation étroite qui les unit. Ainsi si cette expérience totale est bien ce que nous visons quand nous écoutons de la musique, si ce que nous recherchons principalement, c'est bien cette émotion intégrée à une activité perceptive relativement complexe qui en est la source, alors notre appréciation demeure clairement esthétique, centrée sur les œuvres elles-mêmes, et les impliquant de façon essentielle, quels que soient par ailleurs les bienfaits supplémentaires qui peuvent découler de l'émotion suscitée.

Lorsque nous appréhendons esthétiquement un morceau de musique, le caractère apparemment extrinsèque de certains bienfaits que nous retirons des émotions qu'il suscite disparaît si nous prisons ces émotions précisément en tant qu'elles proviennent d'une *structure musicale particulière*. On peut légitimement accorder un statut esthétique à la satisfaction que nous retirons d'une réaction émotionnelle si l'on porte notre attention sur l'entité musicale qui est précisément responsable de cette réaction, et si l'appréciation porte fondamentalement sur un état émotionnel en tant qu'il dépend de manière indissoluble de la perception sonore complexe que nous avons à l'écoute de l'œuvre. Ce que nous prisons dans l'appréciation esthétique d'un passage de musique, c'est la tonalité affective particulière (quoique pas forcément unique [26]) qu'il suscite en nous en tant qu'il est appréhendé, note après note, dans toute sa singularité et pas simplement cette tonalité affective en elle-même, indépendamment de sa source.

Cependant, la question est de savoir s'il est plausible de soutenir, pour les cinq autres bienfaits, que notre satisfaction découle d'une attention spécifique portée à ces émotions « teintées de musique » – c'est-à-dire l'affect ou l'émotion (imaginée) en tant qu'ils sont induits par cette œuvre-là, et ressentis note après note – plutôt qu'à l'émotion considérée en elle-même, indépendamment de son contexte musical. J'aurais tendance à croire que cela dépend des bienfaits considérés.

Quand je savoure un peu de ce chagrin sans objet qu'éveille en moi le fameux *Adagio* de Tomaso Albinoni, il est plausible que je savoure cette émotion en tant qu'elle émerge de la trame bien particulière de cet *Adagio*. Et si je ne fais qu'un en imagination avec la psyché de Franz Schubert en faisant mien le sentiment de ferme détermination qui se dégage de certains passages de sa *Sonate pour piano en ut mineur*, D. 958, il est vraisemblable que cet état

26. Je ne présuppose pas que le contenu émotionnel d'une structure musicale, ou la réponse émotionnelle qu'elle induit comme résultat, lui soient nécessairement propres, et ne puisse valoir pour d'autres œuvres, pour des raisons évoquées dans mon essai « Aesthetic Uniqueness ».

émotionnel que j'imagine nous être commun soit précisément le sentiment de détermination qui émerge de la perception sonore de ces passages-là. Il se pourrait donc bien que pour les bienfaits 3 et 8, nous prisions particulièrement les émotions « teintées de musique » plutôt que les émotions abstraction faite de leur environnement musical. Et si tel est le cas, alors les œuvres d'Albinoni et de Schubert sont parties intégrantes de la satisfaction émotionnelle que j'en retire ; l'expérience que je prise spécifiquement n'est pas séparable de la musique qui en est la source.

D'un autre côté, quand il s'agit d'apprécier ou de priser les émotions suscitées en nous par la musique parce qu'elles permettent une compréhension plus profonde de leur nature, ou une confiance accrue dans l'étendue de notre sensibilité émotionnelle, ou encore une purge cathartique de nos passions les plus extrêmes (bienfaits 4, 5 et 2), dans tous ces cas, il ne semble guère plausible que notre appréciation porte spécifiquement sur l'émotion teintée de musique plutôt que sur l'émotion elle-même. Ce que je veux mieux connaître, ce dont je veux m'assurer, ce dont je veux me purger, c'est seulement de l'émotion ordinaire et pas de l'émotion perçue à travers le prisme de la musique.

Nous pouvons ainsi accueillir la plupart des bienfaits découlant des émotions négatives suscitées en nous par la musique que nous avions laissés patienter dans l'antichambre de l'esthétique. Pour pouvoir les accueillir tous, il faudrait repenser ou élargir les frontières de nos rapports esthétiques avec les œuvres d'art. Il ne faut pas perdre de vue que même si ces bienfaits étaient en dernier ressort bannis du royaume de l'esthétique, cela n'affecterait d'aucune manière le problème qui est au cœur de cet essai, à savoir d'expliquer comment les réponses émotionnelles négatives résultant d'une interaction *normale*, sinon purement esthétique, avec les œuvres musicales peuvent être prisées et désirées par ceux qui les écoutent.

XIV

Avons-nous alors réussi à sauver notre auditeur de la « chaise électrique » émotionnelle dans laquelle nous l'avions trouvé au début de ce texte ? Je le crois. Nous avons suggéré, premièrement, que même si cet auditeur ressent bel et bien les affects de certaines émotions négatives, cette expérience peut, dans ces circonstances bien précises, constituer en elle-même une source de satisfaction. Deuxièmement, nous avons vu qu'il existe un grand nombre de bienfaits indirects découlant de ces affects et des émotions que l'auditeur imagine à partir d'eux, qui compensent largement l'éventuel désagrément que nous pourrions être tentés d'associer à l'état émotionnel adopté le temps de l'écoute. Bien sûr, les œuvres de Beethoven, de Mozart, de Brahms, de Scriabine ou de Mahler ne constituent pas pour l'appréciation esthétique un lit de charbons ardents, mais elles ne sauraient non plus être assimilées à des vitrines donnant à voir des pierres précieuses que l'on peut admirer mais pas toucher. Dans cet essai, j'espère avoir évité ces deux écueils et présenté un tableau plus équilibré. En tout cas, je ne vois pas quelle autre explication pourrait pleinement rendre compte de notre tendance à vouloir *ressentir* les émotions négatives procurées par l'art des sons plutôt que simplement contempler, de loin, leurs expressions musicales.

Remarques additionnelles [27]

1) Dans le cadre d'une attaque générale contre la thèse selon laquelle la musique est capable de susciter des émotions réelles, Peter Kivy en vient à citer mon essai « La musique et les émotions négatives » pour montrer qu'il ne s'est pas attaqué à une idée moribonde [28]. Sa cible principale est l'affirmation selon laquelle la

27. Ndt. Ces remarques ont été ajoutées lors de la republication en 1990 de « La musique et les émotions négatives » dans *Music, Art and Metaphysics*.

28. Voir Peter Kivy, *Music Alone*, Ithaca, Cornell University Press, 1990, chapitre 8, « How Music Moves ».

musique peut engendrer, chez des individus non pathologiques, d'authentiques émotions, du même ordre que celles que l'on ressent dans la vie de tous les jours. Sur ce point, je suis bien sûr d'accord avec Kivy, qui a d'ailleurs l'amabilité de le reconnaître (p. 162). Nous divergeons en revanche sur la question de savoir si ce qu'évoque en nous la musique est quelque chose qui ressemble suffisamment aux émotions ordinaires – par exemple, les affects caractéristiques de ces émotions – ou s'il s'agit d'un effet émotionnel d'un autre ordre, unique en son genre. Kivy soutient la seconde thèse; il soutient que nous pouvons être touchés – par la beauté ou la perfection d'une œuvre, la finesse de sa composition, ou même l'excellence de son expressivité – mais que l'émotion qu'elle suscite en nous est sans commune mesure avec l'émotion ordinaire qu'elle peut éventuellement exprimer (p. 157-159).

Je reconnais bien volontiers que la beauté, tout comme d'autres vertus artistiques qu'une œuvre musicale peut posséder, produit en nous une réaction distinctive, que cette réaction joue un rôle central dans l'appréciation esthétique de la musique et qu'elle peut à bon droit être qualifiée d'émotionnelle, en ce qu'elle s'apparente à l'admiration ou même à l'exaltation. Mais je ne suis pas prêt à admettre que cela épuise la richesse de notre relation à la musique sur le plan émotionnel. Le fait d'identifier un type d'émotion ressentie et l'appeler « être touché » ne montre en rien que d'autres affects plus spécifiques, caractéristiques des émotions ordinaires, ne puissent être parfois présents eux aussi. Dans mon essai, j'ai essayé de montrer comment ces derniers peuvent advenir : en s'imaginant être en proie aux émotions exprimées par la musique plutôt qu'en ayant des émotions bien réelles envers la musique elle-même, ou quoi que ce soit d'autre. Cette dernière attitude serait assurément irrationnelle, mais il n'y a rien d'irrationnel à imaginer la *persona* de la musique être en proie à une authentique tristesse, et par extension de s'imaginer soi-même éprouver cette tristesse, compte tenu de tous les bienfaits que l'on peut en retirer – du moins si j'ai raison.

Par la suite, Kivy a publié une critique plus approfondie de mon texte dans *Sound Sentiment*[29], mais je ne peux pas ici répondre point par point à sa critique, faute de place.

2) Il m'est apparu que « La musique et les émotions négatives » avait pu donner à certains lecteurs l'impression que je soutenais une théorie de l'expression musicale comme évocation ou éveil d'émotions chez l'auditeur, bien que j'aie explicitement rejeté cette idée dans la section II. Je pense donc qu'il vaut la peine de rappeler quelle est exactement ma position au sujet de la capacité évocatrice de la musique. Disons qu'une musique triste nous rend tristes* si elle nous conduit dans un état mental qui possède une coloration affective caractéristique de la tristesse[30], et nous amène à imaginer que nous sommes effectivement tristes ou que nous faisons l'expérience d'une authentique tristesse. Cela se produit habituellement, souvenons-nous, en vertu d'un acte d'identification empathique avec la *persona* entendue dans la musique. Une de mes thèses, dans cet essai, était que la musique triste rend parfois les auditeurs tristes* et le fait d'être triste* est en quelque sorte analogue au fait d'être triste, en particulier au niveau de l'effet que cela fait d'être triste. Mais je ne voulais en aucun cas suggérer (a) que la musique triste nous rend toujours ou même habituellement tristes*, (b) que la capacité de la musique à exprimer de la tristesse dépend de sa capacité à évoquer en nous de la tristesse* ou même (c) que cette capacité dépend d'un quelconque pouvoir évocateur de la musique[31].

29. Peter Kivy, *Sound Sentiment*, Philadelphie, Temple University Press, 1989, chapitre 16, « Formalism and Feeling ».

30. Je présuppose ici que le fait qu'un état mental possède une coloration affective caractéristique de la tristesse n'implique pas forcément qu'il s'agisse d'une tristesse authentique, et donc que le fait d'être triste* n'est pas forcément la même chose que d'être triste, mais c'est un autre débat.

31. Pour une défense décomplexée du pouvoir évocateur de la musique et de la théorie de l'expressivité musicale comme évocation d'émotions, voir Peter Mew, « The Expression of Emotion in Music », *British Journal of Aesthetics*, vol. 25, n° 1, 1985, p. 33-42 ; et « The Musical Arousal of Emotions », *British Journal of Aesthetics*, vol. 25, n° 4, 1985, p. 357-361.

3) Dans la section IX du présent essai, j'affirmais : « Parce qu'un auditeur qui ressent lui-même de la tristesse à l'écoute de ce morceau commence normalement par appréhender la tristesse exprimée dans la musique avant de s'identifier à elle, l'idée de la tristesse sera généralement présente à son esprit en même temps qu'il en ressent l'émotion ». Je crois à présent que cela revient à forcer le trait. Si nous appréhendons intellectuellement cette émotion et nous identifions consciemment à elle, alors son idée sera bel et bien présente à notre esprit. Mais si ce n'est pas le cas, alors notre esprit ne percevra que les traces fugaces des pensées que nous avons, de façon caractéristique, quand nous sommes tristes. Pour plus de détails sur la nature de ces pensées, analysées en prenant le cas de l'espoir pour fil rouge, voir mon essai « Hope in the Hebrides »[32].

4) De nombreux travaux sur les émotions touchant aux questions discutées dans cet essai ont été publiés depuis sa parution. Je souhaiterais en particulier attirer l'attention sur deux articles de Stephen Leighton, articles qui défendent l'idée selon laquelle les émotions ordinaires se distinguent les unes des autres par des affects caractéristiques[33]. C'est une question délicate, difficile à trancher par simple introspection que de savoir si les émotions les plus élevées ou les plus complexes – des émotions telles que l'espoir, la honte, le désespoir ou la jalousie, par opposition à la tristesse, la joie ou la colère – possèdent des composantes affectives (phénoménologiques, ressenties) distinctes. Mais il semble qu'il serait peu plausible de nier l'existence de ces composantes affectives distinctives. Premièrement, nous devons faire attention à considérer les affects qui apparaissent lors des phases les plus caractéristiques ou les plus intenses de ces émotions, sans quoi nous pourrions trop facilement croire que toutes les émotions, à un moment ou à un autre, impliquent plus ou moins les mêmes affects. Deuxièmement, le fait que les émotions

32. Jerrold Levinson, « Hope in the Hebrides », *Music, Art and Metaphysics*, Oxford, Oxford University Press, 2011, p. 336-375.

33. Stephen Leighton, « A New View of Emotion », *American Philosophical Quarterly*, vol. 22, n° 2, 1985, p. 133-141 ; et « On Feeling Angry and Elated », *Journal of Philosophy*, vol. 85, n° 5, 1988, p. 253-264.

complexes soient, dans la très grande majorité des cas, logiquement individuées par leurs composantes cognitives n'implique pas que leurs composantes non cognitives soient virtuellement interchangeables, et ne donne même aucune bonne raison de le supposer.

Pour finir, je n'ai pas reconnu à sa juste valeur la place que doivent occuper les désirs, les souhaits ou les intérêts – éléments que nous pouvons appeler « conatifs » – dans une conception complète des émotions. Cependant, d'autres ont à juste titre mis l'accent sur ces éléments[34]. Je ne crois pas que mes conclusions quant aux bienfaits des réponses émotionnelles négatives à la musique soient véritablement affectées par cette omission, mais je reconnais qu'un tableau plus complet de ce que nous imaginons à propos de nous-mêmes quand une musique triste nous rend tristes* par empathie nécessiterait que l'on reconnaisse plus explicitement la dimension conative des états émotionnels.

5) Un article intéressant de Donald Callen[35] a paru à peu près en même temps que mon essai. Callen offre un certain nombre des suggestions au sujet de l'expérience musicale et de la manière dont nous interagissons avec la musique ou nous nous identifions à elle, qui ont de nombreux points communs avec ma manière de voir les choses, bien que Callen pousse plus loin (trop loin à mon goût) l'idée selon laquelle la musique offre une représentation de notre vie émotionnelle.

6) La question de la réponse émotionnelle à la fiction littéraire est une question connexe à celle de la réponse émotionnelle à la musique, même si elle en est bien distincte. J'ai avancé quelques idées à ce sujet dans « Making Believe », *The Pleasure of Aesthetics*, Ithaca, Cornell University Press, p. 287-305.

---

34. Voir, par exemple, Jenefer Robinson, « Emotion, Judgment and Desire », *Journal of Philosophy*, vol. 80, n° 11, 1983, p. 731-741 ; Ronald de Sousa, *The Rationality of Emotion*, Cambridge, The MIT Press, 1987 ; et Patricia Greenspan, *Emotions and Reasons*, Londres, Routledge, 1988

35. Donald Callen, « The Sentiment in Musical Sensibility », *Journal of Aesthetics and Art Criticism*, vol. 40, n° 4, 1982, p. 381-393.

LES FRISSONS MUSICAUX[1]

Jerrold LEVINSON

I

Bien que la valeur de la musique, à maints égards, aille bien au-delà du plaisir qu'elle procure lorsqu'elle est appréhendée de façon appropriée, la capacité qu'a la musique de procurer du plaisir constitue sans nul doute une composante importante de la valeur[2] qu'elle est susceptible de posséder. Bien entendu, parmi les différents types de valeur que peut posséder une œuvre musicale particulière, ou même la musique dans son ensemble, certains ne se laissent pas analyser en termes d'un quelconque plaisir procuré à l'auditeur, mais ce n'est pas à ces types de valeur que je m'intéresserai ici.

Lorsque je dis que la musique procure aux auditeurs du plaisir de façon appropriée, j'entends par là qu'un type bien spécifique d'attention à la musique est impliqué. Tout d'abord, cette attention doit être soutenue et délibérée. Ensuite, elle doit se focaliser sur des aspects locaux du matériau musical, tout en étant sensible au contexte global dans lequel ils s'insèrent[3]. En outre, cette attention doit être esthétique, ou appropriée à la musique considérée comme

1. Jerrold Levinson, *Contemplating Art*, Oxford, Oxford University Press, 2006, p. 220-236 (« Musical Chills »).

2. Ces deux propositions sont étayées dans mes essais « Pleasure and the Value of Works of Art », *The Pleasures of Aesthetics* (Ithaca, Cornell University Press, p. 11-24), et « Évaluer la musique », dans le présent volume, p. 61-97.

3. Pour une défense, inspirée par Edmund Gurney, de la primauté de la petite échelle dans la compréhension auditive de la musique, voir mon ouvrage *La musique sur le vif*, traduit de l'anglais par Sandrine Darsel, Rennes, Presses Universitaires de Rennes, 2013.

un art ; en d'autres termes, l'attention porte sur le rôle joué par la musique, ou, plus précisément, par ce qui est effectivement entendu en elle, dans la production du plaisir éventuel qui résulte de son écoute, de telle sorte que la musique constitue, au moins en partie, l'*objet* de ce plaisir[4]. Enfin, cette attention doit être historiquement et stylistiquement informée, au moins implicitement, garantissant ainsi que chaque caractéristique musicale, qu'elle soit formelle, expressive, rhétorique ou représentationnelle, soit perçue pour ce qu'elle est[5].

II

Voici, pour rappel, quelques points sur lesquels les plaisirs musicaux peuvent se distinguer les uns des autres. Les plaisirs musicaux peuvent être plus ou moins actifs, plus ou moins intellectuels, ou au contraire plus ou moins physiologiquement ancrés. Ils peuvent différer au niveau de leur intensité (vive ou légère), de leur durée (longue ou brève), de leur régularité (suivant qu'ils ne se présentent qu'une fois, lors de la première écoute, ou sont éminemment reproductibles) ou encore au niveau de leur accessibilité (suivant qu'ils restent ésotériques ou s'offrent au plus grand nombre). Les plaisirs musicaux diffèrent sans doute aussi au niveau de leur valeur (élevée ou insignifiante), au niveau de leur qualité morale (suivant qu'ils nous rendent plus humains ou nous déshumanisent) et au niveau de leur portée sociale (s'ils créent de la solidarité ou au contraire de l'exclusion)[6].

---

4. Pour de plus amples développements sur cet aspect de l'attention esthétique, voir mon essai « What is Aesthetic Pleasure ? », *The Pleasures of Aesthetics*, p. 3-10.

5. Voir mon essai « Musical Literacy » (dans *The Pleasures of Aesthetics*, p. 27-41) ainsi que celui de Stephen Davies, « Musical Understanding and Musical Kinds » (*Journal of Aesthetics and Art Criticism*, vol. 52, n° 1, 1994, p. 69-81), qui attirent l'attention sur l'importance d'une écoute informée pour la compréhension musicale.

6. Sur la portée sociale des plaisanteries, qui servent à la fois à créer du lien entre les membres d'un groupe tout en mettant à distance les membres d'autres groupes, voir Ted Cohen, « Jokes », dans Eva Schaper (dir.), *Pleasure, Preference, and Value*, Cambridge, Cambridge University Press, 1983, p. 120-136. Cette leçon peut être transposée, moyennant quelques variations, aux communautés musicales

Les plaisirs musicaux se distinguent encore par la distance qu'il peut y avoir entre le moment où ils sont ressentis et le moment où ce qui est en la source dans la musique est effectivement entendu. En effet, alors que la plupart des plaisirs musicaux découlent d'une écoute linéaire de la musique, où l'on suit, seconde après seconde, son évolution formelle et expressive[7], d'autres peuvent provenir de l'anticipation d'un passage que l'on n'a pas encore entendu, et d'autres encore du souvenir que l'on garde d'un passage de musique, après l'avoir entendu.

Une autre différence entre plaisirs musicaux correspond à l'opposition de deux modes d'écoute bien distincts, ou, mieux, de deux manières distinctes pour l'auditeur de se rapporter à ce qu'il écoute. D'une part, on peut, sans perdre contact avec toute la spécificité d'une pièce de musique, se laisser enlacer, étreindre, submerger par elle, bref, s'abandonner à elle comme à une maîtresse (ou au moins, peut-être, comme à un psychanalyste en qui l'on aurait une confiance totale). D'autre part, on peut chercher à tenir la musique à distance, pour ainsi dire, à l'observer de l'extérieur dans ses plus fins détails, à scruter ses manœuvres expressives, ses gestes dramatiques, comme autant d'éléments distincts du sujet qui les perçoit. Chaque attitude conduit à des plaisirs différents qu'il n'est évidemment pas facile de combiner lors d'une seule et même séance d'écoute.

Une question qui se présente naturellement à nous est de savoir s'il existe une correspondance biunivoque entre les plaisirs musicaux et les caractéristiques musicales qui sont susceptibles d'en procurer. En d'autres termes, est-il vrai que pour tout type de plaisir musical, il existe une caractéristique musicale bien précise qui en est

---

qui se forment autour d'une œuvre, d'un genre, d'un compositeur ou d'un interprète donnés. Concernant les possibles aspects moraux de la musique, voir, dans le présent volume, mon essai « Évaluer la musique », p. 61-97, ainsi que Kathleen Higgins, *The Music of Our Lives*, Philadelphie, Temple University Press, 1991 ; Colin Radford, « How Can Music Be Moral ? », *Midwest Studies in Philosophy*, vol. 16, n° 1, 1991 ; et Anthony Savile, *Kantian Aesthetics Pursued*, Édimbourg, Edinburgh University Press, 1993, chapitre 6.

7. Voir mon ouvrage *La musique sur le vif*.

l'objet ? Cela me paraît peu probable. Certes, de nombreux exemples se montreront parfaitement conformes à ce principe, comme en témoignent le plaisir pris à se perdre dans le dédale du contrepoint de Jean-Séabstien Bach, le plaisir procuré par les thèmes délicieusement mélodieux des derniers concertos pour piano de Wolfgang Amadeus Mozart, ou encore le plaisir donné par l'ampleur considérable de la *Symphonie en do majeur* de Franz Schubert[8].

Mais qu'en est-il du plaisir d'être tout simplement transporté, époustouflé, stupéfié ou renversé par un morceau de musique ? Bien évidemment, on peut toujours dire que c'est la musique dans sa globalité, prise en un bloc, qui nous transporte. Mais cela n'implique pas qu'il y ait une caractéristique particulière (par exemple la perfection formelle, la beauté sensuelle ou la profondeur expressive) que l'on puisse légitimement tenir pour l'objet du plaisir en question. On pourrait également postuler l'existence d'une vertu « transportative », que le morceau de musique possède de toute évidence puisqu'il nous a transportés, et soutenir que le plaisir d'être transporté est un plaisir ayant cette puissance transportative pour objet. Mais cette explication, bien évidemment, ne convaincra personne. J'en conclus donc que même si la plupart des plaisirs musicaux se révèlent être des plaisirs centrés sur des caractéristiques musicales particulières (ou conditionnés par elles), il n'y a aucune nécessité logique à ce que ce soit vrai de tous les plaisirs musicaux.

III

J'en viens à présent à l'objet principal de cet essai, à savoir l'existence d'un effet étrange et étrangement plaisant procuré par la musique, bien connu, je présume, de la plupart des passionnés de musique et qui intéresse depuis longtemps le passionné de musique que je suis. Je veux parler du phénomène des « frissons » induits par la musique. Comment de tels frissons se produisent-ils ? Pourquoi nous procurent-ils du plaisir ? Quel sens plus profond ou quelle valeur peuvent-ils receler ? Pour répondre à ces questions je partirai

8. Schumann en louait, on s'en souvient, les « divines longueurs ».

d'une étude empirique de ce phénomène conduite par le neuroscientifique Jaak Panksepp[9].

Le plaisir associé aux frissons musicaux est un type de plaisir que l'on pourrait qualifier de *physiologiquement centré*. En effet, le plaisir musical, dans ce genre de cas, tourne autour d'un certain effet physiologique, ici, un frisson ressenti à même la peau, qui fait partie intégrante du plaisir dont on fait l'expérience. Voici une raison, au moins, d'accorder au frisson musical un intérêt philosophique : comment une simple excitation physiologique ou un simple tressaillement organique, c'est-à-dire, en somme, un simple trouble corporel, peuvent-ils avoir une dimension appréciative? De nombreux philosophes de l'art, le plus célèbre d'entre eux étant Nelson Goodman, nous ont habitués à tenir pour ridicule l'idée selon laquelle les sensations pourraient en tant que telles jouer un rôle légitime dans une réponse esthétique (un ridicule dont ils l'ont eux-mêmes drapée)[10]. Quelle peut bien être la valeur d'une simple sensation, fût-elle agréable, dans le domaine de l'art? Que nous dit-elle exactement et de quoi témoigne-t-elle au juste? Nous informe-t-elle d'un quelconque « fait » artistique? Éclaire-t-elle une quelconque « relation d'idées » artistique? Si aucune de ces deux dernières questions ne reçoit de réponse positive, alors la seule chose à faire est de les jeter, sinon aux flammes, du moins dans la grande poubelle des mauvaises théories de l'appréciation esthétique[11]. Telle

9. Jaak Panksepp, « The Emotional Sources of "Chills" Induced by Music », *Music Perception*, vol. 13, n° 2, 1995, p. 171-207. Les numéros de page des citations tirées de cet article sont donnés entre parenthèses après chaque citation.

10. Voir Nelson Goodman, *Langages de l'art*, traduit de l'anglais par Jacques Morizot, Paris, Fayard, 2011.

11. Ndt. Hume, à qui il est fait ici allusion, distinguait les questions de fait (« *matters of fact* ») des relations d'idées. La vérité ou la fausseté d'une proposition concernant une relation d'idée (par exemple « 2+2=4 » ou « le tout est plus grand que la partie ») peut être connue intuitivement ou démonstrativement, par la seule réflexion de l'esprit, alors qu'une question de fait (« Wolfgang Amadeus Mozart est né à Salzburg le 27 janvier 1756 ») ne peut être connue que par l'expérience. Voir l'*Enquête sur l'entendement humain* [1748], section 4, traduit de l'anglais par Michel Malherbe, Paris, Vrin, 2008. Cette distinction selon Hume forme une dichotomie, de sorte qu'une proposition qui ne répond à aucune question de fait et n'affirme aucune

est l'opinion goodmanienne dominante à ce sujet. Mais ce n'est pas une opinion que je partage complètement, ce qui explique mon intérêt pour les frissons musicaux.

Venons-en à l'étude de Panksepp, en commençant par ses tentatives de caractériser le phénomène qu'il prend pour cible : « la sensation somatosensorielle de picotement qui peut être évoquée par certains types de musique » (172) ; « les expériences corporelles stimulantes et souvent délicieuses que suscitent chez de nombreuses personnes des passages de musique profondément émouvants » (173) ; « une montée subite d'excitation corporelle, communément décrite comme une chair de poule grandissante ou une impression de sentir ses cheveux se dresser sur la tête, qui se propage en général le long du cou et de la colonne vertébrale, et parfois même dans le reste du corps » (173). Panksepp remarque qu'en dépit des questions qu'il suscite, « ce picotement cutané communément appelé "tressaillement", "frémissement" ou "frisson" en français n'a pas reçu l'attention expérimentale qu'il mérite ». Il observe également que « cette expérience est rarement discutée et que ces termes ne possèdent aucun référent non ambigu » (173).

Pour continuer sur ce point, le phénomène que nous souhaitons discuter soulève bel et bien une difficulté terminologique, dans la mesure où aucun terme, qu'il s'agisse de « frisson », de « tressaillement » ou encore de « frémissement » ne semble le dénoter de façon pleinement adéquate ; ces termes possèdent en effet certaines connotations indésirables (le froid pour le « frisson », le sursaut pour le « tressaillement », la fébrilité pour le « frémissement »). Mais « frisson » est probablement l'option la moins mauvaise : c'est celle qu'a retenue Panksepp dans la description de ses expériences et c'est aussi celle que je suivrai en parlant dans la suite, à chaque fois, de « frissons musicaux » pour désigner cet effet physiologique.

Les expériences en question ont été conduites sur des étudiants de premier cycle dans une petite université du Midwest, aux

relation d'idée ne possède aucun contenu véritable. Ainsi Hume nous conseille-t-il, à la fin de l'*Enquête*, de jeter aux flammes les livres de métaphysique scolastique, qui en sont remplis et ne contiennent donc que « sophisme et illusion ».

États-Unis d'Amérique. Le matériel expérimental était constitué de morceaux de musique populaire des années 1970 et 1980 qui avaient été proposés par les sujets eux-mêmes comme étant de bons exemples de musiques susceptibles de nous donner des frissons. Ainsi, les morceaux utilisés dans l'expérience étaient, à quelques exceptions près, des chansons appartenant aux genres du pop rock et du hard rock. Bien sûr, on aurait préféré, idéalement, que les expérimentateurs ne se servent que de morceaux dépourvus de tout texte ou programme, c'est-à-dire de « musique toute seule » pour parler à la manière de Peter Kivy[12], mais il n'est pas très surprenant que la conception de l'expérience, en laissant la part belle aux étudiants dans le choix des extraits musicaux, n'ait pas permis d'aller dans cette direction. Panksepp paraît étrangement indifférent aux possibles effets collatéraux des paroles, et des idées ou sentiments qu'elles verbalisent, sur le phénomène étudié ; mais cela n'en reste pas moins une possible source de réserves quant à la portée de certains de ses résultats.

Voici un exemple de résultat expérimental tout à fait typique de l'étude dans son ensemble :

> Le taux le plus élevé de frisson rapporté était de 0.5 frissons par minute par personne pour les trois premières minutes [...] de l'album *Final Cut* de Pink Floyd qui, en moyenne, donne à peu près autant de frissons que la chanson choisie [par le sujet lui-même]. [...] Il est clair que la majorité des frissons ressentis pendant l'écoute de ce morceau a été provoquée par le crescendo poignant que l'on entend au début de la deuxième minute (178-9).

Pour ce qui est du principal résultat général de l'étude, il semblerait se résumer à ceci :

> Dans l'ensemble, les données étayent la thèse selon laquelle la tristesse ou la mélancolie sont des dimensions émotionnelles qui sont corrélées de façon plus significative à la production de frissons que ne le sont la joie ou le bonheur (187).

12. Ndt. Voir Peter Kivy, *Music Alone. Philosophical Reflections on the purely musical experience*, Ithaca, Cornell University Press, 1990.

En d'autres termes, les émotions négatives se montrent plus propices que les émotions positives à induire des frissons.

Cependant, l'étude montre clairement que certaines musiques aux colorations plus positives sont elles aussi capables d'induire des frissons. Cela conduit Panksepp à avancer l'hypothèse suivante qui, si elle était confirmée, préserverait un rôle pour les émotions négatives dans la production de tous les frissons : « La question de savoir si les frissons provoqués par l'écoute d'une musique joyeuse sont causés par des segments où la joie et la tristesse sont inextricablement mêlées en un sentiment doux-amer mérite d'être posée » (187)[13]. Je reviendrai plus loin sur cette conjecture qui me paraît être sur la bonne voie.

IV

L'étude de Panksepp a isolé un certain nombre de facteurs dont on peut légitimement penser qu'ils jouent un rôle dans l'apparition de frissons, parmi lesquels on trouve (a) le sexe de l'auditeur, (b) son degré de familiarité avec la musique, (c) son degré d'appréciation de la musique, (d) la qualité émotionnelle de la musique et (e) les dynamiques et le contour mélodique du passage en question. Panksepp observe : (i) une forte corrélation entre les frissons et le degré de familiarité et d'appréciation, (ii) une forte corrélation entre les frissons et la présence d'un crescendo associé à un contour mélodique ascendant, (iii) une corrélation relativement forte, que nous avons déjà notée, entre les frissons et les musiques exprimant la tristesse, la mélancolie ou la nostalgie ainsi que (iv) une corrélation faible, quoique statistiquement significative, entre l'expérience de frissons et le fait pour l'auditeur d'être de sexe féminin[14].

---

13. Panksepp développe plus amplement cette idée un peu plus loin : « La joie et la tristesse fonctionnent de pair et les musiques les plus émouvantes permettent de combiner les deux de façon à magnifier le sentiment que nous avons de nous-mêmes comme étant des êtres profondément sensibles, héritiers conscients de la conception tragique de la vie » (p. 198).

14. En d'autres termes, les sujets féminins ont été en moyenne plus susceptibles de ressentir des frissons musicaux que les sujets masculins, ou du moins, les premiers ont été plus enclins à l'avouer que les seconds.

À mon humble avis, il reste un certain nombre de déterminants probables de l'expérience des frissons musicaux qui n'ont pas été isolés par les expériences de Panksepp, même s'il faut reconnaître qu'ils font partie des facteurs qu'il est très difficile d'étudier quantitativement. Commençons par citer (1) la *finesse* de l'expression et (2) le déploiement *temporel* de l'expressivité de la musique. Panksepp ne semble pas avoir envisagé la possibilité que la finesse de l'expression, qu'on la définisse en termes de profondeur, d'intensité ou de délicatesse expressives, soit cruciale pour déclencher l'expérience de frissons, plutôt que la seule expression d'émotions négatives. Panksepp ne semble pas non plus avoir envisagé l'éventualité que la structuration de l'expressivité d'un morceau dans le temps, c'est-à-dire le schéma selon lequel se succèdent ses parties expressives individuelles, ce que l'on pourrait appeler, pour faire vite, son « histoire » expressive, accroît de façon significative sa propension à provoquer des frissons, et que certains types d'histoires sont plus à même de susciter des frissons que d'autres. J'en dirai plus à ce sujet un peu plus bas.

V

Revenons à l'idée de Panksepp selon laquelle les musiques ayant la plus grande propension à provoquer des frissons sont des musiques qui pourraient bien posséder une nature émotionnelle hybride, c'est-à-dire des musiques dans lesquelles les affects positifs et négatifs sont d'une manière ou d'une autre combinés et entremêlés. Cela n'est pas sans lien avec une hypothèse à laquelle je suis moi-même enclin à souscrire, sur la base de ma propre expérience musicale, à savoir l'idée selon laquelle le déterminant crucial de l'apparition de frissons est le tragique de l'expression ou, ce qui revient sans doute au même, l'expression du tragique.

C'est une vérité fondamentale au sujet de la vie que toutes les situations qu'elle nous présente, toutes les conditions dans lesquelles elle nous plonge sont essentiellement ambivalentes. Le bon et le mauvais sont si étroitement intriqués que l'expérience prolongée du premier ne peut se faire dans l'ignorance totale du second, et qu'il est impossible de ne pas apercevoir celui-là, même lorsque nous sommes prisonniers de celui-ci. Mais il n'y a rien de regrettable à cela. En effet, cette conscience indivise portée simultanément aux éléments positifs et négatifs de l'existence a pour effet d'accroître notre appréciation de ce qu'il y a de bon dans les circonstances, quelles qu'elles soient. Le tragique essentiel à la vie humaine, pourrait-on dire, réside dans cette ambivalence fondamentale, dans l'indéfectible union de ses joies et de ses peines et l'inévitable rencontre de ses plus et de ses moins[15]. Ainsi, à supposer que le déterminant principal de l'apparition de frissons musicaux soit le tragique de l'expression, ou l'expression du tragique, il ne serait pas alors surprenant de découvrir que la musique la plus à même de provoquer des frissons n'est pas celle qui exprime un désespoir sans fond, ni celle qui exprime une joie pure et absolue, mais plutôt celle qui contient un peu de l'une et un peu de l'autre et parvient à les mêler[16].

---

15. Pour des réflexions connexes, voir Stephen Davies, *Musical Meaning and Expression*, Ithaca, Cornell University Press, 1994, chapitre 7. On peut également trouver des pensées similaires chez Friedrich Nietzsche, comme l'observe Anthony Storr : « Nietzsche a bien vu, et plus clairement que tout autre, que la vie, qu'on le veuille on non, est faite d'opposés : le plaisir n'est pas concevable sans la peine, pas plus que la lumière sans l'ombre, l'amour sans la haine ou le bien sans le mal […]. C'est pourquoi les plus grands chefs-d'œuvre possèdent toujours une composante tragique » (*Music and the Mind*, New York, Free Press, 1992, p. 158).

16. Cette idée du tragique comme reflétant la nature essentiellement ambivalente de tout ce que la vie a à nous offrir n'est pas sans affinité avec l'idée traditionnelle du sublime comme corrélat d'une réponse esthétique distincte de celle que suscite le beau et qui implique un mélange de plaisir et de peine. Cependant, l'expérience du sublime et l'expérience du tragique qui se manifeste de façon centrale par des frissons musicaux ne peuvent pas être purement et simplement identifiées, d'une part parce que toutes les expériences du sublime n'impliquent pas la présence de frissons et, d'autre part, parce que toutes les expériences du tragique impliquant des frissons ne manifestent pas la structure cognitive caractéristique du sublime qui inclut en particulier un élément de fascination teintée d'effroi.

VI

Voici une liste plus ou moins arbitraire de pièces de musique contenant des passages propres à susciter des frissons, au moins en ce qui me concerne : le premier mouvement du *Quintette à cordes en sol majeur*, op. 111, de Johannes Brahms, le dernier mouvement de son *Trio pour piano et cordes en si majeur* ainsi que son *Intermezzo*, op. 118, n°1 ; le dernier mouvement de la *Sonate pour piano en ut mineur*, D. 958, de Schubert ; le *Prélude* op. 28 n° 6 de Frédéric Chopin ainsi que sa *Mazurka*, op. 17, n° 4, et son *Étude*, op. 25, n° 1 ; l'*Étude*, op. 42, n° 5, d'Alexandre Scriabine ; la coda du premier mouvement de la *Cinquième Symphonie* de Jean Sibelius ; le premier mouvement de la *Sonate pour violon et piano en la majeur* de Gabriel Fauré ; le quatrième mouvement de la *Sonate pour violon et piano en la majeur* de César Franck ; les premier et troisième mouvements du *Concerto pour piano* de Robert Schumann ; le premier mouvement du *Deuxième Concerto pour piano* de Camille Saint-Saëns ; le premier mouvement de la *Sonate pour flûte et piano* de Francis Poulenc ; l'adagietto de la *Cinquième Symphonie* de Gustav Mahler, les premier et troisième mouvements de sa *Sixième Symphonie* ; les deux premiers mouvements du *Huitième Quatuor à cordes* de Dmitri Chostakovitch ; l'*Ondine* du *Gaspard de la nuit* de Maurice Ravel ; la coda du premier mouvement de la *Deuxième Symphonie* de Carl Nielsen.

Il pourrait ressortir de cette liste que seules des musiques hautement chargées en émotion de la période romantique ou du début de la période moderne sont capables d'induire des frissons chez l'auditeur que je suis. Mais ce n'est pas le cas. Voici quelques pièces supplémentaires, d'un millésime plus ancien, qui possèdent également ce pouvoir : le *Gesangvoll mit innigster Empfindung* de la *Sonate pour piano en mi majeur*, op. 109, de Beethoven ; le premier mouvement du *Concerto pour piano n° 20 en ré mineur* de Mozart ainsi que le deuxième mouvement de son *Concerto pour piano n°23 en la majeur* ; le premier mouvement du *Concerto pour quatre violons en mi mineur*, op. 3, n° 4, d'Antonio Vivaldi ainsi que le premier mouvement de son *Concerto pour deux violons en la mineur*, op. 3, n° 8 ; l'*Adagio pour orgue et cordes en sol mineur* de Tomaso Albinoni et, plus surprenant peut-être, le premier mouvement de la lumineuse *Sonate pour piano n° 60 en do majeur* de Joseph Haydn, où certains ponts chromatiques dans l'exposition, la récapitulation et le développement me donnent des frissons lorsque je les écoute.

Il n'est même pas nécessaire que les passages susceptibles d'induire des frissons soient littéralement *entendus* pour qu'ils produisent effectivement leurs effets : il suffit dans de nombreux cas que ces passages soient distinctement imaginés, joués pour ainsi dire dans notre lecteur de disque intérieur. Il semblerait également qu'en règle générale, la probabilité que des frissons apparaissent s'accroisse lorsque l'on redouble d'un chantonnement intérieur la musique que l'on écoute. Si tel est le cas, alors ces frissons constituent un bienfait supplémentaire qui nous est accordé lorsque nous instituons un rapport *actif* à la musique, même si le bienfait en question, comme on l'a déjà fait remarquer, peut parfois être décrit en des termes essentiellement passifs comme quelque chose que l'on ne peut éviter et que l'on subit.

De toutes les pièces que je connais, le premier mouvement du *Quintette à cordes en sol majeur*, op. 111, de Brahms me procure une des expériences de frissons les plus intenses[17]. Mais pourquoi, au juste, savouré-je autant ce frisson particulier, alors qu'il se glisse le long de ma colonne vertébrale et se diffuse dans mon corps, en y propageant paradoxalement une certaine chaleur ? Ce frisson est peut-être intrinsèquement porteur de plaisir, mais pas plus qu'une caresse dans les cheveux, de s'installer dans un fauteuil bien rembourré ou encore de goûter une bonne mousse au chocolat. Pourquoi donc lui accordé-je une valeur supérieure à celles que

17. On raconte que Brahms, alors qu'il composait cette musique resplendissante, pensait au temps passé au Prater, un parc d'attraction dans les faubourgs de Vienne, et aux joies simples de la vie que l'on pouvait y goûter, y compris celles des « jolies filles », comme il est censé l'avoir lui-même fait remarquer. Mais ce genre d'anecdote reste sans doute à un niveau trop terre-à-terre pour rendre pleinement compte de l'exaltation quasi divine à laquelle cette musique donne corps.

renferment pour moi ces autres délices, ou au moins une valeur différente ?

Ce qui rend si appréciables les frissons musicaux que me donne cette pièce doit être plus que le simple plaisir corporel qu'ils me procurent. Cet ingrédient supplémentaire, dans le cas présent, et pour autant que j'y voie clair, semble être le sentiment de perdre le contrôle, de lâcher prise, de se laisser emporter par une force extérieure capable de nous guider dans l'exploration des terreurs et des mystères de l'existence. Plus généralement, me semble-t-il, les frissons de ce genre se présentent eux-mêmes comme l'indice d'une rencontre avec une vérité fondamentale au sujet de la vie, une vérité qu'incarne la musique qui nous émeut. De tels frissons sont perçus non pas comme de simples perturbations physiologiques, mais comme des troubles chargés de signification.

Dans ce qui vient d'être dit, les résonances religieuses sont tout à fait volontaires. Comme on l'a souvent observé, la grande musique semble fournir un substitut acceptable du sacré, pour les malheureux qui, handicapés par une foi inexistante, restent incapables de remplir les exigences traditionnelles de la religion. Pour de nombreux mélomanes, le salon d'écoute est une véritable chapelle, du moins lorsque certaines pièces sont au programme de l'office[18].

Quoi qu'il en soit, comparez ce mouvement du *Quintette* de Brahms à une pièce qui lui est contemporaine, *La Grande Pâque russe*, de Nikolaï Rimsky-Korsakov. Toute haute en couleur et pétrie de sentiments qu'elle soit, et en dépit de sa bonne construction et de l'élan comparable qu'elle possède, la *Grande Pâque russe* n'est pas une pièce de nature à susciter des frissons musicaux, du moins ne parierais-je pas là-dessus. Il s'agit certes d'une musique plaisante et même captivante, mais bien trop superficielle : son énergie ne s'adresse ni ne recourt à ce qu'il y a de plus profond dans notre nature et reste incapable de faire surgir de nos entrailles ces frissons, si significatifs à nos yeux.

18. « Nietzsche a bien vu que pour de nombreuses personnes, la salle de concert ou la galerie d'art avaient remplacé l'église comme lieux où le "divin" pouvait être rencontré » (Storr, *Music and the Mind*, p. 155).

VII

J'en reviens à l'étude de Panksepp, et plus spécifiquement à ses spéculations évolutionnistes au sujet des causes sous-jacentes des frissons musicaux et de leur signification biologique. Ce qui m'intéresse, toutefois, ce n'est pas de savoir si ces spéculations sont valides, mais plutôt de déterminer, à supposer qu'elles le soient, dans quelle mesure elles doivent conduire ceux qui éprouvent des frissons à modifier la vision qu'ils en ont :

> Il est clair que les gens ont plus de chance d'éprouver des frissons à l'écoute d'une musique qui les a déjà émus par le passé [...]. Cependant, le fait qu'une musique triste que l'auditeur n'a jamais entendue auparavant soit plus susceptible de donner des frissons qu'une musique joyeuse jamais entendue suggère qu'il y a des composantes neuropsychiques instinctuelles plus fondamentales qui sous-tendent ce phénomène [...]. Je soutiendrai que le frisson reflète en dernier ressort une propriété des systèmes neuraux ancrés dans notre cerveau paléo-mammalien, qui contrôle les émotions liées à la proximité sociale et à la séparation (195).
> [...] Nous avons à l'heure actuelle une bonne connaissance des circuits neuronaux responsables de l'anxiété de séparation qui amène de jeunes animaux à pousser des cris de détresse lorsqu'ils sont seuls ou perdus [...]. Les sentiments intérieurs de frisson ou de frissonnement que les parents ressentent lorsqu'ils entendent ces cris de séparation peuvent fournir un surcroît de motivation pour reconstituer la cellule familiale. Les cris de séparation ont ainsi pu apparaître lors de la construction évolutionnaire du système émotionnel du cerveau, de façon à activer acoustiquement un besoin de relation sociale initialement fondé sur des considérations purement thermiques [...]. La musique triste peut atteindre sa beauté et parvenir à provoquer des frissons en proposant une symbolisation du cri de séparation (par exemple à l'aide d'un crescendo dans les aigus ou d'un solo instrumental qui émerge du fond orchestral) dans un contexte émotionnel marqué par de possibles retrouvailles rédemptrices (198-9).

La question que je souhaiterais soulever est la suivante : une fois que nous avons un éclairage scientifique sur les causes – neurophysiologiques, biochimiques, évolutionnaires, ou autres – des frissons musicaux, quel impact cela peut-il avoir sur le plaisir que nous prenons à en faire l'expérience ou à y être sujet ? L'acquisition de ce genre de connaissance doit-elle nécessairement nous conduire à revoir à la baisse la valeur que nous accordons aux frissons musicaux et à diminuer la satisfaction que nous prenons à les éprouver ? Une fois que nous avons appris que ces réactions ne sont, du moins si les spéculations de Panksepp touchent juste, que l'héritage d'un lointain passé évolutionnaire, ou l'effet indirect d'un cerveau mammalien encore sensible aux cris de séparation d'un enfant perdu, faut-il nécessairement cesser de leur attribuer une signification supplémentaire, qui irait au-delà de cette simple dimension biologique ?

Je ne le crois pas. À supposer que la cause sous-jacente aux frissons musicaux s'apparente aux cris de séparation poussés par quelque adolescent mammalien solitaire, cela ne doit pas invalider les autres dimensions que ces frissons peuvent posséder et dans lesquelles réside la valeur que nous pouvons leur accorder. Il y a deux raisons à cela. D'une part, le plaisir que nous prenons à être ainsi affecté par la musique, quelles que soient ses causes lointaines, est bien réel et peut être expliqué par la beauté, la profondeur ou le tragique de la musique, auxquels le plaisir ressenti semble répondre très directement. D'autre part, le fait qu'une réaction physiologique ait des causes de type évolutionnaire n'exclut pas qu'elle puisse posséder une certaine importance à nos yeux, ni même qu'elle puisse être le reflet manifeste de quelque chose d'essentiel au sujet de notre condition, comme certaines musiques le démontrent.

En outre, l'explication évolutionniste offerte par Panksepp de notre disposition à ressentir des frissons musicaux me paraît peu vraisemblable, du moins lorsque je l'applique aux principaux frissons musicaux que j'ai en tête. En effet, il y a en réalité non pas un, mais bien deux types de frissons musicaux, qui méritent d'être distingués [19]. D'un côté, il y a ceux qui sont d'une durée relativement

19. Bien entendu, il existe encore une autre sorte de frissons que la musique instrumentale est capable de susciter, et qui repose sur la force suggestive des associations extérieures, qu'elles soient par exemple patriotiques ou sentimentales.

brève et induits essentiellement par le timbre ou les dynamiques, c'est-à-dire suscités par la qualité sonore en tant que telle, ce dont témoigne typiquement l'effet que peut avoir sur nous une voix de soprano claire et puissante. D'un autre côté, il y a ceux qui sont produits par la structure sonore elle-même : ils ont une durée relativement longue et sont induits par la mélodie, l'harmonie et le rythme. Les propriétés structurales qui semblent conduire aux frissons plus développés de ce second genre comprennent certains types de séquences mélodiques, certains types de progressions harmoniques, de dramatisations chromatiques, de pédales, de suspensions, de retards, de tremolos prolongés et de sauts mélodiques [20].

Ainsi, il est sans doute plausible que la première sorte de frisson repose sur la ressemblance soudaine entre un passage musical et le son déchirant d'un cri de séparation mammalien, mais il est plus douteux que les frissons du second genre trouvent là aussi leur source. En effet, ces derniers possèdent une plus grande profondeur temporelle, laissant la place à l'accumulation de tensions émotionnelles et à leur libération subséquente, qui va bien au-delà de ce que l'on peut observer chez les premiers. Il semble en tout cas beaucoup plus difficile d'y voir la simple conséquence d'une couleur ou d'une intensité sonores particulières.

VIII

Panksepp n'est pas le seul chercheur à s'être intéressé aux frissons musicaux; le prolifique psychologue de la musique John Sloboda

---

Notre hymne national ou la valse sur laquelle on a dansé pour la première fois avec celui ou celle que l'on épousera par la suite peuvent provoquer des frissons de ce genre-là. Mais je ne m'intéresserai pas à ces frissons-là, dans la mesure où ils ne dépendent pas intrinsèquement d'une structure ou d'une sonorité musicales particulières.

20. Bien entendu, la plupart de ces caractéristiques musicales prises séparément ne produiront pas de frissons, ne serait-ce que parce que leur intégration au sein d'un passage, ainsi que leur interaction avec d'autres caractéristiques du même passage, sont absolument cruciales.

s'est également penché sur la question. Dans une étude[21], il a tenté d'associer des propriétés structurales de la musique à différents types de réactions corporelles saillantes qu'elle suscite en nous. Les résultats de son étude mettent en évidence six caractéristiques musicales étroitement associées aux frissons ou « frémissements » musicaux, comme il aime à les appeler : (a) les appogiatures mélodiques, (b) les marches mélodiques ou harmoniques (c) les modulations enharmoniques, (d) les modulations sans préparation, (e) les changements brusques de dynamiques ou de textures et (f) l'arrivée précoce d'événements attendus.

Faisant sienne une idée centrale du théoricien de la musique Leonard Meyer, Sloboda fait l'hypothèse que le point commun entre toutes ces caractéristiques est qu'elles ont toutes pour conséquence de frustrer nos *attentes* musicales. Bien que cette conjecture contienne sans doute une part de vérité, elle ressemble fort à une généralisation abusive. Considérons ne serait-ce que les marches mélodiques, qui apparaissent sur la liste de Sloboda, ou les trémolos prolongés qui figurent sur la mienne : aucun des deux ne semble procurer des frémissements en contrevenant à nos attentes.

Dans une étude plus récente, Sloboda suggère que ce n'est pas tant la simple présence d'événements musicaux inattendus au sein d'un passage donné que leur *intensité* et leur *densité* qui conduisent aux pics émotionnels que sont les frémissements[22]. Cela accroît très certainement le potentiel explicatif de l'hypothèse de départ, sans toutefois la rendre pleinement adéquate. Comme je l'avais déjà suggéré en discutant les travaux de Panksepp, la raison en est que cette explication n'accorde aucune place à la perception de l'*expressivité* de la musique et du *caractère propre* de cette expressivité. En d'autres termes, l'explication des frissons musicaux proposée par Sloboda, bien qu'elle soit cognitive plutôt qu'évolutionniste, reste insuffisam-

21. John Sloboda, « Music Structure and Emotional Response : Some Empirical Findings », *Psychology of Music*, vol. 19, n° 2, 1991, p. 110-120.

22. John Sloboda, « Musical Performance and Emotion : Issues and Developments », *Exploring the Musical Mind*, Oxford, Oxford University Press, 2005, p. 225-240.

ment cognitive, ou plus précisément n'est pas assez cognitivement *complexe*. Aucune formule faisant intervenir uniquement des variables structurales et expectatives, et par conséquent ne tenant aucunement compte du rôle joué par la perception de l'expressivité perçue, ne peut prédire adéquatement l'apparition des frissons musicaux, en particulier de ceux qui jouent le plus grand rôle dans notre appréciation de la musique.

Afin d'illustrer ce point, je vais me risquer à proposer une explication, du type cognitivement plus complexe que j'appelle de mes vœux, de l'expérience que me procure l'*Étude*, op. 42, n° 5, de Scriabine, déjà mentionnée plus haut. Le tempo de la pièce est rapide et l'indication d'interprétation est *affanato*, c'est-à-dire « haletant ». La forme globale de la pièce est globalement AABABA, et bien que la pièce soit passionnée et agitée de part en part, on observe un contraste émotionnel significatif entre les sections A et B, la première étant d'un caractère troublé et désespéré alors que la seconde, dans ce contexte, manifeste une humeur plus apaisée et même lyrique.

Ainsi, lorsque dans cette merveilleuse étude la section A touche à sa fin pour la première fois et fait place à la section B, je ressens momentanément un élan d'optimisme lorsque j'entends dans la musique une volonté ferme de dissiper les nuages menaçants amenés par la section précédente, ainsi qu'un désir impatient d'améliorer les choses, même si une angoisse persistante reste en toile de fond. Mais lorsque le B laisse à son tour la place au A – ou, pour être plus précis, lorsque le B est sur le point de laisser place à une deuxième version du A qui est encore plus désespérée que la première (mesures 27-30) – je prends clairement et violemment conscience de la vanité des maigres espoirs nourris un peu plus tôt. Le B me semble alors définitivement vaincu et reconquis par le A, et je me rends compte que tout est perdu, que tous les espoirs entretenus n'étaient qu'illusion, que cette passion était vouée à l'échec et que l'accablement règne désormais sans partage. C'est à ce moment précis que l'apparition de frissons est chez moi totalement inévitable; et ces frissons reviendront dans la seconde partie de la pièce (avec une moindre intensité), lorsque dans un nouveau soubresaut psychologiquement dévastateur (mais moins que le premier), une version plus fébrile du B s'effacera pour laisser revenir le A (mesures 46-47).

Ce que je veux suggérer ici, c'est que seule une explication quasi narrative qui, à l'instar de celle que je viens de fournir, identifie une suite de pensées semi-conscientes et à demi articulées, retraçant ainsi le scénario émotionnel de l'écoute, peut rendre compte adéquatement de la capacité qu'ont des musiques comme celle de Scriabine d'induire des frissons chez toutes sortes d'auditeurs. Il serait bien entendu chimérique de ma part d'exiger de tout auditeur profondément ému par cette étude de Scriabine qu'il reconnaisse avoir suivi le même scénario que celui que j'ai décrit, mais je crois que le sens que la plupart de ces auditeurs pourraient conférer à la musique sur la base de leurs propres expériences d'écoute devrait se conformer, au moins dans ses grandes lignes, à ce scénario.

Ce point me donne l'occasion de mentionner ici le rôle important que joue *l'interprète* d'une pièce dans la production des frissons musicaux, sur la base d'un potentiel déjà présent dans la structure de l'œuvre musicale elle-même. Certains interprètes exploitent ce potentiel indéniablement mieux que d'autres, en donnant une forme et une allure bien particulières à la séquence d'événements musicaux qui est de toute évidence le siège de cette potentialité à susciter des frissons. Dans le cas de l'*Étude* de Scriabine discutée ci-dessus, l'interprétation de Ruth Laredo est de loin la plus efficace que je connaisse de ce point de vue[23] ; l'interprétation du *Quintette* de Brahms par le Quatuor Juilliard est plus efficace que celle du Quatuor Guarnieri et l'interprétation par Emmanuel Ax des ponts chromatiques de la *Sonate* de Haydn évoquée plus haut favorise bien davantage l'éveil de frissons que les interprétations tout aussi valables, mais plus pressées, de Glenn Gould ou Mikhail Pletnev. Étudier plus en détail pourquoi et comment des types d'interprétations différents peuvent conduire à des manifestations distinctes du pouvoir « frissogène » d'une œuvre musicale nous amènerait cependant trop loin.

23. Ruth Laredo, *Alexandre Scriabine : Complete Piano Sonatas*, Nonesuch Records, 1996.

IX

Quels enseignements concernant les plaisirs procurés par les frissons musicaux et la valeur qu'ils peuvent receler pouvons-nous à présent tirer de ces considérations relatives à leurs causes et aux conditions de leur apparition ? Il n'est pas inutile de commencer par comparer les frissons musicaux dont nous nous sommes occupés jusqu'ici, et dont l'expérience s'accompagne généralement de plaisir [24], à d'autres types de frissons corporels. Considérez le tressaillement qui vous parcourt lorsque vous venez à penser, à tort ou à raison, que vous avez supprimé un fichier informatique sur lequel vous avez travaillé pendant des heures ou les sueurs froides qui vous gagnent lorsque vous avez l'impression qu'un cambrioleur vient d'entrer dans votre maison par la fenêtre du rez-de-chaussée. Les frissons de ce type sont loin d'être agréables et ne procurent aucune satisfaction, même si, bien entendu, ils ne sont pas dépourvus d'une certaine valeur pratique. Comment expliquer cette différence, au niveau du plaisir ressenti et de la satisfaction procurée, entre ces frissons-là et les frissons musicaux ?

En termes très généraux, on peut dire que c'est l'*interprétation cognitive* du frisson, c'est-à-dire la manière dont nous nous le représentons, qui fait une bonne part de la différence. En termes plus précis, ce qui fait la différence, c'est un certain type de perception sous-jacente au frisson et qui lui est indissociable : les frissons causés par une bourde informatique ou l'intrusion d'un voleur sont déplaisants parce qu'ils reflètent la perception de quelque chose de mauvais pour nous, alors que les frissons suscités par la musique nous sont agréables parce qu'ils reflètent la perception de quelque chose de bon.

24. Ils semblent du moins procurer du plaisir à la grande majorité des mélomanes qui y sont sujets ; ils donnent lieu, en d'autres termes, à une expérience de type hédonique. J'ai cependant découvert qu'il existe des auditeurs qui, loin de se délecter des frissons suscités la musique, les trouvent au contraire déplaisants. Je subodore qu'il s'agit là d'auditeurs qui, en vertu de certains traits de personnalité, sont incapables de lâcher prise ou de se laisser aller un tant soit peu. Il n'est pas clair qu'il y ait grand espoir de rendre les frissons musicaux plus agréables à ces auditeurs en changeant les représentations cognitives qu'ils peuvent s'en faire.

Ce paramètre ne rendra sans doute pas compte de *tout* ce qui sépare ces deux grandes classes de cas. En effet, il n'est pas évident que ces frissons soient véritablement comparables, d'un point de vue tant physiologique que phénoménologique. S'il nous est permis de généraliser quelque peu, ceux qui surviennent lorsque nous écoutons de la musique tendent à éclore plus lentement, à se répandre plus doucement dans l'organisme, à posséder des contours plus souples, alors que ceux qui sont causés par la perception soudaine d'un danger ou d'un dommage semblent plus brusques et plus vifs. Ces derniers sont plus authentiquement « frissonnants », pour ainsi dire. Ainsi, même parmi les frissons corporels auxquels nous sommes sujets, il doit y avoir des différences qualitatives qui permettent à certains d'avoir un rôle à jouer dans une expérience positive et l'interdisent à d'autres.

Dans tous les cas, quelles que soient leurs propriétés qualitatives distinctives, les frissons musicaux semblent nous procurer un plaisir qui dépend étroitement de la signification que nous leur *attribuons*, en tant qu'auditeur. Par exemple, si vous pensez que les frissons qui vous parcourent signifient que vous avez reconnu le tragique inhérent à une œuvre musicale ou la finesse de son expression, alors vous prendrez probablement du plaisir à les ressentir, alors que si vous estimez qu'ils signifient simplement que les aigus de votre chaîne hi-fi sont trop forts, vous prendrez probablement moins de plaisir à les éprouver.

Jusque-là tout va bien. Mais un frisson ne pourrait-il pas avoir une valeur *indépendamment* du plaisir que nous ressentons lorsque nous lui *trouvons* une signification, en vertu de ce qu'il signifie *réellement* ? La question qui se pose à nous, en d'autres termes, est celle de la valeur *épistémique* des frissons musicaux. Possèdent-ils réellement une valeur de cet ordre ou se limitent-ils à de simples réactions physiologiques qui nous donnent du plaisir lorsque nous les *considérons* d'une certaine manière, *comme s'ils* possédaient une valeur épistémique ?

Il y a bien une sorte de valeur épistémique que les frissons musicaux possèdent de toute évidence, mais elle est d'une portée trop faible pour nous aider ici. Ceux-ci indiquent en effet que la musique entendue possède la propriété d'être « frissogène », c'est-à-dire capable d'induire, sous certaines conditions, des frissons chez l'auditeur. Mais bien évidemment, ce qui nous intéresse lorsque nous réfléchissons à la « valeur épistémique » des frissons musicaux, c'est plutôt ce qu'ils peuvent indiquer, au-delà d'eux-mêmes, au sujet de la musique ou de l'auditeur.

On peut penser à deux types de choses que les frissons musicaux peuvent signaler. Le premier pourrait être la *perception* d'une caractéristique notable de la musique, perception dont nous ne sommes pas clairement conscients la plupart temps. Le second serait la *présence* elle-même de cette caractéristique notable. En d'autres termes, les frissons musicaux pourraient témoigner directement soit d'un événement survenant chez l'auditeur lui-même, à savoir une perception à un niveau plus ou moins conscient, ayant pour objet telle ou telle caractéristique de la musique, soit de la présence de telle ou telle caractéristique *dans* la musique elle-même, jouant ainsi un rôle de signal comparable à celui que joue la douleur pour les dommages causés à notre corps.

J'ai tendance à penser que les frissons musicaux – ou au moins un grand nombre de ceux que peuvent éprouver les auditeurs chevronnés – possèdent au moins une valeur épistémique du premier type. Ces frissons résultent de la perception de l'expressivité de la musique et en constituent des indicateurs fiables, les auditeurs n'étant souvent que vaguement conscients de l'occurrence et du contenu de ce genre de perception. De tels frissons musicaux possèdent cependant une intentionnalité relativement complexe : en tant que marqueurs corporels de perceptions dirigées vers un aspect particulier de la musique ils portent, en première instance, sur la perception d'un aspect de la musique, mais aussi, en seconde instance, sur l'aspect de la musique qui fait l'objet de cette perception [25].

---

25. Pourquoi ne pas adopter la position selon laquelle les frissons représenteraient directement les caractéristiques de la musique qui lui confèrent une valeur pour nous ? Très clairement, les frissons que je ressens me semblent bien signaler quelque chose au sujet de la musique elle-même, plutôt qu'au sujet de ma personne.

J'ai détaillé ci-dessus le genre de pensées et de perceptions qui me viennent à l'écoute d'une certaine *Étude* de Scriabine ; j'ai soutenu qu'elles se cachent derrière les frissons musicaux ressentis et qu'elles jouent un rôle crucial quant à leur apparition. Je vais à présent faire de même pour les œuvres de Haydn et de Brahms, également mentionnées plus haut, afin de donner quelques exemples supplémentaires de la valeur épistémique que peuvent posséder certains frissons musicaux. Comme dans le cas de l'*Étude* de Scriabine, il ne s'agit pas de dire que ces pensées et perceptions me viennent à l'esprit dans une forme complète et achevée dès la première écoute, ni même dès la première écoute marquée par des frissons. Il s'agit plutôt d'une reconstruction et d'une articulation plausibles de ce qui n'était perçu, avant réflexion, que de façon obscure et inchoative. Toutefois, après avoir été ainsi reconstruites et articulées sous une forme qui paraît correspondre à la saisie inchoative initiale, ces pensées et ces perceptions sont alors davantage susceptibles d'entrer dans le contenu explicite de notre expérience ultérieure de cette musique.

Quoi qu'il en soit, lorsque j'écoute ce *Quintette* de Brahms, je prends clairement conscience, à un certain niveau au moins, de la vitalité intense animant cette ouverture inouïe et nourrissant tout particulièrement la partie de violoncelle qui lutte héroïquement pour affirmer son individualité contre le va-et-vient compulsif de toutes les autres cordes. Et lorsque j'écoute la *Sonate* de Haydn, je prends clairement conscience, à un certain niveau, de la subtilité et de la souplesse des changements de couleur harmonique, lors du passage modulant évoqué plus haut, qui manifeste l'admirable plasticité d'un processus organique. Il s'agit à chaque fois de caractéristiques distinctives de la *musique* entendue, et, selon

Toute la difficulté est alors de concevoir un mécanisme plausible par lequel les frissons puissent être *directement* affectés par des propriétés musicales complexes, telles que le tragique ou la finesse de l'expression. Un modèle à deux niveaux, comparable à celui qui présente les frissons induits par le froid comme signalant directement la température interne du corps et indirectement la température externe de l'environnement, me paraît plus prometteur.

l'hypothèse que nous considérons présentement, mon corps signale à mon attention la perception émotionnellement chargée que j'en ai, par le truchement des frissons qui découlent de cette perception, m'invitant ainsi, en définitive, à articuler ces perceptions à un niveau plus conscient. Mais les frissons, du moins c'est ce que je soutiens, ne constituent habituellement que le premier symptôme de la saisie de quelque chose de profond ou d'important dans la musique. En d'autres termes, les frissons, ou du moins ceux du genre que nous avons considéré, jouent un rôle de focalisateur d'attention, et nous aident à mieux apprécier la musique, en portant notre attention sur des aspects expressifs de la structure musicale qui autrement pourraient passer inaperçus.

Il me faut encore ajouter quelques mots de plus concernant la nature des frissons suscités en moi par ces pièces de Haydn, Brahms et Scriabine. Les frissons en question sont vraisemblablement le résultat de perceptions d'agencements musicaux porteurs d'une signification émotionnelle, ces perceptions ayant elles-mêmes une charge émotionnelle. Ces perceptions chargées d'émotions atteignent un niveau d'intensité suffisant pour donner lieu à une réaction physiologique – les fameux frissons – que nous pouvons maintenant comprendre comme le déversement d'un trop plein d'émotion accumulé jusque-là dans notre perception de la musique. Les frissons de ce type ne se bornent donc pas à indiquer la présence d'une perception émotionnelle, comme le feraient une convulsion dans le lobe de notre oreille droite ou l'apparition d'un flash bleu dans notre champ de vision s'ils accompagnaient constamment de telles perceptions ; ils constituent au contraire l'*aboutissement naturel* de cette perception émotionnelle.

X

Il semble que nous arrivions à la position suivante au sujet de la valeur appréciative des frissons musicaux. D'une part, les frissons musicaux peuvent être des sources de satisfaction esthétique pour autant que nous les *interprétions* comme indiquant la perception de quelque chose d'important dans la musique que nous écoutons. D'autre part, les frissons musicaux peuvent avoir une valeur épistémique pour autant qu'ils indiquent *effectivement* que nous avons perçu quelque chose d'important au sujet de la musique elle-même, leur rôle étant souvent de nous en alerter au plus vite.

Mais alors, les doutes goodmaniens évoqués plus haut ne manqueront pas de refaire surface. En effet, il semblerait que ce ne soient pas, après tout, les *sensations* de frisson en tant que telles qui ont une valeur appréciative, mais seulement les *perceptions* auxquelles elles viennent s'ajouter dans les cas les plus favorables. Si tel est le cas, on pourrait alors être tenté de soutenir que ce sont en vérité les perceptions dirigées vers la musique elle-même qui comptent, du point de vue de l'appréciation, et nullement les sensations de frissons, ce qui revient, en fin de compte, à se réclamer, plutôt qu'à se distancer, de la position goodmanienne selon laquelle les frissons sont en eux-mêmes dépourvus de toute valeur et ne contribuent en rien à la valeur appréciative de l'œuvre. Si les frissons musicaux ne possèdent une valeur appréciative que lorsqu'ils ont pour fonction d'indiquer des perceptions relatives à la musique, ne faut-il pas en conclure que toute la valeur appréciative réside en réalité dans ces perceptions, qu'elles soient ou non accompagnées de frissons ?

Rien n'est moins sûr. Ce qui compte, et ce que souligne la prise en compte des frissons ressentis lors d'une écoute, c'est la réaction à la musique de la personne prise dans sa *totalité*. Ce genre de réponses à la musique, qui sont tout à la fois cognitives, émotionnelles, physiologiques et comportementales, a probablement une plus grande valeur que des genres de réponses plus limitées ou restreintes. Ainsi, même si ces frissons n'ont de valeur pour ceux qui les éprouvent que s'ils sont ressentis en concomitance avec un certain type de perceptions visant le contenu ou la structure de la musique, les frissons restent essentiels à la valeur totale de l'expérience en question. S'il en est ainsi, pourrait-on dire, c'est parce que les frissons constituent une confirmation corporelle de ce qui est perçu en même temps, souvent de façon obscure, par l'esprit. Il est alors plausible que la mise en évidence par les frissons de ces appréhensions perceptuelles confère un surcroît de valeur à l'expérience. Les frissons se présentent alors comme des approbations corporelles de ce qui est simultanément appréhendé sur un mode plus cognitif. Il me semble qu'un aspect central de la valeur appréciative de ces frissons tient précisément à ce qu'ils permettent d'affirmer l'unité totalisante de l'esprit et du corps, qui résonnent l'un avec l'autre en réponse à un discours musical[26].

Il y a donc quelque chose de juste dans l'idée selon laquelle le fait de ne pas ressentir de frissons à l'écoute de certains passages d'une œuvre musicale indique une appréciation déficiente. En effet, une expérience de la musique qui ne génère pas ce genre d'effets est une expérience qui n'est pas, en un certain sens, aussi *réceptive* qu'elle pourrait l'être[27]. Le raisonnement sous-jacent semble être que les réactions que nous admirons le plus, en tant qu'êtres de chair et d'os, ne sont pas celles qui n'impliquent que l'esprit, ni même celles qui n'impliquent que le corps. Nous sommes d'autant plus humains, semble-t-il, que nous réagissons aux choses de la vie, et tout particulièrement aux œuvres d'art, avec la totalité de notre être.

26. S'il est vrai que le frisson indique directement la *perception* d'une propriété musicale appréciable, comme par exemple le fait pour la musique d'incarner un certain scénario émotionnel, alors la force de l'idée selon laquelle le frisson, en étayant cette perception, a pour fonction de rendre notre perception de la musique plus « totale » semble annulée. En effet, sous cette hypothèse, l'objet de la perception est la musique alors que celui du frisson est au contraire cette perception elle-même, de sorte que la perception et le frisson n'ont clairement pas le même objet. Mais cette apparente difficulté peut être dissipée, si l'on se souvient que même si les frissons indiquent directement la perception, ils n'indiquent pas moins, quoique indirectement, la propriété musicale perçue. On peut ainsi préserver l'idée que c'est bien *à la musique* que nous répondons par une combinaison d'éléments cognitifs et physiologiques.

27. On pourrait ici dresser un parallèle avec la sphère morale : une personne capable de catégoriser des actions comme bonnes, mauvaises ou haïssables, mais qui ne ressent aucun sentiment de révulsion devant ce dernier type d'actes, peut être vue, en un sens, comme moralement déficiente.

POSTFACE
NATURALISER L'ESTHÉTIQUE MUSICALE ?

Clément CANONNE et Pierre SAINT-GERMIER

Si les différents essais de Jerrold Levinson rassemblés dans ce volume touchent un large éventail de questions, ils tentent tous fondamentalement d'éclairer les différentes dimensions de l'expérience musicale, qu'il s'agisse d'analyser les critères qui sous-tendent notre appréciation des œuvres musicales, de déchiffrer les ressorts de l'expressivité que nous percevons dans la musique ou d'estimer la valeur des réactions émotionnelles qu'elle suscite en nous. On peut néanmoins se demander dans quelle mesure il s'agit là de problèmes susceptibles d'être tranchés par l'analyse philosophique à elle seule : la description et l'analyse des différentes facettes de l'expérience musicale ne sont-elles pas *in fine* du ressort de l'enquête empirique ?

Même si, historiquement, l'esthétique philosophique a été marquée par la revendication formaliste de son autonomie, qui s'oppose à la pertinence de facteurs psychologiques, biologiques ou même sociologiques, il existe également une tradition de réflexion philosophique sur l'art qui vise au contraire à intégrer ces différents facteurs dans une vision plus complète et unifiée de l'expérience esthétique, en y incluant notamment ses dimensions psychologiques et physiologiques[1].

1. Edmund Burke dans sa *Recherche philosophique sur l'origine de nos idées du sublime et du beau*, traduit de l'anglais par Baldine de Saint-Girons (Paris, Vrin, 1998) ainsi que Denis Diderot, particulièrement dans sa *Lettre sur les sourds et les muets* (Paris, GF-Flammarion, 2000) en fournissent deux exemples dès le XVIIIe siècle.

En effet, la réflexion philosophique sur la musique s'appuie, plus ou moins implicitement, sur des faits (en réalité, souvent de simples hypothèses) relatifs à notre psychologie et à la manière dont nous réagissons à la musique. Les principales sources sont ici le sens commun, la fréquentation des œuvres et l'étude des discours critiques sur les œuvres. Il est ainsi admis que certains types de musiques sont capables d'éveiller en nous certains types d'émotions ; il est admis que certaines de ces émotions sont intersubjectivement partagées, au moins au sein d'une même communauté culturelle. Dans la plupart des cas, ces réflexions sont informées par une psychologie naïve ; mais s'il s'agit bien à chaque fois de faits ou d'hypothèses *empiriques*, les compléments ou les révisions apportés par une psychologie scientifique ne peuvent qu'aider le philosophe à ancrer sa réflexion dans la réalité, plutôt que dans des opinions générales au sujet de « notre expérience de la musique ». En particulier, les sciences cognitives offrent une connaissance toujours plus vaste et détaillée de la manière dont notre esprit perçoit la musique, l'interprète et l'évalue, tant du point de vue « froid » du traitement de l'information musicale que du point de vue « chaud » de nos réactions affectives et émotionnelles.

Mais il reste difficile de déterminer précisément ce que la réflexion philosophique peut faire de ces résultats scientifiques, et plus fondamentalement, s'il y a une nécessité pour elle d'en faire quelque chose. L'éventail des articulations possibles entre les deux entreprises s'étend de la coexistence pacifique entre les esthéticiens et les psycho-neuro-musicologues, au remplacement pur et simple des premiers par les seconds. Au-delà de spéculations corporatistes sur l'avenir du marché de l'emploi académique, cette rencontre entre l'esthétique philosophique et la recherche scientifique sur le cerveau musicien a le mérite de nous obliger à revenir sur la nature même de l'entreprise esthétique autant que sur son avenir.

Avant de proposer quelques pistes pour éclaircir cette question, il nous semble utile de revenir sur deux aspects de l'expérience musicale qui ont suscité une littérature expérimentale abondante : d'une part, le rapport de la musique aux émotions et, d'autre part, les préférences musicales et les jugements de goût que nous formons au sujet des œuvres musicales.

L'imposant *Handbook of Music and Emotion*[2] donne la mesure de la quantité de travaux empiriques qui ont été menés au sujet de la relation entre la musique et les émotions. Un premier ensemble de recherches porte sur les émotions exprimées par la musique. Il s'agit principalement de savoir si, et comment, les auditeurs entendent des émotions « dans » la musique, ou exprimées par elle[3]. Pour ce faire, on peut leur demander de décrire librement la musique qu'ils entendent, ou d'opérer un choix parmi un ensemble de catégories émotionnelles préalablement déterminées, ou encore d'évaluer continûment le niveau d'intensité émotionnelle, par exemple au moyen d'un curseur mobile. On peut également se demander s'il existe ou non un accord intersubjectif au sujet de l'émotion exprimée par un passage de musique donné[4], ou encore chercher à identifier les facteurs compositionnels (mode utilisé, présence de certains mouvements mélodiques, rythmiques, harmoniques, etc.) ou interprétatifs (type d'articulation, présence ou non de rubato, amplitude dynamique, etc.) qui sont à l'origine cette expressivité[5]. Un second ensemble de recherches porte plutôt sur les réactions émotionnelles suscitées en nous par la musique. Il s'agit alors de montrer que la musique éveille bel et bien en nous des émotions[6], de déterminer

2. Patrik N. Juslin et John Sloboda, *Handbook and Music and Emotion*, Oxford, Oxford University Press, 2010.

3. Pour une synthèse, voir Patrik N. Juslin, « What does Music Express ? Basic Emotions and Beyond », *Frontiers in Psychology*, vol. 4, n° 596, 2013, p. 1-14.

4. Voir Patrik N. Juslin et Petri Laukka, « Communication of Emotions in Vocal Expression and Music Performance : Different Channels, Same Code ? », *Psychological Bulletin*, vol. 29, n° 5, 2003, p. 770-814.

5. Pour une synthèse, voir Alf Gabrielsson, « The Relationship between Musical Structure and Perceived Expression », dans Susan Hallam, Ian Cross et Michael Thaut (dir.), *The Oxford handbook of Music Psychology*, 2ᵉ édition, Oxford, Oxford University Press, 2016, p. 215-232.

6. Anne J. Blood et Robert J. Zatorre, « Intensely Pleasurable Responses to Music Correlate with Activity in Brain Regions Implicated in Reward and Emotion », *Proceedings of the National Academy of Sciences*, vol. 98, n° 20, 2001, p. 11818-11823.

quelles émotions elle éveille typiquement [7], et surtout d'identifier les mécanismes par lesquels elle y parvient [8].

L'étude des préférences et des jugements de goût s'inscrit, quant à elle, dans une longue tradition, celle de l'esthétique expérimentale ouverte en Allemagne par les travaux de Gustav Fechner dans la seconde partie du XIXe siècle [9]. Dans cette perspective, il s'agit de comprendre, en utilisant les méthodes de la psychologie expérimentale, pourquoi nous préférons tel morceau de musique, pourquoi nous sommes émus par telle pièce ou pourquoi nous la trouvons belle, et d'identifier les facteurs en fonction desquels notre réponse esthétique varie, par exemple la complexité du stimulus musical [10], la familiarité que nous avons avec celui-ci [11], sa dimension plus ou moins consonante, son organisation formelle [12], sa capacité à éveiller en nous des émotions et, plus généralement, du plaisir [13]. Plus

7. Patrik N. Juslin et Petri Laukka, « Expression, Perception, and Induction of Musical Emotions : A Review and a Questionnaire Study of Everyday Listening », *Journal of New Music Research*, vol. 33, n° 3, 2004, p. 217-238.

8. Voir le modèle « BRECVEMA » proposé par Patrik N. Juslin (« From Everyday Emotions to Aesthetic Emotions : Towards a Unified Theory of Musical Emotions », *Physics of Life Review*, vol. 10, n° 3, 2013, p. 235-266). Selon ce modèle, la musique est susceptible de causer des émotions par huit canaux différents, qui vont du simple réflexe « nerveux » du tronc cérébral au jeu avec nos attentes stylistiques, en passant par des mécanismes d'entraînement rythmique ou de contagion émotionnelle.

9. Voir Gustav Fechner, *Vorschule der Aesthetik*, Leipzig, Druck und Verlag von Breitkopf und Härtel, 1876. Cette tradition a été diffusée en France au début du XXe siècle par Charles Lalo (*L'esthétique expérimentale contemporaine*, Paris, Félix Alcan, 1908). Pour une histoire de courant, voir Renée Bouveresse, *Esthétique, psychologie, musique. L'esthétique expérimentale et ses racines chez David Hume*, Paris, Vrin, 1995.

10. Voir John B. Crozier, « Verbal and Exploratory Responses to Sound Sequences Varying in Uncertainty Level », dans Daniel E. Berlyne (dir.), *Studies in the New Experimental Aesthetics*, New York, Wiley, 1974, p. 27-90.

11. Adrian C. North et David J. Hargreaves, « Subjective Complexity, Familiarity, and Liking for Popular Music », *Psychomusicology : A Journal of Research in Music Cognition*, vol. 14, n° 1-2, 1995, p. 77-93.

12. Voir Rolf Reber, Norbert Schwarz et Piotr Winkielman, « Processing Fluency and Aesthetic Pleasure : Is Beauty in the Perceiver's Processing Experience ? », *Personality and Social Psychology Review*, vol. 8, n° 4, 2004, p. 364-382.

13. Voir David Huron, « Why is Sad Music Pleasurable ? A Possible Role for Prolactin », *Musicae Scientiae*, vol. 15, n° 2, 2011, p. 146-158.

récemment, on a également vu se développer une neuroesthétique de la musique : comme le résument Elvira Brattico et Marcus Pearce, son objectif est de « comprendre les structures et les mécanismes neuraux impliqués dans les processus perceptifs, cognitifs et affectifs qui génèrent les trois principales réponses esthétiques : les émotions, les jugements et les préférences » [14].

Différentes études utilisant des techniques d'imagerie cérébrale ont ainsi pu montrer que nos préférences musicales se traduisaient par des réactions cérébrales fortement latéralisées, avec une activation plus forte dans l'hémisphère gauche (au niveau des régions temporales, pariétales et préfrontales) lorsque les sujets écoutent des musiques qu'ils aiment, et dans l'hémisphère droit (au niveau du gyrus frontal inférieur et de l'insula) lorsqu'ils écoutent au contraire une musique qui n'a pas leur préférence [15]. D'autres études de neuroimagerie ont permis de confirmer le rôle soit des régions frontales dans les expériences affectives positives qui sont associées à nos jugements de beauté [16], soit des régions temporales, dont une petite région du cortex auditif qui semble être directement corrélée avec l'intensité de la beauté rapportée par le sujet [17]. On trouve une première tentative de formalisation de ces résultats encore un peu épars dans les travaux d'Elvira Brattico et de ses collègues qui ont proposé un modèle de l'organisation temporelle des différentes réactions cérébrales observées lors de l'expérience esthétique d'un morceau de musique, ainsi que de l'analyse des caractéristiques

14. Elvira Brattico et Marcus Pearce, « The Neuroaesthetics of Music », *Psychology of Aesthetics, Creativity, and the Arts*, vol. 7, n° 1, 2013, p. 48-61, ici p. 49.

15. Voir Enrique O. Flores-Gutiérrez, José-Luís Díaz, Fernando A. Barrios, Rafael Favila-Humara, Miguel Ángel Guevara, Yolanda del Río-Portilla et María Corsi-Cabrera, « Metabolic and Electric Brain Patterns During Pleasant and Unpleasant Emotions Induced by Music Masterpieces », *International Journal of Psychophysiology*, vol. 65, 2007, p. 69-84.

16. Voir par exemple Vinoo Alluri, Petri Toiviainen, Iiro P. Jääskeläinen, Enrico Glerean, Mikko Sam et Elvira Brattico, « Large-Scale Brain Networks Emerge from Dynamic Processing of Musical Timbre, Key and Rhythm », *Neuroimage*, vol. 59, 2012, p. 3677-3689.

17. Voir Tomohiro Ishizu et Semir Zeki, « Toward a Brain-Based Theory of Beauty », *PLOS One*, vol. 6, n° 7, 2011, p. 1-10.

auditives du signal et de leur intégration à la formulation consciente d'un jugement de goût[18].

Ces précisions ayant été apportées, nous pouvons à présent explorer différentes manières pour le philosophe de la musique de réagir à ces résultats et de les intégrer – ou non – dans son travail philosophique. La première position, qui correspond à ce que l'on pourrait appeler l'« hypothèse nulle » consiste à dire que la philosophie n'a rien à apprendre de ce genre d'études et peut donc souverainement les ignorer. Même si cette position est rarement défendue sous cette forme dépourvue de nuances, certains auteurs ont pu fournir des considérations qui peuvent y conduire.

Un premier type d'argument, que l'on trouve parfois sous la plume des philosophes, est que les psychologues et les neurobiologistes qui étudient l'expérience musicale tirent de leurs expériences des conclusions hâtives et insuffisamment justifiées[19]. Trois grandes familles de critiques méthodologiques sont en effet traditionnellement adressées à la psychologie des émotions musicales ou à la neuroesthétique de la musique. Premièrement, la présence de biais de confirmation et de présuppositions implicites : lorsque l'expérimentateur demande à des sujets d'écouter un morceau de musique et d'indiquer quelle émotion est exprimée par ce morceau à partir d'un choix forcé parmi un certain nombre de catégories émotionnelles (ce qui est la méthodologie standard d'un grand nombre d'études dans le domaine des émotions musicales), il présuppose d'emblée que la musique a bel et bien la capacité d'exprimer des émotions. Or,

18. Voir Elvira Brattico, Brigitte Bogert et Thomas Jacobsen, « Towards a Neural Chronometry for the Aesthetic Experience of Music », *Frontiers in Psychology*, vol. 4, n° 206, 2013, p. 1-21.

19. On retrouve ce genre de critiques sous la plume de Nick Zangwill, « Empirical Approaches to Music and Emotion : a Survey and Methodological Reflections », *O que nos faz pensar*, vol. 23, n° 35, 2014, p. 99-107. Même si Zangwill est sans concession avec certains de ses collègues psychologues – il n'hésite pas à qualifier certains travaux de Patrik Juslin et John Sloboda de « mauvaise science » (p. 102) – il ne rejette pas en bloc la pertinence de toutes les études empiriques qui ont été menées. Il en reprend même certaines à son compte pour défendre, par de nouveaux moyens empiriques, la thèse formaliste selon laquelle la capacité de la musique à éveiller des émotions lui est inessentielle.

il est en réalité tout à fait possible que le sujet reformule métaphoriquement une expérience dans les termes émotionnels qui lui sont suggérés, mais qui ne décrivent en réalité que très imparfaitement l'expérience qu'il a faite.

Deuxièmement, l'absence de validité écologique des résultats est souvent décriée. L'expérience esthétique qu'une personne fait en écoutant de la musique dépend d'une multitude de facteurs : de la musique qu'il entend effectivement, certes, mais aussi de la représentation qu'il s'en fait (s'agit-il d'une composition humaine ou d'un morceau généré algorithmiquement par une machine [20] ?), du contexte de son écoute (en présence ou non d'autres auditeurs, dans un auditorium ou un club de jazz, etc.), et surtout d'un large ensemble de facteurs personnels (ses préférences musicales, son expertise vis-à-vis de la musique considérée, son identité culturelle, son milieu social, son genre, sa nationalité, son âge, ses souvenirs associés à la musique, son état émotionnel actuel, etc.). En particulier, si la musique constitue assurément un produit de consommation courante, nous ne faisons pas pour autant une expérience esthétique à chaque fois que nous écoutons de la musique ; ce genre d'expérience ne se produit sans doute que dans des circonstances bien particulières qui dépendent de la qualité de l'attention portée à la musique, d'une forte adéquation entre la musique écoutée et les préférences personnelles, de la beauté de la musique entendue, de la durée de l'expérience, etc., autant de paramètres qu'il semble difficile d'émuler et de contrôler dans l'environnement du laboratoire. Certes, toute démarche expérimentale suppose intrinsèquement un certain degré d'artificialité ; mais dans le cas de phénomènes fragiles et volatiles comme peut l'être l'expérience esthétique de la musique, on peut raisonnablement se demander s'il n'y a pas une tension irréconciliable entre les conditions de l'expérimentation, particulièrement celles imposées par l'imagerie cérébrale (sessions courtes, immobilité du sujet, stimuli plus ou moins audibles à cause

20. Nikolaus Steinbeis et Stefan Koelsch, « Understanding the Intentions behind Man-made Products Elicits Neural Activity in Areas Dedicated to Mental State Attribution », *Cerebral Cortex*, vol. 19, n° 3, 2009, p. 619-623.

du bruit du scanner, isolement, écoute allongée, etc.), et le type de phénomène que l'on prétend ainsi aborder.

En troisième et dernier lieu, on reproche parfois à ces études une tendance abusive à la généralisation : le programme implicitement naturaliste qui est celui d'une grande partie des sciences cognitives de la musique conduit souvent les auteurs à universaliser leurs résultats, en en faisant des traits de la nature humaine alors qu'ils ne sont peut-être que le produit de l'inscription des sujets au sein d'une culture déterminée. Ainsi, à partir de nombreuses études convergentes, y compris sur de très jeunes enfants, on a longtemps prétendu que la préférence pour la consonance et l'aversion pour la dissonance étaient biologiquement ancrées [21] et donc universellement présentes chez les humains. Or un article publié en 2016 dans la prestigieuse revue *Nature* [22] a montré à l'aide d'une série d'expériences soigneusement contrôlées et dûment répliquées que les Tsimane' – un peuple amazonien minimalement exposé à la culture occidentale – trouvaient également plaisants les accords consonants et les accords dissonants, ce qui semblerait indiquer que la culture à laquelle nous appartenons a bel et bien un rôle essentiel dans la formation de nos réponses esthétiques à la musique. Et il reste probable qu'une telle hypothèse culturaliste soit également en vigueur sur la question des émotions musicales [23].

Ce serait cependant généraliser non moins abusivement que de rejeter en bloc la psychologie et les neurosciences de la musique pour ces raisons-là. D'une part, tous les travaux ne sont pas également concernés par ces difficultés. Et d'autre part, les psychologues et les

---

21. Voir Daniel L. Bowling et Dale Purves, « A Biological Rationale for Musical Consonance », *Proceedings of the National Academy of Sciences*, vol. 112, n° 36, 2015, p. 11155-11160.

22. Josh McDermott, Alan Shultz, Eduardo Undurraga et Rolf Inge Godoy, « Indifference in Dissonance in Native Amazonians Reveals Cultural Variation in Music Perception », *Nature*, vol. 535, n° 7613, 2016, p. 547-550.

23. Sur cet aspect, voir Stephen Davies, « Cross-Cultural Musical Expressiveness : Theory and the Empirical Program », dans Elisabeth Schellekens et Peter Goldie (dir.), *The Aesthetic Mind : Philosophy and Psychology*, Oxford, Oxford University Press, 2011, p. 376-389.

scientifiques ont eux-mêmes des ressources pour corriger ces biais et améliorer leurs protocoles expérimentaux. Après tout, la science est une entreprise en constante évolution, capable de réflexion critique sur ses méthodes, et on aurait sans doute tort de se couper des découvertes de demain en raison de certaines errances commises hier. Sans nier l'existence de faiblesses méthodologiques dans une partie des travaux existants, nous supposerons pour les besoins de la discussion que ces problèmes méthodologiques peuvent être réglés. Cela étant dit, les philosophes ont-ils des raisons supplémentaires de faire chambre à part ?

Un second argument provient de l'interprétation des résultats effectivement produits par les sciences du cerveau musicien, en supposant que leur méthodologie soit bien fondée. Gregorie Currie, dans son article de synthèse « Aesthetics and Cognitive Science » arrive à la conclusion que les études disponibles font effectivement avancer notre connaissance des mécanismes perceptifs, cognitifs et affectifs élémentaires qui sous-tendent notre expérience des œuvres d'art, mais que cela n'a qu'un impact très limité sur les questions philosophiques qui animent l'esthétique musicale, comme celles de la pertinence appréciative des émotions ou la nature du jugement esthétique [24]. En effet, si les sciences cognitives de la musique ne font *rien de plus* qu'identifier les mécanismes sous-jacents à notre écoute esthétique, alors leurs découvertes ne sont pas de nature à changer fondamentalement la donne en philosophie de la musique. Savoir quels neurones s'activent lorsque nous avons un orgasme musical à l'écoute d'un quatuor de Dmitri Chostakovitch nous apprend finalement assez peu de choses sur la valeur de ce genre d'état mental et sur sa place dans une authentique appréciation esthétique de la musique. Il est peu plausible, cependant, que la contribution des sciences cognitives se limite à cela. Certaines découvertes en neurosciences ont en effet pour conséquence de nous inviter à reconsidérer notre catégorisation de certains phénomènes mentaux

24. Voir Gregory Currie, « Aesthetics and Cognitive Science », dans Jerrold Levinson (dir.), *The Oxford Handbook of Aesthetics*, Oxford, Oxford University Press, 2003, p. 722-732.

et à revoir certains présupposés qui sont implicitement tenus pour acquis dans la discussion philosophique. Par exemple, les recherches neuroscientifiques sur le plaisir ont mis en évidence la présence d'une pluralité de circuits neuronaux relatifs à différents types de plaisirs, mais aussi l'existence d'affinités entre certains plaisirs fondés sur des origines évolutionnaires communes, sur le partage de mêmes circuits neurobiologiques ou encore sur l'utilisation des mêmes neurotransmetteurs. Ces découvertes donnent une tournure nouvelle au débat sur l'hédonisme musical – l'idée selon laquelle la recherche du plaisir est ce qui confère de la valeur à l'expérience de la musique – en neutralisant plusieurs présupposés d'arrière-plan qui pouvaient être implicitement tenus pour acquis par différentes parties du débat : (a) l'idée que les plaisirs sont commensurables et interchangeables, (b) l'idée qu'il existe quelque chose comme *le* plaisir musical et (c) l'idée que le plaisir musical diffère en nature d'autres plaisirs non musicaux. Si cette capacité des neurosciences à redistribuer notre catégorisation des états mentaux se généralise, alors on peut attendre des neurosciences de la musique qu'elles conduisent à transformer en profondeur de nombreux problèmes philosophiques au sujet de notre rapport à la musique.

Il reste cependant une dernière raison, plus fondamentale, qui peut conduire les philosophes à continuer leur chemin sur une voie séparée. Lorsque les philosophes s'interrogent sur leur identité intellectuelle et se sentent pressés d'expliquer en quoi leur approche d'un domaine diffère de l'approche que peuvent avoir certaines sciences positives du même domaine, deux distinctions reviennent périodiquement. D'une part, on oppose volontiers le domaine des faits à celui des valeurs; d'autre part, on distingue les questions conceptuelles des questions de fait. Aux psychologues et aux neuroscientifiques revient la tâche d'étudier les faits relatifs à notre expérience de la musique, aux philosophes reviennent les questions relatives à la valeur de cette expérience ainsi que la tâche de clarifier les concepts à l'aide desquels nous la décrivons et l'évaluons. C'est en l'occurrence la position que semble privilégier Jerrold Levinson lui-même dans son bref essai « Farewell to the Aesthetician? », au cours duquel il s'interroge sur l'avenir de l'esthétique et des esthéticiens :

> Certes, certaines questions empiriques posées par les frissons musicaux ont reçu une réponse, et ces réponses pourraient bien être prises en compte lorsque l'on tente de réfléchir sur le phénomène. Mais de nombreuses questions proprement esthétiques (c'est-à-dire philosophiques) demeurent, qu'ils s'agissent de questions d'ordre conceptuel ou normatif ou encore de questions qui ne sont pas rendues triviales lorsque l'on a fini de répondre à toutes les questions empiriques que l'on peut se poser au sujet des causes et des conditions des frissons musicaux [25].

Or ces deux distinctions ne sont peut-être pas aussi stables que certains voudraient bien le croire. Certes, David Hume a convaincu beaucoup de philosophes qu'il est impossible de dériver une proposition au sujet de ce qui doit être en partant d'une proposition au sujet de ce qui est [26]. Et on en conclut souvent que le domaine des faits et celui des valeurs sont complètement étanches. Mais la thèse selon laquelle ces deux domaines forment une dichotomie a pu être contestée. D'un côté, les réalistes au sujet de la valeur soutiennent que le domaine des valeurs est un domaine aussi réel et objectif que celui des faits. Dire ce qui est juste, bon ou beau, c'est décrire un aspect de la réalité, aussi bien que lorsque nous décrivons les propriétés purement physiques d'un acte ou d'un objet. D'un autre côté, les pragmatistes insistent sur l'existence d'une intrication entre les faits et les valeurs. En particulier, il n'y a pas de ce point de vue d'expérience ou de description factuelles qui ne soient dépourvues d'une évaluation. La description, et en particulier la description scientifique, qui est censée être le modèle de toute description purement factuelle, obéit à des normes qui reflètent l'acceptation de certaines valeurs. Dans le cas des neurosciences de la musique, la

25. Jerrold Levinson, « Farewell to the Aesthetician ? », *Aesthetic Pursuits*, Oxford, Oxford University Press, 2016, p. 9-16 (p. 10). Ce texte répond au livre de Jean-Marie Schaeffer, *Adieu à l'esthétique*, Paris, Mimesis, 2016.

26. Voir David Hume, *Traité de la nature humaine III : La morale* [1739], traduit de l'anglais par Philippe Saltel, partie 1, section 1, Paris, GF-Flammarion, 1999.

prégnance de ces valeurs, même si elle reste implicite, se manifestera dans le choix des extraits musicaux étudiés ou encore dans l'opérationnalisation qui est proposée du concept de préférence ou de jugement de beauté. D'un point de vue pragmatiste, il n'y a pas de coupure entre l'enquête axiologique et l'enquête factuelle au sujet de l'expérience musicale et donc il n'y a pas de séparation de principe entre le travail de l'esthéticien celui du psychologue et du neuroscientifique.

La séparation des questions conceptuelles et des questions factuelles, elle aussi héritée de Hume, a également été rudement critiquée, notamment à la suite des coups de boutoir de Willard Van Orman Quine [27] et de ceux qui l'ont suivi dans sa croisade contre la reconnaissance d'une distinction nette entre les vérités conceptuelles et les vérités de fait. Même si des auteurs ont défendu la possibilité et la pertinence de l'analyse conceptuelle après Quine [28], il semble difficile de défendre l'idée que l'analyse conceptuelle peut se montrer fructueuse lorsqu'elle est conduite avec une information factuelle fautive ou limitée. On ne voit pas bien quelle valeur pourrait avoir une analyse conceptuelle de la notion de plaisir musical si celle-ci s'appuie sur une psychologie naïve dont plusieurs éléments sont remis en cause par les travaux scientifiques sur la neurobiologie du plaisir. Ainsi, quelle que soit la place que l'on accorde à l'analyse conceptuelle, il semble difficile de se passer de toute information empirique. Et en ce sens, les philosophes, qui se considèrent comme des spécialistes de l'analyse conceptuelle, n'ont pas d'excuse pour négliger les travaux empiriques au sujet de la cognition et l'affectivité musicales.

À l'opposé de cette l'hypothèse d'une séparation étanche entre l'enquête philosophique sur l'expérience musicale et la recherche scientifique psychologique ou neurobiologique, une position plus répandue consiste à voir une concurrence entre ces deux grandes

---

27. Willard Van Orman Quine, « Deux dogmes de l'empirisme », *Du Point de vue logique*, traduit de l'anglais sous la direction de Sandra Laugier, Paris, Vrin, 2003.

28. Voir par exemple Frank Jackson, *From Metaphysics to Ethics*, Oxford, Oxford University Press, 1998.

entreprises. C'est une position qui semble partagée tant par ceux qui souhaitent voir les neurosciences cognitives remplacer l'esthétique musicale que par les philosophes qui souhaitent résister à ce qu'ils perçoivent comme un impérialisme scientiste.

Comme nous l'avons déjà signalé ci-dessus, on a vu se développer depuis le début des années 2000 un nouveau champ de recherche nommé « neuroesthétique » par ses principaux promoteurs. La neuroesthétique se conçoit ainsi comme une branche des neurosciences cognitives focalisée sur le comportement esthétique. Il s'agit d'expliquer par des raisons principalement neurobiologiques la mécanique de nos jugements de goût. Le projet d'une neuroesthétique s'inscrit dans une démarche de naturalisation du comportement esthétique, au sens où, d'une part, le comportement esthétique n'est pas compris comme un empire dans un empire, mais appartient de plain-pied au domaine des phénomènes naturels au même titre que tous les autres phénomènes mentaux, et où, d'autre part, il fournit un objet pour une enquête scientifique adoptant le même genre de méthodes que les autres sciences de la nature[29]. Même si ce champ de recherche est encore jeune, il compte déjà quelques études célèbres, qui concernent principalement les arts visuels (la neuroesthétique musicale connaissant depuis peu un développement similaire[30]).

Du point de vue des neuroscientifiques, le rapport entre cette nouvelle neuroesthétique de la musique et l'esthétique philosophique oscille entre un appel à la collaboration et un rappel à l'autorité scientifique. Les uns, comme Elvira Brattico, invitent ainsi à l'interdisciplinarité et s'appuient volontiers sur des travaux philosophiques :

29. Voir à ce sujet l'ouvrage collectif dirigé par Jacques Morizot (dir.), *Naturaliser l'esthétique ? Questions et enjeux d'un programme philosophique*, Rennes, Presses Universitaires de Rennes, 2014.

30. Outre Brattico et Pearce, « The Neuroaesthetics of Music », voir également Donald A. Hodges, « The Neuroaesthetics of Music », dans Susan Hallam, Ian Cross et Michael Thaut (dir.), *The Oxford Handbook of Music Psychology*, 2e édition, Oxford, Oxford University Press, 2016, p. 247-262.

> nous nous efforçons de construire un cadre interdisciplinaire pour circonscrire une neuroesthétique de la musique qui inclut explicitement des approches philosophiques, psychologiques, neuroscientifiques et évolutionnistes [31].

Les autres, dont par exemple David Huron, observent que « la philosophie esthétique se limite à un rôle marginal de conseil alors que les sciences cognitives acquièrent une position inhabituelle de leader » et n'hésitent pas à prédire que « les neurosciences cognitives sont vouées à prendre la place de l'esthétique philosophique » [32].

Du point de vue des philosophes, les rapports ne sont pas forcément plus faciles. Même s'il est loin d'être vrai que tous les philosophes s'opposent par principe à la naturalisation de l'esthétique, on peut observer une forte réticence de certains face au programme neuroesthétique tel qu'il a de fait été conçu et mené. Dans les termes (volontiers polémiques) employés par Roger Pouivet, naturaliser l'esthétique musicale reviendrait à la « physicaliser » et à « l'évolutioniser » [33]. Il s'agit donc, d'une part, d'identifier les différents constituants de l'expérience esthétique de la musique (jugements de goût, réactions émotionnelles, interprétation imaginative, etc.) à des états physiques observables par exemple par les techniques d'imagerie cérébrale ou par des dispositifs de mesure physiologique (tension électrodermale, pression sanguine, rythme cardiaque, etc.) et, d'autre part, de proposer une interprétation des divers aspects de l'expérience musicale – qu'il s'agisse des réactions émotionnelles que la musique suscite en nous, de nos préférences pour certains types de sonorités ou encore de notre propension à faire une expérience collective de la musique – en termes évolutionnistes. Cela revient implicitement à effectuer un

31. Brattico et Pearce, « The neuroaesthetics of music », p. 49.

32. David Huron, « Aesthetics », dans Susan Hallam, Ian Cross et Michael Thaut (dir.), *The Oxford Handbook of Music Psychology*, 1re édition, Oxford, Oxford University Press, 2009, p. 151-159, ici p. 151.

33. Roger Pouivet, « L'imposture neuro-esthétique ? », dans Jacques Morizot (dir.), *Naturaliser l'esthétique ? Questions et enjeux d'un programme philosophique*, Rennes, Presses Universitaires de Rennes, 2014, p. 169-180.

double engagement : d'abord, en faveur d'une ontologie matérialiste, « qui ne comprend rien d'immatériel et de proprement spirituel » [34] ; ensuite, en faveur d'un régime d'explication causal qui accorde systématiquement le primat à des causes biologiques (fournies par la théorie de l'évolution), et donc lointaines, plutôt qu'à des causes culturelles, et donc plus proches des artefacts qui sont effectivement à la source de nos expériences esthétiques [35]. Même les tenants d'une esthétique d'inspiration pragmatiste restent réservés vis-à-vis du programme neuroesthétique. Selon eux, il conduit à

> reproduire les deux malentendus majeurs [d'une certaine] esthétique philosophique : celui de l'esthétique comme un champ séparé (postulat d'autonomie) et celui de l'attribution à l'individu ou à la nature humaine de ressources sociales qui se sont formées dans la continuité de l'évolution [36],

là où, au contraire, on aurait tout à gagner, à réintégrer l'expérience esthétique à l'expérience commune, en soulignant, d'une part, sa présence au sein d'une grande diversité de pratiques et d'activités humaines, y compris non artistiques, et, d'autre part, la dimension intrinsèquement sociale des dispositions (cognitives ou émotionnelles) et des systèmes symboliques qui la sous-tendent [37].

À la lecture de ces prises de position polémiques, on peut être tenté de voir ces deux approches comme deux tentatives incompatibles de parvenir à un même but, en l'occurrence la compréhension de la nature de l'expérience musicale. Dans cette perspective, ce sont bien les mêmes grandes questions qui animent les deux recherches, mais le désaccord fait rage au sujet des moyens à mettre en oeuvre.

34. Pouivet, « L'imposture neuro-esthétique ? », p. 172.

35. Notons que ces deux points sont dissociables. Un matérialiste peut très bien reconnaître une variété de régimes causaux, au sein desquelles figurent des causalités culturelles et sociales, et regretter que la priorité soit donnée aux causes biologiques sur les causes culturelles.

36. Jean-Pierre Cometti, « Le naturalisme pragmatiste et l'esthétique naturalisée », *Nouvelle revue d'esthétique*, n° 15, 2015, p. 33-41, ici p. 40.

37. Ce point de vue pragmatiste trouve sa source chez John Dewey, *L'art comme expérience* [1934], traduit de l'anglais sous la direction de Jean-Pierre Cometti, Paris, Gallimard, 2010.

Les neuroesthéticiens contestent la méthodologie traditionnelle de l'esthétique philosophique, qui s'appuie sur des connaissances de sens commun, une attention fine aux œuvres et au discours critique, et surtout la pratique de l'analyse conceptuelle. Les philosophes soutiennent au contraire que l'analyse conceptuelle est inéliminable, en reprochant aux études empiriques proposées par la neuroesthétique d'être fondées sur des analyses conceptuelles implicites particulièrement naïves, lorsqu'elles ne sont pas clairement inadéquates. Par exemple, Vilayat Ramachandran et William Hirstein [38] n'hésitent pas à placer le principe du glissement vers l'extrême (*peak shift*) [39] au coeur de l'essence de l'art, sans se demander s'il y a même un sens à envisager quelque chose comme une essence de l'art.

L'idée qu'il puisse y avoir une telle concurrence entre les deux traditions présuppose, comme nous l'avons vu, qu'elles soient toutes deux animées par les mêmes questions. Mais est-ce bien le cas ? Si oui, alors les neuroesthéticiens et les philosophes entendent bel et bien répondre à la *même* question lorsque les premiers établissent qu'un jugement de beauté consiste en une activation d'une région relativement réduite du cortex orbitofrontal médian [40] quand les seconds débattent du rapport entre le jugement de beauté et l'expérience d'un plaisir. Mais les deux réponses sont tellement différentes qu'il est tentant de penser que l'on a en réalité affaire à

---

38. Vilayat Ramachandran et William Hirstein, « The Science of Art : A Neurological Theory of Aesthetic Experience », *Journal of Consciousness Studies*, vol. 6, n° 6-7, 1999, p. 15-35.

39. Le principe de glissement vers l'extrême (« *peak shift* ») a été identifié initialement par les études comportementales de la discrimination perceptuelle. On a pu observer, par exemple, que des rats qui ont été entraînés à distinguer un carré d'un rectangle, en recevant des récompenses lorsqu'ils reconnaissaient le rectangle, développaient une préférence pour les rectangles plus allongés et plus étroits que ceux qui leur ont été initialement présentés. Ramachandran et Hirstein font l'hypothèse que ce principe peut s'appliquer dans l'expérience esthétique à différents niveaux d'abstraction. Par exemple, l'attrait de certaines œuvres de peinture cubiste s'expliquerait par ce principe.

40. Mira Müller, Lea Höfel, Elvira Brattico et Thomas Jacobsen, « Aesthetics Judgments of Music in Experts and Laypersons – an ERP Study », *International Journal of Psychophysiology*, vol. 76, n° 1, 2010, p. 40-51.

deux questions bien distinctes : les neuroscientifiques répondent à une question portant sur les bases neurales des jugements de beauté, alors que les philosophes cherchent à démêler une question conceptuelle. Certes, ces interrogations ne sont pas totalement déconnectées. À supposer que le but de la neuroesthétique soit, au moins en partie, de défendre des thèses réductives de la forme « A n'est rien d'autre que B » où A est un aspect significatif de l'expérience esthétique et B un schéma d'activation cérébrale, une telle thèse ne peut être établie sans l'identification, par une analyse conceptuelle, d'un certain rôle causal ou fonctionnel R rempli par A, et d'un argument empirique, en faveur de la thèse selon laquelle c'est B qui de fait joue ce rôle R[41]. Ainsi les philosophes s'intéresseront plus volontiers aux questions portant sur l'analyse conceptuelle du rôle joué par un certain aspect de l'expérience esthétique, alors que les neuroscientifiques préféreront se pencher sur la structure biologique qui sous-tend ce rôle. Même si ces deux enquêtes sont étroitement liées entre elles, elles ne se confondent pas pour autant. Il y aura toujours du travail conceptuel pour les philosophes – si tant est qu'ils en soient les spécialistes – et ce même si, par hypothèse, l'établissement de réductions psycho-neurales devenait le but principal d'une neuroesthétique conquérante et hégémonique. L'hypothèse d'une concurrence frontale entre la recherche neuroscientifique et l'esthétique philosophique semble ainsi inadéquate.

Une hypothèse plus satisfaisante au sujet de leur articulation pourrait être celle d'une coévolution. D'un côté, il est illusoire de penser pouvoir mener une recherche empirique de qualité sans une analyse conceptuelle solide des phénomènes à étudier. Et il n'est pas anodin de voir les meilleurs travaux de psychologie et de neurosciences des émotions musicales citer allègrement les travaux de philosophes tels que Malcolm Budd, Peter Kivy, Stephen Davies ou Jerrold Levinson. D'un autre côté, un sain travail d'analyse conceptuelle ne peut s'appuyer uniquement sur des intuitions

41. Nous suivons ici le modèle de réduction par fonctionnalisation popularisé par David Chalmers, Frank Jackson et Jaegwon Kim.

recueillies par le philosophe dans le confort de son fauteuil[42]. L'information empirique fournie par les études de psychologie et de neurosciences de la musique fournit une justification ou un correctif nécessaire, le cas échéant, aux présuppositions de sens commun parfois acceptées trop rapidement par les philosophes.

On peut ainsi envisager, dans le meilleur des cas, que les travaux philosophiques et scientifiques au sujet de l'expérience musicale se soutiennent mutuellement, dans la justification de nos théories esthétiques, et se stimulent mutuellement, dans la découverte et la formulation de nouvelles hypothèses. Nous pouvons ainsi considérer sous cet angle l'appropriation, la discussion et la confirmation, par certains psychologues, des hypothèses de Levinson sur l'appréciation musicale. Levinson a en effet développé dans son livre *La musique sur le vif* une conception concaténationiste de la compréhension et de l'appréciation musicales selon laquelle la compréhension de la musique consiste à suivre, de proche en proche, l'évolution de la musique, en se focalisant sur des segments relativement courts, et que ce suivi est au centre notre appréciation de la musique. De ce point de vue, la grande forme d'une œuvre musicale joue un rôle tout à fait marginal dans notre appréciation de la musique. Elle ne contribue à l'appréciation que dans la mesure où elle met en valeur les effets de transition d'un segment à un autre. Cette position, à l'image de nombreuses thèses philosophiques substantielles au sujet de l'expérience musicale, joue sur plusieurs tableaux. D'une part, elle avance une thèse philosophique sur la nature de la valeur esthétique de la musique qui fait l'objet de l'appréciation : cette valeur est dans l'instant, ou plutôt dans le passage à chaque instant d'un petit bout

42. Il arrive parfois que les philosophes utilisent comme des prémisses des intuitions qu'ils estiment partagées par le sens commun. Un programme de recherche récent, connu sous le nom de philosophie expérimentale, vise à examiner à l'aide de méthodes empiriques si ces intuitions sont bel et bien partagées au-delà des salles de séminaires de philosophie. L'esthétique expérimentale est encore un domaine jeune, et l'esthétique expérimentale de la musique reste à notre connaissance encore vierge, mais probablement pas pour longtemps. Pour un aperçu de ce champ émergent, voir Florian Cova, Amanda Garcia et Shen-yi Liao, « Experimental Philosophy of Aesthetics », *Philosophy Compass,* vol. 10-11, 2015, p. 927-939.

de musique à un autre petit bout de musique. Mais d'autre part, elle avance également un ensemble de thèses empiriques au sujet de la manière dont notre compréhension et notre attention appréciative fonctionnent. En particulier, elle implique que si, au sein d'une œuvre musicale suffisamment appréciable, on altérait la grande forme tout en maintenant la cohérence et les vertus esthétiques des enchaînements de proche en proche, l'appréciation globale de l'oeuvre n'en serait pas significativement amoindrie. La position de Levinson possède donc un contenu empirique testable ; et des psychologues l'ont effectivement testé. Ainsi Barbara Tillmann et Emmanuel Bigand ont observé que la perception de propriétés expressives dans la gigue de la *Suite française n° 1 en ré mineur* de Jean-Sébastien Bach et l'allegretto de la *Sonate pour piano en si bémol majeur* de Wolfgang Amadeus Mozart reste stable, même lorsque que l'on change l'ordre de petits segments de musique d'une durée variant entre 5 et 10 secondes[43]. Si l'attribution de propriétés expressives est un aspect central de la compréhension musicale, alors cette étude étaye la conception concaténationiste. Des études subséquentes sur des morceaux de musique classique[44] comme de musique populaire[45] ont également fourni des éléments empiriques à l'appui du concaténationisme. Ainsi, plutôt que d'évoluer sur deux plans totalement distincts, l'esthétique musicale et la recherche scientifique évoluent ensemble sur un même plan, même si leurs questionnements se situent à différents niveaux de généralité. Il n'y a donc pas à choisir entre l'esthétique philosophique et la science de l'expérience musicale. L'esthétique philosophique a encore de beaux jours devant elle, à condition toutefois qu'elle accepte de sortir du confort de l'analyse conceptuelle en apesanteur.

43. Barbara Tillman et Emmanuel Bigand, « Does Formal Musical Structure Affect Perception of Musical Expressiveness ? », *Psychology of Music*, vol. 24, 1996, p. 3-17.

44. Philippe Lalitte et Emmanuel Bigand, « Music in the Moment ? Revisiting the Effect of Large Scale Structures », *Perceptual and Motor Skills*, vol. 103, n° 3, p. 811-828

45. Jonathan J. Rolison and Judy Edworthy, « The Role of Formal Structure in Liking for Popular Music », *Music Perception*, vol. 29, n° 3, 2012, p. 269-284.

BIBLIOGRAPHIE

AGUETTANT, Louis, « Gabriel Fauré : mon Requiem est une aspiration au bonheur », *Paris-Comœdia : l'hebdomadaire du spectacle*, vol. 3, n° 57, 1954.

ALLURI Vinoo, TOIVIAINEN Petri, JÄÄSKELÄINEN Iiro P., GLEREAN Enrico, SAM Mikko et BRATTICO Elvira, « Large-scale Brain Networks Emerge from Dynamic Processing of Musical Timbre, Key and Rhythm », *Neuroimage*, vol. 59, 2012, p. 3677-3689.

ALMÉN, Byron, *A Theory of Musical Narrative*, Bloomingdale, Indiana University Press, 2008.

ALPERSON, Philip et LEVINSON, Jerrold, « What Is a Temporal Art ? », dans Jerrold Levinson, *Musical Concerns*, Oxford, Oxford University Press, 2015, p. 155-169.

ALSTON, William, « Emotion and Feeling », dans Paul Edwards (dir.), *The Encyclopedia of Philosophy*, New York, Macmillan, 1967.

ANTOVIC Mihailo, STAMENKOVIC, Mihailo et FIGAR, Vladimir, « Association of Meaning in Program Music : On Denotation, Inherence, and Onomatopoeia », *Music Perception*, vol. 34, n° 2, 2016, p. 243-248.

ARBO, Alessandro, *Entendre comme : Wittgenstein et l'esthétique musicale*, Paris, Hermann, 2013.

ARMONY, Jorge et VUILLEUMIER, Patrik, *The Cambridge Handbook of Human Affective Neuroscience*, Cambridge, Cambridge University Press, 2013.

AUCOUTURIER, Jean-Julien et CANONNE, Clément, « Musical Friends and Foes : The Social Cognition of Affiliation and Control in Improvised Interactions », *Cognition*, n° 161, 2017, p. 94-108.

BARILIER, Etienne, *B-A-C-H : Histoire d'un nom dans la musique*, Carouge, Zoe Editions, 2003.

BARWELL, Ismay, « How Does Art Express Emotion ? », *Journal of Aesthetics and Art Criticism*, vol. 45, n° 2, 1986, p. 175-181.

BATTEUX, Charles, *Les Beaux-Arts réduits à un même principe* [1746], éd. Jean-Rémy Mantion, Paris, Aux Amateurs de Livres, 1989.

BEARDSLEY, Monroe C., *Aesthetics : Problems in the Philosophy of Criticism*, 2ᵉ édition, Indianapolis, Hackett, 1981.

— « Understanding Music », dans Kingsley Price (dir.), *On Criticizing Music : Five Philosophical perspectives*, Baltimore, Johns Hopkins University Press, 1981, p. 55-73.

— *The Aesthetic Point of View*, Ithaca, Cornell University Press, 1982.

BENDER, John W., « General but Defeasible Reasons in Aesthetic Evaluation : The Particularist/Generalist Dispute », *Journal of Aesthetics and Art Criticism*, vol. 53, n° 4, 1995, p. 379-392.

BERG, Alban, « Pourquoi la musique de Schönberg est-elle si difficile à comprendre ? », dans *Écrits*, traduits de l'allemand par Henri Pousseur, Gisela Tillier et Dennis Collins, Paris, Christian Bourgois Éditeur, 1985, p. 24-39.

BIGAND, Emmanuel et POULIN-CHARRONNAT, Bénédicte, « Are we "Experienced Listeners" ? A Review of the Musical Capacities That Do Not Depend on Formal Musical Training », *Cognition*, vol. 100, n° 1, 2006, p. 100-130.

BLOOD, Anne J. et ZATORRE, Robert J., « Intensely Pleasurable Responses to Music Correlate with Activity in Brain Regions Implicated in Reward and Emotion », *Proceedings of the National Academy of Sciences*, vol. 98, n° 20, 2001, p. 11818-11823.

BOGHOSSIAN, Paul, « Musical Experience and Musical Meaning », dans Kathleen Stock (dir.), *Philosophers on Music*, Oxford, Oxford University Press, 2006, p. 117-129.

BOUVERESSE, Renée, *Esthétique, psychologie, musique : L'esthétique expérimentale et ses racines chez David Hume*, Paris, Vrin, 1995.

BOWLING, Daniel L. et PURVES Dale, « A Biological Rationale for Musical Consonance », *Proceedings of the National Academy of Sciences*, vol. 112, n° 36, 2015, p. 11155-11160.

BRATTICO Elvira, BOGERT Brigitte et JACOBSEN Thomas, « Towards a Neural Chronometry for the Aesthetic Experience of Music », *Frontiers in Psychology*, vol. 4, n° 206, 2013, p. 1-21.

BRATTICO, Elvira et PEARCE, Marcus, « The Neuroaesthetics of Music », *Psychology of Aesthetics, Creativity, and the Arts*, vol. 7, n° 1, 2013, p. 48-61.

BREGMAN, Al, *Auditory Scene Analysis*, Cambridge, MIT Press, 1990.

BUCH, Esteban, *La Neuvième de Beethoven : Une histoire politique*, Paris, Gallimard, 1999.

BUDD, Malcolm, « The Repudiation of Emotion : Hanslick on Music », *British Journal of Aesthetics*, vol. 20, n° 1, 1980, p. 29-43.

— « Music and the Communication of Emotion », *Journal of Aesthetics and Art Criticism*, vol. 47, n° 2, 1989, p. 129-138.

— *The Values of Art : Pictures, Poetry and Music*, Londres, Penguin, 1995.

— « Musical Movement and Aesthetic Metaphors », *British Journal of Aesthetics*, vol. 43, n° 3, 2003, p. 209-223.

— *La musique et les émotions : Théories philosophiques*, traduit de l'anglais par Jacques Favier, Paris, Hermann, 2015.

BURKE, Edmund, *Recherche philosophique sur l'origine de nos idées du sublime et du beau* [1757], traduit de l'anglais par Baldine de Saint-Girons, Paris, Vrin, 1998.

CALLEN, Donald, « The Sentiment in Musical Sensibility », *Journal of Aesthetics and Art Criticism*, vol. 40, n° 4, 1982, p. 381-393.

– « Transfiguring the Emotions in Music », *Grazer Philosophische Studien*, n° 19, 1983, p. 69-91.

CANONNE, Clément et SAINT-GERMIER, Pierre, « Musique : cherche définition désespérément », dans Jerrold Levinson, *Essais de Philosophie de la musique : définition, ontologie, interprétation*, Paris, Vrin, 2015, p. 17-49.

CARROLL, Noël, « On the Narrative Connection »; repris dans *Beyond Aesthetics : Philosophical Essays*, Cambridge, Cambridge University Press, 2001, p. 118-133.

— *The Philosophy of Horror : Paradoxes of the Heart*, Londres, Taylor and Francis, 2004.

CHILD, William C., « Monroe Beardsley's Criteria for Aesthetic Value : A Neglected Resource in the Evaluation of Music », *Journal of Aesthetic Education*, vol. 34, n° 2, 2000, p. 49-63.

CLARKE, Eric, « Meaning and the Specification of Motion in Music », *Musicae Scientiae*, vol. 5, n° 2, 2001, p. 213-234.

COHEN, Ted, « Jokes », dans Eva Schaper (dir.), *Pleasure, Preference, and Value*, Cambridge, Cambridge University Press, 1983, p. 120-136.

CONE, Edward, *The Composer's Voice*, Los Angeles, University of California Press, 1974.

COOKE, Deryck, *The Language of Music*, Londres, Oxford University Press, 1959.

CORRIGAL Kathleen et SCHELLENBERG, E. Glenn, « Music : The Language of Emotions », dans Changiz Mohiyeddini, Michael Eysenck et Stephanie Bauer (dir.), *Handbook of Psychology of Emotions*, vol. 2, New York, Nova Science Publishers, p. 299-325.

COVA, Florian, GARCIA Amanda et LIAO Shen-yi, « Experimental Philosophy of Aesthetics », *Philosophy Compass*, vol. 10-11, 2015, p. 927-939.

CROSS, Ian, « Music and Communication in Music Psychology », *Psychology of Music*, vol. 42, n° 6, 2014, p. 809-819.

CROZIER, John B. « Verbal and Exploratory Responses to Sound Sequences Varying in Uncertainty Level », dans Daniel E. Berlyne (dir.), *Studies in the New Experimental Aesthetics*, New York, Wiley, 1974, p. 27-90.

CURRIE, Gregory, *The Nature of Fiction*, Cambridge, Cambridge University Press, 1990.

— « Aesthetics and Cognitive Science », dans Jerrold Levinson (dir.), *The Oxford Handbook of Aesthetics*, Oxford, Oxford University Press, 2003, p. 722-732.

D'ALEMBERT, Jean Le Rond, « Fragments sur la musique » [1887], dans Robert Muller et Florence Fabre (dir.), *Textes clés de Philosophie de la musique*, Paris, Vrin, 2013, p. 119-146.

DAVIES, Stephen, « The Expression of Emotion in Music », *Mind*, vol. 89, n° 353, 1980, p. 67-86.

— « General Theories of Art versus Music », *British Journal of Aesthetics*, vol. 34, n° 4, 1994, p. 315-326.

— *Musical Meaning and Expression*, Ithaca, Cornell University Press, 1994.

— « Musical Understanding and Musical Kinds », *Journal of Aesthetics and Art Criticism*, vol. 52, n° 1, 1994, p. 69-81

— « Contra the Hypothetical Persona in Music », dans Mette Hjort et Sue Laver (dir.), *Emotion and the Arts*, Oxford, Oxford University Press, 1997, p. 95-109.

— « Aesthetic Judgements, Artworks, and Functional Beauty », *Philosophical Quaterly*, vol. 56, 2006, p. 224-241.

— « Cross-Cultural Musical Expressiveness : Theory and the Empirical Program », dans Elisabeth Schellekens et Peter Goldie (dir.), *The Aesthetic Mind : Philosophy and Psychology*, Oxford, Oxford University Press, 2011, p. 376-389.

— « Infectious Music : Music-listener Emotional Contagion », dans Amy Copland et Peter Goldie (dir.), *Empathy : Philosophical and Psychological Perspectives*, Oxford, Oxford University Press, 2011, p. 134-148.

— « Musical Understandings », *Musical Understandings and Other Essays on the Philosophy of Music*, Oxford, Oxford University Press, 2011, p. 88-128.

DEBELLIS, Mark, *Music and Conceptualization*, Cambridge, Cambridge University Press, 1995.

DESTRÉE, Pierre, « Aristotle on the Paradox of Tragic Pleasures », dans Jerrold Levinson (dir.), *Suffering Art Gladly : The Paradox of Negative Emotion in Art*, New York, Palgrave Macmillan, p. 3-27.

DEWEY, John, *L'art comme expérience* [1934], traduit de l'anglais sous la direction de Jean-Pierre Cometti, Paris, Gallimard, 2010.

DICKIE, George, « The Myth of the Aesthetic Attitude », *American Philosophical Quaterly*, vol. 1, n° 1, 1964, p. 56-65.

— « Taste and Attitude : The Origin of the Aesthetic », *Journal of Aesthetics and Art Criticism*, vol. 43, n° 2, 1984, p. 195-203.

— *Evaluating Art*, Philadelphia, Temple University Press, 1988.

DIDEROT, Denis, *Lettre sur les aveugles – Lettre sur les sourds et les muets* [1749 et 1751], éd. Simon Harvey et Marian Hobson, Paris, GF-Flammarion, 2000.

DODD, Julian, « The Possibility of Profund Music », *British Journal of Aesthetics*, vol. 54, n° 3, 2014, p. 299-322.

DONIN, Nicolas, « Instruments de musicologie », *Filigrane*, n° 1, 2005, p. 141-179.

DORDOR, Francis, « Jimi Hendrix – Sexperience », *Les Inrockuptibles*, http://www.lesinrocks.com/2000/09/26/musique/jimi-hendrix-sexperience-11219436, consulté le 31 mai 2017.

ELDRIDGE, Richard, « Form and Content : An Aesthetic Theory of Art », *British Journal of Aesthetics*, vol. 25, n° 4, 1985, p. 303-316.

ELLIOTT, Ray K., « Aesthetic Theory and the Experience of Art », *Proceedings of the Aristotelian Society*, vol. 67, 1966, p. 111-126.

ELSTER, Jon, *Ulysses Unbound*, Cambridge, Cambridge University Press, 2000.

FEAGIN, Susan L., *Reading with Feeling*, Ithaca, Cornell University Press, 1996.

FECHNER, Gustav, *Vorschule der Aesthetik*, Leipzig, Breitkopf und Härtel, 1876

FENNER, David, « Aesthetic Attitude », dans Michael Kelly (dir.), *Encyclopedia of Aesthetics*, vol. 2, Oxford, Oxford University Press, 1998, p. 150-153

FERGUSON, Donald, *Music as Metaphor*, Minneapolis, University of Minnesota Press, 1960.

FIRESTONE Chaz et SCHOLL, Brad J., « Cognition Does Not Affect Perception : Evaluating the Evidence for "Top-Down" Effects », *Behavioral and Brain Sciences*, vol. 39, 2016, p. 1-77.

FLORES-GUTIÉRREZ, Enrique O., DÍAZ, José-Luís, BARRIOS Fernando A., FAVILA-HUMARA Rafael, GUEVARA Miguel Ángel, DEL RÍO-PORTILLA Yolanda et CORSI-CABRERA María, « Metabolic and Electric Brain Patterns During Pleasant and Unpleasant Emotions Induced by Music Masterpieces », *International Journal of Psychophysiology*, vol. 65, 2007, p. 69-84.

GABRIELSSON, Alf, « The Relationship between Musical Structure and Perceived Expression », dans Susan Hallam, Ian Cross et Michael Thaut (dir.), *The Oxford Handbook of Music Psychology*, 2e édition, Oxford, Oxford University Press, 2016, p. 215-232.

GOEHR, Lydia, *The Imaginary Museum of Musical Works : An Essay in the Philosophy of Music*, Oxford, Oxford University Press, 2007.

GOLDMAN, Alan, « The Value of Music », *Journal of Aesthetics and Art Criticism*, vol. 50, n° 1, 1992, p. 35-44.

— « Emotions in Music : A Postscript », *Journal of Aesthetics and Art Criticism*, vol. 53, n° 1, 1995, p. 59-69.

— « Beardsley's Legacy : The Theory of Aesthetic Value », *Journal of Aesthetics and Art Criticism*, vol. 63, n° 2, 2005, p. 185-189.

GOODMAN, Nelson, *Langages de l'art*, traduit de l'anglais par Jacques Morizot, Paris, Fayard, 2011.

GOPINATH, Sumanth et STANYEK, Jason, *The Oxford Handbook of Mobile Music Studies*, Oxford, Oxford University Press, 2014.

GRABOCZ, Márta, *Musique, narrativité, signification*, Paris, L'Harmattan, 2009.

GRACYK, Theodore et KANIAN, Andrew (dir.), *The Routledge Companion to Philosophy and Music*, New York, Routledge, 2011.

GREENSPAN, Patricia S., « Ambivalence and the Logic of Emotion », dans Amelie O. Rorty (dir.), *Explaining Emotions*, Los Angeles, University of California Press, 1980, p. 223-250.

GREWE, Oliver, NAGEL, Frederik, KOPIEZ, Reinhard et ALTENMÜLLER, Eckard, « Listening to Music as a Re-creative Process : Physiological, Psychological, and Psychoacoustical Correlates of Chills and Strong Emotions », *Music Perception*, vol. 24, n° 3, 2007, p. 297–314.

GUCK, Marion, « Analytical Fictions », *Music Theory Spectrum*, vol. 16, n° 2, 1994, p. 217-230.

GUESDE, Catherine et NADRIGNY, Pauline, « L'écoute de la *harsh noise* : de la physiologie à l'esthétique », dans Clément Canonne (dir.), *Perspectives philosophiques sur les musiques actuelles*, Sampzon, Delatour, 2017, p. 157-195.

GUHN, Martin, HAMM, Alfons et ZENTNER, Marcel, « Psychological and Musico-Acoustic Correlates of the Chill Response », *Music Perception*, vol. 24, n° 5, 2007, p. 473-484.

GURNEY, Edmond, *The Power of Sound* [1880], New York, Basic Books, 1966.

GUYER, Paul, *History of Modern Aesthetics*, 3 volumes, Cambridge, Cambridge University Press, 2014.

HAGEN, Edward H. et BRYANT, Gregory A., « Music and Dance as a Coalition Signaling System », *Human Nature*, vol. 14, n° 1, 2003, p. 21-51.

HALLAM, Susan, *The Power of Music*, Londres, International Musical Education Research Centre, 2015.

HANSLICK, Eduard, *Du Beau musical : Contribution à la réforme de l'esthétique musicale* [1854], traduit de l'allemand par Alexandre Lissner, Paris, Hermann, 2012.

HARRISON, Luke et LOUI, Psyche, « Thrills, Chills, Frissons, and Skin Orgasms : Toward an Integrative Model of Transcendent Psychophysiological Experiences in Music », *Frontiers in Psychology*, vol. 5, n° 790, 2014, p. 1-6.

HATTEN, Robert, *Interpreting Musical Gestures, Topics and Tropes : Mozart, Beethoven, Schubert*, Bloomington, Indiana University Press, 2004.

HIGGINS, Kathleen, *The Music of Our Lives*, Philadelphie, Temple University Press, 1991.

HINDEMITH, Paul, *A Composer's World*, New York, Doubleday, 1961, p. 44-45.

HODGES, Donald A., « The Neuroaesthetics of Music », dans Susan Hallam, Ian Cross et Michael Thaut, *The Oxford Handbook of Music Psychology*, 2e édition, Oxford, Oxford University Press, 2016, p. 247-262.

HOSPERS, John, « The Concept of Artistic Expression », dans John Hospers (dir.), *Readings in Aesthetics*, New York, Free Press, 1969, p. 142-166.

HUME, David, *Traité de la nature humaine III : la morale* [1739], traduit de l'anglais par Philippe Saltel, Paris, GF-Flammarion, 1999.

— *Enquête sur l'entendement humain* [1748], traduit de l'anglais par Michel Malherbe, Paris, Vrin, 2008.

HUOVINEN, Erkki, « Levels and Kinds of Listeners' Musical Understandings », *British Journal of Aesthetics*, vol. 48, n° 3, 2008, p. 315-337.

HURON, David, « Aesthetics », dans Susan Hallam, Ian Cross et Michael Thaut (dir.), *The Oxford Handbook of Music Psychology*, 1re édition, Oxford, Oxford University Press, 2009, p. 151-159.

— « Why is Sad Music Pleasurable ? A possible Role for Prolactin », *Musicae Scientiae*, vol. 15, n° 2, 2011, p. 146-158.

ISEMINGER, Gary, « Aesthetic Experience », dans Jerrold Levinson (dir.), *Oxford Handbook of Aesthetics*, Oxford, Oxford University Press, 2003, p. 99-116.

— « The Aesthetic State of Mind », dans Mathew Kieran (dir.), *Contemporary Debates in Aesthetics and the Philosophy of Art*, Oxford, Blackwell, 2005, p. 98-112.

ISHIZU, Tomohiro et ZEKI, Semir, « Toward a Brain-Based Theory of Beauty », *PLOS One*, vol. 6, n° 7, 2011, p. 1-10.

JACKENDOFF, Ray, « Music and Language », dans Theodore Gracyk et Andrew Kania (dir.), *The Routledge Companion to Philosophy and Music*, New York, Routledge, 2011, p. 101-112.

JACKSON, Frank, *From Metaphysics to Ethics*, Oxford, Oxford University Press, 1998.

JAMEUX, Dominique, *Pierre Boulez*, Paris, Fayard, 1984.

JAMES, William, « What is an Emotion », *Mind*, vol. 9, 1884, p. 188-205.

JANKÉLÉVITCH, Vladimir, *La musique et l'ineffable*, Paris, Le Seuil, 1961.

JUSLIN, Patrik N., « From Everyday Emotions to Aesthetic Emotions : Towards a Unified Theory of Musical Emotions », *Physics of Life Reviews*, vol. 10, n° 3, 2013, p. 235-266.

— « What does Music Express ? Basic Emotions and Beyond », *Frontiers in Psychology*, vol. 4, n° 596, 2013, p. 1-14.

— et LAUKKA, Petri, « Communication of Emotions in Vocal Expression and Music Performance : Different Channels, Same Code ? », *Psychological Bulletin*, vol. 29, n° 5, 2003, p. 770-814.

— et SLOBODA, John (dir.), *Handbook of Music and Emotion : Theory, Research, Applications*, Oxford, Oxford University Press, 2011.

KALTENECKER, Martin, *L'oreille divisée : les discours sur l'écoute musicale aux XVIIIe siècle et XIXe siècle*, Paris, Éditions MF, 2010.

KARL, Gregory et ROBINSON, Jenefer, « Shostakovitch's Tenth Symphony and the Musical Expression of Higher Emotions », *Journal of Aesthetics and Art Criticism*, vol. 53, n° 4, 1995, p. 401-415.

KANIA, Andrew, « An Imaginative Theory of Musical Space and Movement », *British Journal of Aesthetics*, vol. 55, n° 2, 2015, p. 157-172.

KEMP, Gary, « The Aesthetic Attitude », *British Journal of Aesthetics*, vol. 39, n° 4, 1999, p. 392-399.

KIVY, Peter, *The Corded Shell*, Princeton, Princeton University Press, 1980.

— *Sound and Semblance : Reflections on Musical Representation*, Princeton, Princeton University Press, 1984.

— *Sound Sentiment*, Philadelphia, Temple University Press, 1989.

— *Music Alone*, Ithaca, Cornell University Press, 1990.

— « The Fine Art of Repetition » ; repris dans *The Fine Art of Repetition*, Cambridge, Cambridge University Press, 1993, p. 327-359.

— *Authenticities*, Ithaca, Cornell University Press, 1998.

— « Music in Memory and Music in the Moment » ; repris dans *New Essays on Musical Understanding*, Oxford, Oxford University Press, 2001, p. 183-217.

— « Musical Morality », dans *Antithetical Arts*, Oxford, Oxford University Press, 2009, p. 215-234.

— « The Great Divide : In Defence of a Fact » ; repris dans *Sounding Off : Eleven Essays in the Philosophy of Music*, Oxford, Oxford University Press, 2012, p. 265-284.

KORSAKOVA-KREYN, Marina et DOWLING, W. Jay, « Emotional Processing in Music : Study in Affective Responses to Tonal Modulation in Controlled Harmonic Progressions and Real Music », *Psychomusicology*, vol. 24, n° 1, 2014, p. 4-20.

KRISTJÁNSSON, Kristian, « On the very Idea of Negative Emotions », *Journal for the Theory of Social Behaviour*, vol. 33, n° 4, 2003, p. 351-364.

LALITTE Philippe et BIGAND Emmanuel, « Music in the Moment ? Revisiting the Effect of Large Scale Structures », *Perceptual and Motor Skills*, vol. 103, n° 3, p. 811-828.

LALO, Charles, *L'esthétique expérimentale contemporaine*, Paris, Félix Alcan, 1908.

LANGER, Susan, *Feeling and Form*, New York, Scribner, 1953.

LEBRECHT, Norman, *Why Mahler ? How One Man and Ten Symphonies Changed the World*, New York, Faber & Faber, 2010.

LEDDY, Thomas, « Practical George and Aesthete Jerome Meet the Aesthetic Object », *Southern Journal of Philosophy*, vol. 28, n° 1, 1990, p. 37-53.

LEMAN, Marc, *Embodied Music Cognition and Mediation Technology*, Cambridge, The MIT Press, 2007.

LEVINSON, Jerrold, « Aesthetic Uniqueness » [1980] ; repris dans *Music, Art, and Metaphysics*, Oxford, Oxford University Press, 2011, p. 107-133.
— « Truth in Music » [1981] ; repris dans *Music, Art and Metaphysics*, Oxford, Oxford University Press, 2011, p. 279-305.
— « Music and Negative Emotions » [1982] ; repris dans *Music, Art and Metaphysics*, Oxford, Oxford University Press, 2011, p. 306-335.
— « Evaluating Musical Performance » [1987] ; repris dans *Music, Art and Metaphysics*, Oxford, Oxford University Press, 2011, p. 376-392. Version française : *Essais de Philosophie de la musique : définition, ontologie, interprétation*, Paris, Vrin, 2015, p. 239-261 (« Évaluer l'interprétation musicale »).
— *Music, art and Metaphysics*, Ithaca, Cornell University Press, 1990 ; Oxford, Oxford University Press, 2011.
— « Hope in the Hebrides » [1990] ; repris dans *Music, Art and Metaphysics*, Oxford, Oxford University Press, 2011, p. 336-375.
— « The Concept of Music » [1990] ; repris dans *Music, Art and Metaphysics*, Oxford, Oxford University Press, 2011, p. 267-278. Version française : *Essais de Philosophie de la musique : définition, ontologie, interprétation*, Paris, Vrin, 2015, p. 33-49 (« Le concept de musique »).
— « Musical Literacy » [1990] ; repris dans *The Pleasures of Aesthetics*, Ithaca, Cornell University Press, 1996, p. 27-41.
— « Philosophy as an Art » [1990] ; repris dans *The Pleasures of Aesthetics*, Ithaca, Cornell University Press, 1996, p. 214-223.
— « Review of The Corded Shell », *Canadian Philosophical Review*, n° 1, 1991, p. 148-152.
— « Intention and Interpretation in Litterature » [1992] ; repris dans *The Pleasures of Aesthetics*, Ithaca, Cornell University Press, 1996, p. 175-213.
— « Pleasure and the Value of Works of Art » [1992] ; repris dans *The Pleasures of Aesthetics*, Ithaca, Cornell University Press, 1996, p. 11-24.
— « What is Aesthetic Pleasure ? » [1992] ; repris dans *The Pleasures of Aesthetics*, Ithaca, Cornell University Press, 1996, p. 3-10.
— *The Pleasures of Aesthetics*, Ithaca, Cornell University Press, 1996.
— « Messages in Art » [1996] ; repris dans *The Pleasures of Aesthetics*, Ithaca, Cornell University Press, 1996, p. 224-241.
— « Musical Expressiveness » [1996] ; repris dans *The Pleasures of Aesthetics*, Ithaca, Cornell University Press, 1996, p. 90-125.
— « Evaluating Music » [1998] ; repris dans *Contemplating Art*, Oxford, Oxford University Press, 2006, p. 184-208.

— *Music in the Moment*, Ithaca, Cornell University Press, 1998. Version française : *La musique sur le vif*, traduit de l'anglais par Sandrine Darsel, Rennes, Presses Universitaires de Rennes, 2013.
— « Sound, Gesture, Spatial Imagination and the Expression of Emotion in Music » [2002]; repris dans *Contemplating Art*, Oxford, Oxford University Press, 2006, p. 77-90.
— « Review of Roger Scruton, *The Aesthetics of Music* » [2002], *Philosophical Review*, vol. 109, 2002, p. 608-614.
— « Intrinsic Value and the Notion of a Life » [2004]; repris dans *Contemplating Art*, Oxford, Oxford University Press, 2006, p. 400-418.
— « Music as Narrative and Music as Drama » [2004]; repris dans *Contemplating Art*, Oxford, Oxford University Press, 2006, p. 129-142.
— « Musical Expressiveness as Hearability-as-Expression » [2005]; repris dans *Contemplating Art*, Oxford, Oxford University Press, 2006, p. 91-108.
— « What Are Aesthetic Properties ? » [2005], *Proceedings of the Aristotelian Society Supplement*, vol. 79, 2005, p. 211-227.
— *Contemplating Art*, Oxford, Oxford University Press, 2006.
— « Musical Chills » [2006], dans *Contemplating Art*, Oxford, Oxford University Press, 2006, p. 220-236.
— « Concatenationism, Architectonicism and the Appreciation of Music » [2006]; repris dans *Musical Concerns*, Oxford, Oxford University Press, 2015, p. 32-44. Version française : « Concaténationisme, architectonisme et compréhension musicale », dans Jean-Marc Chouvel et Xavier Hascher (dir.), *Esthétique et cognition*, Paris, Publications de la Sorbonne, 2013, p. 95-109.
— « The Aesthetic Appreciation of Music » [2009]; repris dans *Musical Concerns*, Oxford, Oxford University Press, 2015, p. 17-31.
— « Values of Music » [2013]; repris dans *Musical Concerns*, Oxford, Oxford University Press, 2015, p. 67-87.
— *Musical Concerns*, Oxford, Oxford University Press, 2015.
— *Aesthetic Pursuits*, Oxford, Oxford University Press, 2016.
— « Farewell to the Aesthetician ? » [2016], dans *Aesthetic Pursuits*, Oxford, Oxford University Press, 2016, p. 9-16.
LEVINSON, Jerrold (dir.), *Suffering Art Gladly : The Paradox of Negative Emotion in Art*, New York, Palgrave Macmillan, 2014.
MATRAVERS, Derek, « Art and the Feelings of Emotions », *British Journal of Aesthetics*, vol. 31, n° 4, 1991, p. 322-331.
— *Art and Emotion*, Oxford, Oxford University Press, 1998, p. 131.

MAUS, Fred, « Music as Drama », dans Jenefer Robinson (dir.), *Music and Meaning*, Ithaca, Cornell University Press, 1997, p. 105-130.

— « Narratology, Narrativity », dans Stanley Sadie (dir.), *New Grove Dictionnary of Music and Musicians*, vol. 17, n° 2, Oxford, Oxford University Press, 2001, p. 641-643.

MCDERMOTT, Josh, SHULTZ, Alan, UNDURRAGA, Eduardo et GODOY Rolf Inge , « Indifference in Dissonance in Native Amazonians Reveals Cultural Variation in Music Perception », *Nature*, vol. 535, n° 7613, 2016, p. 547-550.

MEW, Peter, « The Expression of Emotion in Music », *British Journal of Aesthetics*, vol. 25, n° 1, 1985, p. 33-42.

— « The Musical Arousal of Emotions », *British Journal of Aesthetics*, vol. 25, n° 4, 1985, p. 357-361.

MEYER, Leonard, « On Rehearsing Music », *Music, the Arts and Ideas*, Chicago, University of Chicago Press, 1967, p. 42-53.

— « Some Remarks on Value and Greatness in Music », *Music, the Arts, and Ideas*, Chicago, University of Chicago Press, 1967, p. 22-41.

— *Émotion et signification en musique*, traduit de l'anglais par Catherine Delaruelle, Arles, Actes Sud, 2011.

MILLER, Geoffrey F., « Evolution of Human Music Through Sexual Selection », dans Nils L. Wallin, Björn Merker et Steven Brown (dir.), *The Origins of Music*, Cambridge, MIT Press, 2000, p. 329-360.

MIRKA, Danuta (dir.), *Oxford Handbook of Topic Theory*, Oxford, Oxford University Press, 2014.

MONELLE, Raymond, *The Musical Topic : Hunt, Military and Pastoral*, Bloomington, Indiana University Press, 2006.

MORIZOT, Jacques (dir.), *Naturaliser l'esthétique ? Questions et enjeux d'un programme philosophique*, Rennes, Presses Universitaires de Rennes, 2014.

MÜLLER, Mira, HÖFEL Lea, BRATTICO Elvira et JACOBSEN Thomas, « Aesthetics Judgments of Music in Experts and Laypersons – an ERP Study », *International Journal of Psychophysiology*, vol. 76, n° 1, 2010, p. 40-51.

NANAY, Bence, *Aesthetics as Philosophy of Perception*, Oxford, Oxford University Press, 2016.

NEWCOMB, Anthony, « Action and Agency in Mahler's Ninth Symphony, Second Movement », dans Jenefer Robinson (dir.), *Music and Meaning*, Ithaca, Cornell University Press, 1997, p. 131-153.

NOLT, John, « Expression and Emotion », *British Journal of Aesthetics*, vol. 21, n° 2, 1981, p. 139-150.

NORTH, Adrian C. et HARGREAVES, David J., « Subjective Complexity, Familiarity, and Liking for Popular Music », *Psychomusicology : A Journal of Research in Music Cognition*, vol. 14, n° 1-2, 1995, p. 77-93.

ODDIE, Graham, « Value Realism », dans Hugh LaFollette (dir.), *The International Encyclopedia of Ethics*, Oxford, Blackwell, 2013, p. 5299-5310.

PANSKEPP, Jaak, « The Emotional Sources of "Chills" Induced by Music », *Music Perception*, vol. 13, n° 2, 1995, p. 171-207.

PERKINS, Moreland, « Emotion and Feeling », *Philosophical Review*, vol. 75, 1966, p. 139-160.

POUIVET, Roger, « L'imposture neuro-esthétique ? », dans Jacques Morizot (dir.), *Naturaliser l'esthétique ? Questions et enjeux d'un programme philosophique*, Rennes, Presses Universitaires de Rennes, 2014, p. 169-180.

PRATT, Carroll C., *The Meaning of Music : A Study in Psychological Aesthetics*, New York, McGraw-Hill, 1970.

QUINE, Willard Van Orman, « Deux dogmes de l'empirisme », *Du Point de vue logique*, traduit de l'anglais sous la direction de Sandra Laugier, Paris, Vrin, 2003.

RADFORD, Colin, « How Can Music Be Moral ? », *Midwest Studies*, vol. 16, n° 1, 1991, p. 421-438.

RAMACHANDRAN Vilayat et HIRSTEIN William, « The Science of Art : A Neurological Theory of Aesthetic Experience », *Journal of Consciousness Studies*, vol. 6, n° 6-7, 1999, p. 15-35.

RATNER, Leonard, *Classic Music*, New York, Schirmer Books, 1980.

REBER, Rolf, SCHWARZ, Norbert et WINKIELMAN, Piotr, « Processing Fluency and Aesthetic Pleasure : Is Beauty in the Perceiver's Processing Experience ? », *Personality and Social Psychology Review*, vol. 8, n° 4, 2004, p. 364-382.

REY, Georges, « Functionalism and the Emotions », dans Amelie O. Rorty (dir.), *Explaining Emotions*, Los Angeles, University of California Press, 1980, p. 163-195.

RIDLEY, Aaron, « Musical Sympathies : The Experience of Expressive Music », *Journal of Aesthetics and Art Criticism*, vol. 53, n° 1, 1995, p. 49-57.

ROBINSON, Jenefer, « Art as Expression », dans Hugh Curtler (dir.), *What is Art ?*, New York, Haven, 1983, p. 91-121.

— « The Expression and Arousal of Emotion in Music », *Journal of Aesthetics and Art Criticism*, vol. 52, n° 1, 1994, p. 13-22.

— « Emotional responses to music », dans Peter Goldie (dir.), *The Oxford Handbook of Philosophy of Emotion*, Oxford, Oxford University Press, 2010, p. 651-680.

ROEDERER, Juan G., « The Search for a Survival Value of Music », *Music Perception*, vol. 1, n° 3, 1984, p. 350-356.

ROELOFS, Monique, « The Musical Evocation of Emotion », manuscrit non publié.

ROLISON, Jonathan J. and EDWORTHY, Judy, « The Role of Formal Structure in Liking for Popular Music », *Music Perception*, vol. 29, n° 3, 2012, p. 269-284.

ROUSSEAU, Jean-Jacques, *Essai sur l'origine des langues* [1781], éd. Catherine Kintzler, Paris, Flammarion, 1993.

SAVILE, Anthony, *The Test of Time*, Oxford, Oxford University Press, 1982.

— *Kantian Aesthetics Pursued*, Édimbourg, Edinburgh University Press, 1993.

SAARIKALLIO, Suvi, « Music as Emotional Self-regulation Throughout Adulthood », *Psychology of Music*, vol. 39, n° 3, 2011, p. 307-327.

SCHACTER, Stanley et SINGER, Jerome D., « Cognitive, Social and Psychological Determinants of Emotional State », *Psychological Review*, vol. 69, n° 5, 1962, p. 379-399.

SCHAEFFER, Jean-Marie, *Adieu à l'esthétique*, Paris, Éditions Mimesis, 2016.

SCHERER, Klaus, SCHORR, Angela et JOHNSTONE, Tom, *Appraisal Processes in Emotion : Theory, Methods, Research*, Oxford, Oxford University Press, 2001.

SCHLENKER, Philippe, « Outline of Music Semantics », *Music Perception*, vol. 35, n° 1, 2017, p. 3-37.

SCRUTON, Roger, « Representation in Music », *Philosophy*, vol. 51, n° 197, 1976, p. 273-287.

— « Understanding Music », dans *The Aesthetic Understanding*, Londres, Methuen, 1983.

— « Analytic Philosophy and the Meaning of Music », *Journal of Aesthetics and Art Criticism*, vol. 46, 1987, p. 169-176.

— « Recent Books in the Philosophy of Music », *Philosophical Quaterly*, vol. 44, n° 1, 1994, p. 503-518.

— *The Aesthetics of Music*, Oxford, Oxford University Press, 1997.

— « Musical Movement : A Reply to Budd », *British Journal of Aesthetics*, vol. 44, n° 2, 2004, p. 184-187.

SIBLEY, Frank, « Particularism, Art and Evaluation », dans *Approach to Aesthetics*, Oxford, Oxford University Press, 2001, p. 88-103.

— « General Criteria and Reasons in Aesthetics », dans *Approach to Aesthetics*, Oxford, Oxford University Press, 2001, p. 104-118.

SHUSTERMAN, « Somaesthetics : A Disciplinary Proposal », *Journal of Aesthetics and Art Criticism*, vol. 57, n° 3, 1999, p. 299-313.

SPECK, Stanley, « "Arousal Theory" Reconsidered », *British Journal of Aesthetics*, vol. 28, n° 1, 1988, p. 40-47.

SLOBODA, John, « Music Structure and Emotional Response : Some Empirical Findings », *Psychology of Music*, vol. 19, n° 2, 1991, p. 110-120.

— « Musical Performance and Emotion : Issues and Developments », *Exploring the Musical Mind*, Oxford, Oxford University Press, 2005, p. 225-240.

STECKER, Robert, « Expression of Emotion in (Some of) the Arts », *Journal of Aesthetics and Art Criticism*, vol. 42, n° 4, 1984, p. 409-418.

— « Expressiveness and Expression in Music and Poetry », *Journal of Aesthetics and Art Criticism*, vol. 59, n° 1, 2001, p. 85-96.

— *Aesthetics and the Philosophy of Art*, Lanham, Rowman & Littlefield, 2005.

STEINBEIS, Nikolaus et KOELSCH, Stefan, « Understanding the Intentions behind Man-Made Products Elicits Neural Activity in Areas Dedicated to Mental State Attribution », *Cerebral Cortex*, vol. 19, n° 3, 2009, p. 619-623.

STEINBEIS, Nikolaus, KOELSCH, Stefan et SLOBODA, John, « The Role of Harmonic Expectancy Violations in Musical Emotions : Evidence from Subjective, Physiological, and Neural Responses », *Journal of Cognitive Neuroscience*, vol. 18, n° 8, 2006, p. 1380–1393.

STOLNITZ, Jerome, *Aesthetics and Philosophy of Art Criticism*, New York, Houghton Mifflin, 1960.

— « On the Origins of "Aesthetic Disinterestedness" », *Journal of Aesthetics and Art Criticism*, vol. 20, n° 2, 1961, p. 131-143.

STORR, Anthony, *Music and the Mind*, New York, Free Press, 1992.

TILLMAN, Barbara et BIGAND, Emmanuel, « Does Formal Musical Structure Affect Perception of Musical Expressiveness ? », *Psychology of Music*, vol. 24, 1996, p. 3-17.

TORMEY, Alan, *The Concept of Expression : A Study in Philosophical Psychology and Aesthetics*, Princeton, Princeton University Press, 1971.

TUBEUF, André, *Dictionnaire amoureux de la musique*, Paris, Plon, 2012.

VERMAZEN, Bruce, « Expression as Expression », *Pacific Philosophical Quaterly*, vol. 67, n° 3, 1986, p. 196-224.

WALHOUT, Donald, « Music and Moral Goodness », *Journal of Aesthetic Education*, vol. 29, n° 1, 1995, p. 5-16.

WALTON, Kendall, « Fearing Fictions », *Journal of Philosophy*, vol. 75, n° 1, 1978, p. 5-27.

— « What is Abstract about the Art of Music ? », *Journal of Aesthetics and Art Criticism*, vol. 46, n° 3, 1988, p. 351-364.

— *Mimesis as Make-Believe : On the Foundations of the Representational Arts*, Cambridge, Harvard University Press, 1990.

— « Listening with Imagination : Is Music Representational ? », dans *In Other Shoes*, Oxford, Oxford University Press, 2015, p. 151-174.

— « Projectivism, Empathy, and Musical Tension », dans *In Other Shoes*, Oxford, Oxford University Press, 2015, p. 118-150.

WEBER, William, « Did People Listen in the Eighteenth Century ? », *Early Music*, vol. 25, n° 4, 1997, p. 678-691.

WILSON, George, « Le Grand Imagier Steps Out : The Primitive Basis of Film Narration », *Philosophical Topics*, vol. 25, n° 1, 1998, p. 295-318.

— « Narrative », dans Jerrold Levinson (dir.), *Oxford Handbook of Aesthetics*, Oxford, Oxford University Press, 2003, p. 392-407.

WOLLHEIM, Richard, « On Persons and Their Lives », dans Amelie O. Rorty (dir.), *Explaining Emotions*, Los Angeles, University of California Press, 1980, p. 299-321.

— *Painting as an Art*, Princeton, Princeton University Press, 1987.

— « Correspondence, Projective Properties, and Expression in the Arts », *The Mind and Its Depths*, Cambridge, Harvard University Press, 1993, p. 144-158.

— *L'art et ses objets*, traduit de l'anglais par Richard Crevier, Paris, Aubier, 1994.

YOUNG, James O., « The Cognitive Value of Music », *Journal of Aesthetics and Art Criticism*, vol. 57, n° 1, 1999, p. 41-54.

— *Critique of Pure Music*, Oxford, Oxford University Press, 2014.

— « Was There a "Great Divide" in Music ? », *International Review of the Aesthetics and Sociology of Music*, vol. 46, n° 2, 2015, p. 233-244.

ZANGWILL, Nick, « Music, Metaphor and Emotion », *Journal of Aesthetics and Art Criticism*, vol. 65, n° 4, 2007, p. 391-400.

— « Empirical Approaches to Music and Emotion : A Survey and Methodological Reflections », *O que nos faz pensar*, vol. 23, n° 35, 2014, p. 99-107.

— *Music and Aesthetic Reality : Formalism and the Limits of Description in Music*, New York, Routledge, 2015.

ZAPPA, Frank et OCCHIOGROSSO, Peter, *The Real Frank Zappa Book*, New York, Touchstone, 1990.

ZENTNER, Marcel, GRANDJEAN, Didier et SCHERER, Klaus, « Emotions Evoked by the Sound of Music : Characterization, Classification, and Measurement », *Emotion*, vol. 8, n° 4, 2008, p. 494-521.

INDEX DES NOMS ET DES ŒUVRES

TABLE DES MATIÈRES

Achevé d'imprimer le 20 août 2020
sur les presses de
La Manufacture - Imprimeur – 52200 Langres
Tél. : (33) 325 845 892

N° imprimeur 200589 - Dépôt légal : septembre 2020
Imprimé en France